Die Pflicht des Vorstands
zur Ausführung von
Hauptversammlungs-
beschlüssen

Europäische Hochschulschriften

European University Studies

Publications Universitaires Européennes

Reihe II **Rechtswissenschaft**

Series II Law

Série II Droit

Band/Volume **5408**

Martin Grabolle

Die Pflicht des Vorstands zur Ausführung von Hauptversammlungs- beschlüssen

Eine dogmatische Analyse des § 83 Abs. 2 AktG

PL ACADEMIC RESEARCH

Bibliografische Information der Deutschen Nationalbibliothek
Die Deutsche Nationalbibliothek verzeichnet diese Publikation in der Deutschen Nationalbibliografie; detaillierte bibliografische Daten sind im Internet über ‹http://dnb.d-nb.de› abrufbar.

Zugl.: Freiburg (Breisgau), Univ., Diss., 2012

Gedruckt auf alterungsbeständigem,
säurefreiem Papier.

D 25
ISSN 0531-7312
ISBN 978-3-631-63498-1

www.peterlang.de

Meinem Vater, meiner Mutter

Vorwort

Die vorliegende Arbeit wurde im Sommersemester 2012 von der Rechtswissenschaftlichen Fakultät der Albert-Ludwigs-Universität in Freiburg im Breisgau als Dissertation angenommen. Literatur und Rechtsprechung konnten bis August 2012 berücksichtigt werden.

Geschrieben wurde die Arbeit an mehreren Orten dieser Welt: auf dem Pragsattel in Stuttgart, in meiner alten Heimat Hannover, im schönen Saarland, am idyllischen Bodensee, auf einer Finca in Kolumbien und im unüberschaubaren Chaos von Bombay. Die gemeinsame Klammer um all diese Orte ist eine Frage, die mich viele Jahre beschäftigt hat: wie ein Vorstand mit einem angefochtenen Hauptversammlungsbeschluss umzugehen hat. Ein Problem vornehmlich der juristischen Praxis, aber gerade dort finden sich etliche ungeklärte Fragen, die eine tiefer gehende Betrachtung verdienen.

Den Menschen, die mich während dieser Zeit begleitet haben, gilt es nun, Danke zu sagen.

Danken möchte ich zunächst Herrn Prof. Dr. Hanno Merkt und Herrn Prof. Dr. Jochen Bauerreis für die schnelle Betreuung und Begutachtung der Arbeit.

Die Kanzlei Gleiss Lutz hat wesentlich zum Gelingen der Arbeit hat, indem sie mir die Zeit und die Mittel an die Hand gab, mich den nachfolgend untersuchten Fragen zu widmen. Konkret verdanke ich es meinen ehemaligen Tutoren Herrn Dr. Gerhard Wirth und Herrn Dr. Michael Arnold, dass mich unsere gemeinsame Tätigkeit an die aktuellen Fragen des Aktienrechts führte. Gleichsam bedeutsam war die Unterstützung durch meine langjährige Sekretärin Frau Nicole Werner, die mir unermüdlich viele der mit einer Dissertation verbundenen logistischen Arbeiten abnahm.

Meine Dissertation führte mich auch viele Wochen aus Stuttgart hinaus, und deshalb danke ich meinem Onkel, Dr. Hartmut Burghardt, sowie meinem Freund Rahul Oza für die lange Aufnahme in ihr Heim in Kolumbien bzw. in Indien. Meine Dissertation wird ihretwegen stets mit einer ganz besonderen persönlichen Erfahrung für mich verbunden sein!

Eine Dissertation fußt auf einem langen Lebensweg, der einen erst an die Schwelle zur Promotion führt. Deshalb möchte ich diese Dissertation nicht nur meinen Eltern widmen, sondern auch die Gelegenheit nutzen, meiner ganzen Familie und all meinen Freunden zu sagen: Danke! Dies gilt in besonderem Maße für meine geliebte Frau Nina.

Ihr alle habt dieses Werk ermöglicht!

Ravensburg, im Oktober 2012 Dr. Martin Grabolle

Inhaltsübersicht

Inhaltsverzeichnis

Abkürzungsverzeichnis

a.A.	anderer Ansicht
a.E.	am Ende
a.F.	alte Fassung
Abs.	Absatz
ADHGB	Allgemeines Deutsches Handelsgesetzbuch
AG	Aktiengesellschaft
AktG	Aktiengesetz vom 6. September 1965 (BGBl. I S. 1089), zuletzt geändert durch Artikel 2 Absatz 49 des Gesetzes vom 22. Dezember 2011 (BGBl. I S. 3044)
AktG 1937	Aktiengesetz vom 30. Januar 1937, RGBl. I, S. 107 ff.
Aktiengesetz 1884	Gesetz betreffend die Kommanditgesellschaften auf Aktien und die Aktiengesellschaften vom 18. Juli 1884 (RGBl. S. 123)
Art.	Artikel
ARUG	Gesetz zur Umsetzung der Aktionärsrechterichtlinie vom 30. Juli 2009 (BGBl. I S. 2479)
Aufl.	Auflage
BB	Der Betriebs-Berater
bzw.	beziehungsweise
DCGK	Deutscher Corporate Governance Kodex (in der Fassung vom 15. Mai 2012)
FamFG	Gesetz über das Verfahren in Familiensachen und in den Angelegenheiten der freiwilligen Gerichtsbarkeit vom 17. Dezember 2008 (BGBl. I

	S. 2586), zuletzt geändert durch Artikel 3 des Gesetzes vom 21. Juli 2012 (BGBl. I S. 1577)
Fn.	Fußnote
ggf.	gegebenenfalls
GmbH	Gesellschaft mit beschränkter Haftung
h.M.	herrschende Meinung
HGB	Handelsgesetzbuch in der im Bundesgesetzblatt Teil III, Gliederungsnummer 4100-1, veröffentlichten bereinigten Fassung, das durch Artikel 2 Absatz 39 des Gesetzes vom 22. Dezember 2011 (BGBl. I S. 3044) geändert worden ist
HVB	Bayerische Hypo- und Vereinsbank AG
i.e.	id est
i.S.v.	im Sinne von
KG	Kommanditgesellschaft
KGaA	Kommanditgesellschaft auf Aktien
KonTraG	Gesetz zur Kontrolle und Transparenz im Unternehmensbereich vom 5. März 1998 (BGBl. I S. 786)
m.w.N.	mit weiteren Nachweisen
NJW	Neue Juristische Wochenschrift
S.	Seite bzw. Seiten
S.p.A.	Società per azioni
SE	Societas Europaea
SEAG	SE-Ausführungsgesetz vom 22. Dezember 2004 (BGBl. I S. 3675), zuletzt geändert durch Artikel

	6 des Gesetzes vom 30. Juli 2009 (BGBl. I S. 2479)
SE-VO	Verordnung (EG) Nr. 2157/2001 des Rates über das Statut der Europäischen Gesellschaft (SE)
sog.	sogenannt
u.a.	unter anderem
u.U.	unter Umständen
UMAG	Gesetz zur Unternehmensintegrität und Modernisierung des Anfechtungsrechts vom 22. September 2005 (BGBl. I. S. 2802)
UmwG	Umwandlungsgesetz vom 28. Oktober 1994 (BGBl. I S. 3210; 1995 I S. 428), zuletzt geändert durch Artikel 2 Absatz 48 des Gesetzes vom 22. Dezember 2011 (BGBl. I S. 3044)
VorstAG	Gesetz zur Angemessenheit der Vorstandsvergütung vom 5. August 2009 (BGBl. I S. 2509)
z.B.	zum Beispiel
Ziff.	Ziffer

Einleitung

I. Gegenstand der Untersuchung

Die nachfolgende Untersuchung befasst sich mit der von § 83 Abs. 2 AktG ausgesprochenen Pflicht des Vorstands einer Aktiengesellschaft zur Ausführung von Hauptversammlungsbeschlüssen. Dieses scheinbar sehr spezielle Thema zeichnet sich durch erhebliche wirtschaftliche Relevanz aus: ob Hauptversammlungsbeschlüsse ausgeführt werden oder nicht, kann für das Schicksal einer Aktiengesellschaft gravierende Folgen haben, gar existentielle, wenn z.B. eine Kapitalerhöhung in der Krise der Gesellschaft ausbleibt.

1. Ein Beispiel

Die rechtliche Problematik der zu untersuchenden Fragen verdeutlicht sich an einem fiktiven, aber nicht ungewöhnlichen[1] Beispiel: Der Vorstand einer börsennotierten Aktiengesellschaft beabsichtigt, einen wesentlichen Geschäftsbereich seiner Gesellschaft im Wege eines *Asset Deal* an einen Dritten zu veräußern – zu einem Kaufpreis von einer Milliarde Euro. Die Veräußerung ist für die Gesellschaft vorteilhaft: mit dem Erlös beabsichtigt der Vorstand Investitionen in ein neues Geschäftsfeld, das mehr Rentabilität verspricht. Der Vorstand ist sich jedoch nicht ganz sicher, ob die Veräußerung des wesentlichen Geschäftsbereichs eine Zustimmung der Hauptversammlung nach den Kriterien der „Holzmüller“[2]- bzw. „Gelatine“[3]-Rechtsprechung des BGH erfordert. Um rechtliche Risiken auszuschließen, beruft der Vorstand eine außerordentliche Hauptversammlung ein und legt ihr den Unternehmenskaufvertrag zur Zustimmung vor. Die Hauptversammlung stimmt dem Unternehmenskaufvertrag zu. An ihr nehmen jedoch auch einige der sogenannten „Berufskläger“[4] teil, die gegen den Zustimmungsbeschluss Widerspruch zur notariellen Niederschrift erklären und wenige Tage nach der Hauptversammlung Anfechtungsklage erheben. Der Vorstand sieht sich nun in einer schwierigen Situation: einerseits hält er die Zustimmung der Hauptversammlung zum Unternehmenskaufvertrag nicht für verzichtbar, andererseits aber ist der Zustimmungsbeschluss angefochten. Der Vorstand kann auch nicht ausschließen, dass die Anfechtungsklagen Erfolg haben

---

1 Vgl. *Goette,* DStR 2004, 927, 928; *Fleischer,* BB 2005, 2025, 2028; ein reales Beispiel wird unter 3. geschildert.

2 BGHZ 83, 122 („Holzmüller“).

3 BGHZ 159, 30 („Gelatine I“); BGH ZIP 2004, 1001 („Gelatine II“).

4 Siehe hierzu die grundlegende empirische Untersuchung von *Baums/Keinath/Gajek,* ZIP 2007, 1629; zuvor schon *Boujong,* FS Kellermann, S. 1.

werden.[5] Vollzieht er in dieser unklaren Situation den Vertrag, erklärt jedoch ein Gericht später den Zustimmungsbeschluss für nichtig, droht eine kaum zu realisierende Rückabwicklung des Vertrags, mit erheblichen Folgekosten. Unterlässt der Vorstand hingegen den Vollzug des Vertrags bis zum rechtskräftigen Abschluss des Anfechtungsverfahrens, könnten aufgrund der bloßen Verzögerung der Transaktion ein für die Gesellschaft vorteilhaftes Rechtsgeschäft sowie eine sinnvolle Neuorientierung der Geschäftstätigkeit scheitern. In beiden Szenarien käme alsbald die Frage nach der persönlichen Haftung der Vorstandsmitglieder auf.

In seinem Dilemma würde dem Vorstand ein Blick ins Gesetz kaum weiterhelfen. Die Vorschrift des § 83 Abs. 2 AktG verlangt zwar von ihm, dass er die Beschlüsse der Hauptversammlung ausführt, ohne eine Grenze der Pflicht zu erwähnen. Die scheinbare Klarheit des § 83 Abs. 2 AktG wird aber durch § 93 Abs. 4 Satz 1 AktG getrübt: danach tritt die Ersatzpflicht des Vorstands gegenüber der Gesellschaft nicht ein, wenn die Handlung auf einem *gesetzmäßigen* Beschluss der Hauptversammlung beruht. Wäre die Anfechtungsklage indes erfolgreich, läge kein gesetzmäßiger, sondern ein rechtswidriger Beschluss vor. Bedeutet dies, dass der Vorstand für die Ausführung eines rechtswidrigen Beschlusses haften muss? Gegenüber Gläubigern der Aktiengesellschaft würde die Ersatzpflicht durch den Beschluss der Hauptversammlung überhaupt nicht aufgehoben, § 93 Abs. 5 Satz 3 AktG. Besteht folglich ein Haftungsrisiko auch bei der Ausführung gesetzmäßiger Beschlüsse? Kann der Vorstand überhaupt zur Ausführung von Hauptversammlungsbeschlüssen verpflichtet sein, wenn er sich durch die Ausführung haftbar macht? Und wie liegen die Pflichten, wenn die Rechtslage aufgrund des anhängigen Gerichtsverfahrens unklar ist? Über die Gesetzmäßigkeit des Beschlusses entscheidet mit Letztverbindlichkeit nicht der Vorstand, sondern ein Gericht. Ein kleiner Formfehler im Beschlussverfahren, eine nicht ganz ausreichend beantwortete Frage etwa, könnte ein Gericht dazu bewegen, einen ansonsten einwandfreien Beschluss für nichtig zu erklären. Muss sich der Vorstand daher bei der Beschlussausführung „in Gottes Hand" begeben? Das Gesetz gibt auf diese Fragen keine klaren Antworten.

Auch für eine Umgehung des beispielhaften Problems gibt es kaum Spielraum. Eine Beschleunigung des Anfechtungsverfahrens durch ein Freigabeverfahren gemäß § 246a AktG wäre dem Vorstand nicht möglich, weil das Freigabeverfahren de lege lata auf Zustimmungsbeschlüsse zu Geschäftsführungsmaßnahmen keine Anwendung findet. Ferner wären im Beispiel die Voraussetzungen für einen „Abkauf" der Anfechtungsklagen nicht erfüllt, da bei Nichtvollzug

---

5 Vgl. *Volhard,* ZGR 1996, 55, demzufolge bis zur Rechtskraft des die Anfechtungsklage abweisenden Urteils mit der Aufhebung des Beschlusses gerechnet werden muss.

des Unternehmenskaufvertrags zwar die Rentabilität leidet, ein schwerer Schaden für die Gesellschaft aber als ausgeschlossen erscheint.6 Wenn der Unternehmenskaufvertrag den Konflikt, in dem sich der Vorstand befindet, nicht antizipiert und Regelungen für diesen Fall vorgesehen hat, bleibt dem Vorstand letztlich nur, selbst zu entscheiden, ob er den Vertrag vollzieht oder nicht.

2. Bisherige Literatur zum Thema

Die Ausführung von Hauptversammlungsbeschlüssen stellt einen Teilbereich der „wissenschaftlich unterbelichteten“[7] Exekutivaufgaben des Vorstands dar. Es gibt nur wenige Aufsätze, die einzelne Aspekte der Beschlussausführung als ihr zentrales Thema erörtern.[8] Außerdem finden sich knappe Passagen hierzu an verschiedenen Stellen in aktienrechtlichen Kommentaren und Handbüchern sowie einzelnen Monographien. Der Aufsatz von *Hefermehl*[9] ist dabei fast vollständig in seine Kommentierung zu § 93 AktG in Geßler/Hefermehl[10] bzw. dann im Münchener Kommentar[11] aufgegangen und dort von *Spindler*[12] praktisch unverändert fortgeführt worden. Ähnlich enthält die Kommentierung von *Fleischer* zu § 93 AktG in Spindler/Stilz[13] fast vollständig seinen Aufsatz[14] zu dem Thema. Zwei der großen Aktienrechtskommentare können folglich nicht mehr zur nachfolgenden Untersuchung beitragen, als bereits in den Aufsätzen ihrer Bearbeiter enthalten ist.

Ausführlich ist die Pflicht zur Ausführung von Hauptversammlungsbeschlüssen in einem längeren Abschnitt der Dissertation von *Servatius* zum Thema „Strukturmaßnahmen als Unternehmensleitung“ angesprochen worden.[15] Ziel seiner Arbeit ist es, unter dem Begriff der „materiellen Beschlussverantwortung“ eine umfassende Pflichtenbindung des Vorstands im Zusammenhang mit Grundlagenentscheidungen und Strukturänderungen der Hauptversammlung

6 Siehe zur Frage, wann der Abkauf von Anfechtungsklagen zulässig sein kann, *Merkt*, in: Großkomm. z. AktG, § 71 Rdn. 173 ff. und *Riegger/Götze*, in: Krieger/Schneider, Handbuch Managerhaftung, § 26 Rdn. 1 ff.

7 So ausdrücklich *Fleischer,* BB 2005, 2025.

8 Diese sind *Hefermehl,* FS Schilling, S. 159; *Martens,* FS Beusch, S. 529; *Volhard,* ZGR 1996, 55; *Haertlein,* ZHR 168 (2004), 437; *Fleischer,* BB 2005, 2025; *Rohde/Geschwandtner,* NZG 2005, 996; *Findeisen,* ZIP 2009, 1647; ferner aus der älteren Literatur vor Inkrafttreten des AktG *Hirsch,* ZHR 95 (1930), 69.

9 *Hefermehl,* FS Schilling, S. 159.

10 *Hefermehl*, in: Geßler/Hefermehl, Komm. z. AktG, § 93 Rdn. 47 ff.

11 *Hefermehl/Spindler*, in: Münchener Komm. z. AktG, 2. Aufl., § 93 Rdn. 110 ff.

12 *Spindler*, in: Münchener Komm. z. AktG, § 93 Rdn. 206 ff.

13 *Fleischer*, in: Spindler/Stilz, Komm. z. AktG, § 93 Rdn. 264 ff.

14 *Fleischer,* BB 2005, 2025.

15 *Servatius,* Strukturmaßnahmen, dort die S. 330 – 368.

herauszuarbeiten.[16] Von diesem Ausgangspunkt aus zeigt er u.a. auf, welche Funktion dem Vorstand im Anschluss an die Beschlussfassung zukommt.[17]

Zu erwähnen ist ferner die ältere Dissertation von *Golling* zur „Sorgfaltspflicht und Verantwortlichkeit der Vorstandsmitglieder für ihre Geschäftsführung innerhalb der nicht konzerngebundenen Aktiengesellschaft", die ebenfalls in einem längeren Abschnitt auf einige Teilfragen der Ausführung von Hauptversammlungsbeschlüssen eingeht.[18]

Keine der bisher vorliegenden Dissertationen stellt jedoch die Pflicht des Vorstands zur Ausführung von Hauptversammlungsbeschlüssen in den Mittelpunkt. *Golling* behandelt dieses Thema nur als Teilaspekt der Frage, welche Bedeutung Hauptversammlungsbeschlüsse über Geschäftsführungsfragen für die Ersatzpflicht der Vorstandsmitglieder – die der eigentliche Gegenstand seiner Untersuchung ist – haben.[19] Auch von *Servatius* wird die Beschlussausführung nur in einer Reihe mit weiteren Vorstandspflichten im Zusammengang mit der „Beschlussverantwortung" erörtert.[20] Zudem steht bei ihm mit der Frage, ob der Vorstand zur Anfechtung eines rechtswidrigen Hauptversammlungsbeschlusses verpflichtet ist, lediglich ein Teilaspekt der Beschlussausführung im Zentrum.[21] Wie der Vorstand zu handeln hat, wenn die Rechtslage um den angefochtenen Hauptversammlungsbeschluss unklar ist, behandelt *Servatius* nicht, ebenso wenig wie die Frage, welche Beschlüsse überhaupt einer Ausführungspflicht des Vorstands unterliegen.

3. Ziele der Untersuchung

In der bisherigen Literatur zur Beschlussausführung fehlt (i) eine umfassende Analyse der verschiedenen Arten von Hauptversammlungsbeschlüssen im Hinblick auf die konkrete Reichweite der Ausführungspflicht sowie (ii) eine umfassende Analyse der Rechte und Pflichten des Vorstands bei der Ausführung gesetzmäßiger bzw. rechtswidriger Hauptversammlungsbeschlüsse, insbesondere dann, wenn die Rechtslage unklar ist.

Diese Analysen durchzuführen, hat sich die nachfolgende Untersuchung zum Ziel gesetzt. Dabei wird sich zeigen, dass eine Vielzahl von Einzelfragen der Beschlussausführung umstritten ist. Insbesondere die – für die Praxis zentra-

16 *Servatius,* Strukturmaßnahmen, S. 2.

17 *Servatius,* Strukturmaßnahmen, S. 330.

18 *Golling,* Sorgfaltspflicht, dort auf den S. 74 – 88.

19 *Golling,* Sorgfaltspflicht, S. 85 ff.

20 Beispielhaft befasst sich *Servatius* noch mit der Bindung des Vorstands an den Unternehmensgegenstand und das Gewinnziel sowie mit der Pflicht zur Vorbereitung rechtmäßiger und sachgerechter Entscheidungen der Hauptversammlung.

21 Dieses Thema wird auf den S. 338 – 362 behandelt.

le – Frage, unter welchen Voraussetzungen der Vorstand angefochtene Hauptversammlungsbeschlüsse vollziehen darf oder muss, wird sehr divergierend beantwortet.[22] Unklarheit besteht in besonderem Maße, wenn die Rechtslage im Anschluss an die Hauptversammlung und vor Abschluss eines Anfechtungsverfahrens – also im regelmäßig für die Beschlussausführung maßgeblichen Zeitpunkt – ungewiss ist.[23] Die Literatur schätzt, dass das „aktienrechtliche Verantwortlichkeitsrecht" hinsichtlich der Organpflichten des Vorstands bei unsicherer Rechtslage noch keine Verhaltensmaßstäbe entwickelt hat und diese Frage noch einer gründlichen Aufarbeitung bedarf.[24]

Die ungeklärten Verhaltenspflichten des Vorstands angesichts angefochtener Hauptversammlungsbeschlüsse führen in der Praxis zu erheblicher Unsicherheit. Dies zeigen exemplarisch die seit Jahren anhängigen Rechtsstreite um den Verkauf der Bank Austria Creditanstalt AG (heute: Bank Austria AG) durch die Bayerische Hypo- und Vereinsbank AG (HVB, heute: UniCredit Bank AG) an ihre Konzernmutter UniCredito Italiano S.p.A. (heute: UniCredit S.p.A.):[25] Die Hauptversammlung der HVB stimmte dem Verkauf zu, doch der Zustimmungsbeschluss wurde von 48 Minderheitsaktionären angefochten. Sie werfen der HVB im Wesentlichen vor, die Bank Austria unter Wert an UniCredit verkauft zu haben. Während des laufenden Anfechtungsverfahrens wurden der Verkauf vollzogen und die Bank-Austria-Aktien an UniCredit übereignet. Daraufhin haben Aktionäre der HVB Klage gegen UniCredit und einzelne Organmitglieder der HVB auf Zahlung von Schadensersatz in Höhe von 17,35 Milliarden Euro an die Gesellschaft erhoben. Ein später von der Hauptversammlung der HVB unter Ausschluss der Stimmen von UniCredit gemäß § 147 Abs. 2 Satz 1 AktG bestellter besonderer Vertreter reichte ebenfalls Klage im Namen der HVB gegen einzelne Organmitglieder und UniCredit ein, gerichtet auf Rückgabe der Bank Austria, hilfsweise auf Zahlung von Schadensersatz in Höhe von mindestens 13,9 Milliarden Euro.

Diese Rechtsstreite belegen die erheblichen Haftungsrisiken, denen Vorstandsmitglieder bei der Beschlussausführung ausgesetzt sein können.[26] Die HVB-Prozesse gaben auch den Anlass für die nachfolgende Untersuchung.[27] Angesichts der bestehenden Unsicherheiten will die nachfolgende Untersuchung

---

22 Siehe hierzu Kapitel 3:II.

23 Siehe hierzu Kapitel 4:II und III.

24 So ausdrücklich *Fleischer,* BB 2005, 2025, 2026.

25 Der Sachverhalt wird ausführlich von *Wirth,* FS Hüffer, S. 1129 geschildert.

26 Ein weiteres, äußerst beeindruckendes Beispiel benennt *Haertlein,* ZHR 168 (2004), 437, 439 mit der Auszahlung einer „Superdividende" in Höhe von EUR 4,6 Milliarden an die Aktionäre der Tchibo Holding AG.

27 Der Verfasser war vielfältig an der Prozessführung der HVB beteiligt.

für die Praxis klare Verhaltensmaßstäbe hinsichtlich der Organpflichten des Vorstands bei angefochtenen Hauptversammlungsbeschlüssen entwickeln, damit Entscheidungen über die Beschlussausführung auf eine geklärte Rechtslage gestützt werden können und so das Haftungsrisiko der Vorstandsmitglieder minimiert wird.

4. Grenzen der Untersuchung

Nicht zum Gegenstand der Untersuchung gehört die Frage, nach welchen Maßstäben andere Organe oder Personen Hauptversammlungsbeschlüsse auszuführen haben. Wie bereits erwähnt, kann ein Beschluss gemäß § 147 Abs. 1 AktG, Ersatzansprüche der Gesellschaft geltend zu machen, statt durch die eigentlich hierfür bestellten Organe Vorstand und Aufsichtsrat auch durch besondere Vertreter umgesetzt werden. Weiter gibt es Fälle, in denen der Aufsichtsrat zum Ausführungsorgan der Hauptversammlung wird. Zu nennen sind hier ebenfalls Beschlüsse gemäß § 147 Abs. 1 AktG, wenn sich die Ersatzansprüche gegen Mitglieder des Vorstands richten.[28] Auch der Aufsichtsratsvorsitzende ist unmittelbar in die Beschlussausführung einbezogen: Nach § 184 Abs. 1 Satz 1 AktG hat er zusammen mit dem Vorstand den Beschluss über die Erhöhung des Grundkapitals zur Eintragung in das Handelsregister anzumelden.

Um den Rahmen der Untersuchung nicht zu sprengen, können Hauptversammlungsbeschlüsse, die nach anderen Gesetzen als dem AktG vorgesehen sind,[29] nur vereinzelt betrachtet werden. Ebenso wenig gehört die Ausführung anderer Beschlüsse als Hauptversammlungsbeschlüsse zum Gegenstand der Untersuchung, z.B. Sonderbeschlüsse einzelner Aktionärsgruppen[30]. Auch auf Besonderheiten in der konzernverbundenen Aktiengesellschaft kann allenfalls nur punktuell eingegangen werden.[31]

II. Gang der Darstellung

Um die Ziele der Untersuchung zu erreichen, sollen in einem ersten Schritt die Grundlagen der Ausführungspflicht herausgearbeitet werden.[32] Anschließend soll der tatbestandliche Anwendungsbereich der Ausführungspflicht unter Berücksichtigung der verschiedenen Arten von Hauptversammlungsbeschlüssen konkretisiert werden,[33] bevor nach inhärenten Grenzen der Ausführungspflicht

---

28 Vgl. *Mertens/Cahn*, in: Kölner Komm. z. AktG, § 83 Rdn. 11.

29 Etwa § 13 Abs. 1 UmwG für die Zustimmung zum Verschmelzungsvertrag.

30 Etwa § 131 Abs. 1 AktG, wonach die Vorzugsaktionäre einer Aufhebung oder Beschränkung des Vorzugs zuzustimmen hätten.

31 Siehe unten Kapitel 5:II.4.

32 Unten Kapitel 1.

33 Unten Kapitel 2.

gesucht wird[34]. Nachdem die Vorstandspflichten unter der Prämisse einer eindeutigen Rechtslage geklärt worden sind, soll die in der Praxis häufig anzutreffende Situation in den Blickpunkt gerückt werden, dass die Rechtslage nicht eindeutig ist.[35] Abschließend sollen aus den dogmatischen Erwägungen konkrete Folgen für die Praxis abgeleitet werden,[36] wobei die Rechtsfolgen von Pflichtverletzungen ein eigenes Kapitel erfordern[37].

III. Begriffsklarstellung

Der sprachlichen Knappheit halber wird die in § 83 Abs. 2 AktG ausgesprochene Pflicht des Vorstands zur Ausführung von Hauptversammlungsbeschlüssen in der nachfolgenden Untersuchung meist „Ausführungspflicht" genannt werden, ohne dabei die von § 83 Abs. 2 AktG gezeichneten Umrisse zu überschreiten: gemeint sind stets nur die Ausführung von Hauptversammlungsbeschlüssen – im Unterschied zu Beschlüssen z.B. des Vorstands oder des Aufsichtsrats – sowie deren Ausführung durch den Vorstand – im Unterschied zur Ausführung z.B. durch den Aufsichtsrat. Auch soweit ohne anderslautenden Zusatz von „Beschlüssen" gesprochen wird, sind nur Hauptversammlungsbeschlüsse gemeint.

34 Unten Kapitel 3.
35 Unten Kapitel 4.
36 Unten Kapitel 5.
37 Unten Kapitel 6.

Kapitel 1: Grundlagen

I. Die Singularität des § 83 Abs. 2 AktG

1. Die Kodifizierung der allgemeinen Ausführungspflicht in § 83 Abs. 2 AktG und die *leges speciales*

Der Vorstand einer Aktiengesellschaft ist gemäß § 83 Abs. 2 AktG „verpflichtet, die von der Hauptversammlung im Rahmen ihrer Zuständigkeit beschlossenen Maßnahmen auszuführen". Diese Vorschrift wurde erstmals mit dem Aktiengesetz von 1965 eingeführt; sie hat kein historisches Vorbild.[38] Gleichwohl wird mit § 83 Abs. 2 AktG keine wesentliche Neuerung der Rechtslage verbunden. Den Gesetzesmaterialien zufolge „stellt" die Vorschrift „klar", dass der Vorstand verpflichtet ist, die sich aus dem Beschluss der Hauptversammlung ergebenden Ausführungshandlungen vorzunehmen.[39] Ebenso nehmen etliche Autoren an, dass § 83 Abs. 2 AktG nur „klarstellende Bedeutung" hat[40] und eigentlich eine „Selbstverständlichkeit" regelt[41]. Trotz der übereinstimmenden Würdigung verbleibt die Frage, was eigentlich klargestellt werden sollte.

Neben § 83 Abs. 2 AktG konkretisiert das AktG einzelne Ausführungshandlungen speziell, teils in Übereinstimmung mit § 83 Abs. 2 AktG, teils davon abweichend. So hat der Vorstand gemäß § 181 Abs. 1 Satz 1 AktG Satzungsänderungen zur Eintragung in das Handelsregister anzumelden. Diese Pflicht des Vorstands würde unmittelbar aus § 83 Abs. 2 AktG folgen, sind Anmeldungen zum Handelsregister doch die nächstliegende Form der Beschlussausführung.[42] Hingegen ist ein Kapitalerhöhungsbeschluss gemäß § 184 Abs. 1 Satz 1 AktG nicht nur vom Vorstand, sondern auch vom Vorsitzenden des Aufsichtsrats anzumelden. Die Mitwirkung des Aufsichtsratsvorsitzenden hat den Zweck, den

---

38 *Spindler*, in: Münchener Komm. z. AktG, § 83 Rdn. 5; *Fleischer*, in: Spindler/Stilz, Komm. z. AktG, § 83 Rdn. 2; *Fleischer,* BB 2005, 2025; *Servatius,* Strukturmaßnahmen, S. 5.

39 Begründung zum Regierungsentwurf bei *Kropff,* Aktiengesetz, S. 104.

40 Vgl. *Habersack*, in: Großkomm. z. AktG, § 83 Rdn. 2; *Fleischer*, in: Spindler/Stilz, Komm. z. AktG, § 83 Rdn. 2; *Hüffer,* Komm. z. AktG, § 83 Rdn. 5; *Seibt*, in: Schmidt/Lutter, Komm. z. AktG, § 83 Rdn. 2; *Fleischer,* BB 2005, 2025; *Servatius,* Strukturmaßnahmen, S. 330.

41 *Von Godin/Wilhelmi,* Komm. z. AktG, § 83 Anm. 5.

42 Vgl. Begründung zum Regierungsentwurf bei *Kropff,* Aktiengesetz, S. 104 und *Stein*, in: Münchener Komm. z. AktG, § 181 Rdn. 14.

im Zusammenhang mit der Anmeldung abzugebenden, nach § 399 Abs. 1 Nr. 4 AktG strafbewehrten Erklärungen eine höhere Verlässlichkeit zu geben.[43]

Die Existenz der *leges speciales* führt jedoch nicht dazu, dass § 83 Abs. 2 AktG entbehrlich wäre. Es gibt eine Reihe von Hauptversammlungsbeschlüssen, die ihre Ausführung nicht eigenständig regeln. Beispielsweise kennt das AktG das Recht der Hauptversammlung, einen Gewinnverwendungsbeschluss zu fassen. Dass aus diesem Beschluss ein Dividendenanspruch der Aktionäre folgt, der vom Vorstand zu erfüllen ist,[44] lässt das AktG indes unausgesprochen.

Auf die einzelnen Sonderregelungen wird später näher einzugehen sein.[45] An dieser Stelle ist festzuhalten, dass § 83 Abs. 2 AktG den Grundsatz der Beschlussausführung durch den Vorstand formuliert, dieser Grundsatz aber vereinzelt durch *leges speciales* modifiziert wird. Es liegt die Vermutung nahe, dass die Modifikation immer dann vorgenommen wurde, wenn die Interessenlage eine abweichende Regelung sinnvoll erscheinen lässt. Ob sich diese Vermutung bewahrheitet, wird noch zu prüfen sein.

2. Keine gleichartigen Vorschriften zu anderen juristischen Personen

Bei § 83 Abs. 2 AktG handelt es sich eine singuläre Vorschrift, für die der Gesetzgeber nur im Aktienrecht einen Bedarf sah. Um die Besonderheit des § 83 Abs. 2 AktG zu erkennen, ist ein Blick in die Gesetzesvorschriften zu anderen juristischen Personen förderlich. Dort findet sich nur eine Norm, die die Ausführung von Beschlüssen der jeweiligen Mitgliederversammlung in vergleichbarer Weise thematisiert: § 287 Abs. 1 AktG, wonach in der KGaA die Beschlüsse der Kommanditaktionäre vom Aufsichtsrat ausgeführt werden, sofern die Satzung nichts anderes bestimmt. Die Beschlussausführung durch den Aufsichtsrat betrifft allerdings eine Sondersituation: Von § 287 Abs. 1 AktG werden nur Beschlüsse der *Kommanditaktionäre* erfasst, also Beschlüsse über Rechte, die in einer KG den Kommanditisten gegenüber den Komplementären oder der Gesellschaft zustehen und gleichermaßen von den Kommanditaktionären geltend gemacht werden können.[46] Alle weiteren Beschlüsse der KGaA-Hauptversammlung werden von den Komplementären ausgeführt; insoweit gilt § 83

---

43 *Peifer*, in: Münchener Komm. z. AktG, § 184 Rdn. 8; *Lutter/Leinekugel,* ZIP 2000, 1225, 1228 f.; siehe hierzu näher auch unten Kapitel 2:II.3.a.dd.

44 Vgl. *Haertlein,* ZHR 168 (2004), 437, 438 f.

45 Unten Kapitel 2:II.3 und III.

46 *Perlitt*, in: Münchener Komm. z. AktG, § 287 Rdn. 58; für Beispiele siehe *Assmann/Sethe*, in: Großkomm. z. AktG, § 287 Rdn. 49.

Abs. 2 AktG aufgrund der allgemeinen Verweisung in § 278 Abs. 3 AktG.[47] Die Vorschrift des § 287 Abs. 1 AktG ist daher keine mit § 83 Abs. 2 AktG vergleichbare Grundsatzvorschrift, sondern zu den *leges speciales* zu zählen. Sie findet ihren Sinn darin, Interessenkonflikte zu vermeiden, die bestünden, wenn die Komplementäre Rechte der Kommanditaktionäre gegen sich selbst gelten machen müssten.

Auch bei den anderen juristischen Personen ist anerkannt, dass die Beschlüsse des jeweiligen Mitgliedergremiums im Grundsatz vom jeweiligen Geschäftsführungsorgan ausgeführt werden. So sind in der GmbH Beschlüsse der Gesellschafterversammlung vom Geschäftsführer auszuführen,[48] während für die Beschlüsse der Mitgliederversammlung des Vereins[49] ebenso wie für die Beschlüsse der genossenschaftlichen Generalversammlung[50] der Vorstand das Ausführungsorgan ist. Für die SE wiederum gilt § 83 Abs. 2 AktG direkt aufgrund der Verweisung in Art. 9 Abs. 1 lit. c) ii) SE-VO, da weder die SE-VO noch das SEAG Regelungen zur Ausführung von Beschlüssen der SE-Hauptversammlung enthalten.[51] Weder beim Verein noch bei der GmbH, Genossenschaft oder SE wurde der Grundsatz der Beschlussausführung indes positivrechtlich geregelt. Als Besonderheit ist für die Stiftung anzumerken, dass bei ihr mangels Mitgliedergremium keine vergleichbare Situation denkbar ist, die einer entsprechenden Regelung zugänglich wäre.

Die Singularität des § 83 Abs. 2 AktG verwundert, und es stellt sich erneut die Frage, welche Unklarheit bestand, die der Gesetzgeber mit dieser Vorschrift beseitigen wollte. Die Antwort auf diese Frage verlangt einen Blick zurück in die historischen Hintergründe der Ausführungspflicht.

---

47 *Perlitt*, in: Münchener Komm. z. AktG, § 287 Rdn. 59; *Assmann/Sethe*, in: Großkomm. z. AktG, § 287 Rdn. 49.

48 *Wolff*, in: Münchener Handbuch GesR, Bd. 3, § 39 Rdn. 92.

49 Soergel/*Hadding*, Komm. z. BGB, § 32 Rdn. 6; vgl. BGHZ 110, 323, 334 f. („Schärenkreuzer“).

50 *Müller*, Komm. z. GenG, § 24 Rdn. 2.

51 Ebenso *Reichert/Brandes*, in: Münchener Komm. z. AktG, 2. Aufl., Art. 43 SE-VO Rdn. 107 für den Verwaltungsrat der monistisch organisierten SE.

II. Die rechtshistorische Entwicklung zur kodifizierten Ausführungspflicht

1. Der Meinungsstreit vor dem AktG über die Ausführungspflicht

So selbstverständlich, wie beteuert wird,[52] ist die Pflicht des Vorstands zur Beschlussausführung nicht. Vor der Aktienrechtsreform 1965 war die Frage umstritten:

a. Die Bedenken *v. Godins* gegen eine Ausführungspflicht

Zwar bejahte die damals h.M. die grundsätzliche Pflicht des Vorstands zur Ausführung gesetzmäßiger Hauptversammlungsbeschlüsse.[53] Da keine ausdrückliche Vorschrift wie § 83 Abs. 2 AktG existierte, hatte *Hirsch* sie vor der Aktienrechtsreform 1937 aus den allgemeinen Regeln des Auftragsrechts abgeleitet.[54] Mit *v. Godin* gab es aber auch eine prominente Gegenstimme. *V. Godin* zufolge konnte der Vorstand einen Beschluss „befolgen oder nicht befolgen, wie es ihm richtig dünkt".[55] Er nahm dies zumindest für die Entscheidung der Hauptversammlung über Geschäftsführungsfragen gemäß § 102 Abs. 2 AktG 1937[56] und die Zustimmung der Hauptversammlung zur Verschmelzung gemäß § 243 AktG 1937[57] an.[58] Zwei Gründe führte *v. Godin* für die Unverbindlichkeit an: Zum einen werde, so jedenfalls *v. Godin*, die Haftung des Vorstands gegenüber den Gläubigern der Gesellschaft wegen § 84 Abs. 5 Satz 3 AktG 1937[59] nicht dadurch aufgehoben, dass die Handlung des Vorstands auf einem Beschluss der Hauptversammlung beruht.[60] Zum anderen könne eine gegenteilige Ansicht nur annehmen, wer in § 243 AktG 1937 eine Ausnahme nicht nur von dem Grundsatz, dass die Vertretungsmacht des Vorstands unbeschränkt ist, sondern auch

---

52 Siehe Fn. 41.

53 Vgl. *Schlegelberger/Quassowski,* Aktiengesetz, § 74 Anm. 6 ff.; *Schilling,* in: Großkomm. z. AktG, 2. Aufl., § 84 Anm. 36; *Golling,* Sorgfaltspflicht, S. 86 ff.; *Hirsch,* ZHR 95 (1930), 69, 72 f.

54 *Hirsch,* ZHR 95 (1930), 69, 73.

55 *Von Godin,* JW 1938, 1146, 1147 mit unzutreffender Berufung auf *Schlegelberger/Quassowski,* Aktiengesetz, § 103 Anm. 5.

56 Heute § 119 Abs. 2 AktG.

57 Heute im Grundsatz von § 13 UmwG geregelt.

58 *Von Godin,* JW 1938, 1146, 1147.

59 Heute § 93 Abs. 5 Satz 3 AktG.

60 *Von Godin,* JW 1938, 1146, 1147.

von dem Grundsatz, dass der Vorstand in seiner Geschäftsführung frei ist, erblickt.[61]

b. Erwiderung auf *v. Godin*

Die grundsätzlichen Bedenken *v. Godins* gegen eine Ausführungspflicht sind nicht ohne Erwiderung geblieben. Soweit seiner Meinung nach die Unverbindlichkeit der Beschlussausführung aus der vermeintlich fehlenden Haftungsfreistellung gegenüber Gläubigern folgen soll, wurde dieser Schluss nicht für zwingend gehalten.[62] Denn die Haftung des Vorstands gegenüber Gläubigern setzt voraus, dass der Vorstand durch die Ausführung des Hauptversammlungsbeschlusses eine Pflichtverletzung begeht; eine Pflichtverletzung würde jedoch nicht vorliegen – so das Gegenargument –, wenn der Vorstand zur Ausführung des Beschlusses verpflichtet ist. Bei diesem Gegenargument besteht indes die Gefahr einer *petitio principii*, wenn das Bestehen der Ausführungspflicht aus den Haftungsrisiken bei Bestehen der Ausführungspflicht hergeleitet wird.[63]

Die Gegenmeinung verneinte eine Haftung des Vorstands jedoch auch unabhängig vom Bestehen einer allgemeinen Ausführungspflicht: Eine Haftung des Vorstands gegenüber Gläubigern für die Ausführung eines Hauptversammlungsbeschlusses wurde nur in solchen Fällen für möglich gehalten, in denen der Beschluss gegen Gesetz oder Satzung verstößt oder die Gesellschaft schädigt.[64] Für solche Fallkonstellationen aber sollte die Ausführungspflicht gerade nicht bestehen; im Gegenteil wurde angenommen, dass der Vorstand bei rechtswidrigen oder schädlichen Beschlüssen die Beschlussausführung unterlassen muss.[65]

Auch das Argument *v. Godins*, dass eine Ausführungspflicht mit der Leitungsbefugnis in Konflikt gerate, wurde nicht für überzeugend gehalten. Ihm hielten die Gegenstimmen entgegen, dass es eine unbeschränkte Leitungsbefugnis des Vorstands nicht gebe.[66] Zumindest in den Fällen, in denen das Gesetz

---

61 *Von Godin,* JW 1938, 1146, 1148.

62 Vgl. *Schilling*, in: Großkomm. z. AktG, 2. Aufl., § 84 Anm. 36a.

63 Zum Problem der *petitio principii* bei dieser Argumentation siehe ergänzend Kapitel 3:III.1.e.

64 *Schilling*, in: Großkomm. z. AktG, 2. Aufl., § 84 Anm. 36a; *Golling,* Sorgfaltspflicht, S. 87 f.

65 *Schilling*, in: Großkomm. z. AktG, 2. Aufl., § 84 Anm. 36a; *Golling,* Sorgfaltspflicht, S. 87 f.

66 *Schilling*, in: Großkomm. z. AktG, 2. Aufl., § 84 Anm. 36; *Golling,* Sorgfaltspflicht, S. 86 f.

einen Beschluss der Hauptversammlung zwingend vorschreibt, könne nicht von einer unbeschränkten Leitungsbefugnis ausgegangen werden.[67]

c. Die Fortführung der Bedenken *v. Godins* in v. Godin/Wilhelmi

Die Meinung *v. Godins* wurde trotz der geschilderten Einwände auch nach Inkrafttreten des § 83 Abs. 2 AktG am 1. Januar 1966[68] von *Hans Wilhelmi* und *Sylvester Wilhelmi* aufrechterhalten, wenngleich nicht in voller Konsequenz.

Zu § 93 AktG findet sich im Kommentar v. Godin/Wilhelmi noch in der 3. Aufl. 1967 und der 4. Aufl. 1971 die Aussage, dass der Vorstand nicht verpflichtet sei, einen Hauptversammlungsbeschluss auszuführen, auch dann nicht, wenn er auf sein Befragen hin ergangen ist.[69] Eine Ausnahme sollte lediglich für Beschlüsse gelten, die vom Vorstand vorgelegte Geschäftsführungsmaßnahmen ablehnen.[70] Zur Begründung wurde wiederum einerseits auf die allgemeine Leitungsbefugnis des Vorstands nach § 76 Abs. 1 AktG und anderseits auf die vermeintlich fehlende Haftungsfreistellung gegenüber Gläubigern aufgrund von § 93 Abs. 5 Satz 3 AktG verwiesen.[71]

In der 3. Aufl. des Kommentars wurde die Unverbindlichkeit von Hauptversammlungsbeschlüssen auch im Rahmen von § 119 AktG behauptet: Ausdrücklich entgegen der h.M. sollte die Bindungswirkung eines Hauptversammlungsbeschlusses wegen § 82 Abs. 2 AktG nur für beschränkende und ablehnende Beschlüsse gelten.[72] Neben § 82 Abs. 2 AktG war weiterhin § 93 Abs. 5 Satz 3 AktG das zentrale Argument, das eine Bindungswirkung „denknotwendig" ausschließe.[73] In der 4. und letzten Aufl. wurde diese Meinung zu § 119 AktG allerdings nicht mehr beibehalten. Stattdessen findet sich dort folgende, etwas kryptische Formulierung:

> „Soweit [Hauptversammlungsbeschlüsse] sich auf die Geschäftsführung beziehen, sind sie für den Vorstand unverbindlich und unbeachtlich (Ausnahme Beschlüsse gem. Abs. 2). Er kann ihnen folgen, braucht es aber nicht, […]"[74]

Worin der Ausnahmecharakter der „Beschlüsse gem. Abs. 2" besteht, bleibt unklar. Denkbar wäre zum einen, dass sie teilweise beachtlich sind, nämlich –

---

67 *Schilling*, in: Großkomm. z. AktG, 2. Aufl., § 84 Anm. 36; *Golling*, Sorgfaltspflicht, S. 86 f.

68 Siehe § 410 AktG.

69 *Von Godin/Wilhelmi*, Komm. z. AktG, § 93 Anm. 22; *von Godin/Wilhelmi*, Komm. z. AktG, 3. Aufl., § 93 Anm. 22.

70 *Von Godin/Wilhelmi*, Komm. z. AktG, § 93 Anm. 22.

71 *Von Godin/Wilhelmi*, Komm. z. AktG, § 93 Anm. 22.

72 *Von Godin/Wilhelmi*, Komm. z. AktG, 3. Aufl., § 119 Anm. 6.

73 *Von Godin/Wilhelmi*, Komm. z. AktG, 3. Aufl., § 119 Anm. 6.

74 *Von Godin/Wilhelmi*, Komm. z. AktG, § 119 Anm. 1.

wie zuvor in v. Godin/Wilhelmi vertreten – bei beschränkenden und ablehnenden Beschlüssen. Näher dürfte liegen, die etwas kryptische Formulierung umgekehrt gewendet dahin zu verstehen, dass eine Bindungswirkung für Hauptversammlungsbeschlüsse über Geschäftsführungsmaßnahmen dann bestehen soll, wenn sie gemäß dem Verfahren des § 119 Abs. 2 AktG, also auf Verlangen des Vorstands, zustande gekommen sind. Unter Annahme dieses Verständnisses würde die Kommentierung zu § 119 AktG inhaltlich mit der h.M. übereinstimmen, die ebenfalls eine Bindungswirkung für Hauptversammlungsbeschlüsse über Geschäftsführungsmaßnahmen nur dann bejaht, wenn der Vorstand den Beschluss verlangt hat, einen Beschluss hingegen, der nicht vom Vorstand verlangt wurde, für rechtlich wirkungslos hält.[75]

Der Schwenk bei § 119 AktG widerspricht jedoch in v. Godin/Wilhelmi der Aussage zu § 93 AktG, wonach der Vorstand nicht verpflichtet sei, einen Hauptversammlungsbeschluss auszuführen, auch dann nicht, wenn er auf sein Befragen hin ergangen ist.[76] Ein weiterer Widerspruch besteht zur Aussage zu § 83 Abs. 2 AktG, dass von der Hauptversammlung beschlossene Maßnahmen vom Vorstand „selbstverständlich" ausgeführt werden müssten.[77] Bei § 83 Abs. 2 AktG wird die Ausführungspflicht sogar aus der Stellung der Hauptversammlung als Organ abgeleitet: würde die in § 83 Abs. 2 AktG geregelte Verpflichtung verneint, so würde die Hauptversammlung zu einem beratenden Gremium degradiert, was dem ganzen Aktienrecht widerspräche.[78]

d. Schlussfolgerungen aus dem Meinungsstreit

Seit Inkrafttreten des § 83 Abs. 2 AktG, der den Grundsatz der Ausführungspflicht kodifiziert, lässt sich die Pflicht des Vorstands, Hauptversammlungsbeschlüsse auszuführen, nicht mehr grundsätzlich bestreiten. In der aktuellen Literatur tut dies niemand. Soweit *Rohde/Gschwandtner* speziell zu § 119 Abs. 2 AktG eine gegenteilige Meinung vertreten,[79] ist hierauf an geeigneter Stelle einzugehen.[80] Die divergierende, inkohärente Kommentierung in v. Godin/Willhelmi ist als nicht vollständig an die neue Rechtslage angepasstes Relikt einer vor Inkrafttreten des AktG geführten Grundsatzdiskussion zu sehen. Es bestehen daher weder ein Bedürfnis noch eine Absicht, den einst schwelenden Meinungsstreit zu entscheiden.

---

75 Siehe aus der seinerzeitigen Literatur *Baumbach/Hueck,* Komm. z. AktG, § 119 Rdn. 10.

76 Siehe Fn. 69.

77 *Von Godin/Wilhelmi,* Komm. z. AktG, § 83 Anm. 5.

78 *Von Godin/Wilhelmi,* Komm. z. AktG, § 83 Anm. 5.

79 *Rohde/Geschwandtner,* NZG 2005, 996.

80 Unten Kapitel 2:III.1.

Der damalige Meinungsstreit wurde vielmehr geschildert, um aufzuzeigen, dass es sich bei der Ausführungspflicht nicht, wie behauptet,[81] um eine Selbstverständlichkeit handelt. Es ist nicht zwingend geboten, dass der Vorstand für die Ausführung von Hauptversammlungsbeschlüssen zuständig ist. Zwar ist es üblich und wohl die ökonomischste Lösung, wenn das zur Geschäftsführung vorgesehene Organ auch die Geschäftsführungsaufgaben übernimmt, die durch das Handeln anderer Organe ausgelöst werden. Ähnlich sieht § 81 Abs. 1 AktG vor, dass der Vorstand auch Änderungen im Vorstand, die auf einem Abberufungs- oder Bestellungsbeschluss des *Aufsichtsrats* beruhen, zur Eintragung in das Handelsregister anzumelden hat. Denkbar wären aber auch andere Lösungen, z.B. eine Ausübung der Hauptversammlungsrechte durch den Aufsichtsrat, wie dies § 287 Abs. 1 AktG in der KGaA für die Ausführung von Beschlüssen der Kommanditaktionäre vorsieht. Der Gesetzgeber hätte auch von der Ausführungspflicht absehen und die Hauptversammlung auf die Funktion eines rein beratenden Gremiums beschränken können. Denkbar wäre ferner, dass die Hauptversammlung selbst über die Beschlussausführung entscheidet und hierzu jemanden beauftragt. Letzteres nimmt eine Vielzahl von Autoren für das geltende Aktienrecht bei der Bestellung von Sonderprüfern an.[82] Ähnlich ist die Situation bei der Geltendmachung von Ersatzansprüchen, wo die Hauptversammlung nach § 147 Abs. 2 Satz 1 AktG besondere Vertreter bestellen kann.

Aus dem geschilderten Meinungsstreit lässt sich weiter ableiten, dass die Ausführungspflicht das grundlegende Verhältnis von Vorstand und Hauptversammlung zueinander berührt.[83] Die Vorschrift des § 83 Abs. 2 AktG ist im Zusammenhang mit der Leitungsverantwortung des Vorstands nach § 76 Abs. 1 AktG, der Beschränkung seiner Geschäftsführungsbefugnis nach § 82 Abs. 2 AktG, seiner Haftung gegenüber der Gesellschaft und Gläubigern nach § 93 AktG sowie der subsidiären Hauptversammlungszuständigkeit für Geschäftsführungsfragen nach § 119 Abs. 2 AktG zu sehen. Bei der Ausführungspflicht geht es um die Stellung der Hauptversammlung in der Organtrias der Aktiengesellschaft, nämlich darum, ob sie bloß beratendes Gremium ist oder effektiv das Handeln der Gesellschaft bestimmen kann. Und sie betrifft schließlich die Frage, inwieweit der Vorstand für seine Beteiligung am Handeln anderer Gesellschaftsorgane haftbar gemacht werden kann.

Die genannten Wechselwirkungen werden nachfolgend näher untersucht. An dieser Stelle ist festzuhalten, dass der Gesetzgeber mit § 83 Abs. 2 AktG einen

---

81 Siehe Fn. 41.

82 Siehe unten Kapitel 2:II.3.a.cc.

83 Vgl. *Fleischer*, in: Spindler/Stilz, Komm. z. AktG, § 83 Rdn. 1; *Rohde/Geschwandtner*, NZG 2005, 996.

Meinungsstreit klarstellte, der vor dem AktG schwelte. Der Meinungsstreit betraf die Frage, inwieweit eine Ausführungspflicht mit der eigenverantwortlichen Leitung des Vorstands vereinbar sein kann – und damit die Stellung des Vorstands in der Aktiengesellschaft. Auf das komplexe Zusammenspiel von Vorstand und Hauptversammlung hat das AktG mit § 83 Abs. 2 eine (Teil-)Antwort gegeben hat, indem es sich klar und uneingeschränkt für eine Ausführungspflicht ausgesprochen und damit der unabhängigen Leitungsmacht des Vorstands Grenzen gesetzt hat. Dies impliziert, dass für die Hauptversammlung ein nach außen wirkender Kompetenzbereich bestehen muss, der durch die Ausführungspflicht praktisch verwirklicht wird.[84] Einer denkbaren Degradierung der Hauptversammlung zum Berater eines mit uneingeschränkter Leitungsbefugnis versehenen Vorstands hat der Gesetzgeber eine Absage erteilt.[85]

2. Die Entwicklung des Verhältnisses von Vorstand und Hauptversammlung

Wie soeben dargelegt, berührt die Ausführungspflicht das Verhältnis von Vorstand und Hauptversammlung zueinander. Um die Kodifizierung der Ausführungspflicht in § 83 Abs. 2 AktG noch weiter ins rechte Licht zu rücken, soll als nächstes kurz geschildert werden, wie sich die Grundzüge des Verhältnisses von Vorstand und Hauptversammlung historisch entwickelt haben.

a. Ausgangspunkt: Die Generalversammlung als Willensorgan, der Vorstand als Ausführungsorgan

Der Aktienrechtsnovelle von 1884[86] zufolge war die ursprüngliche Funktionsverteilung innerhalb der Aktiengesellschaft eindeutig: die Generalversammlung ist das Willensorgan, der Vorstand das Ausführungsorgan und der Aufsichtsrat das Kontrollorgan.[87] Bereits kurz zuvor hatte das Reichsgericht zum ADHGB eine ähnliche Qualifizierung des Verhältnisses von Vorstand und Hauptversammlung vorgenommen:

> „Nach dem Handelsgesetzbuch wie nach der Natur der Sache muß jede Aktiengesellschaft ein Willensorgan haben, die Generalversammlung, und ein ausführendes

---

84 Vgl. die Begründung zum Regierungsentwurf bei *Kropff*, Aktiengesetz, S. 104: der Gedanke des Gesetzgebers zu § 83 Abs. 1 AktG lässt sich insoweit auch auf § 83 Abs. 2 AktG beziehen.

85 Im Ergebnis ebenso *von Godin/Wilhelmi*, Komm. z. AktG, § 83 Anm. 5.

86 Gesetz vom 18. Juli 1884 betreffend die Kommanditgesellschaften auf Aktien und die Aktiengesellschaften, RGBl. S. 123.

87 Allgemeine Begründung des Gesetzentwurfs vom 7. März 1884 bei *Schubert/Hommelhoff*, ZGR Sonderheft 4, 1985, 457; vgl. *Spindler*, in: Münchener Komm. z. AktG, Vor § 76 Rdn. 7.

Organ, den Vorstand. Aus Zweckmäßigkeitsgründen fügt das Handelsgesetzbuch ein kontrollierendes Organ, den Aufsichtsrat, hinzu. […] Der Vorstand muß in der That Organ der Aktiengesellschaft, das heißt das Werkzeug sein, durch welches dieselbe ihren Willen zum Vollzug bringt. Die Aktiengesellschaft muß daher die Möglichkeit haben, vom Vorstande zu erzwingen, daß er gemäß ihrem Willen handelt, insbesondere die Beschlüsse der Generalversammlung zur Ausführung bringt.“[88]

Die Beschreibung der Generalversammlung als Willensbildungsorgan und des Vorstands als bloßem Ausführungsorgan gab allerdings schon zum Zeitpunkt der Reformgesetzgebung 1884 nicht mehr zutreffend die Realitäten innerhalb der existierenden Aktiengesellschaften wieder. De facto wurde die Leitung durch den Vorstand ausgeübt, ggf. unterstützt vom Aufsichtsrat, der entscheidenden Einfluss auf die Geschäftsleitung hatte.[89] Dies verschwieg der Gesetzgeber 1884 nicht, der anerkannte, dass das Wohl und Wehe der Gesellschaft tatsächlich von Vorstand und Aufsichtsrat entschieden werden.[90] Die in der Realität zu beobachtende Machtverschiebung ergab sich zum einen aus der Möglichkeit, in der Satzung von der gesetzlich vorgegebenen Organisationsverfassung abzuweichen:[91] Die Verwaltungsrechte der Generalversammlung wurden meist auf den Aufsichts- bzw. Verwaltungsrat übertragen.[92] Zum andern zeigten nur wenige Aktionäre Interesse an der Ausübung von Mitverwaltungsrechten der Generalversammlung.[93]

Ungeachtet der tatsächlichen Verhältnisse ließ sich indes die gedachte Funktionszuordnung – Generalversammlung als Willensorgan, Vorstand als Ausführungsorgan – aus rechtlicher Sicht rechtfertigen, da die Generalversammlung als oberstes Willensorgan alle Fragen der Leitung und des Aufbaus der Gesellschaft entscheiden konnte und weisungsbefugt gegenüber dem Vorstand war.[94] Die damalige aktienrechtliche Kompetenzverteilung erinnert insoweit an die gegenwärtige Struktur innerhalb der GmbH, die vom Prinzip der Allzuständigkeit und der Weisungsbefugnis der Gesellschafterversammlung geprägt ist[95].

---

88 RGZ 3, 123, 129 („Rumänische Eisenbahn-Aktiengesellschaft“).

89 *Kort*, in: Großkomm. z. AktG, Vor § 76 Rdn. 5; *Spindler*, in: Münchener Komm. z. AktG, Vor § 76 Rdn. 9 f.; *von Rechenberg,* Hauptversammlung, S. 25 f.

90 Allgemeine Begründung des Gesetzentwurfs vom 7. März 1884 bei *Schubert/Hommelhoff,* ZGR Sonderheft 4, 1985, 457; siehe auch *von Rechenberg,* Hauptversammlung, S. 21 f.

91 *Passow,* Aktiengesellschaft, S. 202 f.

92 *Passow,* Aktiengesellschaft, S. 147 f.; *von Rechenberg,* Hauptversammlung, S. 22.

93 *Passow,* Aktiengesellschaft, S. 207 ff.; *von Rechenberg,* Hauptversammlung, S. 22.

94 Vgl. *Horrwitz,* Recht der Generalversammlungen, § 3, § 4; *Kort*, in: Großkomm. z. AktG, Vor § 76 Rdn. 5; *Fleischer*, in: Spindler/Stilz, Komm. z. AktG, § 83 Rdn. 2; *Fleischer,* BB 2005, 2025; *von Rechenberg,* Hauptversammlung, S. 18 ff., 24.

95 Vgl. nur *Zöllner*, in: Baumbach/Hueck, Komm. z. GmbHG, § 46 Rdn. 89 ff.

Bei einer gedachten Zweiteilung[96] der Gesellschaft in ein willensbildendes, weisungsbefugtes Gesellschafterorgan einerseits und einen als Ausführungsorgan verstandenen Vorstand andererseits ist eine Kodifizierung der Ausführungspflicht überflüssig, da sie der innergesellschaftlichen Struktur immanent ist. Es entsprach daher Ende des 19. und Anfang des 20. Jahrhunderts dem Wesen und der zentralen Aufgabe des Vorstands, den Willen, den die Generalversammlung gebildet hatte, umzusetzen.[97] Ähnlich ist es heute – ohne gesetzliche Vorgabe – bei der Beschlussfassung in der GmbH selbstverständlich, dass die Geschäftsführer die Beschlüsse der weisungsbefugten Generalversammlung auszuführen haben.[98]

b. Die Machtverschiebung zugunsten des Vorstands durch das AktG 1937

Die Aktienrechtsreform von 1937 brachte eine entscheidende Zäsur in das Verhältnis von Vorstand und Hauptversammlung,[99] die im Grundsatz auch nach der Aktienrechtsreform 1965 erhalten blieb[100]. Sie beseitigte die Allzuständigkeit der Generalversammlung – die von da an Hauptversammlung hieß –, beschränkte deren Kompetenzen ausdrücklich auf im Gesetz und in der Satzung benannte Fälle und hielt auch Weisungen der Hauptversammlung in Geschäftsführungsfragen nicht mehr für verbindlich.[101] Über Fragen der Geschäftsführung durfte die Hauptversammlung nur noch entscheiden, wenn der Vorstand es verlangte.[102] Durch die Aktienrechtsreform 1937 sollte die Hauptversammlung vom „obersten Organ" der Gesellschaft zum „abgesetzten König" werden.[103]

Die Beschneidung der Hauptversammlungskompetenzen korrespondierte mit einem Machtzuwachs beim Vorstand, der vom Ausführungsorgan zum Lenkungsorgan wurde.[104] Der Vorstand hatte erstmals „unter eigener Verantwortung

96 Den Aufsichtsrat, der für die Beschlussausführung keine maßgebliche Rolle spielt, insoweit außer acht gelassen.

97 Vgl. *Hefermehl,* FS Schilling, S. 159, 162 f.

98 Siehe Fn. 48.

99 *Spindler*, in: Münchener Komm. z. AktG, Vor § 76 Rdn. 14.

100 *Kort*, in: Großkomm. z. AktG, Vor § 76 Rdn. 7 ff.; *Spindler*, in: Münchener Komm. z. AktG, Vor § 76 Rdn. 19; *von Rechenberg,* Hauptversammlung, S. 13, 26 f.

101 Vgl. OLG Frankfurt am Main ZIP 2011, 2008, 2009; *Kort*, in: Großkomm. z. AktG, Vor § 76 Rdn. 6; *Spindler*, in: Münchener Komm. z. AktG, Vor § 76 Rdn. 14; *Fleischer*, in: Spindler/Stilz, Komm. z. AktG, § 83 Rdn. 2; *Hefermehl,* FS Schilling, S. 159, 163; *von Rechenberg,* Hauptversammlung, S. 13, 24 f.; *Fleischer,* BB 2005, 2025; *Rohde/Geschwandtner,* NZG 2005, 996.

102 Gemäß § 103 Abs. 2 AktG 1937.

103 *Von Rechenberg,* Hauptversammlung, S. 25.

104 *Kort*, in: Großkomm. z. AktG, Vor § 76 Rdn. 6.

die Gesellschaft [...] zu leiten".[105] Schon zuvor lag die Führung der Gesellschaft rein tatsächlich in den Händen der Verwaltung; nun wurde dieser Umstand auch rechtlich anerkannt.

Mit der neuen Aufgabenverteilung entstand Unsicherheit über die Wechselwirkungen der jeweiligen Zuständigkeiten, wie der oben geschilderte Meinungsstreit zeigt.[106] Vor dem AktG 1937 gab es keine vermeintlich unbeschränkte Leitungsbefugnis des Vorstands, aus der ein Gegenargument gegen die Pflicht des Vorstands zur Umsetzung von Hauptversammlungsbeschlüssen hätte abgeleitet werden können. Einer solchen Schlussfolgerung hätte die Bindung des Vorstands an den Willen der Generalversammlung entgegengestanden.[107] Nachdem aber dem Vorstand erstmals eine eigene, unabhängige Leitungsmacht zugesprochen wurde, verlangte dieser Umstand eine Klärung der Frage, inwieweit die Hauptversammlung den Vorstand zu bestimmten Handlungen verpflichten kann. Mit der Beseitigung der Weisungsabhängigkeit entfiel ein Argument zur Herleitung der Ausführungspflicht. Nach der gesetzlichen Konzeption stand zwar fest, dass die Hauptversammlung Beschlüsse fassen konnte, die im Außenverhältnis eine Umsetzung erforderten, wie z.B. Satzungsänderungen, die in das Handelsregister einzutragen sind. Woraus aber sollte die Pflicht des Vorstands zur Beschlussausführung abgeleitet werden, wenn nicht aus dem Wesen der Aktiengesellschaft oder der Weisungsabhängigkeit? Der Rückgriff von *Hirsch* auf das allgemeine Auftragsrecht[108] funktionierte nach der Aktienrechtsreform 1937 nicht mehr, da sein Ansatz nicht die neue Unabhängigkeit des Vorstands zu berücksichtigten vermochte. Da es seinerzeit keine § 83 Abs. 2 AktG entsprechende Regelung gab, argumentierte die h.M., dass in den Fällen, in denen die Hauptversammlung über die Geschicke der Gesellschaft entscheidet, die Leitungsmacht auf die Hauptversammlung übergegangen und die Rechtsstellung des Vorstands beschränkt sein müsse.[109] Das aber war, wie gezeigt, nicht unstreitig.

3. Zwischenfazit

Es war somit das durch die Aktienrechtsreform von 1937 neu austarierte Verhältnis zwischen Vorstand und Hauptversammlung, das zu offenen und streitig beantworteten Fragen führte, die mit der Kodifizierung der allgemeinen Ausführungspflicht in § 83 Abs. 2 AktG geklärt wurden.

---

105 § 70 Abs. 1 AktG 1937.

106 Siehe oben II.1.

107 Vgl. *Horrwitz,* Recht der Generalversammlungen, § 4.

108 Siehe Fn. 54.

109 *Schilling*, in: Großkomm. z. AktG, 2. Aufl., § 84 Anm. 36.

III. Hierarchische Unterordnung des Vorstands bei der Beschlussausführung

Nach der rechtsformvergleichenden und der rechtshistorischen Annäherung an die Ausführungspflicht soll nun das grundlegende Verhältnis von Vorstand und Hauptversammlung bei der Ausführung von Hauptversammlungsbeschlüssen herausgearbeitet werden.

1. Gesetzliche Verteilung der Organzuständigkeiten

Eine Aktiengesellschaft ist als Körperschaft eine juristische Person, die durch Organe ihren Willen bildet und nach außen handelt.[110] Es gibt drei Organe: den Vorstand, den Aufsichtsrat und die Hauptversammlung.[111] Das Verhältnis dieser Organe zueinander, d.h. die Verteilung der Kompetenzen und Aufgaben zwischen ihnen,[112] ergibt sich in erster Linie aus dem Gesetz – vorrangig aus dem AktG[113] – und sekundär aus der Satzung.[114] Dem Satzungsgeber ist wegen § 23 Abs. 5 AktG nur eine begrenzte Einflussaufnahme auf die Organisationsverfassung erlaubt.[115] Die jedem Organ eingeräumten Befugnisse und Aufgaben sind weitgehend abschließend geregelt.[116] Es gibt kein mit Kompetenz-Kompetenz versehenes Organ, das die Aufgabenverteilung innerhalb der Aktiengesellschaft wesentlich verändern könnte.[117]

Auf den ersten Blick scheint die Rollenverteilung zwischen den Organen eindeutig: Der Vorstand ist für die Leitung der Gesellschaft[118] und die Führung ihrer Geschäfte[119], der Aufsichtsrat für die Überwachung der Geschäftsfüh-

---

110 *Kort*, in: Großkomm. z. AktG, Vor § 76 Rdn. 2, § 76 Rdn. 11; *Servatius,* Strukturmaßnahmen, S. 3.

111 *Mertens/Cahn*, in: Kölner Komm. z. AktG, Vorb. § 76 Rdn. 1.

112 *Servatius,* Strukturmaßnahmen, S. 3.

113 Wesentlichen Einfluss auf die aktienrechtliche Unternehmensverfassung nehmen auch die Mitbestimmungsgesetze, die die Größe und Zusammensetzung des Aufsichtsrats sowie die Zusammensetzung des Vorstands regeln; vgl. *Kort*, in: Großkomm. z. AktG, Vor § 76 Rdn. 23 ff.; auch das UmwG nimmt Einfluss auf die Unternehmensverfassung, indem es die Kompetenzverteilung zwischen Vorstand und Hauptversammlung regelt.

114 *Spindler*, in: Münchener Komm. z. AktG, Vor § 76 Rdn. 1; *Servatius,* Strukturmaßnahmen, S. 3.

115 *Hüffer,* Komm. z. AktG, § 23 Rdn. 34 ff.

116 *Kort*, in: Großkomm. z. AktG, Vor § 76 Rdn. 1; *Hoffmann-Becking*, in: Münchener Handbuch GesR, Bd. 4, § 1 § 34 Rdn. 5.

117 *Mertens/Cahn*, in: Kölner Komm. z. AktG, Vorb. § 76 Rdn. 1.

118 Vgl. § 76 Abs. 1 AktG.

119 Vgl. § 77 Abs. 1 AktG.

rung[120] und die Hauptversammlung für „Grundlagenentscheidungen“[121] zuständig.

Diese erste Zuordnung ist allerdings nur *cum grano salis* zutreffend. Bei näherer Betrachtung ist die Kompetenzverteilung in der Aktiengesellschaft weitaus komplexer. Neben dem Vorstand ist auch der Aufsichtsrat in die unternehmerische Entscheidungsfindung eingebunden,[122] was sich exemplarisch daran zeigt, dass sich der Aufsichtsrat ein eigenes Urteil über die Zweckmäßigkeit der Vorstandstätigkeit bilden muss[123] und Zustimmungsvorbehalte vorsehen kann, um seinen eigenen unternehmerischen Standpunkt durchzusetzen[124]. Ferner sieht das AktG mit § 111 Abs. 2 Sätze 3 und 4 sowie § 112 in Abweichung von der allgemeinen Vertretungsbefugnis des Vorstands[125] mehrere Konstellationen ausdrücklich vor, in denen die Gesellschaft ausschließlich vom Aufsichtsrat vertreten wird.[126] Der Vorstand wiederum hat eine Überwachungsfunktion für das rechtmäßige Handeln des Aufsichtsrats und der Hauptversammlung,[127] weswegen ihm einerseits § 245 Nr. 4 AktG das Recht einräumt, Hauptversammlungsbeschlüsse anzufechten, und er andererseits verpflichtet ist, Ersatzansprüche gegen Aufsichtsratsmitglieder geltend zu machen[128]. In Sonderfällen ist der Vorstand sogar zur Änderung der Satzung befugt.[129] Auch die Hauptversammlung ist vereinzelt in die Geschäftsführung einbezogen, insbesondere in den Fällen

---

120 Vgl. § 111 Abs. 1 AktG.

121 Vgl. OLG Frankfurt am Main ZIP 2011, 2008, 2009; *von Rechenberg,* Hauptversammlung, S. 30; *Servatius,* Strukturmaßnahmen, S. 4; siehe auch die Regierungsbegründung bei *Kropff,* Aktiengesetz, S. 95.

122 Grundlegend *Mutter,* Unternehmerische Entscheidungen; siehe auch BGHZ 135, 244, 254 ff. („ARAG/Garmenbeck“) zum unternehmerischen Ermessen des Aufsichtsrats bei der Geltendmachung von Schadensersatzansprüchen.

123 *Hopt/Roth*, in: Großkomm. z. AktG, § 111 Rdn. 306 ff.

124 *Hopt/Roth*, in: Großkomm. z. AktG, § 111 Rdn. 341.

125 § 78 Abs. 1 AktG.

126 Vgl. *Hüffer,* Komm. z. AktG, § 111 Rdn. 12c, § 112 Rdn. 1 ff.; daneben gibt es bei aktienrechtlichen Streitigkeiten das Prinzip der Doppelvertretung der Gesellschaft durch Vorstand und Aufsichtsrat (§§ 246 Abs. 2 Satz 2, 249 Abs. 1 Satz 1 AktG).

127 Vgl. *Hopt*, in: Großkomm. z. AktG, § 93 Rdn. 89; *Peltzer*, in: Semler/Peltzer, Arbeitshandbuch für Vorstandsmitglieder, § 9 Rdn. 4; *Fleischer,* BB 2005, 2025, 2026; siehe näher unten Kapitel 3:IV.5.a.

128 Vgl. *Thum/Klofat,* NZG 2010, 1087.

129 § 237 Abs. 3 Nr. 3 a.E. AktG: zur Anpassung der Zahl der Aktien bei einer Kapitalherabsetzung durch Einziehung von Stückaktien. Außerdem verlagert sich beim genehmigten Kapital die Zuständigkeit zur inhaltlichen Änderung der Satzung auf den Vorstand; vgl. *Zöllner*, in: Kölner Komm. z. AktG, 2. Aufl., § 179 Rdn. 144.

des § 119 Abs. 2 AktG.[130] Auch sie hat Überwachungsaufgaben, die sie ausübt, wenn sie gemäß § 103 AktG ein Mitglied des Aufsichtsrats abberuft oder gemäß § 142 Abs. 1 AktG einen Sonderprüfer bestellt.[131] Diese Beispiele zeigen, dass die Organisationsverfassung der Aktiengesellschaft in großem Maße kasuistisch geprägt ist und sich letztlich nur durch eine systematische Analyse der konkreten Aufgabenzuweisungen erschließt.[132]

2. Die Zentralisierung der Leitung und Geschäftsführung beim Vorstand

Trotz der angedeuteten Komplexität der Organisationsverfassung lässt sich feststellen, dass das AktG mit den §§ 76 und 77 die Aufgaben, die Gesellschaft zu leiten und ihre Geschäfte zu führen, in erster Linie beim Vorstand zentralisiert.[133] Nach § 111 Abs. 4 Satz 1 AktG können Maßnahmen der Geschäftsführung nicht auf den Aufsichtsrat übertragen werden. Die Vorschrift des § 76 Abs. 1 AktG ist aber auch im Zusammenhang mit § 119 Abs. 2 AktG zu lesen, wonach die Hauptversammlung über Fragen der Geschäftsführung entscheiden kann, wenn der Vorstand es verlangt. § 119 Abs. 2 AktG hat eine doppelte Funktion: zum einen schränkt die Vorschrift – gerade auch vor dem rechtshistorischen Hintergrund[134] – die Hauptversammlungskompetenzen ein, zum andern begründet sie gleichzeitig eine Kompetenz der Hauptversammlung in Geschäftsführungsfragen.[135] Die kombinierte Zuständigkeit wird an eine Ermessensentscheidung des Vorstands gebunden: der Hauptversammlung fehlt außerhalb der in § 83 Abs. 1 AktG erwähnten Maßnahmen das Initiativrecht, über Geschäftsführungsfragen zu entscheiden; sie kann dies nur, wenn der Vorstand sie zuständig macht. Es gibt folglich eine Primärzuständigkeit des Vorstands und eine subsidiäre Zuständigkeit der Hauptversammlung für Entscheidungen über Geschäftsführungsmaßnahmen.

An dieser Stelle soll nicht auf das vielfach diskutierte Thema, was mit den Begriffen „Leitung“ und „Geschäftsführung“ gemeint ist, eingegangen werden, weil diese Diskussion für die Charakterisierung des Verhältnisses von Vorstand

---

130 Daneben lassen sich § 179a AktG und die „ungeschriebenen Hauptversammlungskompetenzen“ hierzu zählen.

131 Vgl. *von Rechenberg,* Hauptversammlung, S. 41 ff.; *Hoffmann*, in: Spindler/Stilz, Komm. z. AktG, § 119 Rdn. 11.

132 Ähnlich *Timm,* Aktiengesellschaft als Konzernspitze, S. 14 f.

133 Vgl. *Seibt*, in: Schmidt/Lutter, Komm. z. AktG, § 83 Rdn. 2.

134 Siehe oben II.2.

135 Vgl. *Hüffer,* Komm. z. AktG, § 119 Rdn. 11 ff.; missverständlich formuliert von *Spindler*, in: Schmidt/Lutter, Komm. z. AktG, § 119 Rdn. 14.

und Hauptversammlung nicht fruchtbar ist.[136] Um die systematischen Zusammenhänge der Ausführungspflicht aufzuzeigen, soll das Augenmerk vielmehr bei den Grundzügen der Organisationsverfassung bleiben. Hierzu gehört der Grundsatz der Weisungsfreiheit: der Vorstand unterliegt außerhalb eines Beherrschungsvertrags bei der Leitung und Geschäftsführung keinen Weisungsrechten der Aktionäre.[137] Die Weisungsfreiheit ist neben der Begrenzung der Zuständigkeit anderer Organe für Geschäftsführungsfragen der zweite große Pfeiler, auf dem die Unabhängigkeit des Vorstands einer Aktiengesellschaft ruht.

Mit der Zentralisierung der Leitung und Geschäftsführung beim grundsätzlich unabhängigen Vorstand korrespondiert § 78 Abs. 1 Satz 1 AktG, der dem Vorstand die alleinige gerichtliche und außergerichtliche Vertretungsbefugnis zuordnet. Sie kann eigentlich – dem ausdrücklichen Wortlaut des § 82 Abs. 1 AktG zufolge – nicht beschränkt werden. Es wurde aber bereits gezeigt, dass dieser Grundsatz Durchbrechungen kennt, insbesondere im Hinblick auf die Vertretung der Gesellschaft durch den Aufsichtsrat.[138] Ähnlich beschränken die Rechte der Hauptversammlung vereinzelt die Vertretungsmacht des Vorstands im Außenverhältnis: so wird ein Unternehmensvertrag auch im Außenverhältnis nur wirksam, wenn die Hauptversammlung zustimmt.[139] Neben diesen Beschränkungen im Außenverhältnis sind die Vorstandsmitglieder nach § 82 Abs. 2 AktG im Verhältnis zur Gesellschaft verpflichtet, die Beschränkungen einzuhalten, die die Satzung, der Aufsichtsrat, die Hauptversammlung und die Geschäftsordnungen des Vorstands und des Aufsichtsrats im Rahmen der Vorschriften über die Aktiengesellschaft für die Geschäftsführungsbefugnis getroffen haben. Aus § 82 Abs. 2 AktG folgt, dass die Leitungs- und Geschäftsführungsbefugnis des Vorstands im Innenverhältnis nicht unbeschränkt ist, sondern ihre Grenzen in den Kompetenzen anderer Organe der Gesellschaft findet.[140]

136 Siehe zu dieser Diskussion etwa *Fleischer*, in: Spindler/Stilz, Komm. z. AktG, § 76 Rdn. 12 ff. m.w.N.

137 OLG Frankfurt am Main ZIP 2011, 2008, 2009; *Spindler*, in: Münchener Komm. z. AktG, § 76 Rdn. 22; *Seibt*, in: Schmidt/Lutter, Komm. z. AktG, § 76 Rdn. 2, 10; *Mertens/Cahn*, in: Kölner Komm. z. AktG, § 76 Rdn. 44; *Fleischer*, in: Spindler/Stilz, Komm. z. AktG, § 76 Rdn. 57 f.; *Hüffer*, Komm. z. AktG, § 76 Rdn. 10 f.; siehe aber auch unten IV.2. zu Weisungen im Rahmen der Beschlussausführung.

138 Siehe oben 1.

139 *Koppensteiner*, in: Kölner Komm. z. AktG, § 293 Rdn. 11; *Emmerich*, in: Emmerich/Habersack, Aktien- und GmbH-Konzernrecht, § 293 Rdn. 15; *Hüffer*, Komm. z. AktG, § 293 Rdn. 12; *Altmeppen*, in: Münchener Komm. z. AktG, § 293 Rdn. 5, 56.

140 Vgl. OLG Frankfurt am Main ZIP 2011, 2008, 2009; *Habersack*, in: Großkomm. z. AktG, § 82 Rdn. 21; *Spindler*, in: Münchener Komm. z. AktG, § 82 Rdn. 33; *Fleischer*, BB 2005, 2025; *Rohde/Geschwandtner*, NZG 2005, 996, 997; *Timm*, Aktiengesellschaft

Dies führt zur Frage, welche Grenzen dem Vorstand durch die Hauptversammlung gesetzt werden.

3. Heterogenität und Handlungsdefizit der Hauptversammlung

Die Hauptversammlung ist das schillerndste und am schwersten zu fassende Organ der Aktiengesellschaft. Die Schwierigkeit erwächst aus der Heterogenität ihrer Erscheinungsformen: Es gibt, um nur einige Beispiele zu nennen,[141] börsennotierte Aktiengesellschaften mit Tausenden von Aktionären, familiengeprägte Aktiengesellschaften mit wenigen Gesellschaftergruppen, Aktiengesellschaften mit klagefreudigen „Berufsopponenten“[142] oder aktivistischen Hedgefonds[143] in den Reihen ihrer Aktionäre sowie Konzerngesellschaften mit einem Alleinaktionär[144]. In jedem dieser Beispiele zeigt die Hauptversammlung ein anderes Gesicht, was das Maß an potentieller und versuchter Einflussnahme auf die Geschicke der Gesellschaft angeht. Während in Aktiengesellschaften, die in einen Konzern integriert sind, oft munter von anderen Konzerngesellschaften hineinregiert wird, werden börsennotierte Aktiengesellschaften mit hohem Streubesitzanteil nicht selten durch eine große Unabhängigkeit der Verwaltung gegenüber der Hauptversammlung geprägt.[145]

Es gibt folglich kein homogenes Aktionärsinteresse.[146] Gleichwohl wählte der Gesetzgeber aus den heterogenen Erscheinungsformen ein Leitbild – das der Publikumsgesellschaft – als Anknüpfungspunkt für seine Regelung.[147] Publikumsgesellschaften sind zum einen durch eine hohe Anzahl an Aktionären, zum anderen durch eine hohe Fluktuation der Aktionäre geprägt.[148] Der Publikumsgesellschaft wird unterstellt, dass ihre Aktionäre im Allgemeinen weder die Zeit

als Konzernspitze, S. 16; ferner *Mertens/Cahn*, in: Kölner Komm. z. AktG, § 82 Rdn. 19; *Fleischer*, in: Spindler/Stilz, Komm. z. AktG, § 82 Rdn. 26.

141 Vgl. zu den Erscheinungsformen *Müller*, in: Beck'sches Handbuch der AG, § 1 Rdn. 6 ff.

142 Siehe hierzu die grundlegende empirische Untersuchung von *Baums/Keinath/Gajek*, ZIP 2007, 1629.

143 Siehe hierzu *Schmolke*, ZGR 2007, 701.

144 Vgl. *Bachmann*, NZG 2001, 961.

145 Vgl. *Spindler*, in: Münchener Komm. z. AktG, Vor § 76 Rdn. 3.

146 BGHZ 159, 30, 44 („Gelatine I“); *Spindler*, in: Münchener Komm. z. AktG, Vor § 76 Rdn. 3.

147 Vgl. *Müller*, in: Beck'sches Handbuch der AG, § 1 Rdn. 6; *Servatius*, Strukturmaßnahmen, S. 199.

148 So das Verständnis des Gesetzgebers, siehe Regierungsbegründung bei *Kropff*, Aktiengesetz, S. 95 f.

noch die Übersicht haben, um Geschäftsführungsfragen unter Würdigung aller Gesichtspunkte entscheiden zu können.[149] Dem Umstand, dass es in Gesellschaften mit beherrschenden Großaktionären anders zugeht, trägt der Gesetzgeber mit dem Konzernrecht Rechnung, das eine faktische Einflussnahme des Großaktionärs auf den Vorstand der abhängigen Gesellschaft zulässt[150] und im Vertragskonzern sogar vom Grundsatz der weisungsfreien Leitungsmacht abrückt[151].

Das regulatorische Grundmodell der Hauptversammlung ist durch ein in der Natur ihres Wesens liegendes Handlungsdefizit geprägt.[152] Es ist der Publikumshauptversammlung praktisch kaum möglich, die mit ihrer Beschlussfassung verbundenen Maßnahmen umzusetzen, geschweige denn, Alltagsfragen der Geschäftsführung zu entscheiden.[153] Neben der bereits erwähnten Vielzahl und Wechselhaftigkeit von Aktionären schwächt es die Handlungsfähigkeit der Hauptversammlung weiter, dass ihre Vorbereitung und Durchführung insbesondere bei börsennotierten Gesellschaften mit einem sehr hohen Aufwand verbunden ist[154] – was zur Folge hat, dass Hauptversammlungen möglichst selten abgehalten werden. Diese Rechtstatsachen bedingen sowohl eine Aufteilung der Kompetenzen zwischen den Aktionären und der Verwaltung als auch eine Unterstützung der Aktionäre durch die Verwaltung.[155]

---

149 Regierungsbegründung bei *Kropff,* Aktiengesetz, S. 96; vgl. BGHZ 159, 30, 43 f. („Gelatine I").

150 Siehe *Hüffer,* Komm. z. AktG, § 311 Rdn. 6. m.w.N.

151 Nach § 308 Abs. 1 AktG ist das herrschende Unternehmen berechtigt, dem Vorstand der abhängigen Gesellschaft hinsichtlich der Leitung der Gesellschaft Weisungen zu erteilen.

152 So bereits die Enquetekommission anlässlich der Reformdiskussionen in den dreißiger Jahren, siehe *von Rechenberg,* Hauptversammlung, S. 25 f.; vgl. ferner *Martens,* FS Beusch, S. 529, 535; *Fleischer*, in: Spindler/Stilz, Komm. z. AktG, § 83 Rdn. 1; *Seibt*, in: Schmidt/Lutter, Komm. z. AktG, § 83 Rdn. 2; *Rohde/Geschwandtner,* NZG 2005, 996; eingehend *Servatius,* Strukturmaßnahmen, S. 196 ff.; siehe auch *Kort*, in: Großkomm. z. AktG, Vor § 76 Rdn. 10, demzufolge die „Schwerfälligkeit" der Hauptversammlung bei der Bewältigung von Alltagsfragen der Geschäftsführung auch nicht durch den Einsatz des Internets oder gar eine virtuelle Hauptversammlung nicht beseitigt sieht.

153 Vgl. BGHZ 159, 30, 43 f. („Gelatine I"); *Servatius,* Strukturmaßnahmen, S. 331.

154 Vgl. BGHZ 159, 30, 44 („Gelatine I"); *Lutter,* FS Quack, S. 301.

155 Vgl. BGHZ 159, 30, 44 („Gelatine I"); *Spindler*, in: Münchener Komm. z. AktG, Vor § 76 Rdn. 4.

4. § 83 Abs. 2 AktG als Schnittstelle zwischen Vorstand und Hauptversammlung

Die Vorschrift des § 83 Abs. 2 AktG befindet sich an der Schnittstelle zwischen der eigenverantwortlichen Leitungsbefugnis des Vorstands und den Kompetenzen einer nur eingeschränkt handlungsfähigen Hauptversammlung.[156] Sie unterstellt die organisatorische Schwäche der Hauptversammlung und überträgt die mit der Beschlussfassung einhergehenden Ausführungshandlungen auf den Vorstand. Ziel der Vorschrift ist es, der Hauptversammlung die Kompetenzausübung zu erleichtern oder gar erst zu ermöglichen.[157]

5. Die hierarchische Unterordnung des Vorstands im Bereich der Ausführungspflicht

Auffallend ist die unbedingte Inanspruchnahme des Vorstands im Wortlaut des § 83 Abs. 2 AktG: Der Vorstand „ist verpflichtet", die von der Hauptversammlung beschlossenen Maßnahmen auszuführen. Eine vergleichbare Formulierung der Vorstandspflichten verwendet das AktG nur in wenigen anderen Fällen, namentlich bei der Beschränkung der Geschäftsführungsbefugnis im Innenverhältnis (§ 82 Abs. 2 AktG), dem Antrag zur Ersatzbestellung von Aufsichtsratsmitgliedern (§ 104 Abs. 1 Satz 2 AktG) und der Weisungsabhängigkeit gegenüber dem herrschenden Unternehmen im Vertragskonzern (§ 308 Abs. 2 Satz 1 AktG) – allesamt Fälle, die dem Vorstand die Grenzen seiner Handlungsfreiheit aufzeigen und zu einem uneingeschränkten Folgeleisten anhalten.

Auch die Kompetenzen der Hauptversammlung beschränken die Leitungs- und Geschäftsführungsbefugnis des Vorstands.[158] Soweit sie reichen und eine Ausführungshandlung erfordern, ordnet § 83 Abs. 2 AktG grundsätzlich die Folgepflicht des Vorstands an. Diese klare Anordnung ruht auf dem Gedanken, dass die Hauptversammlung zur eigenständigen Beschlussausführung organisatorisch nicht in der Lage ist. Um ihr Defizit auszugleichen, bedarf die Hauptversammlung eines exekutiven Hilfsorgans oder „Willensausführungsorgans".[159]

Zugespitzt lässt sich formulieren: § 83 Abs. 2 AktG ist eine Einschränkung der eigenverantwortlichen Leitungsmacht des Vorstands.[160] In diesem Bereich

---

156 Siehe oben II.1.d.

157 *Fleischer*, in: Spindler/Stilz, Komm. z. AktG, § 83 Rdn. 1; vgl. Regierungsbegründung bei *Kropff*, Aktiengesetz, S. 96, 104.

158 Vgl. Fn. 140.

159 Vgl. *Martens*, FS Beusch, S. 529, 535; *Kleinhenzund/Leyendecker*, BB 2012, 861.

160 *Timm*, Aktiengesellschaft als Konzernspitze, S. 18; *Servatius*, Strukturmaßnahmen, S. 5; vgl. ferner *Fleischer*, in: Spindler/Stilz, Komm. z. AktG, § 76 Rdn. 58; *Mertens/Cahn*, in: Kölner Komm. z. AktG, § 76 Rdn. 44.

ist er hierarchisch der Hauptversammlung untergeordnet und grundsätzlich strikt zur Beschlussausführung verpflichtet.[161]

6. Kein Absehen von der Beschlussausführung aus Gründen der Zweckmäßigkeit

Entsprechend der hierarchischen Unterordnung des Vorstands wird oft formuliert, dass dem Vorstand bei der Beschlussausführung keinerlei Zustimmungs- oder Vetorecht zustehe[162] und er aus Zweckmäßigkeitserwägungen nicht von einer Beschlussausführung absehen dürfe[163]. Dieser Gedanke ist naheliegend, würde doch ein Ermessensspielraum des Vorstands die Effektivität des Hauptversammlungshandelns beeinträchtigen. Die Souveränität der Hauptversammlung würde leiden, wenn der Vorstand aus eigenem Recht die Beschlussausführung verweigern könnte, weil sich die Entscheidungen der Hauptversammlung nicht mit seinen unternehmerischen Plänen decken.

Gleichwohl finden sich Gegenstimmen. Nach *Hefermehl* und *Oltmanns* soll keine Ausführungspflicht bestehen, wenn die Ausführung den Gesellschaftsinteressen grob zuwider laufen würde.[164] In der Rolle eine *advocatus diaboli* hält es auch *Servatius* für denkbar, dass die nochmalige Überprüfung eines Beschlusses auf seine Zweckmäßigkeit hin für die Mehrung des Gesellschaftsvermögens geeignet sein könne, zumal der Vorstand durch die Festlegung von Tagesordnungspunkten und Beschlussvorschlägen Verantwortung für die zweckmäßige Beschlussfassung trage.[165]

Verändern sich die Umstände nach der Beschlussfassung, aber vor der Beschlussausführung, sprechen sich noch weitaus mehr Stimmen dafür aus, dass der Vorstand von der Beschlussausführung absehen darf oder gar muss.[166] Das

161 Vgl. *Martens,* FS Beusch, S. 529, 535.

162 *Timm,* Aktiengesellschaft als Konzernspitze, S. 17.

163 Vgl. *Fleischer*, in: Spindler/Stilz, Komm. z. AktG, § 83 Rdn. 10; *Martens,* FS Beusch, S. 529, 533; *Fleischer,* BB 2005, 2025, 2026; *Findeisen,* ZIP 2009, 1647, 1650; *Servatius,* Strukturmaßnahmen, S. 336 ff.

164 Vgl. *Hefermehl,* FS Schilling, S. 159, 171; *Oltmanns*, in: Heidel, Komm. z. Aktienrecht, § 83 Rdn. 5; ähnlich *Mertens/Cahn*, in: Kölner Komm. z. AktG, § 83 Rdn. 10.

165 *Servatius,* Strukturmaßnahmen, S. 336 f.

166 Vgl. *Hoffmann*, in: Spindler/Stilz, Komm. z. AktG, § 119 Rdn. 20; *Krieger/Sailer-Coceani*, in: Schmidt/Lutter, Komm. z. AktG, § 93 Rdn. 51; *Fleischer,* BB 2005, 2025, 2027; *Findeisen,* ZIP 2009, 1647, 1651.

Absehen von der Beschlussausführung knüpft dabei an die Sorge vor einem Schaden für die Gesellschaft an.[167]

Will man diese verschiedenen Aussagen zusammenführen, muss man unterscheiden zwischen einem Absehen von der Beschlussausführung aus Gründen der Zweckmäßigkeit und einem Absehen, weil ein Schaden droht, der bei der Beschlussfassung nicht erkennbar gewesen ist. Der erste Aspekt betrifft das Verhältnis zwischen Vorstand und Hauptversammlung und wird abschließend von § 83 Abs. 2 AktG beantwortet: wenn die Entscheidung der Hauptversammlung gefallen ist, ist der Vorstand an sie gebunden und kann nicht aus Zweckmäßigkeitserwägungen hiervon Abstand nehmen. Andernfalls würde die Rolle der Hauptversammlung untergraben: sie wäre in ihrer Beteiligung an der Entscheidung über den Weg der Gesellschaft vom Gutdünken des Vorstands abhängig – eine Degradierung, die dem Wesen der Aktiengesellschaft widerspräche, das in § 83 Abs. 2 AktG insoweit seinen Ausdruck findet. Mit anderen Worten: Solange ein Beschluss rechtmäßig ist, prägt die Hauptversammlung das Gesellschaftsinteresse. Ein entgegenstehendes Gesellschaftsinteresse kann es dann entgegen *Hefermehl* und *Oltmanns* nicht geben.

Der zweite Punkt hingegen, das Absehen wegen eines potentiellen Schadens, betrifft allein den Vorstand, der sich insoweit zwei unterschiedlichen Pflichten ausgesetzt sehen kann: seiner Ausführungspflicht und seiner Schadensabwehrpflicht. Dieser Konflikt wird an geeigneter Stelle näher untersucht.[168] Der soeben festgestellte Grundsatz, dass die Ausführungspflicht kein Abweichen aus Gründen der Zweckmäßigkeit erlaubt, bleibt von diesem zweiten Aspekt unberührt.

7. Gestaltungsspielräume bei der Beschlussausführung

Wenngleich ein völliges Absehen von der Beschlussausführung wegen Unzweckmäßigkeit der beschlossenen Maßnahme nicht zulässig ist, sind dem Vorstand bei der Ausgestaltung der Beschlussausführung vereinzelt Handlungsspielräume eingeräumt. So kann der Vorstand z.B. beim Gewinnverwendungsbeschluss entscheiden, wie er die Dividende auszahlt. Auch bei einem genehmigten Kapital hat es der Vorstand in der Hand zu entscheiden, ob die Kapitalerhöhung durchgeführt wird oder nicht. Auf diese Handlungsspielräume wird bei der Reichweite der Ausführungspflicht noch näher einzugehen sein.[169]

---

167 Vgl. *Fleischer*, in: Spindler/Stilz, Komm. z. AktG, § 93 Rdn. 232; *Spindler*, in: Münchener Komm. z. AktG, § 93 Rdn. 215; *Mertens/Cahn*, in: Kölner Komm. z. AktG, § 93 Rdn. 158; *Fleischer,* BB 2005, 2025, 2027.

168 Siehe Kapitel 3:V.

169 Siehe unten Kapitel 2:II.2.b.

8. Auswirkungen auf die Haftung

Die strikte Bindung, die aus der hierarchischen Unterordnung des Vorstands im Bereich der Ausführungspflicht folgt, wirkt sich auf die Haftung der Vorstandsmitglieder nach § 93 Abs. 2 Satz 1 AktG aus: Der Vorstand, der seiner Ausführungspflicht folgt, handelt pflichtgemäß, wodurch jegliche Basis für eine Haftung entfällt.[170]

Zum Vereinsrecht hat der BGH diesen gesellschaftsrechtlichen Grundgedanken zum Ausdruck gebracht:

> „Für Vereinsorgane kommt eine solche [persönliche] Haftung grundsätzlich nur dann in Betracht, wenn sie bei der schädigenden Handlung nicht ausschließlich in Vollzug sie bindender Mehrheitsentscheidungen der insbesondere auch durch die Mitgliederversammlung verkörperten Gesamtheit der Mitglieder gehandelt haben. Insofern überlagert ihre Stellung als ausführende Organe der Mitgliederversammlung ihre persönliche Verantwortlichkeit für ihr Handeln.“[171]

Mit aufkommenden Handlungsspielräumen entstehen indes wieder Haftungsfelder. Ordnet der Vorstand z.B. eine unzweckmäßige Auszahlung der Dividende an, etwa durch Versendung von Bargeld per Post, trägt er das Risiko für Verluste auf dem Transportweg. Ganz allgemein kann sich der Zeitpunkt der Beschlussfassung in diesem Kontext als Zäsur darstellen: All das, was von der Hauptversammlung festgelegt ist und vom Vorstand befolgt wird, wird aus der Haftung des Vorstands herauszunehmen sein. Dieser Gedanke findet sich in § 93 Abs. 4 Satz 1 AktG wieder, auf den noch näher einzugehen sein wird.

IV. Die Ausführungspflicht im Verhältnis zur Weisung

1. Parallelen und Unterschiede

Eine Folgepflicht im Hinblick auf Beschlüsse der Haupt- bzw. Gesellschafterversammlung – mit diesen Kriterien wird auch die Weisungsabhängigkeit des GmbH-Geschäftsführers umschrieben.[172] Aus dieser Parallele ließe sich folgern, dass die Ausführungspflicht mit der Weisungsabhängigkeit identisch ist. Eine solche Parallele würde jedoch einen Konflikt mit dem oben[173] dargelegten Prinzip erzeugen, dass der Vorstand in der nicht vertraglich konzernierten Aktiengesellschaft keinen Weisungsrechten der Hauptversammlung unterliegt. Es stellt

---

170 Vgl. *Baumbach/Hueck*, Komm. z. AktG, § 93 Rdn. 17; *Hopt*, in: Großkomm. z. AktG, § 93 Rdn. 306; *Hefermehl*, FS Schilling, S. 159, 169.

171 BGHZ 110, 323, 334 f. („Schärenkreuzer“).

172 Vgl. *Schneider*, in: Scholz, Komm. z. GmbHG, § 37 Rdn. 30.

173 Siehe oben Fn. 137.

sich daher Frage, ob die Parallele richtig ist oder ein Unterschied zwischen Ausführungspflicht und Weisungsabhängigkeit besteht.

In der Gesetzesbegründung wie auch bei einzelnen Autoren in der Literatur verschwimmt die Trennung der Begriffe Weisung und Ausführungspflicht. Die Gesetzesbegründung zum AktG 1965 sieht in § 83 *Abs. 1* AktG eine Weisung der Hauptversammlung an den Vorstand, Maßnahmen, die in ihre Zuständigkeit fallen, vorzubereiten.[174] Der Gesetzgeber hält es folglich nicht für ausgeschlossen, dass auch außerhalb des Vertragskonzerns Weisungen denkbar sind, ohne die Unabhängigkeit des Vorstands in Frage zu stellen. *Fleischer* sieht die Ausführungspflicht als Spiegelbild eines ungeschriebenen Weisungsrechts der Hauptversammlung in den Grenzen ihrer stark zurückgeschnittenen Zuständigkeiten.[175] Und auch andere Autoren sprechen von Weisungen, die der Vorstand über § 119 Abs. 2 AktG herbeiführt.[176]

Demgegenüber verstehen *Hüffer*[177] und *Seibt*[178] die Ausführungspflicht nicht als Ausnahme vom Prinzip der Weisungsfreiheit. Sie begründen die Unterscheidung etwas kryptisch damit, dass bei der Ausführungspflicht wie auch bei der Vorbereitungspflicht nach § 83 Abs. 1 AktG „die Beschlusszuständigkeit der Hauptversammlung vorausgesetzt" werde. Dieses Argument ist in seiner Kürze missverständlich. Wenn man den Vergleich zur GmbH-Gesellschafterversammlung zieht, muss man feststellen, dass der einzige praktische Unterschied zwischen einer Weisung der GmbH-Gesellschafterversammlung und der Ausführungspflicht in der Aktiengesellschaft in der unterschiedlich weit reichenden Zuständigkeit des jeweiligen Gesellschafterorgans liegt. Die GmbH-Gesellschafterversammlung kann alle Geschäftsführungsfragen an sich ziehen, der Hauptversammlung ist dies verwehrt. In *Hüffers* Diktion wäre zu formulieren: Auch bei der Weisungsabhängigkeit des GmbH-Geschäftsführers wird die Beschlusszuständigkeit der Gesellschafterversammlung vorausgesetzt. Der Unterschied zwischen Weisung und Ausführungspflicht liegt folglich nicht in deren jeweiliger Rechtsnatur; die rechtlichen Eigenschaften von Weisung und Ausführungspflicht sind vielmehr identisch.

Gleichwohl ist die terminologische Unterscheidung von Weisung und Ausführungspflicht sinnvoll und aussagekräftig, weil sie unterschiedliche Veränderungen im Verhältnis von Willensbildung und Willensausführung widerspiegelt. Bei Weisungen besteht beim Angewiesenen eine originäre Zuständigkeit für die

---

174 *Kropff,* Aktiengesetz, S. 104.

175 *Fleischer*, in: Spindler/Stilz, Komm. z. AktG, § 83 Rdn. 2; *Fleischer,* BB 2005, 2025.

176 Vgl. *Mertens*, in: Kölner Komm. z. AktG, 1. Aufl., § 76 Rdn. 41; *Martens,* ZHR 147 (1983), 377, 385.

177 *Hüffer,* Komm. z. AktG, § 76 Rdn. 11.

178 *Seibt*, in: Schmidt/Lutter, Komm. z. AktG, § 76 Rdn. 11.

Willensbildung, die sich aufgrund der Weisung auf den Anweisenden verschiebt; nur die Willensausführung obliegt noch dem Angewiesenen.[179] So ist der GmbH-Geschäftsführer originär für Geschäftsführungsmaßnahmen zuständig; er hat z.B. zu entscheiden, ob ein neuer Mitarbeiter eingestellt wird. Beschließt nun die Gesellschafterversammlung, den neuen Mitarbeiter einzustellen, hat sich der Willensbildungsprozess verlagert und der Geschäftsführer muss den Beschluss umsetzen. Demgegenüber gibt es bei der Ausführungspflicht keine Verschiebung in der Zuständigkeit für die Willensbildung. Dort besteht bei Maßnahmen, die eine Ausführungspflicht auslösen, bereits eine originäre und ausschließliche Zuständigkeit der Hauptversammlung.

Eine Sonderrolle in diesem Zusammenhang spielt § 119 Abs. 2 AktG, weil auch dort die Zuständigkeit zur Willensbildung vom Vorstand auf die Hauptversammlung verschoben wird. Im Unterschied zur Weisung wird diese Zuständigkeitsverschiebung aber nicht durch die Hauptversammlung – in der Weisungsterminologie wäre sie die Anweisende – ausgelöst, sondern durch den Vorstand – ergo dem Angewiesenen. Es bleibt daher richtig, Weisung und Ausführungspflicht zu unterscheiden. In ihren rechtlichen Eigenschaften aber sind Weisung und Ausführungspflicht identisch. In beiden Fällen löst eine Willensbildung des Gesellschafterorgans eine grundsätzlich uneingeschränkte Folgepflicht des Geschäftsführungsorgans aus.

2. Weisungen im Rahmen der Beschlussausführung

Vom Weisungscharakter der Ausführungspflicht sind Weisungen der Hauptversammlung im Zusammenhang mit der Beschlussausführung zu unterscheiden. Es ist einhellig anerkannt, dass die Hauptversammlung zusammen mit der Beschlussfassung den Vorstand anweisen kann, den Beschluss erst nach Eintritt bestimmter Bedingungen oder erst zu einem bestimmten künftigen Zeitpunkt auszuführen.[180] Im ersten Fall spricht man von einer unechten Bedingung, im zweiten Fall von einer unechten Befristung – stets in Abgrenzung zur echten Bedingung bzw. echten Befristung, die die Wirksamkeit des Beschlusses unmittelbar berühren. Dementsprechend sind weisungswidrig vor Eintritt der unechten Bedingung bzw. Ablauf der unechten Befristung ausgeführte Beschlüsse wirksam.[181]

179 Vgl. BGH DVBl. 1959, 623, 624 linke Spalte.

180 Vgl. RGZ 30, 81, 84; *Stein*, in: Münchener Komm. z. AktG, § 179 Rdn. 46 ff.; *Hüffer*, Komm. z. AktG, § 179 Rdn. 25 f.; *Holzborn*, in: Spindler/Stilz, Komm. z. AktG, § 179 Rdn. 161, 164, § 181 Rdn. 6; *Seibt*, in: Schmidt/Lutter, Komm. z. AktG, § 179 Rdn. 38, 40; *Grunewald*, AG 1990, 133, 137 f.; *Lutter*, FS Quack, S. 301, 303 ff.

181 Vgl. *Seibt*, in: Schmidt/Lutter, Komm. z. AktG, § 179 Rdn. 38, 40; *Stein*, in: Münchener Komm. z. AktG, § 179 Rdn. 46, 49.

Im Gegensatz zu echten Bedingungen[182] werden unechte Bedingungen als wenig problematisch angesehen.[183] Dies erklärt sich daraus, dass echte Bedingungen zu Irritationen des Rechtsverkehrs führen können, wenn z.B. aus einer eingetragenen Satzungsänderung nicht klar ersichtlich ist, ob die Bedingung eingetreten und die Satzungsänderung damit wirksam ist. Demgegenüber verliert die Anweisung, die Satzungsänderung erst nach Eintritt der Bedingung anzumelden, mit der Eintragung im Handelsregister ihre Ungewissheit. Gleichwohl sind unechte Bedingungen nicht unproblematisch, weil sie dem Vorstand unzulässige Handlungsfreiheiten einräumen könnten, z.B. indem sie die Anmeldung einer Kapitalerhöhung davon abhängig machen, ob der Vorstand die Kapitalerhöhung für erforderlich hält. Um ein Unterlaufen der aktienrechtlichen Kompetenzverteilung zu verhindern, dürfen unechte Bedingungen keinen Ermessenspielraum des Vorstands vorsehen.[184] Bei unechten Bedingungen bzw. Befristungen darf die Verzögerung zudem nicht länger als bis zur nächsten ordentlichen Hauptversammlung dauern; andernfalls würde deren Handlungsspielraum unzulässig eingeschränkt.[185]

Die Möglichkeit von Weisungen im Rahmen der Beschlussausführung unterstreicht die hierarchische Unterordnung des Vorstands bei der Ausführungspflicht. Insgesamt verwundert es aber, dass einerseits das Prinzip der Weisungsfreiheit des Vorstands postuliert wird, andererseits aber mit der Ausführungspflicht und Weisungen im Rahmen der Beschlussausführung gleich zwei Bereiche bestehen, in denen das Prinzip der Weisungsfreiheit zu relativieren ist. Dies bestätigt jedoch, dass die aktienrechtliche Kompetenzverteilung nicht gradlinig übergeordneten Prinzipien folgt, sondern letztlich ein komplexes System darstellt, das sich nur aus der Summe der einzelnen Regelungsbereiche erschließt.

---

182 Vgl. *Stein*, in: Münchener Komm. z. AktG, § 179 Rdn. 50; *Holzborn*, in: Spindler/Stilz, Komm. z. AktG, § 179 Rdn. 159; *Seibt*, in: Schmidt/Lutter, Komm. z. AktG, § 179 Rdn. 36 f.

183 Siehe aber *Grunewald*, AG 1990, 133, 137 ff.: die von ihr geschilderten Fälle unzulässiger Bedingungen dürfen auch nicht mittels unechter Bedingungen bzw. Befristungen umgangen werden.

184 Vgl. *Stein*, in: Münchener Komm. z. AktG, § 179 Rdn. 49; *Hüffer*, Komm. z. AktG, § 179 Rdn. 26; *Holzborn*, in: Spindler/Stilz, Komm. z. AktG, § 179 Rdn. 161; *Holzborn*, in: Spindler/Stilz, Komm. z. AktG, § 181 Rdn. 6; *Seibt*, in: Schmidt/Lutter, Komm. z. AktG, § 179 Rdn. 38.

185 Vgl. *Stein*, in: Münchener Komm. z. AktG, § 179 Rdn. 46; *Hüffer*, Komm. z. AktG, § 179 Rdn. 25 f.; *Holzborn*, in: Spindler/Stilz, Komm. z. AktG, § 179 Rdn. 161, 164; *Seibt*, in: Schmidt/Lutter, Komm. z. AktG, § 179 Rdn. 38, 40.

V. Ergebnisse

1. Die Vorschrift des § 83 Abs. 2 AktG kodifiziert als Grundsatz die allgemeine Pflicht des Vorstands zur Ausführung von Hauptversammlungsbeschlüssen. Neben § 83 Abs. 2 AktG konkretisiert das AktG mit *leges speciales* einzelne Ausführungshandlungen speziell – teils in Übereinstimmung mit § 83 Abs. 2 AktG, teils davon abweichend.

2. Bei § 83 Abs. 2 AktG handelt es sich um eine singuläre Vorschrift, die keine vergleichbare Kodifizierung im Recht anderer juristischer Personen kennt. Mit ihr klärte der Gesetzgeber einen Meinungsstreit, der vor dem Inkrafttreten des AktG schwelte. Der Meinungsstreit betraf die Frage, inwieweit eine Ausführungspflicht mit der eigenverantwortlichen Leitung des Vorstands vereinbar sein kann – und damit die Stellung des Vorstands in der Aktiengesellschaft. Bei weisungsabhängigen Geschäftsführungsorganen wie in einer GmbH ist der Grundsatz der Ausführungspflicht unstreitig. Ein Bedürfnis, die Ausführungspflicht im Gesetz besonders zu erwähnen, besteht nur für solche juristischen Personen, bei denen das Geschäftsführungsorgan einen eigenen Kompetenzbereich hat, der vom Mitgliedergremium nicht angetastet werden darf. Im Recht der Aktiengesellschaft entstand ein solches Bedürfnis erst mit der Machtverschiebung zugunsten des Vorstands durch das AktG 1937.

3. Die Vorschrift des § 83 Abs. 2 AktG befindet sich an der Schnittstelle zwischen der eigenverantwortlichen Leitungsbefugnis des Vorstands und den Kompetenzen einer nur eingeschränkt handlungsfähigen Hauptversammlung. Sie unterstellt die organisatorische Schwäche der Hauptversammlung und überträgt die mit der Beschlussfassung einhergehenden Ausführungshandlungen auf den Vorstand, der insoweit als ihr exekutives Hilfsorgan fungiert. Ziel der Vorschrift ist es, der Hauptversammlung die Kompetenzausübung zu erleichtern oder gar erst zu ermöglichen.

4. Die Kompetenzen der Hauptversammlung beschränken die Leitungs- und Geschäftsführungsbefugnis des Vorstands. Soweit sie reichen und eine Ausführungshandlung erfordern, besteht eine im Grundsatz uneingeschränkte Folgepflicht des Vorstands. § 83 Abs. 2 AktG ist damit eine Einschränkung der eigenverantwortlichen Leitungsmacht des Vorstands. In diesem Bereich ist er hierarchisch der Hauptversammlung untergeordnet und grundsätzlich zur Beschlussausführung verpflichtet.

5. Aus Zweckmäßigkeitserwägungen darf der Vorstand nicht von der Beschlussausführung Abstand nehmen. Davon zu unterscheiden ist die noch näher zu klärende Frage, inwieweit die Schadensabwehrpflicht des Vorstands der Beschlussausführung entgegenstehen kann.

6. Die strikte Bindung, die aus der hierarchischen Unterordnung des Vorstands im Bereich der Ausführungspflicht folgt, wirkt sich auf die Haftbarkeit der Vorstandsmitglieder nach § 93 Abs. 2 Satz 1 AktG aus: Der Vorstand, der seiner Ausführungspflicht folgt, handelt pflichtgemäß, wodurch jegliche Basis für eine Haftung entfällt. Die Haftungsfreiheit reicht nur so weit, wie die Hauptversammlung eine Frage inhaltlich entscheidet. Mit aufkommenden Handlungsspielräumen entstehen wieder Haftungsfelder.

7. Die Ausführungspflicht hat dieselben rechtlichen Eigenschaften wie die Weisung der Gesellschafterversammlung einer GmbH. Gleichwohl ist die terminologische Unterscheidung von Weisung und Ausführungspflicht sinnvoll und aussagekräftig, weil sie unterschiedliche Veränderungen im Verhältnis von Willensbildung und Willensausführung widerspiegelt.

8. Vom Weisungscharakter der Ausführungspflicht sind Weisungen der Hauptversammlung im Zusammenhang mit der Beschlussausführung zu unterscheiden. Die Hauptversammlung kann den Vorstand zusammen mit der Beschlussfassung anweisen, einen Beschluss erst nach Eintritt bestimmter Bedingungen – sog. unechte Bedingung – oder erst zu einem bestimmten künftigen Zeitpunkt – sog. unechte Befristung – auszuführen. Um ein Unterlaufen der aktienrechtlichen Kompetenzverteilung zu verhindern, dürfen unechte Bedingungen keinen Ermessenspielraum des Vorstands vorsehen. Sie dürfen daher nur bis zur nächsten ordentlichen Hauptversammlung dauern. Weisungswidrig vor Eintritt der unechten Bedingung bzw. nach Ablauf der unechten Befristung ausgeführte Beschlüsse sind gleichwohl wirksam.

Kapitel 2: Die Reichweite der Ausführungspflicht

I. Einleitung

Im ersten Kapitel wurde aufgezeigt, dass dic Vorschrift des § 83 Abs. 2 AktG die allgemeine Pflicht des Vorstands, Hauptversammlungsbeschlüsse auszuführen, kodifiziert und von einigen *leges speciales* ergänzt wird, die Teilaspekte der Beschlussausführung besonders regeln. Es lag und liegt die Vermutung nahe, dass der Gesetzgeber immer dann eine Modifikation vorgesehen hat, wenn die Interessenlage eine abweichende Regelung sinnvoll erscheinen lässt.[186] Als nächstes soll der Anwendungsbereich des § 83 Abs. 2 AktG unter Berücksichtigung der *leges speciales* näher ausgelotet werden. Ziel ist es, die Reichweite der Ausführungspflicht zu bestimmen, also herauszufinden, in welchen Fällen und mit welchem Inhalt sie greift.

Ausgangspunkt ist wiederum der Wortlaut des § 83 Abs. 2 AktG. Danach hat der Vorstand die von der Hauptversammlung „im Rahmen ihrer Zuständigkeit beschlossenen Maßnahmen" auszuführen. Aus dem Wortlaut der Vorschrift lassen sich im Tatbestand zwei Voraussetzungen und in der Rechtsfolge ein Grundsatz der Ausführungspflicht ablesen: Die tatbestandlichen Voraussetzungen bestehen darin, dass zum einen die Zuständigkeit der Hauptversammlung begründet sein und zum anderen ein Beschluss der Hauptversammlung vorliegen muss. Da die Beschlussfassung ein Teil der Hauptversammlungskompetenzen ist,[187] ist die Zuständigkeit der Hauptversammlung die weitergehende Voraussetzung der Ausführungspflicht. Ist der Tatbestand erfüllt, postuliert § 83 Abs. 2 AktG in der Rechtsfolge den Grundsatz, dass alleiniges Ausführungsorgan der Vorstand ist.

Die Klärung des Anwendungsbereichs von § 83 Abs. 2 AktG hat am Tatbestand und damit an den Zuständigkeiten der Hauptversammlung anzusetzen. Die Hauptversammlung beschließt § 119 Abs. 1 1. Halbsatz AktG zufolge in den im Gesetz und in der Satzung ausdrücklich bestimmten Fällen. Mit diesem Halbsatz bringt das AktG den Gedanken zum Ausdruck, dass – in Abkehr zur Allzuständigkeit vor dem AktG 1937[188] – die Zuständigkeit der Hauptversammlung be-

186 Siehe Kapitel 1:I.1.

187 Vgl. *Hüffer*, Komm. z. AktG, § 119 Rdn. 5 ff.; *Hoffmann*, in: Spindler/Stilz, Komm. z. AktG, § 119 Rdn. 3.

188 Siehe oben Kapitel 1:II.2.a.

grenzt ist und nur in enumerativ bestimmten Fällen bestehen soll.[189] Welche Fälle das sind, soll nachfolgend in kategorisierter Weise dargelegt werden.

Die gängigen Kategorisierungen geben indes für den speziellen Blickwinkel der Ausführungspflicht wenig her. Zumeist wird bei Hauptversammlungszuständigkeiten zwischen regelmäßig wiederkehrenden Maßnahmen, Strukturmaßnahmen und Sonderfällen unterschieden.[190] *Hoffmann* gliedert noch stärker auf nach Wahl-, Grundlagen-, Leitungs-, Kontroll- und Konzernkompetenzen.[191] *V. Rechenberg* unterscheidet, ob die Hauptversammlung Basisorgan ist, Kontrollaufgaben hat, Einfluss auf die Geschäftspolitik nimmt oder Grundlagenentscheidungen trifft.[192] All diese Systematisierungen besagen jedoch weder etwas über die jeweilige Ausführungshandlung – sofern eine solche überhaupt erforderlich ist – noch etwas über das zur Ausführung zuständige Organ. Sie knüpfen am Inhalt der Zuständigkeit an, der jedoch in derart systematisierter Abstraktion für die Frage der Beschlussausführung nicht relevant ist.

Um die Hauptversammlungszuständigkeiten im Lichte der Beschlussausführung aussagekräftig zu kategorisieren, müssen andere Kriterien gefunden werden. Welche Kriterien das sein können, deutet sich in der Literatur zu § 83 Abs. 2 AktG an. Dort findet sich oft die Unterscheidung zwischen ausführungsbedürftigen und nicht ausführungsbedürftigen Beschlüssen.[193] Dieser Ansatz ist zutreffend, aber unzureichend. Er erkennt zwar, dass – entgegen dem Wortlaut des § 83 Abs. 2 AktG – von allen denkbaren Hauptversammlungsbeschlüssen nur manche die Ausführungspflicht auslösen. Dieser Ansatz sagt aber nichts darüber aus, *warum* bestimmte Beschlüsse nicht ausführungsbedürftig sind. Die Gründe, warum eine beschlossene Maßnahme nicht ausführungsbedürftig ist, sind jedoch für die Analyse der Ausführungspflicht von Bedeutung. Denn wenn sich z.B. ergeben sollte, dass eine bestimmte Maßnahme nicht vom Vorstand auszuführen ist, weil die mit ihr verbundene Willenserklärung etwa bereits von

189 Vgl. *Kubis*, in: Münchener Komm. z. AktG, 2. Aufl., § 119 Rdn. 9; *Hoffmann*, in: Spindler/Stilz, Komm. z. AktG, § 119 Rdn. 1; *Semler*, in: Münchener Handbuch GesR, Bd. 4, § 34 Rdn. 9.

190 So *Mülbert*, in: Großkomm. z. AktG, § 119 Rdn. 12 ff.; *Kubis*, in: Münchener Komm. z. AktG, 2. Aufl., § 119 Rdn. 10 ff.; *Hüffer,* Komm. z. AktG, § 119 Rdn. 5 ff.; *Spindler*, in: Schmidt/Lutter, Komm. z. AktG, § 119 Rdn. 7 ff.; *Semler,* FS Maier-Reimer, S. 689, 693 ff.; *Ek,* Praxisleitfaden, Rdn. 38 ff.; ähnlich *Zöllner*, in: Kölner Komm. z. AktG, 1. Aufl., § 119 Rdn. 14 ff.; *Reichert*, in: Beck'sches Handbuch der AG, § 5 Rdn. 7 ff.; *Grunewald,* AG 1990, 133., die statt „Strukturmaßnahmen" den Begriff „Grundlagenentscheidungen" verwenden.

191 *Hoffmann*, in: Spindler/Stilz, Komm. z. AktG, § 119 Rdn. 4 ff.

192 *Von Rechenberg,* Hauptversammlung, S. 14, 31 ff.

193 So bereits *Hirsch,* ZHR 95 (1930), 69; ferner *Habersack*, in: Großkomm. z. AktG, § 83 Rdn. 12; *Seibt*, in: Schmidt/Lutter, Komm. z. AktG, § 83 Rdn. 10.

der Hauptversammlung selbst ausgesprochen wurde, wäre der von § 83 Abs. 2 AktG ausgesprochene Rechtsfolgengrundsatz zu relativieren: Der Vorstand wäre dann *nicht* alleiniges Ausführungsorgan für Hauptversammlungsbeschlüsse.

II. Die Zuständigkeiten der Hauptversammlung im Lichte der Ausführungspflicht

1. Beschließende und beschlusslose Tätigkeit

Ein erstes Unterscheidungsmerkmal für die Kategorisierung der Hauptversammlungszuständigkeiten unter dem besonderen Blickwinkel der Ausführungspflicht ist der Umstand der Beschlussfassung. Diese Unterscheidung ist bereits im Tatbestand des § 83 Abs. 2 AktG angelegt. Die Beschlussfassung ist der offensichtlichste und nachhaltigste Beitrag der Hauptversammlung auf die Geschicke der Aktiengesellschaft. Die Hauptversammlung beschließt, um einige Beispiele zu nennen, die Gewinnverwendung, die Änderung der Satzung oder die Zustimmung zu einem Beherrschungsvertrag. Durch die Beschlussfassung erfüllt sie ihre Funktion, das Organ zu sein, durch das die Aktionäre ihren Willen für die Gesellschaft bilden.[194]

a. Keine Ausführungspflicht bei beschlussloser Tätigkeit

Die Hauptversammlung hat allerdings noch eine zweite Funktion: Sie ist die Zusammenkunft der Aktionäre als Verbandsmitglieder, um ihnen die Ausübung ihrer Rechte in Angelegenheiten der Gesellschaft zu ermöglichen.[195] Die Zusammenkunft zur Ausübung der Aktionärsrechte erschöpft sich nicht in der Beschlussfassung, sondern kennt auch beschlusslose Tätigkeiten.[196]

Zu den beschlusslosen Tätigkeiten gehört in erster Linie[197] die Entgegennahme von Informationen.[198] Nach § 92 Abs. 1 AktG hat der Vorstand unver-

---

194 *Mülbert*, in: Großkomm. z. AktG, Vor §§ 118-147 Rdn. 15; *Kubis*, in: Münchener Komm. z. AktG, 2. Aufl., § 118 Rdn. 1; *Ek,* Praxisleitfaden, Rdn. 17.

195 Dualer Hauptversammlungsbegriff, vgl. *Mülbert*, in: Großkomm. z. AktG, Vor §§ 118-147 Rdn. 15; *Kubis*, in: Münchener Komm. z. AktG, 2. Aufl., § 118 Rdn. 1; *Ek,* Praxisleitfaden, Rdn. 18.

196 *Zöllner*, in: Kölner Komm. z. AktG, 1. Aufl., § 119 Rdn. 6 ff.; *Mülbert*, in: Großkomm. z. AktG, Vor §§ 118-147 Rdn. 51 ff.; *Kubis*, in: Münchener Komm. z. AktG, 2. Aufl., § 119 Rdn. 5 ff.; *Spindler*, in: Schmidt/Lutter, Komm. z. AktG, § 119 Rdn. 5; *Reichert*, in: Beck'sches Handbuch der AG, § 5 Rdn. 6; siehe auch *Hüffer,* Komm. z. AktG, § 119 Rdn. 4.

197 Als weitere beschlusslose Tätigkeit der Hauptversammlung wurde vor Änderung des § 147 Abs. 1 AktG durch das UMAG auch das Verlangen einer Minderheit, deren Anteile zusammen den zehnten Teil des Grundkapitals erreichen, gezählt, Ersatzansprüche der Gesellschaft geltend zu machen; so *Mülbert*, in: Großkomm. z. AktG, Vor §§ 118-

züglich eine Hauptversammlung einzuberufen, um ihr anzuzeigen, dass sich bei der Aufstellung der Jahresbilanz[199] ein Verlust in Höhe der Hälfte des Grundkapitals ergeben hat. Gemäß § 175 Abs. 1 AktG sieht der Gesetzgeber die ordentliche Hauptversammlung noch vor der Gewinnverteilung in der Funktion, den festgestellten Jahresabschluss und den Lagebericht[200] entgegenzunehmen.[201] Die informationsempfangende Tätigkeit der Hauptversammlung wird von vielen Autoren als so wichtig eingeschätzt, dass sie den Vorstand und den Aufsichtsrat sogar für befugt halten, außerhalb des Anwendungsbereichs von § 92 Abs. 1 AktG eine „geplant beschlusslose" Hauptversammlung zur Information der Aktionäre und Diskussion mit ihnen einzuberufen.[202] Ob „geplant beschlusslose" Hauptversammlungen zulässig sind, braucht an dieser Stelle mangels Relevanz für die Beschlussausführung nicht geklärt zu werden.[203] Es dürfte allerdings praktisch kaum ermessensfehlerfrei sein, den mit einer Hauptversammlung regelmäßig verbundenen Aufwand zu betreiben, um Aktionäre über die Verhältnisse der Gesellschaft zu informieren.[204] Hierfür gibt es meist einfachere Wege.

Von der informationsempfangenden Tätigkeit ist die beschlussvorbereitende Tätigkeit zu unterscheiden.[205] Neben der Anzeige des Verlusts und der Entgegennahme von Jahresabschluss und Lagebericht nimmt die Hauptversammlung

---

147 Rdn. 52. Bei dem Verlangen handelte es sich allerdings nicht um einen Beschluss der Hauptversammlung, sondern um die Willenserklärung von Minderheitsaktionären, siehe *Hüffer*, in: Münchener Komm. z. BGB, § 241 Rdn. 12; *Bezzenberger*, in: Großkomm. z. AktG, § 147 Rdn. 25; von daher kann nicht von einer Tätigkeit der *Hauptversammlung* gesprochen werden.

198 *Zöllner*, in: Kölner Komm. z. AktG, 1. Aufl., § 119 Rdn. 7 ff.

199 Bzw. bei Aufstellung einer Zwischenbilanz oder wenn dies bei pflichtmäßigem Ermessen anzunehmen ist.

200 Bzw. bei Zweigniederlassungen von Kapitalgesellschaften im Ausland einen vom Aufsichtsrat gebilligten Einzelabschluss nach § 325 Abs. 2a HGB und bei Mutterunternehmen i.S.v. § 290 Abs. 1 und 2 HGB einen vom Aufsichtsrat gebilligten Konzernabschluss und den Konzernlagebericht.

201 Dementsprechend ist die Vorlage des Jahresabschlusses regelmäßig Punkt 1 der Tagesordnung.

202 Ausführlich *Huber,* ZIP 1995, 1740; siehe ferner *Mülbert*, in: Großkomm. z. AktG, Vor §§ 118-147 Rdn. 56; *Kubis*, in: Münchener Komm. z. AktG, 2. Aufl., § 119 Rdn. 6; *Spindler*, in: Schmidt/Lutter, Komm. z. AktG, § 119 Rdn. 5; *Semler*, in: Münchener Handbuch GesR, Bd. 4, § 35 Rdn. 4, 10; wohl auch *Hoffmann*, in: Spindler/Stilz, Komm. z. AktG, § 119 Rdn. 3.

203 Ablehnend *Hüffer,* Komm. z. AktG, § 119 Rdn. 2; *Zöllner*, in: Kölner Komm. z. AktG, 1. Aufl., § 119 Rdn. 8.

204 Diese Bedenken teilen *Huber,* ZIP 1995, 1740, 1743 und wohl *Semler*, in: Münchener Handbuch GesR, Bd. 4, § 35 Rdn. 4.

205 *Zöllner*, in: Kölner Komm. z. AktG, 1. Aufl., § 119 Rdn. 6 ff.

weitere Informationen entgegen, insbesondere den Bericht des Aufsichtsrats[206]. Des Weiteren sind hier aus dem AktG[207] der Nachgründungsbericht,[208] der wesentliche Inhalt des zustimmungspflichtigen Vertrags,[209] Sonderprüfungsberichte,[210] der erläuternde Bericht zu den Angaben nach §§ 289 Abs. 4, 315 Abs. 4 HGB,[211] der Bericht über den Bezugsrechtsausschluss bei Kapitalmaßnahmen,[212] in der Abwicklungsphase der die Eröffnungsbilanz erläuternde Bericht,[213] der Bericht über den Unternehmensvertrag[214] nebst Prüfungsbericht[215], der Eingliederungsbericht[216] sowie bei einem Squeeze-out der Bericht des Hauptaktionärs nebst Prüfungsbericht[217] zu nennen. Die genannten Berichte und Informationspflichten dienen nicht der Information an sich, sondern haben konkret beschlussvorbereitende Bedeutung. So dient der Bericht des Aufsichtsrats zumindest auch dazu, den Aktionären ausreichende Informationen an die Hand zu geben, um ihnen eine Entscheidung über die Entlastung zu ermöglichen.[218] Auch Vorstandsberichte zu besonderen Strukturmaßnahmen wie der Kapitalerhöhung mit Bezugsrechtsausschluss[219] oder einem Beherrschungsvertrag[220] finden ihren Zweck in der Vorbereitung des jeweiligen Beschlusses.[221]

Die beschlusslosen Tätigkeiten der Hauptversammlung gehören zum Kompetenzbereich der Hauptversammlung, nicht aber zum Anwendungsbereich von § 83 Abs. 2 AktG. Dies ergibt sich aus dem Wortlaut des § 83 Abs. 2 AktG und aus der Natur der Sache: Beschlusslose Tätigkeiten der Hauptversammlung er-

---

206 § 171 Abs. 2 Satz 1 AktG.

207 Auch außerhalb des AktG finden sich informationsempfangende Tätigkeiten der Hauptversammlung, z.B. die Entgegennahme des Verschmelzungsberichts (§ 8 UmwG), der gemäß § 63 Abs. 1 Nr. 4 zur Vorbereitung der Hauptversammlung auszulegen ist.

208 § 52 Abs. 3 Satz 1 AktG.

209 § 124 Abs. 2 Satz 2 2. Alt. AktG.

210 § 145 Abs. 6 AktG, auch in Verbindung mit § 259 Abs. 1 AktG.

211 § 176 Abs. 1 Satz 1 AktG.

212 § 186 Abs. 4 Satz 2 AktG, auf den zahlreiche andere Vorschriften (§§ 71 Abs. 1 Nr. 8 Satz 5, § 203 Abs. 2 Satz 2, 221 Abs. 4 Satz 2 AktG) verweisen.

213 § 270 Abs. 1 AktG.

214 § 293a Abs. 1 Satz 1 AktG.

215 § 293e Abs. 1 Satz 1 AktG.

216 § 319 Abs. 3 Nr. 3 AktG.

217 Beide in § 327c Abs. 2 AktG geregelt und nach § 327c Abs. 3 AktG auszulegen.

218 *Hüffer,* Komm. z. AktG, § 171 Rdn. 12; *Euler*, in: Spindler/Stilz, Komm. z. AktG, § 171 Rdn. 70.

219 § 186 Abs. 4 Satz 2 AktG.

220 § 293a AktG.

221 *Liebscher*, in: Beck'sches Handbuch der AG, § 6 Rdn. 105.

fordern ggf. eine Vorbereitung durch den Vorstand, aber keine Nachbereitung.[222]

b. Das Vorliegen eines Hauptversammlungsbeschlusses

Eine Ausführungspflicht kommt, wie schon der Wortlaut des § 83 Abs. 2 AktG nahelegt, nur in Betracht, wenn ein Beschluss der Hauptversammlung existiert. Dies führt zur praktisch relevanten Frage, wann das Vorliegen eines Beschlusses zu bejahen ist.

Diese Frage wird vom AktG nur punktuell aufgegriffen. Beschlüsse der Hauptversammlung bedürfen nach § 133 AktG der Mehrheit der abgegebenen Stimmen, soweit nicht Gesetz oder Satzung eine größere Mehrheit oder weitere Erfordernisse bestimmen bzw. für Wahlen andere Bestimmungen treffen. Gemäß § 130 Abs. 1 Satz 1 AktG ist jeder Beschluss der Hauptversammlung durch eine über die Verhandlung notariell aufgenommene Niederschrift zu beurkunden. Bei nicht börsennotierten Gesellschaften reicht eine vom Vorsitzenden des Aufsichtsrats zu unterzeichnende Niederschrift aus, soweit keine Beschlüsse gefasst werden, für die das Gesetz eine Dreiviertel- oder größere Mehrheit bestimmt. In der Niederschrift ist gemäß § 130 Abs. 2 Satz 1 AktG u.a. die Feststellung des Vorsitzenden über die Beschlussfassung anzugeben. Wird der Beschluss nicht beurkundet, ist er nach § 241 Nr. 2 AktG nichtig. Die genannten Vorschriften befassen sich mit dem Beschlussverfahren, wohingegen der Begriff des „Beschlusses“ vom AktG nicht definiert, sondern vorausgesetzt wird.[223]

Im Regelfall wird die Existenz eines Beschlusses offensichtlich sein. Der Situation, in der der Vorstand über die Ausführung eines Hauptversammlungsbeschlusses nachdenkt, werden die Einberufung der Hauptversammlung, die Abstimmung über einen Antrag, die Beschlussfeststellung durch den Versammlungsleiter, die Protokollierung des Beschlusses sowie ggf. seine Eintragung ins Handelsregister vorangegangen sein.[224] Ein Hauptversammlungsbeschluss stellt

222 Von diesem Ergebnis wäre das Verlangen der Minderheit gemäß § 147 Abs. 1 AktG a.F. (siehe Fn. 197) abgewichen, da es die tatsächliche Geltendmachung des Ersatzanspruchs durch den Vorstand bzw. den Aufsichtsrat nach sich gezogen hätte. Wie dargelegt, kann das Verlangen aber nicht zur beschlusslosen Tätigkeit der Hauptversammlung gezählt werden.

223 *Grundmann*, in: Großkomm. z. AktG, § 133 Rdn. 39; *Hüffer,* Komm. z. AktG, § 133 Rdn. 2; *Fleischer,* AG 2010, 681, 683; *Casper,* Heilung nichtiger Beschlüsse, S. 29.

224 Siehe die Zusammenfassung des Beschlussverfahrens bei *Hüffer,* Komm. z. AktG, § 133 Rdn. 7.

letztlich das Ergebnis eines geordneten Beschlussverfahrens dar.[225] Wird dieses Verfahren fehlerfrei durchgeführt, liegt zweifellos ein Beschluss vor.

Problematisch wird es, wenn Störungen im Beschlussverfahren auftreten. Für Fehler im Beschlussverfahren sieht das AktG entweder die Nichtigkeit oder die Anfechtbarkeit des Beschlusses vor, bei fehlender Vollendung des Beschlussverfahrens kann zusätzlich von Unwirksamkeit gesprochen werden.[226] Trotz ihrer Mängel sind nichtige und anfechtbare Beschlüsse existent;[227] sie könnten daher grundsätzlich der Ausführungspflicht unterliegen. Welche Konsequenzen die Nichtigkeit und Anfechtbarkeit bzw. die Beseitigung etwaiger Mängel für die Ausführungspflicht haben, wird später zu klären sein.[228] An dieser Stelle stellt sich die Frage, mit welchem Abschnitt des Beschlussverfahrens ein Beschluss überhaupt zu existieren beginnt, um Gegenstand weiterer Erörterungen zur Ausführungspflicht zu sein.

aa. Entstehung durch Feststellung des Versammlungsleiters

Ein Hauptversammlungsbeschluss ist die Willensäußerung des Organs Hauptversammlung.[229] Frühester Anknüpfungspunkt für die Entstehung eines Beschlusses könnte deshalb die Abstimmung sein, die erstmals alle individuellen Willensäußerungen der einzelnen Aktionäre vereinigt: Liegt das rechnerische Abstimmungsergebnis vor, haben alle Aktionäre, die an der Abstimmung teilnahmen, ihren Beitrag zur Willensbildung geleistet. Mit Beendigung der Abstimmung könnte daher vom Vorliegen eines Beschlusses gesprochen werden, ohne dass es einer förmlichen Feststellung des Ergebnisses bedürfte.[230] So ist die Rechtslage bei Beschlüssen von Personengesellschaften, Vereinen und ebenso –

225 Vgl. *Zöllner*, in: Kölner Komm. z. AktG, 1. Aufl., § 133 Rdn. 3; *Grundmann*, in: Großkomm. z. AktG, § 133 Rdn. 2, 39 f.; *Spindler*, in: Schmidt/Lutter, Komm. z. AktG, § 133 Rdn. 6; *Hüffer,* Komm. z. AktG, § 133 Rdn. 7; *Zöllner,* FS Lutter, S. 821, 823; *Schmidt,* Gesellschaftsrecht, § 15 I 3.

226 Vgl. *Hüffer*, in: Münchener Komm. z. BGB, § 241 Rdn. 14 ff.; *K. Schmidt*, in: Großkomm. z. AktG, § 241 Rdn. 8 ff.

227 *Hüffer*, in: Münchener Komm. z. BGB, § 241 Rdn. 14; *Schmidt,* Gesellschaftsrecht, § 15 II 1 b).

228 Siehe Kapitel 3.

229 *Zöllner*, in: Kölner Komm. z. AktG, 1. Aufl., § 133 Rdn. 3; vgl. *Hüffer*, in: Münchener Komm. z. BGB, § 241 Rdn. 8; *Zöllner,* FS Lutter, S. 821; *Fleischer,* AG 2010, 681, 683 f.

230 Auch *Zöllner,* Die Schranken mitgliedschaftlicher Stimmrechtsmacht, S. 397 hält dies grundsätzlich für denkbar.

in Ermangelung besonderer Satzungsbestimmungen, die die Ergebnisfeststellung zur Wirksamkeitsvoraussetzung machen – bei der GmbH.[231]

In der Tat nimmt *Casper* auch für Aktiengesellschaften an, dass allein die Antragstellung über einen Beschlussgegenstand und die Abstimmung hierüber zum Tatbestand eines Hauptversammlungsbeschlusses gehören, wohingegen die Feststellung des Beschlusses und dessen Protokollierung nur „positive, nicht nachholbare Wirksamkeitsvoraussetzungen“ seien.[232] Die Bedeutung der von *Casper* in Anlehnung an die Rechtsgeschäftslehre[233] vorgenommenen Unterscheidung zwischen Tatbestandsmerkmal und Wirksamkeitsvoraussetzung liegt in der Rechtsfolge: Fehlt ein Tatbestandsmerkmal, ist das Rechtsgeschäft überhaupt nicht zustande gekommen, wohingegen das Fehlen einer nicht nachholbaren Wirksamkeitsvoraussetzung dem existenten Rechtsgeschäft die gewollten Rechtsfolgen nimmt, also zur Nichtigkeit, Anfechtbarkeit oder Unwirksamkeit führt.[234] Folgerichtig kommt *Casper* zu dem Ergebnis, dass der nicht festgestellte Beschluss zwar in der Welt, aber endgültig unwirksam sei.[235]

In der Literatur finden sich vereinzelt weitere Aussagen, die ebenfalls keine Feststellung durch den Versammlungsleiter für erforderlich halten, damit ein Beschluss zustande kommt. So sieht *Werner* in der unterlassenen Beschlussfeststellung nur einen Anfechtungsgrund,[236] was implizit voraussetzt, dass er den Beschluss vor Feststellung für existent hält.[237] *Grunsky* sieht in der Verkündung des Abstimmungsergebnisses nur einen rein formalen Akt, der für die Existenz des Beschlusses nicht erforderlich sei.[238] In Abkehr von früheren Äußerungen hat sich nunmehr auch *Zöllner* dafür ausgesprochen, in Fällen gravierender Zweifelhaftigkeit des Beschlussergebnisses dem Versammlungsleiter das Recht

---

231 Vgl. *Zöllner*, in: Baumbach/Hueck, Komm. z. GmbHG, § 47 Rdn. 26 f.; *Zöllner,* FS Lutter, S. 821, 826 f.

232 *Casper,* Heilung nichtiger Beschlüsse, S. 30 f.; *Casper,* FS Hüffer, S. 111, 115.

233 Siehe Soergel/*Hefermehl,* Komm. z. BGB, Vor § 116 Rdn. 75; Palandt/*Ellenberger,* Komm. z. BGB, Überbl v § 104 Rdn. 3; *Flume,* Allgemeiner Teil, S. 26 f.

234 So ausdrücklich *Casper,* Optionsvertrag, S. 102; ähnlich formuliert *Casper,* Heilung nichtiger Beschlüsse, S. 30, dass Wirksamkeitsvoraussetzungen Erfordernisse für die intendierten Rechtswirkungen sind – was nichts anderes als eine Umschreibung der Nichtigkeit ist, siehe *Casper,* Heilung nichtiger Beschlüsse, S. 38 f.; *Casper,* FS Hüffer, S. 111, 115.

235 *Casper,* Heilung nichtiger Beschlüsse, S. 31; *Casper,* FS Hüffer, S. 111, 115.

236 *Werner*, in: Großkomm. z. AktG, § 130 Rdn. 114.

237 In Rdn. 27 hält *Werner*, in: Großkomm. z. AktG, § 130 die Verkündung indes für ein konstitutives Merkmal, wobei sich diese Aussage auch auf die Determinierung des Beschlussinhalts beziehen kann.

238 *Grunsky,* ZIP 1991, 778, 779.

zu geben, das Ergebnis offen zu lassen, um über das zutreffende Ergebnis durch Feststellungsklage entscheiden zu lassen.[239]

Anders als die Genannten zählen der BGH[240] und die weit überwiegende Meinung in der Literatur die Beschlussfeststellung durch den Versammlungsleiter zum Tatbestand des Beschlusses: Unterbleibt die Feststellung des Ergebnisses, soll der Beschluss nicht wirksam zustande gekommen sein.[241] Dies ergebe sich aus § 130 Abs. 2 AktG.[242] Die bloße Abstimmung über den Antrag führe nicht zur Existenz eines Beschlusses, selbst dann nicht, wenn der Versammlungsleiter die Zahl der Ja- und Nein-Stimmen verkündet.[243] Die Feststellung des Beschlusses sei von der bloßen Bekanntgabe des rechnerischen Abstimmungsergebnisses zu unterscheiden. Der Versammlungsleiter müsse aus dem Verhältnis der Ja- und Nein-Stimmen den Schluss ziehen, dass der näher bestimmte Beschluss gefasst bzw. abgelehnt wurde.[244] Die Beschlussfeststellung sei daher konstitutiv für den Beschluss.[245] Wegen der konstitutiven Feststellung

---

239 *Zöllner,* FS Lutter, S. 821, 829 f. in Abkehr von *Zöllner,* Die Schranken mitgliedschaftlicher Stimmrechtsmacht, S. 393 f. und *Zöllner,* Die Schranken mitgliedschaftlicher Stimmrechtsmacht, S. 393 f.

240 BGHZ 44, 245, 249 f.

241 *Grundmann*, in: Großkomm. z. AktG, § 133 Rdn. 41; *K. Schmidt*, in: Großkomm. z. AktG, § 241 Rdn. 14; *Kubis*, in: Münchener Komm. z. AktG, 2. Aufl., § 130 Rdn. 58 f.; *Volhard*, in: Münchener Komm. z. AktG, 2. Aufl., § 133 Rdn. 65; *Ziemons*, in: Schmidt/Lutter, Komm. z. AktG, § 130 Rdn. 14; *Spindler*, in: Schmidt/Lutter, Komm. z. AktG, § 133 Rdn. 37; *Hüffer*, in: Münchener Komm. z. BGB, § 241 Rdn. 21; *Wicke*, in: Spindler/Stilz, Komm. z. AktG, § 130 Rdn. 52; *Semler*, in: Münchener Handbuch GesR, Bd. 4, § 39 Rdn. 36; *Max,* AG 1991, 77, 89 f.; *Heller,* AG 2008, 493; *Ek,* Praxisleitfaden, Rdn. 278; wohl auch *Rieckers*, in: Spindler/Stilz, Komm. z. AktG, § 133 Rdn. 48; für den Regelfall weiterhin *Zöllner,* FS Lutter, S. 821, 829.

242 *Grundmann*, in: Großkomm. z. AktG, § 133 Rdn. 131.

243 *Kubis*, in: Münchener Komm. z. AktG, 2. Aufl., § 130 Rdn. 58; *Hüffer,* Komm. z. AktG, § 130 Rdn. 22; *Wicke*, in: Spindler/Stilz, Komm. z. AktG, § 130 Rdn. 52; *Ziemons*, in: Schmidt/Lutter, Komm. z. AktG, § 130 Rdn. 14; *Semler*, in: Münchener Handbuch GesR, Bd. 4, § 39 Rdn. 36; *Heller,* AG 2008, 493, 494.

244 *Hüffer,* Komm. z. AktG, § 130 Rdn. 22; *Wicke*, in: Spindler/Stilz, Komm. z. AktG, § 130 Rdn. 52; *Ziemons*, in: Schmidt/Lutter, Komm. z. AktG, § 130 Rdn. 14; *Semler*, in: Münchener Handbuch GesR, Bd. 4, § 39 Rdn. 36; *Heller,* AG 2008, 493, 494; *Butzke,* Hauptversammlung, C 49; die Formulierung bei der Beschlussfeststellung kann variieren.

245 *Kubis*, in: Münchener Komm. z. AktG, 2. Aufl., § 130 Rdn. 59; *Volhard*, in: Münchener Komm. z. AktG, 2. Aufl., § 133 Rdn. 65; *Hüffer,* Komm. z. AktG, § 130 Rdn. 22; *Wicke*, in: Spindler/Stilz, Komm. z. AktG, § 130 Rdn. 52; *Spindler*, in: Schmidt/Lutter, Komm. z. AktG, § 133 Rdn. 37; *Ziemons*, in: Schmidt/Lutter, Komm. z. AktG, § 130

gelte das als beschlossen, was der Versammlungsleiter verkündet, selbst wenn die Verkündung vom Abstimmungsergebnis abweicht.[246] Der falsch verkündete Beschluss sei folglich nur anfechtbar.[247]

Der h.M. ist darin zuzustimmen, dass die Beschlussfeststellung Voraussetzung für die Existenz eines Hauptversammlungsbeschlusses ist. Nur diese Ansicht wird dem komplexen Abstimmungsvorgang innerhalb einer Aktiengesellschaft gerecht. Gesellschaftsformen, die typischerweise nur wenige Mitglieder haben – wie eine GmbH oder eine Personengesellschaft –, würden mit einer förmlichen Beschlussfeststellung überfrachtet. Demgegenüber ist ein formalisiertes Verfahren in einer Publikumsgesellschaft wie der Aktiengesellschaft unumgänglich, um für klare Verhältnisse zu sorgen. Vielen Aktionären dürfte es insbesondere bei qualifizierten Beschlussmehrheiten oder Zweifeln über die Gültigkeit einzelner Stimmen schwer fallen, aus dem rechnerischen Abstimmungsergebnis den richtigen Schluss zu ziehen und zu erkennen, ob der Beschluss gefasst wurde oder nicht.[248] Je mehr Aktionäre eine Gesellschaft hat, um so höher ist die Wahrscheinlichkeit, dass es zu unterschiedlichen Schlussfolgerungen über die Existenz eines Beschlusses kommt. Die Annahme, ein Beschluss in der Aktiengesellschaft könnte ohne förmliche Beschlussfeststellung existieren, würde zu erheblicher Rechtsunsicherheit führen. Um diese Rechtsunsicherheit zu verhindern, muss die Beschlussfeststellung als konstitutiv für die Existenz des Beschlusses gelten.

Aus der konstitutiven Wirkung der Beschlussfeststellung kann jedoch nicht der Schluss gezogen werden, dass es für das Vorliegen eines Beschlusses ausschließlich auf die Feststellung durch den Versammlungsleiter ankomme.[249] Bei näherer Betrachtung zeigt sich, dass die Beschlussfeststellung nur eine hinreichende, nicht aber eine notwendige Bedingung für das Vorliegen eines Be-

---

Rdn. 14; *Semler*, in: Münchener Handbuch GesR, Bd. 4, § 39 Rdn. 38; *Heller,* AG 2008, 493, 494.

246 *Kubis*, in: Münchener Komm. z. AktG, 2. Aufl., § 130 Rdn. 59; *Grundmann*, in: Großkomm. z. AktG, § 133 Rdn. 133; *Hüffer,* Komm. z. AktG, § 130 Rdn. 22; *Wicke*, in: Spindler/Stilz, Komm. z. AktG, § 130 Rdn. 52; *Spindler*, in: Schmidt/Lutter, Komm. z. AktG, § 133 Rdn. 40; *Semler*, in: Münchener Handbuch GesR, Bd. 4, § 39 Rdn. 38; *Heller,* AG 2008, 493, 494.

247 BGH AG 2006, 158 („Webac Holding AG"); *Werner*, in: Großkomm. z. AktG, § 130 Rdn. 115; *Hüffer,* Komm. z. AktG, § 130 Rdn. 22; *Wicke*, in: Spindler/Stilz, Komm. z. AktG, § 130 Rdn. 52, 60; *Spindler*, in: Schmidt/Lutter, Komm. z. AktG, § 133 Rdn. 40; *Semler*, in: Münchener Handbuch GesR, Bd. 4, § 39 Rdn. 38.

248 *Zöllner,* FS Lutter, S. 821, 829 f. hält hier sogar den Versammlungsleiter für manchmal überfordert.

249 In diese Richtung missverständlich *Spindler*, in: Schmidt/Lutter, Komm. z. AktG, § 133 Rdn. 37.

schlusses ist. Denn es gibt Beschlüsse, die nicht durch eine Feststellung des Versammlungsleiters konstituiert werden:

bb. Entstehung durch rechtskräftiges Feststellungsurteil

Da ist zunächst der Fall einer positiven Beschlussfeststellungsklage, bei der das Gericht die falsche Beschlussfeststellung durch den Versammlungsleiter für nichtig erklärt und selbst feststellt, dass ein bestimmter Beschluss gefasst wurde. Wer die positive Beschlussfeststellungsklage für zulässig erachtet, muss die Konsequenz ziehen, dass ein nicht vom Versammlungsleiter festgestellter und nicht vom Notar protokollierter Beschluss wirksam durch rechtskräftiges Feststellungsurteil entsteht.[250] Das Fehlen der Beschlussverkündung begründet hier keinen Beschlussmangel.

cc. Entstehung durch notarielle Beurkundung

Konstitutiv ist auch die Protokollierung des Beschlusses durch den Notar bzw. den Versammlungsleiter.[251] Wird das Beschlussverfahren ordnungsgemäß durchgeführt, ergänzt die Protokollierung den zuvor vom Versammlungsleiter festgestellten Beschluss.[252] Es gibt jedoch Konstellationen, in denen Feststellung und Protokollierung nicht einhergehen. Hierunter fällt zunächst der unstreitige Fall der Ein-Mann-AG, bei dem eine besondere Beschlussfeststellung durch den Versammlungsleiter bloße Förmelei wäre.[253] Gerade hier zeigt sich, dass die Beschlussfeststellung ihren Sinn darin findet, Missverständnisse und Unsicherheiten auszuschließen, wenn eine Vielzahl von Aktionären an der Abstimmung beteiligt sind – dieser Umstand kann in einer Ein-Mann-AG nicht bestehen. Gleichermaßen ist der Fall des einstimmigen Beschlusses zu behandeln.[254]

Schwieriger ist die Situation zu bewerten, wenn der Notar einen Beschlusswortlaut protokolliert, der so nicht festgestellt wurde. In dieser Konstellation ist der festgestellte Beschluss nicht beurkundet, während der beurkundete Be-

---

250 So konsequent BGHZ 76, 191, 197 ff.; siehe auch *Werner*, in: Großkomm. z. AktG, § 130 Rdn. 115.

251 *Volhard*, in: Münchener Komm. z. AktG, 2. Aufl., § 133 Rdn. 71; *Spindler*, in: Schmidt/Lutter, Komm. z. AktG, § 133 Rdn. 48.

252 *Heller*, AG 2008, 493 spricht missverständlich davon, dass die förmliche Feststellung *zusammen* mit der Niederschrift konstitutive Wirkung für den Beschluss habe; ähnlich *Schmidt*, Gesellschaftsrecht, § 15 II 1 b) aa); dem steht jedoch entgegen, dass der festgestellte, aber nicht protokollierte Beschluss unstreitig wirksam, aber nichtig ist.

253 Siehe *Kubis*, in: Münchener Komm. z. AktG, 2. Aufl., § 130 Rdn. 58; *Grundmann*, in: Großkomm. z. AktG, § 133 Rdn. 132; *Wicke*, in: Spindler/Stilz, Komm. z. AktG, § 130 Rdn. 52; *Spindler*, in: Schmidt/Lutter, Komm. z. AktG, § 133 Rdn. 41; *Semler*, in: Münchener Handbuch GesR, Bd. 4, § 39 Rdn. 37.

254 Vgl. *Rieckers*, in: Spindler/Stilz, Komm. z. AktG, § 133 Rdn. 48.

schluss nicht auf einem festgestellten Beschluss basiert.[255] Dann gerät die konstitutive Wirkung der Beschlussfeststellung mit der konstitutiven Wirkung der notariellen Beurkundung in Konflikt. Richtigerweise wird man hier die Existenz zweier Beschlüsse bejahen müssen, die allerdings beide nichtig sind.[256] Wird der beurkundete Beschluss indes im Handelsregister eingetragen, kann er u.U. geheilt werden.[257] Eine Heilung des bloß festgestellten Beschlusses ist hingegen schwer vorstellbar, da er praktisch nicht die heilende Wirkung einer Handelsregistereintragung erreichen kann.

dd. Zwischenfazit

Für einen rechtmäßigen Beschluss muss das Beschlussverfahren insgesamt ordnungsgemäß durchgeführt werden. Für die Ausführungspflicht ist jedoch zunächst nur die Feststellung wichtig, ob ein wirksamer Beschluss vorliegt. Für die bloße Existenz eines möglicherweise nichtigen oder anfechtbaren Beschlusses genügt es, dass der Beschluss (i) entweder vom Versammlungsleiter festgestellt wurde oder (ii) der Notar bzw. der Versammlungsleiter ihn protokolliert hat oder (iii) der Beschluss durch rechtskräftiges Urteil festgestellt wurde. Diese Verfahrensschritte haben alternativ konstitutive Bedeutung. Die Eintragung im Handelsregister ist hingegen keine Wirksamkeitsvoraussetzung für den Beschluss, sondern nur für die beschlossene Maßnahme.[258]

2. Ausführungsbedürftige und nicht ausführungsbedürftige Beschlüsse

Nachdem dargelegt wurde, welche Voraussetzungen erfüllt sein müssen, damit überhaupt ein Hauptversammlungsbeschluss vorliegt, der die Ausführungspflicht auslösen kann, soll als nächstes zwischen ausführungsbedürftigen und nicht ausführungsbedürftigen Beschlüssen unterschieden werden.

Es ist weithin anerkannt, dass nur manche Hauptversammlungsbeschlüsse ausführungsbedürftig sind.[259] In diesem Zusammenhang wird insbesondere die

---

255 *Werner*, in: Großkomm. z. AktG, § 130 Rdn. 115.

256 So im Ergebnis auch *Kubis*, in: Münchener Komm. z. AktG, 2. Aufl., § 130 Rdn. 70, 72; *Werner*, in: Großkomm. z. AktG, § 130 Rdn. 116; *Wicke*, in: Spindler/Stilz, Komm. z. AktG, § 130 Rdn. 59 f.; nicht ganz eindeutig *Hüffer,* Komm. z. AktG, § 130 Rdn. 30.

257 *Kubis*, in: Münchener Komm. z. AktG, 2. Aufl., § 130 Rdn. 75; *Hüffer,* Komm. z. AktG, § 130 Rdn. 30; *Wicke*, in: Spindler/Stilz, Komm. z. AktG, § 130 Rdn. 62.

258 *Rieckers*, in: Spindler/Stilz, Komm. z. AktG, § 133 Rdn. 48.

259 So bereits *Hirsch,* ZHR 95 (1930), 69; ferner *Habersack*, in: Großkomm. z. AktG, § 83 Rdn. 12; *Spindler*, in: Münchener Komm. z. AktG, § 83 Rdn. 15; *Hüffer,* Komm. z. AktG, § 83 Rdn. 5; *Fleischer*, in: Spindler/Stilz, Komm. z. AktG, § 83 Rdn. 7; *Seibt*, in: Schmidt/Lutter, Komm. z. AktG, § 83 Rdn. 10; *Fleischer,* BB 2005, 2025.

Anmeldung zur Eintragung eines Beschlusses in das Handelsregister genannt,[260] aber auch der Abschluss eines Vertrags[261] bzw. allgemeiner die Abgabe einer Willenserklärung für die Gesellschaft[262]. Demgegenüber soll sich bei der Entlastung, aber auch bei der Wahl von Aufsichtsratsmitgliedern die Ausführung erübrigen.[263]

a. Der Begriff der Ausführungshandlung

Wenn man versucht, die beispielhaft genannten Fälle zu abstrahieren, stellt sich alsbald die Frage, was die Ausführungshandlung ausmacht, die einen ausführungsbedürftigen Beschluss von einem nicht ausführungsbedürftigen unterscheidet. Die Ausführungshandlung muss sich zudem von der sonstigen Bindung an den Beschluss unterscheiden – denn es ist offensichtlich, dass die Anmeldung einer Satzungsänderung zum Handelsregister etwas anderes ist als das Leben der Gesellschaft auf der Basis der geänderten Satzung.

Spindler formuliert in diesem Kontext, dass manche Beschlüsse besonderer Ausführungshandlungen bedürfen, um nach außen wirksam zu werden.[264] Ähnlich sieht es *Fleischer*, demzufolge die Umsetzung für die Rechtswirksamkeit der Beschlüsse erforderlich ist.[265] Diese Formulierungen zielen in erster Linie auf die Beschlusswirksamkeit ab: manche Beschlüsse bedürfen außer der ordnungsgemäßen Beschlussfassung noch weiterer Umstände, um die beabsichtigte Rechtswirkung hervorzubringen.[266] Hierzu zählen vor allem die Beschlüsse, die ins Handelsregister einzutragen sind, aber auch die Beschlüsse, die noch eines Sonderbeschlusses oder einer Zustimmung bestimmter Aktionäre bedürfen.[267] Dementsprechend ist der Vorstand verpflichtet, einen satzungsändernden Beschluss zur Eintragung in das Handelsregister anzumelden. Aus § 83 Abs. 2 AktG folgt aber auch die Pflicht, einen Sonderbeschluss nach § 179 Abs. 3

---

260 Vgl. *Habersack*, in: Großkomm. z. AktG, § 83 Rdn. 12, 14; *Spindler*, in: Münchener Komm. z. AktG, § 83 Rdn. 15; *Hüffer*, Komm. z. AktG, § 83 Rdn. 5; *Fleischer*, in: Spindler/Stilz, Komm. z. AktG, § 83 Rdn. 7; *Seibt*, in: Schmidt/Lutter, Komm. z. AktG, § 83 Rdn. 10; *Volhard*, ZGR 1996, 55, 56; *Fleischer*, BB 2005, 2025.

261 *Habersack*, in: Großkomm. z. AktG, § 83 Rdn. 14; *Seibt*, in: Schmidt/Lutter, Komm. z. AktG, § 83 Rdn. 10.

262 *Fleischer*, BB 2005, 2025; *Fleischer*, in: Spindler/Stilz, Komm. z. AktG, § 83 Rdn. 7.

263 So *Spindler*, in: Münchener Komm. z. AktG, § 83 Rdn. 15.

264 *Spindler*, in: Münchener Komm. z. AktG, § 83 Rdn. 15.

265 *Fleischer*, BB 2005, 2025.

266 *Semler*, in: Münchener Handbuch GesR, Bd. 4, § 41 Rdn. 3.

267 Vgl. *Hüffer*, in: Münchener Komm. z. BGB, § 241 Rdn. 17.

AktG herbeizuführen, wenn mit einer Satzungsänderung das bisherige Verhältnis mehrerer Aktiengattungen zum Nachteil einer Gattung geändert wird.[268]

Der Ansatz von *Spindler* und *Fleischer* ist jedoch etwas unpräzise. Neben der Beschlusswirksamkeit geht es bei der Ausführungspflicht auch um die Maßnahmenwirksamkeit. So wird ein Gewinnverwendungsbeschluss mit Beschlussfassung wirksam, zieht aber noch die Zahlung der Dividende nach sich, die zur Beschlussausführung gehört.[269] Ähnlich erfordert ein mit Beschlussfassung wirksamer Beschluss nach § 147 Abs. 1 AktG, Ersatzansprüche der Gesellschaft gegen ein Aufsichtsratsmitglied geltend zu machen, dass die Ansprüche z.B. durch Klageerhebung tatsächlich geltend gemacht werden. Allgemein formuliert *Hirsch* hier, dass es bei der Ausführung darum geht, den mit dem Beschluss verfolgten Zweck zu erreichen.[270]

Der Begriff der Ausführungshandlung muss folglich nicht nur die Beschluss- sondern auch die Maßnahmenwirksamkeit erfassen. *M.E. besteht eine Ausführungshandlung darin, den vom Beschlussinhalt intendierten Rechtserfolg herbeizuführen.* Mit dieser Definition lässt sich gut die häufige Aussage vereinbaren, dass die geschuldete Ausführungshandlung vom Inhalt des Beschlusses abhängt.[271] Auch eine Unterscheidung der Ausführungshandlung zur sonstigen Bindung an den Beschluss ist möglich: wenn eine Satzungsänderung den Inhalt eines Beschlusses darstellt, ist die Eintragung in das Handelsregister erforderlich, um den vom Beschlussinhalt intendierten Rechtserfolg, namentlich die Wirksamkeit der neuen Satzungsbestimmungen, herbeizuführen. Demgegenüber gehört das Leben der Gesellschaft auf der Basis der geänderten Satzung nicht mehr zur „Herbeiführung".

Das letztgenannte Beispiel zeigt deutlich, dass die Ausführungspflicht des Vorstands nicht mit anderen Bindungen und Pflichten verwechselt werden darf. Wenn etwa die neue Satzung den Unternehmensgegenstand um neue Geschäftsfelder erweitert, ist der Vorstand verpflichtet, den erweiterten Unternehmensgegenstand mit Leben zu füllen.[272] Diese Bindung ergibt sich aber aus der Satzung selbst und nicht aus § 83 Abs. 2 AktG. Andernfalls würde die Bedeutung des

268 *Stein*, in: Münchener Komm. z. AktG, § 179 Rdn. 199; *Hüffer,* Komm. z. AktG, § 179 Rdn. 47.

269 Vgl. *Haertlein,* ZHR 168 (2004), 437, 438 f.

270 *Hirsch,* ZHR 95 (1930), 69.

271 Siehe *Habersack*, in: Großkomm. z. AktG, § 83 Rdn. 14; *Seibt*, in: Schmidt/Lutter, Komm. z. AktG, § 83 Rdn. 11; *Mertens/Cahn*, in: Kölner Komm. z. AktG, § 83 Rdn. 9 und insbesondere *Seibt*, in: Schmidt/Lutter, Komm. z. AktG, § 83 Rdn. 11, der ebenfalls die mit der Beschlussfassung verfolgten Ziele in den Vordergrund stellt.

272 Vgl. LG Köln CCZ 2008, 113; *Krieger*, in: Münchener Handbuch GesR, Bd. 4, § 69 Rdn. 5.

§ 83 Abs. 2 AktG überfrachtet. Zudem entstünde die Konsequenz, dass sämtliche Handlungen des Vorstands auf Basis der geänderten Satzung die Haftungsfreistellung nach § 93 Abs. 4 Satz 1 AktG beanspruchen könnten. Eine solch weitreichende Konsequenz dürfte aber nicht dem Willen der Hauptversammlung entsprechen, die zum Zeitpunkt der Satzungsänderung nur wenige der mit den neuen Geschäftsfeldern verbundenen Risiken wird überschauen können. Von daher müssen sich die Einzelmaßnahmen, die auf Basis der geänderten Satzung getroffen werden, an den allgemeinen Regeln messen lassen: der unternehmerischen Verantwortung des Vorstands, ggf. gepaart mit einzeln Hauptversammlungsbeschlüssen nach § 119 Abs. 2 AktG. Die Ausführungspflicht beansprucht dagegen nur Gültigkeit für die Übergangsphase, nämlich den Weg von satzungsänderndem Beschluss zum Wirksamwerden der geänderten Satzung.

b. Bindungen und Freiheiten bei der Bestimmung der Ausführungshandlung

§ 83 Abs. 2 AktG verpflichtet den Vorstand zur Vornahme der Ausführungshandlungen. Mit dieser Erkenntnis ist dem Vorstand aber nur das Ziel vor Augen geführt: er weiß, dass er den vom Beschlussinhalt intendierten Rechtserfolg herbeiführen muss. Doch auf welchem Weg hat er dieses Ziel zu erreichen? Dies hängt vom jeweiligen Hauptversammlungsbeschluss ab. Bei manchen Beschlüssen konkretisiert das Gesetz die erforderlichen Maßnahmen. Insbesondere Kapitalmaßnahmen zeichnen sich durch eine detaillierte Beschreibung der zu ergreifenden Schritt aus.[273] Schweigt das Gesetz und lassen sich auch aus dem Beschluss selbst keine näheren Angaben zur Umsetzung entnehmen,[274] steht die Art und Weise der Beschlussausführung im Ermessen des Vorstands.[275] Beispielsweise kann der Vorstand im Rahmen einer Kapitalherabsetzung die Frist zur Aufforderung nach § 226 Abs. 2 AktG an die Aktionäre, ihre Aktien einzureichen, bestimmen.[276] Nur wenn einzelne Beschlussinhalte zwingend von der Hauptversammlung festgelegt werden müssen, wie etwa ein zeitliches Limit zur Bestimmung des Kapitalherabsetzungsbetrags, ist dem Vorstand eine Ausfüllung des rechtswidrig lückenhaften Beschlusses verboten.[277] Welche Inhalte zum „Wesenserfordernis"[278] des Beschlusses gehören und welche vom Vorstand

273 Näher unten II.3.a.dd.

274 Siehe hierzu Kapitel 1:III.2.

275 Vgl. *Hüffer,* Komm. z. AktG, § 226 Rdn. 3; *Krieger*, in: Münchener Handbuch GesR, Bd. 4, § 60 Rdn. 28, 52.

276 Vgl. *Hüffer,* Komm. z. AktG, § 226 Rdn. 9.

277 Vgl. RGZ 80, 81, 83 f.; *Hüffer,* Komm. z. AktG, § 222 Rdn. 12; *Krieger*, in: Münchener Handbuch GesR, Bd. 4, § 60 Rdn. 25.

278 RGZ 80, 81, 84.

nach pflichtgemäßem Ermessen entschieden werden können, ist für jede Art der Hauptversammlungsbeschlüsse gesondert zu ermitteln.

Die Verpflichtung des Vorstands auf die Herbeiführung des vom Beschlussinhalt intendierten Rechtserfolgs kann dabei so weit gehen, dass der Vorstand in Ausnahmefällen sogar von den gesetzlich vorgesehenen Ausführungshandlungen absehen darf. Einen solchen Ausnahmefall hat der BGH zu einer Rest- bzw. Spaltgesellschaft entschieden:[279] Die betroffene Gesellschaft hatte eine Kapitalherabsetzung beschlossen. Wäre die Kapitalherabsetzung regelmäßig durchgeführt worden, hätte die nach § 226 Abs. 1 AktG erforderliche Kraftloserklärung der alten Aktien dazu geführt, dass Mitgliedschaftsrechte bei 90 % der Aktien, deren Eigentümerstellung infolge der Kriegswirren ungeklärt war, entzogen worden wären. Vor diesem Hintergrund verneinte der BGH eine Verpflichtung des Vorstands, den üblichen Weg zu gehen. In solch außergewöhnlichen Umständen könne es gerechtfertigt sein, formal zwar zu beanstandende, aber einem praktischen Bedürfnis entsprechende Lösungen als wirksam zu behandeln.[280]

c. Nicht ausführungsbedürftige Beschlüsse

Es gibt nur sehr wenige nicht ausführungsbedürftige Beschlüsse, bei denen der Beschluss den von ihm intendierten Rechtserfolg bereits durch die bloße Beschlussfassung erzielt, so dass keine weitere Ausführungshandlung mehr erforderlich ist. Im Einzelnen:

aa. Wahl von Aufsichtsratsmitgliedern

Die vereinzelt[281] als nicht ausführungsbedürftig bezeichnete Wahl zum Aufsichtsrat stellt keinen Fall eines nicht ausführungsbedürftigen Hauptversammlungsbeschlusses dar. Die Bestellung durch Wahlbeschluss muss als korporationsrechtliches Rechtsgeschäft gegenüber dem Kandidaten erklärt und von diesem angenommen werden.[282] Um den vom Beschlussinhalt intendierten Rechtserfolg herbeizuführen, sind als Ausführungshandlung die Abgabe einer Willenserklärung – Bestellung – sowie der Empfang einer zweiten Willenserklärung – Annahme – erforderlich. Die Willenserklärung „Bestellung“ wird im Regelfall, wenn nämlich der Kandidat in der Hauptversammlung anwesend ist, unmittelbar

---

279 Vgl. BGH ZIP 1991, 1423; zustimmend *Hüffer*, Komm. z. AktG, § 226 Rdn. 3; *Butzke*, WuB II A. § 226 AktG 1.92

280 BGH ZIP 1991, 1423, 1425.

281 So etwa *Spindler*, in: Münchener Komm. z. AktG, § 83 Rdn. 15.

282 *Hirsch*, ZHR 95 (1930), 69; *Spindler*, in: Spindler/Stilz, Komm. z. AktG, § 101 Rdn. 10; hingegen gehört die Bekanntmachung der Änderungen im Aufsichtsrat nicht zur Beschlussausführung, da sie nur deklaratorische Bedeutung hat, vgl. *Hopt/Roth*, in: Großkomm. z. AktG, § 106 Rdn. 22.

von der Hauptversammlung selbst erklärt; ist der Kandidat hingegen abwesend, obliegt es dem Vorstand, ihm die Bestellungserklärung zu übermitteln.[283] Die Annahmeerklärung kann in der Hauptversammlung direkt gegenüber dem Wahlorgan Hauptversammlung, vertreten durch den Versammlungsleiter, oder, insbesondere außerhalb der Hauptversammlung, gegenüber der Gesellschaft, vertreten durch den Vorstand, vorgenommen werden.[284]

bb. Gewinnverwendungsbeschluss

Hirsch nimmt an, dass der Gewinnverwendungsbeschluss nicht ausführungsbedürftig sei, da er den Dividendenanspruch des Aktionärs unmittelbar entstehen lässt, ohne dass eine Kundgabe an den Aktionär erforderlich wäre.[285] Dies ist im Ansatz zutreffend; *Hirsch* übersieht dabei allerdings, dass die Tätigkeit der Aktiengesellschaft mit der Beschlussfassung noch nicht abgeschlossen ist. Vielmehr hat der Vorstand von sich aus die Dividende auszuzahlen, will er keinen Verzug der Gesellschaft begründen.[286]

cc. Entlastung

Einen tatsächlich nicht ausführungsbedürftigen Beschluss stellt die Entlastung gemäß § 120 Abs. 1 Satz 1 AktG bzw. § 270 Abs. 2 Satz 1 AktG dar.[287] Die Entlastung wird mit der Feststellung des Versammlungsleiters über das Ergebnis der Beschlussfassung als körperschaftliche Erklärung eigener Art ohne weiteres wirksam.[288] Eine Bekanntgabe der Entlastung gegenüber dem zu entlastenden Organmitglied ist nicht erforderlich, ebenso wenig dessen Annahme der Entlastung.[289]

Soweit *Hüffer* hier noch eine zusätzliche „formlose Kundgabe" verlangt, dürfte dies nicht als Wirksamkeitserfordernis zu sehen sein – denn *Hüffer* unterscheidet die „formlose Kundgabe" ausdrücklich vom „Zugang einer rechtsgeschäftlichen Erklärung", die er gerade nicht für erforderlich hält.[290]

---

283 Vgl. *Hopt/Roth*, in: Großkomm. z. AktG, § 101 Rdn. 83; *Hüffer,* Komm. z. AktG, § 101 Rdn. 7.

284 Vgl. *Hüffer,* Komm. z. AktG, § 101 Rdn. 7; *Spindler*, in: Spindler/Stilz, Komm. z. AktG, § 101 Rdn. 10; *Drygala*, in: Schmidt/Lutter, Komm. z. AktG, § 101 Rdn. 12; *Hoffmann-Becking*, in: Münchener Handbuch GesR, Bd. 4, § 30 Rdn. 22.

285 *Hirsch,* ZHR 95 (1930), 69, 70.

286 *Haertlein,* ZHR 168 (2004), 437, 438.

287 So auch *Hirsch,* ZHR 95 (1930), 69, 70; *Hüffer,* Komm. z. AktG, § 120 Rdn. 4.

288 *Mülbert*, in: Großkomm. z. AktG, § 120 Rdn. 29; *Kubis*, in: Münchener Komm. z. AktG, 2. Aufl., § 120 Rdn. 27.

289 *Mülbert*, in: Großkomm. z. AktG, § 120 Rdn. 29; *Spindler*, in: Schmidt/Lutter, Komm. z. AktG, § 120 Rdn. 29; *Kubis*, in: Münchener Komm. z. AktG, 2. Aufl., § 120 Rdn. 27.

290 Siehe *Hüffer,* Komm. z. AktG, § 120 Rdn. 4.

dd. Say on pay

Ein zweiter Fall eines nicht ausführungsbedürftigen Hauptversammlungsbeschlusses ist die durch das VorstAG neu eingeführte Billigung des Vergütungssystems der Vorstandsmitglieder gemäß § 120 Abs. 4 AktG, der sogenannte *say on pay*. Da an die Willensbildung der Hauptversammlung keine Rechtsfolgen geknüpft sind, ist wie schon beim Entlastungsbeschluss keine Bekanntgabe des Beschlusses an die Vorstands- oder Aufsichtsratsmitglieder erforderlich, damit die Billigung wirksam wird.

Das von § 120 Abs. 4 Satz 2 AktG ausdrücklich vorgesehene Fehlen von Rechten und Pflichten aus dem Beschluss verleitet manche Autoren sogar dazu, die Beschlussqualität des Billigungsbeschlusses insgesamt zu bestreiten.[291] Demgegenüber will *Fleischer* in § 120 Abs. 4 AktG eine neue Rechtsfigur des Beschlussrechts erkennen: den konsultativen Hauptversammlungsbeschluss.[292] Beide Positionen sind indes zu extrem. Beim Billigungsbeschluss handelt es sich um einen im Grundsatz regulären Hauptversammlungsbeschluss, da hierdurch der kollektive Wille der Hauptversammlung gebildet wird.[293] Der Wille der Hauptversammlung beschränkt sich lediglich darauf, ein bestimmtes Vergütungssystem gutzuheißen oder abzulehnen. Entgegen *Fleischer* gab es auch schon vor *say on pay* rein konsultative Beschlüsse. So ist es bei Geschäftsführungsmaßnahmen verbreitete Ansicht, dass der Vorstand im Rahmen von § 119 Abs. 2 AktG nur eine Empfehlung einholen kann.[294] Ähnlich kann der Versammlungsleiter einer Hauptversammlung diese unverbindlich über ihre Meinung zur Ausübung von Leitungsrechten befragen.[295] Für die Beschlussausführung spielt dieser Meinungsstreit keine Rolle, da der Billigungsbeschluss in keinem Fall auszuführen ist.

ee. Vertrauensentzug

In die Riege von Entlastung und *say on pay* gehört auch der Beschluss nach § 84 Abs. 3 Satz 2 AktG, einem Vorstandsmitglied das Vertrauen zu entziehen. Zwar kann der Aufsichtsrat im Anschluss an die Beschlussfassung die Bestellung des Vorstands widerrufen und den Widerruf auf den wichtigen Grund des Vertrauensentzugs durch die Hauptversammlung stützen. Der Aufsichtsrat ist aber nicht aufgrund des Vertrauensentzugs verpflichtet, das Vorstandsmitglied abzuberu-

---

291 *Begemann/Laue*, BB 2009, 2442, 2444 f.; sympathisierend *Spindler*, in: Schmidt/Lutter, Komm. z. AktG, § 120 Rdn. 65.

292 *Fleischer,* AG 2010, 681, 684.

293 So eigentlich auch *Fleischer,* AG 2010, 681, 683 f.

294 So etwa *Hüffer,* Komm. z. AktG, § 119 Rdn. 15.

295 Vgl. BGHZ 44, 245.

fen.[296] Vielmehr entscheidet er weiterhin aus eigenem Ermessen über die Abberufung.[297] Das Unternehmensinteresse kann es dabei gebieten, den Vorstand trotz des Vertrauensentzugs der Hauptversammlung weiter im Amt zu belassen.[298] Wegen des Ermessensspielraums des Aufsichtsrat und allgemeiner wegen der Kompetenzverteilung zwischen Aufsichtsrat und Hauptversammlung kann die Abberufung nicht als Ausführung des Vertrauensentzugs gewertet werden. Im Gegenteil muss angenommen werden, dass der Beschlussinhalt beschränkt ist: Der intendierte Rechtserfolg des Vertrauensentzugs beschränkt sich darauf, dem Aufsichtsrat eine Möglichkeit für die Abberufung zu verschaffen, ohne ihn zur Abberufung zu verpflichten.

ff. Feststellung des Jahresabschlusses

Als weitere nicht ausführungsbedürftige Beschlüsse sind die Sonderfälle zu nennen, in denen die Hauptversammlung den Jahresabschluss feststellt.

Die Feststellung des Jahresabschlusses erfordert normalerweise die Aufstellung des Jahresabschlusses durch den Vorstand und seine Billigung durch den Aufsichtsrat; durch das Zusammenwirken beider Organe mittels Realakt[299] und Willenserklärung entsteht ein korporationsrechtliches Rechtsgeschäft eigener Art.[300] Haben Vorstand und Aufsichtsrat hingegen beschlossen, die Feststellung des Jahresabschlusses der Hauptversammlung zu überlassen, oder hat der Aufsichtsrat den Jahresabschluss nicht gebilligt, stellt die Hauptversammlung nach § 173 Abs. 1 AktG den Jahresabschluss fest. Der Feststellungsbeschluss der Hauptversammlung ist sofort wirksam.[301] Er bedarf keiner weiteren Ausführungshandlung, da der Jahresabschluss bereits durch die Willensbildung der Hauptversammlung verbindlich und endgültig ist.[302]

Nicht anders sind im Hinblick auf die nicht erforderliche Ausführungshandlung die weiteren Sonderfälle bei der rückwirkenden Kapitalherabsetzung (§ 234 Abs. 2) und bei der Eröffnungsbilanz nach Beginn der Abwicklung (§ 270 Abs. 2 AktG) zu bewerten.

---

296 *Spindler*, in: Münchener Komm. z. AktG, § 84 Rdn. 128; *Seibt*, in: Schmidt/Lutter, Komm. z. AktG, § 84 Rdn. 51; *Mertens/Cahn*, in: Kölner Komm. z. AktG, § 84 Rdn. 129.

297 *Spindler*, in: Münchener Komm. z. AktG, § 84 Rdn. 128.

298 *Spindler*, in: Münchener Komm. z. AktG, § 84 Rdn. 128.

299 So präzise *Adler/Düring/Schmaltz,* Rechnungslegung, § 172 AktG Rdn. 12.

300 BGHZ 124, 111, 116; *Adler/Düring/Schmaltz,* Rechnungslegung, § 172 AktG Rdn. 10 ff.; *Hüffer,* Komm. z. AktG, § 172 Rdn. 3.

301 *Adler/Düring/Schmaltz,* Rechnungslegung, § 173 AktG Rdn. 13.

302 Ebenso *Hirsch,* ZHR 95 (1930), 69, 70; vgl. *Zöllner*, in: Kölner Komm. z. AktG, 1. Aufl., § 119 Rdn. 21; *Hüffer,* Komm. z. AktG, § 173 Rdn. 3; *Zöllner*, in: Kölner Komm. z. AktG, 1. Aufl., § 119 Rdn. 21.

gg. *Auflösung der Gesellschaft*

Die Hauptversammlung kann nach § 262 Abs. 1 Nr. 2 AktG die Auflösung der Gesellschaft beschließen. Auch wenn der Auflösungsbeschluss nach § 263 Satz 1 AktG zur Eintragung in das Handelsregister anzumelden ist, so ist doch anerkannt, dass die Auflösung mit Zustandekommen des Beschlusses wirksam ist.[303] Die Eintragung in das Handelsregister hat ausnahmsweise keine konstitutive, sondern bloß deklaratorische Wirkung.[304] Sie ist folglich nicht erforderlich, um den vom Beschlussinhalt intendierten Rechtserfolg herbeizuführen. Unterbleibt sie, kommt ggf. § 15 HGB zur Anwendung, mit der potentiellen Folge einer Rechtsscheinshaftung.[305]

d. Zwischenfazit

Unter dem Thema „nicht ausführungsbedürftige Beschlüsse" wären eigentlich noch Zustimmungsbeschlüsse zu erörtern. Zustimmungsbeschlüsse zeichnen sich aber durch eine besondere Komplexität aus, weswegen sie erst später gesondert behandelt werden.[306] An dieser Stelle ist festzuhalten, dass aus dem Anwendungsbereich von § 83 Abs. 2 AktG nicht nur die beschlusslosen Tätigkeiten der Hauptversammlung, sondern auch die nicht ausführungsbedürftigen Beschlüsse herauszunehmen sind. Es gibt allerdings nur sehr wenige Beschlüsse, bei denen keine Ausführungshandlung erforderlich ist, um den vom Beschlussinhalt intendierten Rechtserfolg herbeizuführen: nach dem bisherigen Stand der Untersuchung sind dies die Entlastung, *say on pay*, der Vertrauensentzug, die Feststellung des Jahresabschlusses sowie die Auflösung der Gesellschaft. Alle anderen Beschlüsse wären demnach im Grunde ausführungsbedürftig.

3. Besonderheiten bei der Beschlussausführung

Für alle ausführungsbedürftigen Hauptversammlungsbeschlüsse müsste eigentlich der Grundsatz des § 83 Abs. 2 AktG gelten, dass der Vorstand zu ihrer Ausführung verpflichtet ist. Der Gesetzestext legt nahe, dass der Vorstand alleiniges Ausführungsorgan ist und dass er ohne Ermessensspielraum Folge leisten muss. Bei näherer Betrachtung gibt es jedoch Besonderheiten bei der Beschlussausführung. Um den regulären Bereich der Beschlussausführung zu ermitteln, der dem Anwendungsbereich von § 83 Abs. 2 entspricht, soll weiter so vorangeschritten

---

303 *Zöllner*, in: Kölner Komm. z. AktG, 1. Aufl., § 119 Rdn. 21; *Hüffer*, in: Münchener Komm. z. AktG, § 262 Rdn. 39; *Hüffer,* Komm. z. AktG, § 262 Rdn. 10.

304 *Hüffer*, in: Münchener Komm. z. AktG, § 262 Rdn. 39; *Hüffer,* Komm. z. AktG, § 262 Rdn. 10; *Bachmann*, in: Spindler/Stilz, Komm. z. AktG, § 263 Rdn. 13.

305 Siehe *Bachmann*, in: Spindler/Stilz, Komm. z. AktG, § 263 Rdn. 13.

306 Siehe unten III.2.

werden, dass die Besonderheiten identifiziert und von der Ausführungspflicht abgezogen werden.

a. Die Ausführung durch andere Personen als den Vorstand

Eine erste Besonderheit betrifft die Hauptversammlungskompetenzen, bei denen andere Organe oder Personen für die Beschlussausführung zuständig sind.

aa. Wahl und Abwahl von Aufsichtsratsmitgliedern

Erwähnt wurde bereits der Fall der Aufsichtsratswahl gemäß § 101 Abs. 1 AktG, bei der im Regelfall die Hauptversammlung selbst dem anwesenden Kandidaten die Bestellungserklärung bekannt gibt.[307] Konsequenterweise folgt daraus, dass die Hauptversammlung für diese rechtsgeschäftliche Erklärung zur Vertretung der Gesellschaft befugt ist.[308]

Ganz allgemein wird angenommen, dass die Hauptversammlung für Verbandsinnengeschäfte Vertretungsmacht hat, soweit sie selbst für die Willensbildung beim jeweiligen Verbandsinnengeschäft zuständig ist.[309] Die Vertretungsmacht der Hauptversammlung bei Verbandsinnengeschäften kann aber einzig auf dem Gedanken gründen, dass es reiner Formalismus wäre, wenn der Vorstand den unmittelbar zuvor festgestellten Beschlussinhalt gegenüber den gewählten und anwesenden Aufsichtsratsmitgliedern wiederholen müsste. Deswegen muss sich die Vertretungsmacht der Hauptversammlung auf die Fälle beschränken, in denen durch das Handeln der Hauptversammlung anstelle des Vorstands eine unmittelbare Verfahrensvereinfachung erreicht wird. Kann dieser Zweck nicht erreicht werden, etwa weil der gewählte Kandidat nicht in der Hauptversammlung anwesend ist, besteht keine Vertretungsmacht der Hauptversammlung. Die Bestellung muss dem abwesenden Kandidaten dann entsprechend den allgemeinen Regeln vom Vorstand erklärt werden.[310] Für eine Bevollmächtigung anderer Personen durch die Hauptversammlung gibt es weder eine Notwendigkeit noch eine Rechtsgrundlage. Das AktG hat insoweit eine abschließende Aussage getroffen, dass der Vorstand vorbehaltlich besonderer Ausnahmefälle alleiniges Vertretungsorgan der Gesellschaft ist.

Gleiches gilt für den Fall, dass ein Aufsichtsratsmitglied abgewählt werden soll (§ 103 Abs. 1 AktG) und das Mitglied in der Hauptversammlung anwesend

---

307 Siehe oben 2.c.aa.

308 *Mülbert*, in: Großkomm. z. AktG, Vor §§ 118-147 Rdn. 38; *Seibt*, in: Schmidt/Lutter, Komm. z. AktG, § 78 Rdn. 3; *Kubis*, in: Münchener Komm. z. AktG, 2. Aufl., § 119 Rdn. 19; im Ergebnis letztlich genauso *Zöllner*, in: Kölner Komm. z. AktG, 1. Aufl., § 119 Rdn. 22; *Hüffer*, Komm. z. AktG, § 119 Rdn. 12.

309 *Mülbert*, in: Großkomm. z. AktG, Vor §§ 118-147 Rdn. 38.

310 Vgl. *Hopt/Roth*, in: Großkomm. z. AktG, § 101 Rdn. 83.

ist. Der Beschluss der Hauptversammlung würde für sich noch nicht genügen, um das Amt des Aufsichtsratsmitglieds zu beenden. Neben dem Beschluss ist erforderlich, dass die Abberufung gegenüber dem Aufsichtsratsmitglied erklärt wird.[311] Ist das Aufsichtsratsmitglied anwesend, stellt die Beschlussfeststellung die Abberufungserklärung dar.[312] Der Beschluss wäre dann nicht ausführungsbedürftig. Zu einer Ausführungshandlung kann es folglich nur kommen, wenn das abzuberufende Aufsichtsratsmitglied nicht in der Hauptversammlung anwesend ist. Für diesen Fall ist umstritten, wer dem abwesenden Aufsichtsratsmitglied den Beschluss mitteilt, also den Beschluss ausführt. Nach § 83 Abs. 2 AktG wäre dies eigentlich der Vorstand.[313] Gleichwohl wird in der Literatur teilweise auch angenommen, dass anstelle des Vorstands der Aufsichtsratvorsitzende oder gar ein Dritter, der von der Hauptversammlung hierzu bestimmt wurde, die Mitteilung bewirkt.[314] Wie schon bei der Wahl von Aufsichtsratsmitgliedern besteht für eine Verlagerung der Zuständigkeit weder eine Rechtsgrundlage noch eine Notwendigkeit. Die Mitwirkung des Aufsichtsratsvorsitzenden ist daher nicht erforderlich, wenngleich unschädlich, solange der Vorstand an der Übermittlung beteiligt ist.[315]

bb. Bestellung von Abschlussprüfern

Für die Bestellung des Abschlussprüfers enthält § 111 Abs. 2 Satz 3 AktG die Besonderheit, dass der Aufsichtsrat den Prüfungsauftrag erteilt. Die Zuständigkeit wurde durch das KonTraG vom Vorstand auf den Aufsichtsrat verlagert. Durch die Kompetenzverlagerung sollten der Eindruck einer zu großen Nähe des Prüfers zum Vorstand verhindert und die Hilfsfunktion des Prüfers für den Aufsichtsrat bei der Bewältigung seiner Kontrolltätigkeit unterstrichen werden.[316] Die Zuständigkeit für den Bestellung verbleibt aber bei der Hauptversammlung.

---

311 Vgl. *Hopt/Roth*, in: Großkomm. z. AktG, § 103 Rdn. 17; *Spindler*, in: Spindler/Stilz, Komm. z. AktG, § 103 Rdn. 16.

312 *Hopt/Roth*, in: Großkomm. z. AktG, § 103 Rdn. 17; *Habersack*, in: Münchener Komm. z. AktG, § 103 Rdn. 19; *Hüffer,* Komm. z. AktG, § 103 Rdn. 5; *Spindler*, in: Spindler/Stilz, Komm. z. AktG, § 103 Rdn. 15; *Drygala*, in: Schmidt/Lutter, Komm. z. AktG, § 103 Rdn. 6.

313 So auch *Habersack*, in: Münchener Komm. z. AktG, § 103 Rdn. 19; *Hüffer,* Komm. z. AktG, § 103 Rdn. 5; *Spindler*, in: Spindler/Stilz, Komm. z. AktG, § 103 Rdn. 15.

314 So etwa *Hopt/Roth*, in: Großkomm. z. AktG, § 103 Rdn. 17; *Drygala*, in: Schmidt/Lutter, Komm. z. AktG, § 103 Rdn. 6; *Hoffmann-Becking*, in: Münchener Handbuch GesR, Bd. 4, § 30 Rdn. 55.

315 Ebenso *Hüffer,* Komm. z. AktG, § 103 Rdn. 5; *Spindler*, in: Spindler/Stilz, Komm. z. AktG, § 103 Rdn. 15.

316 Regierungsbegründung zum KonTraG, BT-Drucks. 13/9712, S. 16.

Zu erwähnen ist, dass sich die Kompetenz des Aufsichtsrats auf den Akt Prüfungserteilung beschränkt. Während eines Prüfungsverfahrens wird die Gesellschaft regulär vom Vorstand vertreten.[317] Das weitere Prüfungsverfahren gehört jedoch nicht mehr zur Ausführung des Bestellungsbeschlusses, dessen intendierter Rechtserfolg sich auf die Herbeiführung des Prüfungsvertrags beschränkt. Von daher bleibt es bei der Feststellung, dass der Aufsichtsrat alleiniges Ausführungsorgan für den Bestellungsbeschluss ist.

cc. Bestellung von Sonderprüfern

Ein weiterer Sonderfall bei der Beschlussausführung ist die Bestellung von Sonderprüfern. Die Hauptversammlung ist gemäß § 142 Abs. 1 Satz 1 AktG befugt, Sonderprüfer zur Prüfung von Vorgängen bei der Gründung oder der Geschäftsführung, namentlich auch bei Maßnahmen der Kapitalbeschaffung und Kapitalherabsetzung, zu bestellen. Von der Bestellung des Sonderprüfers ist der Abschluss des Prüfungsvertrags zu unterscheiden. Das Gesetz regelt hier nicht ausdrücklich, wer für die Gesellschaft den Vertrag schließt. Von daher verwundert es nicht, dass in der Literatur umstritten ist, ob der Vorstand oder die Hauptversammlung, ggf. vertreten durch den Aufsichtsratsvorsitzenden oder einen Dritten, zum Abschluss des Prüfungsvertrags befugt ist.

(1) Der Meinungsstreit

Die wohl überwiegende Meinung in der Literatur nimmt an, dass die Hauptversammlung entweder selbst die Gesellschaft beim Abschluss des Prüfungsvertrags vertritt oder eine beliebige Person hiermit beauftragen kann – unter Verdrängung des Vorstands.[318] Hinter dieser Annahme steht die Sorge, dass der Vorstand den Vertragsschluss usurpieren könnte, um für sich persönlich einen Vorteil zu erzielen. Lediglich für den Fall, dass die Hauptversammlung nicht für sich beansprucht, die Bestellung in Eigenregie auszuführen, wird angenommen, dass der Vorstand hierzu befugt und verpflichtet sei.[319]

Demgegenüber sieht eine Gegenmeinung die Kompetenz ausschließlich beim Vorstand und will hierzu § 318 Abs. 1 Satz 4 HGB analog bemühen.[320]

317 *Spindler*, in: Spindler/Stilz, Komm. z. AktG, § 111 Rdn. 52.

318 *Hüffer,* Komm. z. AktG, § 142 Rdn. 11; *Spindler*, in: Schmidt/Lutter, Komm. z. AktG, § 142 Rdn. 35; *Hirschmann*, in: Hölters, Komm. z. AktG, § 142 Rdn. 28; für den Fall, dass der Vorstand es ablehnt, den Vertrag zu schließen, ebenso *Kronstein/Zöllner*, in: Kölner Komm. z. AktG, 1. Aufl., § 142 Rdn. 20; *Schröer*, in: Münchener Komm. z. AktG, 2. Aufl., § 142 Rdn. 45 f.

319 *Schröer*, in: Münchener Komm. z. AktG, 2. Aufl., § 142 Rdn. 45 f.; wohl auch *Hüffer,* Komm. z. AktG, § 142 Rdn. 11.

320 *Adler/Düring/Schmaltz,* Rechnungslegung, §§ 142-146 AktG Rdn. 13; *Mock*, in: Spindler/Stilz, Komm. z. AktG, § 142 Rdn. 97.

Kronstein/Zöllner wollen den Vorstand sogar nur zum Erklärungsboten machen.[321] Die Gefahr eines für die Gesellschaft nachteiligen Interessenkonflikts wird als gering angesehen, da der Hauptversammlungsbeschluss zwingende Vorgaben mache.[322] In Unterstützung der Gegenmeinung weist *Semler* darauf hin, dass in der Praxis unbeanstandet der Vorstand in Durchführung des Beschlusses den Prüfungsvertrag schließt.[323]

(2) Stellungnahme

Die mit der vorliegenden Untersuchung verbundene Querschnittsbetrachtung erlaubt die Beseitigung einiger Fehlschlüsse im Meinungsstreit über die Bestellung von Sonderprüfern. Insbesondere die Annahme, dem Vorstand müsste über § 318 Abs. 1 Satz 4 HGB analog Vertretungsmacht verliehen werden, geht in die Irre. Der Vorstand ist grundsätzlich unmittelbar nach § 83 Abs. 2 AktG verpflichtet, den Bestellungsbeschluss auszuführen.[324] Für diese Geschäftsführungsmaßnahme hat er nach § 78 Abs. 1 AktG ausreichend Vertretungsmacht. Die allgemeinen Grundsätze führen daher zum Schluss, dass der Vorstand zum Abschluss des Prüfungsvertrags berechtigt und verpflichtet ist.

Es bedürfte besonderer Gründe, um von diesen Prinzipien abzuweichen. Ein Ausnahmefall könnte vorliegen, wenn die Hauptversammlung unter Verdrängung des Vorstands eine originäre Vertretungskompetenz für die Bestellung eines Sonderprüfers hätte. Die Vertretungskompetenz der Hauptversammlung wurde oben für den Fall bejaht, dass die Willenserklärung dem Erklärungsempfänger unmittelbar durch Beschlussverkündung bekannt gegeben wird und hierdurch eine Verfahrenserleichterung eintritt.[325] Es handelte sich dort jedoch um ein korporationsrechtliches Rechtsgeschäft, wohingegen der Sonderprüfungsvertrag ein Geschäftsbesorgungsvertrag gemäß §§ 675, 631 ff. BGB ist.[326] Außerdem ist der Bestellungsbeschluss oft nicht konkret genug, um sämtliche Vertragsbedingungen *en détail* zu regeln.[327] Wird, wie zumeist, der Prüfungsvertrag erst im Anschluss an die Hauptversammlung geschlossen, rechtfertigt der As-

321 *Kronstein/Zöllner*, in: Kölner Komm. z. AktG, 1. Aufl., § 142 Rdn. 20.

322 *Mock*, in: Spindler/Stilz, Komm. z. AktG, § 142 Rdn. 97; ähnlich *Spindler*, in: Schmidt/Lutter, Komm. z. AktG, § 142 Rdn. 35.

323 *Semler*, in: Münchener Handbuch GesR, Bd. 4, § 42 Rdn. 12.

324 Auf § 83 Abs. 2 AktG weisen auch *Adler/Düring/Schmaltz,* Rechnungslegung, §§ 142-146 AktG Rdn. 13; *Spindler*, in: Schmidt/Lutter, Komm. z. AktG, § 142 Rdn. 35; *Schröer*, in: Münchener Komm. z. AktG, 2. Aufl., § 142 Rdn. 46 hin.

325 Siehe aa.

326 Siehe *Hüffer,* Komm. z. AktG, § 142 Rdn. 12.

327 Ähnlich *Hüffer,* Komm. z. AktG, § 142 Rdn. 11.

pekt der Verfahrenserleichterung keine originäre Vertretungsmacht der Hauptversammlung.

Etwas anderes könnte sich daraus ergeben, dass die Sorge, der Vorstand könne die Vertragsverhandlungen zu seinem Vorteil und zum Nachteil der Gesellschaft beeinflussen, nicht generell von der Hand zu weisen ist. Fraglich ist gleichwohl, ob die Manipulationsgefahr eine Vertretungsmacht der Hauptversammlung rechtfertigt oder gar erfordert. In diesem Kontext liefert der Hinweis auf § 318 Abs. 1 Satz 4 HGB nur ein unvollständiges Bild. § 318 Abs. 1 Satz 4 HGB wird in der Aktiengesellschaft durch § 111 Abs. 2 Satz 3 AktG verdrängt, gerade weil der Gesetzgeber eine größere Unabhängigkeit des Abschlussprüfers beabsichtigte.[328] Von daher kann § 318 Abs. 1 Satz 4 HGB kaum als vergleichbare Interessenlage für eine Analogie herangezogen werden. Gegen eine Analogie spricht weiter, dass der Gesetzgeber zwar für die Bestellung des Abschlussprüfers und die Geltendmachung von Ersatzansprüchen ausdrücklich von der allgemeinen Vertretungsmacht des Vorstands abweicht, nicht aber beim Sonderprüfer. Die Gefahr einer Manipulation durch den Vorstand ist auch nicht so groß wie bei der Geltendmachung von Ersatzansprüchen – ist bei der Sonderprüfung doch unklar, ob überhaupt Ansprüche bestehen. Selbst wenn der Vorstand etwas zu verbergen hätte, dürfte der Abschluss des Sonderprüfungsvertrags eine ungeeignete Maßnahme zur Manipulation sein, zumal der Prüfungsgegenstand durch die Hauptversammlung festgelegt wird. Zur Bekämpfung gleichwohl auftretender Obstruktion durch den Vorstand genügen daher die allgemeinen Mittel: die Abberufung der Vorstandsmitglieder durch den Aufsichtsrat, ergänzt ggf. um die Abwahl der Aufsichtsratsmitglieder.[329] In dieser Situation könnte zudem die später zu erörternde Frage eine Rolle spielen, ob einzelne Aktionäre den Vorstand gerichtlich zur Umsetzung eines Hauptversammlungsbeschlusses zwingen können.[330]

Unter Berücksichtigung all dieser Umstände besteht kein Bedürfnis, bei der Bestellung von Sonderprüfern von der allgemeinen Beschlussausführung durch den Vorstand abzuweichen.

dd. Kapitalmaßnahmen

Beschlüsse über Kapitalerhöhungen bzw. Kapitalherabsetzungen zeichnen sich in doppelter Hinsicht durch Besonderheiten bei der Beschlussausführung aus. Zunächst benennt das AktG bei ihnen eine Vielzahl von Ausführungshandlungen konkret. Bis ins Detail sind die Schritte geregelt, die eingehalten werden müssen, um den vom Beschlussinhalt intendierten Rechtserfolg herbeizuführen:

328 Siehe Fn. 316.

329 So auch *Adler/Düring/Schmaltz,* Rechnungslegung, §§ 142-146 Rdn. 13.

330 Siehe hierzu Kapitel 6:III.6.

von Besonderheiten bei den einzelnen Kapitalmaßnahmen abgesehen gehören hierzu in jedem Fall die Anmeldung des Beschlusses zum Handelsregister,[331] der Abschluss des Zeichnungsvertrags[332] und die Anmeldung der Durchführung im Handelsregister[333]. Neben diesen formalen Akten besteht auch eine Bemühenspflicht: Der Vorstand muss sich als Ausführungshandlung um Zeichner bemühen; er darf nicht untätig bleiben und warten, bis der Kapitalerhöhungsbeschluss „abgelaufen“ ist.[334]

Sodann ist für den aktuellen Abschnitt besonders relevant, dass der Aufsichtsratsvorsitzende an mehreren Stellen in die Beschlussausführung einbezogen ist:

(1) Anmeldung des Beschlusses

Die Anmeldung des Kapitalerhöhungsbeschlusses zur Eintragung im Handelsregister ist bei der Kapitalerhöhung gegen Einlagen gemäß § 184 Abs. 1 Satz 1 AktG vom Vorstand zusammen mit dem Aufsichtsratsvorsitzenden vorzunehmen. Gleiches gilt bei der bedingten Kapitalerhöhung aufgrund von § 195 Abs. 1 Satz 1 AktG. Für die Kapitalerhöhung aus Gesellschaftsmitteln gilt § 184 Abs. 1 AktG wegen des Verweises in § 207 Abs. 2 Satz 1 AktG entsprechend. In etwas abgewandelter Form spricht § 221 Abs. 2 Satz 2 AktG davon, dass der Beschluss, den Vorstand zur Ausgabe von Wandelschuldverschreibungen zu ermächtigen, beim Handelsregister zu hinterlegen ist.[335]

Auch der Beschluss über die Kapitalherabsetzung ist nach § 223 Satz 1 AktG vom Vorstand zusammen mit dem Aufsichtsratsvorsitzenden anzumelden. Die Vorschriften über die ordentliche Kapitalherabsetzungen müssen gleichfalls bei der vereinfachten Kapitalherabsetzung und bei der Kapitalherabsetzung durch Einziehung aufgrund der Verweise in § 229 Abs. 3 bzw. § 237 Abs. 2 Satz 1 AktG beachtet werden. Zu erwähnen ist ferner § 237 Abs. 4 Satz 5 AktG, der als Gegenausnahme zu dessen Abs. 3 erforderlich ist, da in bestimmten Einzelfällen der Kapitelherabsetzung durch Einziehung die Vorschriften über die ordentliche Kapitalherabsetzung doch nicht befolgt werden müssen.

Unter dem Strich lässt sich feststellen, dass die Anmeldung des Kapitalerhöhungs- bzw. Kapitalherabsetzungsbeschlusses zum Handelsregister regelmäßig vom Vorstand zusammen mit dem Aufsichtsratsvorsitzenden vorgenommen

331 Vgl. etwa §§ 184 Abs. 1 Satz 1, 195 Abs. 1 Satz 1, 210 Abs. 1 AktG.

332 Vgl. etwa §§ 185 Abs. 1, 198 Abs. 1 AktG.

333 Vgl. etwa §§ 188 Abs. 1, 201 Abs. 1 AktG.

334 Vgl. *Priester,* FS Wiedemann, S. 1161, 1162 f.

335 Ob auch der Beschluss über die unmittelbare Ausgabe von Wandelschuldverschreibungen beim Handelsregister zu hinterlegen ist, ist streitig, siehe *Habersack*, in: Münchener Komm. z. AktG, § 221 Rdn. 148.

werden muss. Es fragt sich aber, aus welchem Grund der Gesetzgeber hier vom Grundsatz des § 83 Abs. 2 AktG abweicht, wonach der Vorstand alleiniges Ausführungsorgan ist. Bei der regulären Kapitalerhöhung steht der Gedanke dahinter, dass durch die Beteiligung des Aufsichtsratsvorsitzenden, der ebenfalls eine strafbewehrte Wissenserklärung über die geleisteten Einlagen abgegeben muss,[336] in höherem Maße sichergestellt wird, dass die Einlagen auch tatsächlich geleistet werden.[337] Das Risiko einer falschen Erklärung ist bei mehreren Mitwirkenden geringer, als wenn nur der Vorstand die Erklärung abzugeben hätte.

Bei der Kapitalerhöhung aus Gesellschaftsmitteln gibt es keine Einlagen zu erbringen. Dort haben die Anmeldenden aber gemäß § 210 Abs. 1 Satz 2 AktG zu erklären, dass nach ihrer Kenntnis seit dem Stichtag der zugrunde gelegten Bilanz bis zum Tag der Anmeldung keine Vermögensminderung eingetreten ist, die der Kapitalerhöhung entgegenstünde, wenn sie am Tag der Anmeldung beschlossen worden wäre. Auch diese Erklärung ist strafbewehrt[338] und verfolgt letztlich denselben Zweck, nämlich eine unberechtigte Kapitalerhöhung zu verhindern.

Auffällig ist vor diesem Hintergrund, dass das Gesetz beim genehmigten Kapital von der Regel abweicht. Der Verweis in § 203 Abs. 1 Satz 1 AktG beschränkt sich auf die §§ 185 bis 191 AktG und erfasst damit gerade nicht die Verdoppelung der Anmeldepflichtigen. In der Literatur besteht deshalb einhellig die Meinung, dass der Beschluss über das genehmigte Kapital als Satzungsänderung nur vom Vorstand anzumelden ist.[339] Da die Mitwirkung des Aufsichtsratsvorsitzenden maßgeblich mit dessen strafbewehrter Erklärung über die Einlagen zusammenhängt, wird offensichtlich, dass dieser Zweck beim genehmigten Kapital nicht erreicht werden kann: beim genehmigten Kapital können zum Zeitpunkt der Beschlussfassung noch keine Einlagen erbracht worden sein. Dies ist beim bedingten Kapital zwar in der Praxis ebenso, doch besteht dort – wie § 195 Abs. 2 AktG offenlegt – zumindest die theoretische Möglichkeit bereits geschlossener Sacheinlagenverträge.

Auch § 221 Abs. 2 Satz 2 AktG verwundert. Zum Zeitpunkt, in dem der Ermächtigungsbeschluss hinterlegt werden muss, gibt es keine Leistungen Dritter, deren Erfüllung sichergestellt werden müsste. Weder eine Anmeldung des Beschlusses ist erforderlich noch die Abgabe strafbewehrter Erklärungen. Es ist

336 Vgl. § 184 Abs. 1 i.V.m. § 399 Abs. 1 Nr. 4 AktG.

337 Siehe Fn. 43.

338 § 399 Abs. 2 AktG, siehe *Hüffer*, Komm. z. AktG, § 210 Rdn. 4.

339 *Bayer*, in: Münchener Komm. z. AktG, § 202 Rdn. 49; *Hirte*, in: Großkomm. z. AktG, § 202 Rdn. 105; *Hüffer*, Komm. z. AktG, § 202 Rdn. 3; *Wamser*, in: Spindler/Stilz, Komm. z. AktG, § 202 Rdn. 38; *Krieger*, in: Münchener Handbuch GesR, Bd. 4, § 58 Rdn. 27; *Ihrig*, in: Happ, Aktienrecht, 12.06 Rdn. 25.

Ziel der Hinterlegung, für Publizität des Ermächtigungsbeschlusses zu sorgen,[340] da mangels Anmeldung nur die Hauptversammlungsprotokolle Aufschluss über die Ermächtigung des Vorstands gäben. Das Hinterlegungserfordernis wurde durch das Gesetz zur Durchführung der Zweiten Richtlinie des Rates der Europäischen Gemeinschaften zur Koordinierung des Gesellschaftsrechts[341] eingeführt. Artikel 25 Abs. 4 der Zweiten Gesellschaftsrichtlinie 77/91/EWG sah vor, dass für die Ausgabe aller Wertpapiere, die in Aktien umgewandelt werden können, ein Beschluss der Hauptversammlung gefasst und gemäß dem in Artikel 3 der Richtlinie 68/151/EWG vorgesehenen Verfahren offengelegt werden muss. Artikel 3 der Richtlinie 68/151/EWG enthält Vorgaben über die Registerpublizität und sah für die Offenlegung zum einen die Hinterlegung, zum anderen die Eintragung im Handelsregister vor. Der deutsche Gesetzgeber hielt eine Eintragung des Ermächtigungsbeschlusses wegen der damit verbundenen Kostenbelastung nicht für tunlich und entschied sich deshalb für die Hinterlegung.[342] Das Verfahren für die Hinterlegung wurde mit dem Verfahren für die Eintragung eines Kapitalerhöhungsbeschlusses parallelisiert. Die Parallelisierung kann aber nicht eigentlicher Zweck gewesen sein, da beim genehmigten Kapital bereits eine Sonderlösung bestand. Es ist letztlich nicht auszuschließen, dass der Gesetzgeber bei der Änderung des § 221 Abs. 2 Satz 2 AktG den Hintergrund übersah, warum die Beteiligung des Aufsichtsratsvorsitzenden in anderen Fällen vorgesehen ist.

Ähnlich nebulös verschwimmen die Hintergründe für die Ausnahme bei der Kapitalherabsetzung in der rechtsgeschichtlichen Entwicklung. Wie schon bei Wandelschuldverschreibungen versagt auch bei der Kapitalherabsetzung das Argument, dass der Aufsichtsratsvorsitzende durch seine Erklärung für eine zusätzliche Sicherung der ordnungsgemäßen Kapitalaufbringung sorgt. Die Ausnahme bei der Beschlussausführung, dass Vorstand und Aufsichtsratsvorsitzender den Kapitalerhöhungsbeschluss anmelden, wurde durch das AktG 1937 eingeführt.[343] Zuvor hatten sich sämtliche Vorstandsmitglieder an der Vornahme des Anmeldeakts beteiligen müssen.[344] Seit der Änderung ist anerkannt, dass nur eine vertretungsberechtigte Anzahl an Vorstandsmitgliedern die Anmeldung

340 *Hüffer,* Komm. z. AktG, § 221 Rdn. 20.

341 BGBl. 1978 I S. 1958.

342 Regierungsbegründung, BT-Drucks. 8/1678, S. 19.

343 Vgl. *Weipert/Schilling*, in: Großkomm. z. AktG, 2. Aufl., § 176 Anm. 1.

344 § 289 Abs. 1 HGB a.F., vgl. *Friedländer,* Aktienrecht, § 289; *Schlegelberger/Quassowski,* Aktiengesetz, § 176 Anm. 1; *Weipert/Schilling*, in: Großkomm. z. AktG, 2. Aufl., § 176 Anm. 2.

zeichnen muss.[345] Einher ging eine praktische Vereinfachung des Anmeldevorgangs, die das Verfahren mit dem der Kapitalerhöhung parallelisierte[346] – wiederum unter Außerachtlassung des Umstands, dass die Beteiligung des Aufsichtsratsvorsitzenden nur wegen dessen strafrechtlich bewehrten Erklärungen Sinn ergibt.

(2) Anmeldung der Durchführung

Von der Anmeldung des Beschlusses ist die Anmeldung der Durchführung einer Kapitalmaßnahme zu unterscheiden. Auch insoweit wird der Aufsichtsratsvorsitzende vereinzelt in die Beschlussausführung eingeschaltet. Es verbleibt aber ein gemischtes Bild: während der Aufsichtsratsvorsitzende bei der Anmeldung der Durchführung einer Kapitalerhöhung gegen Einlagen[347] oder aus genehmigtem Kapital[348] sowie bei der Erklärung über die Ausgabe von Wandelschuldverschreibungen[349] mitwirkt, bleibt er bei der Anmeldung der Ausgabe von Bezugsaktien[350] sowie der Durchführung einer Kapitalherabsetzung[351] außen vor. Bei einer Kapitalerhöhung aus Gesellschaftsmitteln entfällt die Durchführung, da das Grundkapital bereits mit der Eintragung des Beschlusses erhöht ist.[352]

Die Gründe für diese unterschiedlichen Ergebnisse liegen auf der Hand: die Mitwirkung des Aufsichtsratsvorsitzenden wird vorgesehen, wenn strafbewehrte Erklärungen abzugeben sind und eine Parallelisierung zur Anmeldung des Beschlusses geboten erscheint – dies ist in den Fällen der §§ 188 Abs. 1, 203 Abs. 1 Satz 1 und § 221 Abs. 2 Satz 2 AktG der Fall.[353] Hingegen wird auf sie verzichtet, wenn die Anmeldung wie in den Fällen der §§ 201 Abs.1 AktG und § 227 Abs. 1 AktG nur deklaratorischen Charakter hat.[354]

---

345 Vgl. *Schlegelberger/Quassowski,* Aktiengesetz, § 176 Anm. 1; *Weipert/Schilling*, in: Großkomm. z. AktG, 2. Aufl., § 176 Anm. 2.

346 So die amtliche Begründung zu den §§ 175 – 181 bei *Klausing,* Aktiengesetz, S. 158.

347 § 188 Abs. 1 AktG.

348 § 203 Abs. 1 Satz 1 i.V.m. § 188 Abs. 1 AktG.

349 § 221 Abs. 2 Satz 2 AktG.

350 § 201 Abs. 1 AktG.

351 § 227 Abs. 1 AktG ggf. i.V.m. § 229 Abs. 3 AktG und § 237 Abs. 1 Satz 1 AktG.

352 Siehe § 211 AktG.

353 Vgl. *Peifer*, in: Münchener Komm. z. AktG, § 188 Rdn. 6; *Hüffer,* Komm. z. AktG, § 188 Rdn. 2.

354 Vgl. *Fuchs*, in: Münchener Komm. z. AktG, § 201 Rdn. 6; ferner *Oechsler*, in: Münchener Komm. z. AktG, 2. Aufl., § 227 Rdn. 1; *Hüffer,* Komm. z. AktG, § 201 Rdn. 2, § 227 Rdn. 1.

(3) Die Vertretungsbefugnis des Aufsichtsratsvorsitzenden

In der Literatur wird wenig beachtet, welche große dogmatische Bedeutung § 184 Abs. 1 AktG und seine äquivalenten Vorschriften haben, die eine Mitwirkung des Aufsichtsratsvorsitzenden bei der Anmeldung von Kapitalmaßnahmen zum Handelsregister vorsehen. Denn diese Vorschriften begründen nicht nur eine Ausnahme zum Grundsatz der Ausführungspflicht in § 83 Abs. 2 AktG, sondern auch eine Besonderheit, was die organschaftliche Vertretung der Aktiengesellschaft angeht. Nach der gesetzlichen Konzeption ist eigentlich nur vorgesehen, dass die Gesellschaft allgemein vom Vorstand und – gegenüber den Vorstandsmitgliedern sowie dem Abschlussprüfer – vom Aufsichtsrat gerichtlich und außergerichtlich vertreten wird. Wie schon bei der Hauptversammlung festgestellt wurde, dass auch sie in Einzelfällen zur unmittelbaren Vertretung der Gesellschaft befugt ist,[355] so muss auch beim Aufsichtsratsvorsitzenden der genannte Grundsatz relativiert werden. Seine Vertretungsmacht entspringt als Annexkompetenz seiner Aufgabe, bei der Anmeldung bestimmter Hauptversammlungsbeschlüsse – die im Namen der Gesellschaft zu erklären ist[356] – mitzuwirken.

ee. Geltendmachung von Ersatzansprüchen

Besonderheiten gelten auch bei der Geltendmachung von Ersatzansprüchen. Sie obliegt regelmäßig dem Vorstand – sofern nicht der Aufsichtsrat zuständig ist, wenn es um Ansprüche gegen einzelne Vorstandsmitglieder geht.[357] Die Hauptversammlung kann zudem nach § 147 Abs. 2 Satz 1 AktG beschließen, dass besondere Vertreter die Ersatzansprüche geltend machen; ferner ist eine Bestellung besonderer Vertreter durch das Gericht möglich, § 147 Abs. 2 Satz 2 AktG. Hierdurch kommt es zu einer Verlagerung der Zuständigkeit für die Beschlussausführung. Der Grund für die Verlagerung liegt in der Sorge, dass die eigentlich zuständigen Organe befangen sein und die Geltendmachung zu ihrem Vorteil und zum Nachteil der Gesellschaft zu beeinflussen versuchen könnten.[358]

ff. Beschlussausführung nach Abwicklung

Der Vollständigkeit halber ist zu erwähnen, dass nach Auflösung der Gesellschaft Abwickler an die Stelle des Vorstands treten und folglich auch Beschlüsse der Hauptversammlung ausführen. Die Aufgabenverteilung in der Abwick-

355 Siehe a.aa.

356 BGHZ 105, 324, 327 f. (zur GmbH); *Hüffer*, Komm. z. AktG, § 181 Rdn. 4.

357 *Mock*, in: Spindler/Stilz, Komm. z. AktG, § 147 Rdn. 1; *Spindler*, in: Schmidt/Lutter, Komm. z. AktG, § 147 Rdn. 5.

358 Vgl. *Spindler*, in: Schmidt/Lutter, Komm. z. AktG, § 147 Rdn. 13; *Mock*, in: Spindler/Stilz, Komm. z. AktG, § 147 Rdn. 33.

lungsphase ist allerdings dogmatisch kaum durchdrungen. So stellt sich dort anders als bei der regulären Geschäftstätigkeit die Frage, wer die Bestellung und Abwicklung anderer Abwickler als die Vorstandsmitglieder umzusetzen hat. Die von der Hauptversammlung beschlossene Bestellung wird nur wirksam, wenn die Bestellungserklärung zugegangen ist.[359] Ähnlich gilt es, einen Anstellungsvertrag zu schließen. Die Literatur hält es hier für möglich, dass die Hauptversammlung entweder selbst die Gesellschaft vertritt oder hierzu bestimmte Personen ermächtigt.[360] Nach anderer Ansicht soll hierfür der Aufsichtsrat zuständig bleiben.[361] Zumindest soll dem Aufsichtsrat eine Notkompetenz für den Fall zukommen, dass eine Ermächtigung fehlt.[362]

gg. *Zwischenfazit*

Die genannten Vorschriften zeigen, dass der Vorstand nicht das alleinige Ausführungsorgan für Beschlüsse der Hauptversammlung ist. Neben ihm sind die Hauptversammlung selbst, der Aufsichtsrat, der Aufsichtsratsvorsitzende, besondere Vertreter und Abwickler in die Beschlussausführung eingebunden. Der aus dem Wortlaut des § 83 Abs. 2 AktG abgeleitete Grundsatz[363] ist angesichts der positiven Gesetzeslage zu relativieren. Die Gründe für die Ausnahmen sind vielschichtig, teilweise verschwimmen sie auch in der rechtsgeschichtlichen Entwicklung der jeweiligen Vorschrift. Sucht man einen gemeinsamen Nenner, liegt dieser vor allem darin, dass der Gesetzgeber den Vorstand in Einzelfällen nicht für ausreichend geeignet erachtet, die Beschlüsse ordnungsgemäß auszuführen. Eher sekundär bestehen die Ausnahmen zum Zwecke der Verfahrensvereinfachung.

b. Ermessensspielräume bei der Beschlussumsetzung

Wie in Kapitel 1 gezeigt wurde, steht § 83 Abs. 2 AktG einer Entscheidung des Vorstands, entgegen dem ausdrücklichen Willen der Hauptversammlung aus Gründen der Zweckmäßigkeit von der Ausführung eines Beschlusses abzusehen, grundsätzlich entgegen.[364] Hiervon zu unterscheiden sind Handlungsspielräume, die dem Vorstand aufgrund des Beschlusses selbst eingeräumt sind.

---

359 *Bachmann*, in: Spindler/Stilz, Komm. z. AktG, § 265 Rdn. 17; *Hüffer*, in: Münchener Komm. z. AktG, § 265 Rdn. 12.

360 *Bachmann*, in: Spindler/Stilz, Komm. z. AktG, § 265 Rdn. 21; *Hüffer*, in: Münchener Komm. z. AktG, § 265 Rdn. 12.

361 So *Hoffmann-Becking*, in: Münchener Handbuch GesR, Bd. 4, § 66 Rdn. 4.

362 *Hüffer*, in: Münchener Komm. z. AktG, § 265 Rdn. 12.

363 Siehe I.

364 Siehe Kapitel 1:III.6.

aa. Vertrauensentzug

Bereits beim Vertrauensentzug wurde aufgezeigt, dass sich der intendierte Rechtserfolg des Beschlusses nach § 84 Abs. 3 Satz 2 AktG darauf beschränkt, dem Aufsichtsrat eine Möglichkeit für die Abberufung des Vorstands zu verschaffen, ohne ihn zur Abberufung zu zwingen.[365]

bb. Ermächtigungsbeschlüsse

Handlungsspielräume tun sich auch bei Ermächtigungsbeschlüssen auf. Sie sind zwar teilweise ausführungsbedürftig, da etwa die Schaffung eines genehmigten Kapitals in das Handelsregister einzutragen und folglich vom Vorstand anzumelden ist. Nach Wirksamwerden des genehmigten Kapitals darf der Vorstand aber nach pflichtgemäßem Ermessen entscheiden, ob und wann er von der Ermächtigung zur Kapitalerhöhung Gebrauch macht.[366] Gleiches gilt für die Ermächtigung zur Ausgabe von Wandelschuldverschreibungen gemäß § 221 AktG, bei dem die Entscheidung, ob und inwieweit Wandelschuldverschreibungen ausgegeben werden sollen, vom Vorstand in pflichtgemäßem Ermessen zu treffen ist.[367] Auch bei der Ermächtigung zum Erwerb eigener Aktien berechtigt die Hauptversammlung den Vorstand nur, von der Ermächtigung Gebrauch zu machen.[368] Im Rahmen der Ermächtigung entscheidet der Vorstand eigenmächtig über den Umfang sowie die Art und Weise des Aktienrückerwerbs.[369] Weiter zu nennen sind hier Ermächtigungen zum Ausschluss des Bezugsrechts sowie die Spezialsituation in § 71 Abs. 1 Nr. 7 AktG, bei der ein Kreditinstitut zum Handel mit eigenen Aktien ermächtigt werden darf.

cc. Beschlussausführung und Nutzung von Ermessensspielräumen

Aus der Gesetzeslage folgt, dass der Vorstand berechtigt ist, eigene Zweckmäßigkeitserwägungen beim Umfang mit Ermächtigungsbeschlüssen einfließen zu lassen. Der Grundsatz, dass der Vorstand aus Zweckmäßigkeitserwägungen nicht von der Beschlussausführung absehen darf, bleibt hierdurch aber unberührt. Vielmehr müssen die Grenzen des Beschlussinhalts gesehen werden: Er-

---

365 Siehe II.2.c.ee.

366 *Hüffer,* Komm. z. AktG, § 202 Rdn. 20; *Wamser*, in: Spindler/Stilz, Komm. z. AktG, § 202 Rdn. 85; *Krieger*, in: Münchener Handbuch GesR, Bd. 4, § 58 Rdn. 28.

367 *Hüffer,* Komm. z. AktG, § 221 Rdn. 13; *Seiler*, in: Spindler/Stilz, Komm. z. AktG, § 221 Rdn. 60; *Krieger*, in: Münchener Handbuch GesR, Bd. 4, § 63 Rdn. 13.

368 *Bezzenberger*, in: Schmidt/Lutter, Komm. z. AktG, § 71 Rdn. 17; *Cahn*, in: Spindler/Stilz, Komm. z. AktG, § 71 Rdn. 95; insoweit missverständlich *Hirte,* RWS-Forum 15 Gesellschaftsrecht 1999, 211, 238 f., der eine gegenteilige Lösung andeutet, aber nicht weiter ausführt.

369 *Bezzenberger*, in: Schmidt/Lutter, Komm. z. AktG, § 71 Rdn. 24.

mächtigungsbeschlüsse beschränken sich inhaltlich darauf, den Vorstand zur Vornahme einer Handlung zu berechtigen; sie begründen hingegen keine Pflicht zur Ausnutzung des mit der Beschlussfassung eingeräumten Ermessensspielraums.

Insoweit ähneln Ermächtigungsbeschlüsse auch nicht ausführungsbedürftigen Beschlüssen; da die meisten jedoch für ihr Wirksamwerden eine Anmeldung zum Handelsregister erfordern, sind Ermächtigungsbeschlüsse dem Grunde nach ausführungsbedürftig. Deshalb ist es erforderlich, zwischen der Beschlussausführung und der Beschlussumsetzung zu unterscheiden. Zur Phase der Beschlussausführung gehört bei Ermächtigungsbeschlüssen alles, um die Ermächtigung wirksam werden zu lassen. Demgegenüber zählt zur Beschlussumsetzung alles, was der Vorstand mit der wirksam gewordenen Ermächtigung unternimmt.

4. Regelfälle der Ausführungspflicht

Die vorangegangenen Ausführungen haben eine Vielzahl von Sonderfällen identifiziert, die Grenzen der Ausführungspflicht markieren und den Anwendungsbereich von § 83 Abs. 2 AktG reduzieren. Alle übrigen Fälle, die nicht Sonderfälle sind, stellen im Prinzip die Regelfälle des § 83 Abs. 2 AktG dar, in denen ausschließlich der Vorstand ohne Ermessensspielraum verpflichtet ist, die Beschlüsse der Hauptversammlung auszuführen.

Es gibt allerdings einige Kompetenzen der Hauptversammlung, die sich nicht ohne nähere Ausführungen in das dargestellte System einfügen. Auf sie soll nachfolgend vertieft eingegangen werden.

III. Besonderheiten bei einzelnen Hauptversammlungskompetenzen

1. Beschlüsse nach § 119 Abs. 2 AktG über Geschäftsführungsfragen

a. H.M.: Bindung des Vorstands

Nach § 119 Abs. 2 AktG kann die Hauptversammlung über Fragen der Geschäftsführung nur entscheiden, wenn der Vorstand es verlangt. Die Vorlage begründet eine Zuständigkeit der Hauptversammlung, weswegen nach dem Wortlaut des § 83 Abs. 2 AktG eigentlich folgen müsste, dass der Vorstand an die Entscheidung der Hauptversammlung gebunden ist. Die Gesetzesbegründung,[370] der BGH[371] und die ganz h.M.[372] sehen dies auch so: Es bestehe kein

370 Begründung zum Regierungsentwurf bei *Kropff,* Aktiengesetz, S. 165.
371 BGHZ 146, 288, 293; offen gelassen von BGH WM 1960, 803, 804.

Anlass, § 83 Abs. 2 AktG entgegen seinem Wortlaut nicht auf Beschlüsse über Geschäftsführungsfragen anzuwenden.[373] Anders sei es lediglich, wenn die Hauptversammlung ohne Verlangen des Vorstands eine Geschäftsführungsmaßnahme beschließe; ein solcher Beschluss binde den Vorstand nicht.[374]

b. Gegenmeinung: Keine Bindung des Vorstands

Demgegenüber haben *Rohde/Geschwandtner* in jüngerer Zeit eine gegenteilige Meinung vertreten.[375] Sie sind der Ansicht, dass § 83 Abs. 2 AktG aus rechtsdogmatischen und gesetzessystematischen Gründen restriktiv auszulegen und auf Fälle des § 119 Abs. 2 AktG nicht anzuwenden sei. Der Vorstand sei als Konsequenz nicht verpflichtet, eine freiwillig eingeholte Aktionärsentscheidung durchzuführen oder die Geschäftsführungsfrage bei einer veränderten Sachlage der Hauptversammlung erneut zur Abstimmung vorzulegen.

Zur Begründung ihrer Auffassung stützen sich *Rohde/Geschwandtner* zunächst auf den Wortsinn von § 82 Abs. 2 AktG: Ein Vorlagebeschluss nach § 119 Abs. 2 AktG führe nicht zu einer Beschränkung der Geschäftsführungsbefugnis.[376] Ihr zweites Argument sehen *Rohde/Geschwandtner* im „Wirkungszusammenhang“ mit § 119 Abs. 2 AktG.[377] § 119 Abs. 2 AktG regele lediglich eine Entscheidungsbefugnis der Hauptversammlung, sage aber nichts zu den Rechten und Pflichten des Vorstands. Auch den Wortsinn sowie Sinn und Zweck von § 83 Abs. 2 AktG führen *Rohde/Geschwandtner* an: Die Vorschrift sei danach auf den der Hauptversammlung gesetzlich zuerkannten Kompetenzbereich beschränkt, zu dem Geschäftsführungsfragen nicht gehörten.[378] Eine gegenteilige Annahme würde im Widerspruch zur eigenverantwortlichen Leitung der Gesellschaft stehen. Die Leitungsbefugnis gehe nicht durch § 119 Abs. 2 AktG auf die Hauptversammlung über, sondern verbleibe beim Vorstand. Ein letztes Argument folgern *Rohde/Geschwandtner* aus dem Zusammenspiel von

---

372 Vgl. *Habersack*, in: Großkomm. z. AktG, § 83 Rdn. 11; *Hüffer,* Komm. z. AktG, § 83 Rdn. 5, § 119 Rdn. 15; *Mertens/Cahn*, in: Kölner Komm. z. AktG, § 83 Rdn. 9; *Seibt*, in: Schmidt/Lutter, Komm. z. AktG, § 83 Rdn. 10; *Fleischer*, in: Spindler/Stilz, Komm. z. AktG, § 83 Rdn. 7; *Weber*, in: Hölters, Komm. z. AktG, § 83 3, 8; *Bürgers/Israel*, in: Bürgers/Körber, Komm. z. AktG, § 83 Rdn. 5; *Wiesner*, in: Münchener Handbuch GesR, Bd. 4, § 25 Rdn. 77; *Hefermehl,* FS Schilling, S. 159, 169 f.; *Fleischer,* BB 2005, 2025; *Kleinhenzund/Leyendecker*, BB 2012, 861; *Golling,* Sorgfaltspflicht, S. 86 f.

373 *Hefermehl,* FS Schilling, S. 159, 170.

374 *Hopt*, in: Großkomm. z. AktG, § 93 Rdn. 308; *Wiesner*, in: Münchener Handbuch GesR, Bd. 4, § 25 Rdn. 80.

375 Vgl. *Rohde/Geschwandtner,* NZG 2005, 996.

376 *Rohde/Geschwandtner,* NZG 2005, 996, 997.

377 *Rohde/Geschwandtner,* NZG 2005, 996, 997 f.

378 *Rohde/Geschwandtner,* NZG 2005, 996, 998.

§ 83 Abs. 2 und § 93 Abs. 4 Satz 1 AktG.[379] Der Vorstand könne sich durch ein allzu häufiges Anrufen der Hauptversammlung seiner Haftung aus § 93 Abs. 2 AktG beliebig entledigen und sich so hinter der Hauptversammlung „verkriechen". Dem Vorschub zu leisten, sei von § 119 Abs. 2 AktG nicht beabsichtigt.[380]

c. Stellungnahmc

aa. Wiederaufleben eines alten Streits

Die Äußerungen von *Rohde/Geschwandtner* fachen den eingangs[381] geschilderten Meinungsstreit über das Verhältnis von Ausführungspflicht und eigenverantwortlicher Leitung wieder an, den der Gesetzgeber mit der Schaffung des § 83 Abs. 2 AktG hat klarstellen wollen[382]. Bereits *v. Godin* hatte argumentiert, dass der Vorstand bei Geschäftsführungsfragen einen Beschluss der Hauptversammlung befolgen oder nicht befolgen könne, wie es ihm richtig dünkt, da er in seiner Geschäftsführung frei sei.[383] Ihm gleich fürchten *Rohde/Geschwandtner*, dass der Vorstand seine Stellung als eigenverantwortliches Leitungsorgan verlieren könnte, wenn er an Beschlüsse über Geschäftsführungsfragen gebunden wäre. Um dieses Ergebnis zu verhindern, wollen die beiden Autoren die Entscheidungskompetenzen der Hauptversammlung auf einen sogenannten „Strukturbereich" beschränken.

Diese Argumentation hat jedoch einen methodischen Fehler. *Rohde/Geschwandtner* unterstellen ein bestimmtes System der aktienrechtlichen Binnenorganisation: auf der einen Seite den in Geschäftsführungsfragen unabhängigen Vorstand, auf der anderen Seite die auf Strukturfragen beschränkte Hauptversammlung. Statt ein solches System zu unterstellen, hätten *Rohde/Geschwandtner* jedoch die einschlägigen Vorschriften dahin untersuchen müssen, ob ein solches System überhaupt besteht.

Bei näherer Betrachtung der einzelnen Vorschriften hat sich oben gezeigt, dass das Aktiengesetz im Bereich der Ausführungspflicht von einer hierarchischen Unterordnung des Vorstands gegenüber der Hauptversammlung ausgeht.[384] Die eigenverantwortliche Geschäftsführung des Vorstands findet ihre Grenze in den Kompetenzen anderer Organe, § 82 Abs. 2 AktG. Dementsprechend erfasst die Ausführungspflicht den gesamten Zuständigkeitsbereich der

---

379 *Rohde/Geschwandtner,* NZG 2005, 996, 998 f.

380 *Rohde/Geschwandtner,* NZG 2005, 996, 999; ähnlich *Spindler*, in: Schmidt/Lutter, Komm. z. AktG, § 119 Rdn. 17.

381 Siehe Kapitel 1:II.1.

382 Siehe Kapitel 1:II.3.

383 Siehe Fn. 55.

384 Siehe Kapitel 1:III.5.

Hauptversammlung, was auch *Rohde/Geschwandtner* bejahen.[385] Entgegen ihrer Annahme fällt aber auch die Beschlussfassung über Geschäftsführungsfragen in die Zuständigkeit der Hauptversammlung. Bereits die Überschrift des § 119 AktG – „Rechte der Hauptversammlung“ – deutet darauf hin. Zwar besitzt die Hauptversammlung entgegen der Rechtslage vor dem AktG 1937 keine umfassende Kompetenz in Geschäftsführungsfragen mehr.[386] Gleichwohl ermöglicht das AktG der Hauptversammlung aber nach wie vor, über Geschäftsführungsmaßnahmen zu entscheiden, sofern nur der Vorstand die Initiative hierzu ergreift.

bb. § 119 Abs. 2 AktG: Entscheidungshoheit statt Haftungsbefreiung

An diesem Punkt spitzt sich erstmals[387] die Frage zu, welchen Normzweck § 119 Abs. 2 AktG hat. Die Vorschrift ist ambivalent, trifft sie doch gleichzeitig positive und negative Aussagen. Mit ihrem ambivalenten Charakter stellt sie sich zwischen Vorstand und Hauptversammlung und versucht, die gemeinsame Zuständigkeit beider Organe für Geschäftsführungsfragen miteinander in Einklang zu bringen.[388] Es lassen sich zwei Verständnisse von § 119 Abs. 2 AktG entwickeln:[389] Zum einen ist denkbar, dass sich die Funktion des § 119 Abs. 2 AktG auf eine Möglichkeit für den Vorstand beschränkt, sich der Haftung zu entledigen.[390] Zum andern ist möglich, dass § 119 Abs. 2 AktG viel weiter reicht und – sofern nur der Vorstand die Initialzündung setzt – zu einer umfassenden Ent-

385 *Rohde/Geschwandtner,* NZG 2005, 996, 998.

386 Siehe Kapitel 1:II.2.

387 Siehe unten 2.c.bb.(1) sowie 3.

388 Vgl. *Mülbert*, in: Großkomm. z. AktG, § 119 Rdn. 8.

389 Auf den Punkt gebracht von BGH WM 1960, 803, 804 zur Vorgängernorm: „Denn Sinn und Zweck der Vorschrift des § 103 Abs. 2 AktG gehen dahin, einerseits eine bindende Entscheidung der Hauptversammlung zu einer Geschäftsführungsmaßnahme nur zuzulassen, wenn das gesetzlich zur Geschäftsführung berufene Organ eine solche Entscheidung für angebracht oder für notwendig erachtet, andererseits dem geschäftsführenden Organ die Möglichkeit zu eröffnen, durch eine entsprechende Entscheidung der Hauptversammlung seine Haftung gegenüber der Gesellschaft wegen der beabsichtigten Geschäftsführungsmaßnahme auszuschließen.“

390 So etwa BGH WM 1960, 803, 804; *Martens,* ZHR 147 (1983), 377, 383; *Hübner,* FS Stimpel, S. 791, 795; wohl auch BGHZ 83, 122, 131 („Holzmüller“); *Hüffer,* Komm. z. AktG, § 119 Rdn. 15; *Hoffmann*, in: Spindler/Stilz, Komm. z. AktG, § 119 Rdn. 18; *Spindler*, in: Schmidt/Lutter, Komm. z. AktG, § 119 Rdn. 17; *von Rechenberg,* Hauptversammlung, 69.

scheidungshoheit der Hauptversammlung führt, der sich der Vorstand unterzuordnen hat.[391]

Die engere Auffassung kann sich auf § 93 Abs. 4 Satz 1 AktG stützen, wonach die Ersatzpflicht der Gesellschaft gegenüber nicht eintritt, wenn die Handlung auf einem gesetzmäßigen Beschluss der Hauptversammlung beruht. Sie ist damit jedoch dem methodischen Bedenken ausgesetzt, dass sie eine Rechtsfolge ins Absolute erhebt und hierauf den Normzweck beschränkt. Ihr könnte leicht entgegen gehalten werden, dass § 93 Abs. 4 Satz 1 AktG nur eine entfernte Rechtsfolge ist und die eigentliche Rechtsfolge bzw. der eigentliches Normzweck des § 119 Abs. 2 AktG in der Zuständigkeitsbegründung liegt. Für dieses Gegenargument spricht die rechtshistorische Entwicklung: Die Hauptversammlung soll zwar keine Allkompetenz in Geschäftsführungsfragen mehr haben, aber doch weiterhin in die wichtigsten Entscheidungen einbezogen sein. Jedoch: welche sind die wichtigsten Entscheidungen, und wie kann man sicherstellen, dass die Hauptversammlung sie fällt? Mittel hierzu sollten nach der Konzeption des AktG zum einen die Positivliste der Hauptversammlungszuständigkeiten (insbesondere § 119 Abs. 1 AktG) und zum andern die umfassende Zuständigkeit für Geschäftsführungsfragen, die allerdings von der Initiative des Vorstands abhängig gemacht wurde (§ 119 Abs. 2 AktG), sein. Dieser methodische Ansatz versprach, dass der Vorstand bei grundlegenden Entscheidungen zwar formal allein entscheiden darf, aber vernünftigerweise die Hauptversammlung einschalten wird. Indes haben die „Holzmüller"-Fälle die Augen geöffnet, dass der Versuch, die wichtigen Entscheidungen, die der Hauptversammlung vorbehalten bleiben sollen, über ein Initiativrecht des Vorstands herauszukristallisieren, eine etwas naive Annahme war. Aus Sicht des Vorstands stellt die Hauptversammlungskompetenz keinen Selbstzweck dar; die für ihn wichtige Rechtsfolge liegt in der Haftungsbeschränkung. Dementsprechend wird die Haftungsbefreiung regelmäßig seine Motivation für eine Beschlussvorlage nach § 119 Abs. 2 AktG sein – was nicht verwerflich ist.

Die dogmatische Bestimmung des Normzwecks muss jedoch von der Haftungsbefreiung abrücken und zunächst die primäre Rechtsfolge, nämlich die Begründung der Hauptversammlungskompetenz, in den Blick nehmen. Es geht bei § 119 Abs. 2 AktG in erster Linie darum, eine Zuständigkeit der Hauptversammlung zu begründen. Ist die Zuständigkeit begründet, knüpfen § 82 Abs. 2 und

391 So deutlich *Hoffmann*, in: Spindler/Stilz, Komm. z. AktG, § 119 Rdn. 17; *Semler*, in: Münchener Handbuch GesR, Bd. 4, § 34 Rdn. 18; in die Richtung wohl auch BGH WM 1960, 803, 804; *Kubis*, in: Münchener Komm. z. AktG, 2. Aufl., § 119 Rdn. 1, 26 f.; *Mülbert*, in: Großkomm. z. AktG, § 119 Rdn. 8, 54; *Hüffer*, Komm. z. AktG, § 119 Rdn. 1, 15; *Spindler*, in: Schmidt/Lutter, Komm. z. AktG, § 119 Rdn. 1, 25; *Geßler*, FS Stimpel, S. 771, 773 ff.

§ 83 Abs. 2 AktG weitreichende Konsequenzen an die Entscheidung der Hauptversammlung: sie vermag sowohl die Geschäftsführungsbefugnis des Vorstands im Innenverhältnis zu beschränken als auch den Vorstand zur Vornahme von Ausführungshandlungen zu verpflichten.

cc. Haftungsbefreiung als Nebenfolge

Nur eine Nebenfolge der Ausführungspflicht ist die Haftungsbefreiung des Vorstands. Da der Vorstand der Ausführungspflicht unterlegt, erfüllt er seine Pflichten, wenn er einen Beschluss nach § 119 Abs. 2 AktG ausführt. Eine Haftung würde dann an der fehlenden Sorgfaltspflichtverletzung scheitern.[392] In der Tat könnte ein Vorstand diesen Umstand nutzen, um sich durch häufiges Anrufen der Hauptversammlung hinter dieser zu „verkriechen".[393] Hier läge es aber beim Aufsichtsrat, ggf. Konsequenzen aus einem zu ängstlichen Verhalten der Vorstandsmitglieder zu ziehen und diese zu entlassen. Das bloße Risiko eines ängstlichen Vorstands erlaubt es nicht, die vom AktG vorgesehene Beteiligung der Hauptversammlung bei Fragen der Geschäftsführung durch ein Absehen von der Ausführungspflicht zu beeinträchtigen.

2. Die Ausführung von Zustimmungsbeschlüssen

a. Das Ausführungsproblem bei Zustimmungsbeschlüssen

Wie soeben dargelegt, besteht grundsätzlich eine Bindung des Vorstands an Beschlüsse nach § 119 Abs. 2 AktG. Damit ist aber noch nicht gesagt, ob dies für alle Fälle des § 119 Abs. 2 AktG gilt. Denn eine Bindung besteht immer nur soweit, als der Beschluss der Hauptversammlung inhaltlich reicht. Bei Zustimmungsbeschlüssen – dem wohl häufigsten Fall des § 119 Abs. 2 AktG – ist hingegen fraglich, ob sie überhaupt ausführungsbedürftig sind. Dies wäre nur der Fall, wenn sie eine Ausführungshandlung erforderten, um den vom Beschlussinhalt intendierten Rechtserfolg herbeizuführen.[394] Wenn die Geschäftsführungsmaßnahme dem Zustimmungsbeschluss vorangeht und nur ihre Wirksamkeit aufgeschoben ist, erübrigt sich die Ausführung. Anders kann es sein, wenn die Geschäftsführungsmaßnahme lediglich im Entwurf vorliegt und neben dem Zustimmungsbeschluss noch weiterer rechtsgeschäftlicher Erklärungen bedarf, um wirksam zu werden. Dann kann sich für den Vorstand die Frage stellen, ob er aufgrund von § 83 Abs. 2 AktG beispielsweise zum Abschluss eines Vertrags verpflichtet ist, wenn die Hauptversammlung dem Vertragsentwurf zugestimmt hat.

---

392 Siehe Kapitel 1:III.8.

393 *Fleischer,* BB 2005, 2025, 2028 hält dies für unbedenklich.

394 Siehe II.2.a.

Bei Zustimmungsbeschlüssen liegt der Umfang der Bindungswirkung jedoch nicht auf der Hand, da nicht ganz klar ist, worin ihr Beschlussinhalt besteht: Einerseits ließe sich argumentieren, dass die Maßnahme, der zugestimmt wird, zum intendierten Rechtserfolg gehört, so dass der Vorstand verpflichtet wäre, die Maßnahme herbeizuführen.[395] Selbst wenn der Vorstand zwischen Zustimmungsbeschluss und Maßnahme zum Ergebnis käme, dass die Maßnahme nicht mehr zweckmäßig ist, könnte er dann wegen § 83 Abs. 2 AktG daran gehindert sein, die Herbeiführung der Maßnahme zu stoppen. Andererseits ließe sich aber auch argumentieren, dass der intendierte Rechtserfolg sich darauf beschränkt, den Vorstand zu einer bestimmten Maßnahme zu berechtigen, ohne ihn gleichzeitig zur Durchführung der Maßnahme zu verpflichten. Dann könnte der Vorstand nach eigenem Ermessen entscheiden, ob er die Herbeiführung der Maßnahme noch beendet. Mit den Worten von *Werner* geht es hier um die Unterscheidung von Mitwirkungs- und Entscheidungsbefugnis der Hauptversammlung.[396]

Der Begriff „Zustimmung" schließt keinen der beiden Wege aus.[397] Sein Wortsinn legt zwar eine Beschränkung auf die bloße Berechtigung nahe, bringt er doch nur die Billigung einer Maßnahme zum Ausdruck.[398] Von einer Aufforderung zum aktiven Tun ist die Zustimmung weit entfernt. Die Lösung muss aber einen weiteren Aspekte berücksichtigen: das Verhältnis der Organe zueinander. Wie oben ausgeführt,[399] ist der Vorstand im Bereich der Ausführungspflicht hierarchisch der Hauptversammlung untergeordnet. Wenn sich dieses Unterordnungsverhältnis in der zustimmungspflichtigen Maßnahme widerspiegelt, muss von einer Pflicht zur Beschlussausführung ausgegangen werden.

Zunächst ist jedoch zu klären, in welchen Konstellationen die Ausführungspflicht zur Anwendung gelangen könnte.

b. Ausführungskonstellationen

aa. Besondere Ausführungshandlungen bei Zustimmungsbeschlüssen

Eine Reihe von Ausführungshandlungen ist bei bestimmten Zustimmungsbeschlüssen stets erforderlich. So ist in jedem Fall die Zustimmung zur Übertragung vinkulierter Aktien ausführungsbedürftig, sofern die Satzung die Kompetenz zur Entscheidung über die Zustimmung vom Vorstand auf die Hauptversammlung übertragen hat. Dies gilt unabhängig davon, ob die Zustimmung vor

395 Vgl. *Habersack*, in: Großkomm. z. AktG, § 83 Rdn. 14.

396 Vgl. *Werner*, AG 1972, 93, 98 f.

397 Ähnlich BGHZ 82, 188, 193 f. („Hoesch/Hoogovens").

398 Vgl. Brockhaus Wahrig Deutsches Wörterbuch, unter „Zustimmung".

399 Siehe Kapitel 1:III.5.

oder nach dem Übertragungsvorgang beschlossen wurde.[400] Denn in beiden Fällen muss die intern von der Hauptversammlung erteilte Zustimmung gegenüber den beteiligten Aktionären erklärt werden. Hierfür ist stets der Vorstand zuständig.[401]

Bei anderen Zustimmungsbeschlüssen sieht das Gesetz ausdrücklich vor, dass die zugrunde liegende Geschäftsführungsmaßnahme noch in das Handelsregister eingetragen werden muss. So hat der Vorstand gemäß § 294 Abs. 1 Satz 1 AktG das Bestehen und die Art des Unternehmensvertrags sowie den Namen des anderen Vertragsteils zur Eintragung in das Handelsregister anzumelden. Der Anmeldung ist u.a. die Niederschrift des Zustimmungsbeschlusses beizufügen. Ähnlich sieht § 52 Abs. 6 Satz 1 AktG vor, dass der Vorstand den Nachgründungsvertrag zur Eintragung in das Handelsregister anzumelden hat. Schließlich erfordert auch die Eingliederung die Eintragung in das Handelsregister.[402]

bb. Einwilligung in einen Vertragsentwurf

Betracht man die verschiedenen Zustimmungsbeschlüsse, die nach dem AktG vorgesehen sind, fällt auf, dass eine Frage als Querschnittsproblem identifiziert werden kann: die Frage, ob der Zustimmungsbeschluss sich auf einen Entwurf beziehen kann oder ob die Geschäftsführungsmaßnahme bereits vereinbart sein muss, bevor sich die Hauptversammlung mit ihr befasst. Für den Zustimmungsbeschluss zu einem Verschmelzungsvertrag hält § 13 Abs. 3 Satz 1 UmwG ausdrücklich die Zustimmung zu einem Entwurf für möglich. Bei anderen Zustimmungsbeschlüssen wird diese Frage hingegen nicht vom Gesetz geregelt und in der Folge unterschiedlich beantwortet.

So hat der BGH für die Vermögensübertragung nach § 179a AktG entschieden, dass die Zustimmung auch zu einem Vertragsentwurf möglich ist.[403] Zur Begründung stützte er sich auf praktischen Erwägungen, weil durch die Beschlussfassung über einen Entwurf vermieden werden könne, dass sich der Aufwand einer notariellen Beurkundung als vergeblich erweist.

---

400 Vgl. *Cahn*, in: Spindler/Stilz, Komm. z. AktG, § 68 Rdn. 57; *Bezzenberger*, in: Schmidt/Lutter, Komm. z. AktG, § 68 Rdn. 34.

401 *Hüffer*, Komm. z. AktG, § 68 Rdn. 15; *Cahn*, in: Spindler/Stilz, Komm. z. AktG, § 68 Rdn. 63.

402 § 319 Abs. 4 AktG, ggf. i.V.m. § 320 Abs. 1 AktG.

403 BGHZ 82, 188, 193 ff. („Hoesch/Hoogovens", noch zu § 361 AktG a.F.); ebenso die einhellige Meinung in der Literatur, vgl. *Stein*, in: Münchener Komm. z. AktG, § 179a Rdn. 43; *Hüffer*, Komm. z. AktG, § 179a Rdn. 7; *Seibt*, in: Schmidt/Lutter, Komm. z. AktG, § 179a Rdn. 14; *Stein*, in: Münchener Komm. z. AktG, § 179a Rdn. 43.

Dieselben Gründe führen auch bei der Zustimmung zu einem Unternehmensvertrag dazu, dass ein Entwurf als Beschlussvorlage für ausreichend gehalten wird.[404] Der Entwurf darf aber im Anschluss nicht inhaltlich geändert werden, weil die Hauptversammlung nicht befugt ist, den Vorstand zur Festlegung einzelner Passagen zu ermächtigen.[405]

Auch bei der Eingliederung nach § 319 Abs. 1 oder § 320 Abs. 1 AktG kann der Zustimmungsbeschluss der Hauptgesellschaft bereits vor dem Eingliederungsbeschluss der Tochtergesellschaft gefasst werden, also bevor der Vorstand der Hauptgesellschaft die Stimmrechte in der Hauptversammlung der Tochtergesellschaft ausübt.[406]

Ferner wird in der Literatur bei der Zustimmung zu einem Verzicht oder Vergleich gemäß § 50 Satz 1 oder § 93 Abs. 4 Satz 3 AktG, sofern dieses Thema überhaupt erörtert wird, klar zum Ausdruck gebracht, dass die Hauptversammlung ihre Zustimmung auch im Voraus erteilen kann, wenn der Inhalt der Vereinbarung bereits feststeht.[407]

Leicht anders sieht die Rechtslage aus, wenn die Hauptversammlung nach § 111 Abs. 4 Satz 3 AktG über die Zustimmung zu einer Geschäftsführungsmaßnahme beschließt, die eigentlich der Zustimmung des Aufsichtsrats bedurft hätte, für die der Aufsichtsrat aber die Zustimmung verweigert hat. Hier ist nur die Einwilligung im Vorfeld möglich, keine Zustimmung zu einer bereits abgeschlossenen Maßnahme. Das Zustimmungserfordernis zugunsten des Aufsichtsrats führt anders als die vorgenannten Fälle zu keiner Beschränkung der Vertretungsmacht des Vorstands im Außenverhältnis.[408] Um die Wirkung der Zustimmungspflicht nicht zu gefährden, hat der Vorstand die Zustimmung regelmäßig

---

404 *Altmeppen*, in: Münchener Komm. z. AktG, § 293 Rdn. 34; *Hüffer,* Komm. z. AktG, § 293 Rdn. 4; *Langenbucher*, in: Schmidt/Lutter, Komm. z. AktG, § 293 Rdn. 23; *Veil*, in: Spindler/Stilz, Komm. z. AktG, § 293 Rdn. 16; *Emmerich*, in: Emmerich/Habersack, Aktien- und GmbH-Konzernrecht, § 293 Rdn. 25; *Holzborn*, in: Spindler/Stilz, Komm. z. AktG, § 179a Rdn. 15; nunmehr auch *Koppensteiner*, in: Kölner Komm. z. AktG, § 293 Rdn. 6.

405 BGHZ 82, 188, 194 („Hoesch/Hoogovens"); *Stein*, in: Münchener Komm. z. AktG, § 179a Rdn. 43; *Emmerich*, in: Emmerich/Habersack, Aktien- und GmbH-Konzernrecht, § 293 Rdn. 26 ff.; *Veil*, in: Spindler/Stilz, Komm. z. AktG, § 293 Rdn. 14 ff.

406 *Hüffer,* Komm. z. AktG, § 319 Rdn. 6.

407 So ausdrücklich *Arnold*, in: Kölner Komm. z. AktG, § 50 Rdn. 16.

408 *Drygala*, in: Schmidt/Lutter, Komm. z. AktG, § 111 Rdn. 61; *Spindler*, in: Spindler/Stilz, Komm. z. AktG, § 111 Rdn. 75.

vor der Geschäftsführungsmaßnahme einzuholen.[409] Allenfalls bei Gefahr im Verzug wird man hierzu Ausnahmen anerkennen können, bei denen auf eine Zustimmung verzichtet werden kann.

Nach dem Vorgenannten verwundert es nicht, wenn auch bei Zustimmungsbeschlüssen nach § 119 Abs. 2 AktG und in „Holzmüller"-Fällen die Zustimmung bereits zu einem Entwurf eingeholt werden kann bzw. muss. Bei § 119 Abs. 2 AktG hat der Vorstand eh ein weites Ermessen, welche Geschäftsführungsmaßnahme in welchem Stadium er der Hauptversammlung vorliegt. Da er sogar eine bloße Empfehlung einholen dürfte, kann es ihm nicht verwehrt sein, nur einen Vertragsentwurf zur Abstimmung zu stellen. Davon abgesehen gibt es weder im Falle von § 119 Abs. 2 AktG[410] noch bei „Holzmüller"-Fällen[411] eine Beschränkung der Vertretungsmacht des Vorstands im Außenverhältnis, so dass eine Zustimmung der Hauptversammlung sinnvollerweise nur vor Wirksamwerden der Maßnahme eingeholt werden kann.

Demgegenüber ist bei der Nachgründung umstritten, ob die Hauptversammlung nur über einen bereits geschlossenen Vertrag abstimmen darf[412] oder auch einem erst im Entwurf vorliegenden Vertrag zustimmen darf[413]. Für die engere Ansicht wird vorgebracht, dass § 52 AktG die Prüfung und Auslegung des Vertrags voraussetzt.[414] Die herrschende weitere Ansicht verweist auf § 183 BGB, wonach die Zustimmung als Einwilligung vorangehen kann oder als Genehmigung nachfolgt, sowie auf die praktischen Vorteile, die mit der Zustimmung zu einem Entwurf einhergehen.[415] Hier fügt die Querschnittsbetrachtung ein weiteres Argument zugunsten der h.M. bei: eine Betrachtung der anderen Zustimmungsfälle zeigt, dass es allgemein genügt, wenn die Hauptversammlung dem Entwurf zustimmt und der Entwurf unverändert zum rechtsgeschäftlichen Abschluss geführt wird. Die in § 13 Abs. 3 Satz 2 UmwG ausgesprochene Mög-

409 *Hüffer,* Komm. z. AktG, § 111 Rdn. 19; *Drygala*, in: Schmidt/Lutter, Komm. z. AktG, § 111 Rdn. 58; in Eilfällen soll hingegen auch eine nachträgliche Genehmigung ausreichen, vgl. *Hüffer,* FS Hüffer, S. 365, 374.

410 *Spindler*, in: Schmidt/Lutter, Komm. z. AktG, § 119 Rdn. 25; *Hoffmann*, in: Spindler/Stilz, Komm. z. AktG, § 119 Rdn. 52.

411 *Spindler*, in: Schmidt/Lutter, Komm. z. AktG, § 119 Rdn. 46; *Hoffmann*, in: Spindler/Stilz, Komm. z. AktG, § 119 Rdn. 52.

412 So etwa *Holzapfel/Roschmann,* FS Bezzenberger, S. 163, 178.

413 Für letzteres *Hüffer,* Komm. z. AktG, § 52 Rdn. 13.

414 *Holzapfel/Roschmann,* FS Bezzenberger, S. 163, 178.

415 *Hüffer,* Komm. z. AktG, § 52 Rdn. 13.

lichkeit, über den Entwurf zu beschließen, kann daher als Ausdruck eines allgemeinen Rechtsgedankens gewertet werden.[416]

c. Der Umfang der Bindungswirkung bei Zustimmungsbeschlüssen

Wie dargelegt, kann es bei allen Zustimmungsbeschlüssen zu der Situation kommen, dass der Zustimmungsbeschluss nicht das letzte Glied in der Kette ist, sondern die Geschäftsführungsmaßnahme weitere rechtsgeschäftliche Erklärungen benötigt, um wirksam zu werden. Nur wer bei einzelnen Zustimmungsbeschlüssen die Meinung vertritt, dass kein bloßer Entwurf zur Zustimmung vorgelegt werden darf, wird von den denkbaren Ausführungskonstellationen einzelne Ausnahmen machen.

Die Feststellung, dass es zu Ausführungskonstellationen kommen kann, besagt aber noch nichts über den Umfang der Bindung des Vorstands an den Beschluss. Es gilt weiter zu klären, ob der Vorstand, wenn er die Zustimmung der Hauptversammlung für eine Geschäftsführungsmaßnahme bekommen hat, von dieser noch abrücken darf oder ob er zur Herbeiführung der Maßnahme verpflichtet ist. Wie bereits ausgeführt, kommt es hier auf das Verhältnis von Vorstand und Hauptversammlung an, das für jeden Fall eines Zustimmungsbeschlusses zu bestimmen ist.

aa. Zustimmungspflichtige Unternehmensverträge und Übertragungsverträge i.S.v. § 179a AktG

Als erster Fall eines Zustimmungsbeschlusses sollen Zustimmungsbeschlüsse zu Unternehmensverträgen gemäß § 293 Abs. 1 Satz 1 AktG sowie Zustimmungsbeschlüsse gemäß § 179a Abs. 1 Satz 1 AktG zu Verträgen betrachtet werden, durch die sich eine Aktiengesellschaft zur Übertragung des ganzen Gesellschaftsvermögens verpflichtet, ohne dass die Übertragung unter die Vorschriften des UmwG fällt.

(1) Verantwortung der Hauptversammlung für Abschluss und Inhalt

Ein erster Gesichtspunkt, der bei der Bestimmung des Verhältnisses von Vorstand und Hauptversammlung zu berücksichtigen ist, ist die abschließende Verantwortung der Hauptversammlung für den Inhalt dieser Vertragstypen.[417] So erfasst das Zustimmungserfordernis nach § 179a Abs. 1 AktG den gesamten

416 Zustimmungsbeschlüsse der Hauptversammlung außerhalb des AktG bleiben für die vorliegende Untersuchung außer Acht, um den Rahmen nicht zu sprengen.

417 Vgl. BGHZ 82, 188, 195 f. („Hoesch/Hoogovens"): „Schwerpunkt der Willensbildung", „maßgebliche Mitwirkung"; *Stein*, in: Münchener Komm. z. AktG, § 179a Rdn. 44: „souveräne Entscheidung".

Übertragungsvertrag.[418] Die Hauptversammlung muss entweder über den vollständigen, bereits geschlossenen Vertrag abstimmen oder über einen vollständigen Vertragsentwurf. Eine Ermächtigung des Vorstands zur Bestimmung einzelner Klauseln ist nicht möglich. Einher geht eine Beschränkung der Vertretungsmacht des Vorstands, der im Außenverhältnis allein nicht wirksam Verträge nach § 179a AktG schließen kann.[419]

Ähnlich sieht die Situation beim Zustimmungsbeschluss gemäß § 293 Abs. 1 Satz 1 AktG zu einem Unternehmensvertrag aus. Auch dort ist die Vertretungsmacht des Vorstands im Außenverhältnis beschränkt.[420] Der Unternehmensvertrag kann nur wirksam werden, wenn die Hauptversammlung dem gesamten Vertrag zugestimmt hat bzw. einem Vertragsentwurf, der bis zum Abschlusses unverändert bleibt.[421]

Hieraus folgt, dass es die Hauptversammlung letztlich in der Hand hat, darüber zu entscheiden, ob überhaupt, mit welchem Vertragspartner und mit welchem Inhalt ein Unternehmensvertrag geschlossen wird. Der Vorstand hat zwar ein Initiativrecht aufgrund seiner allgemeinen Geschäftsführungsbefugnis;[422] wenn die Hauptversammlung aber die Initiative ablehnt, indem keine ausreichend qualifizierte Mehrheit für den Zustimmungsbeschluss zustande kommt, hat der Vorstand keine Möglichkeit zur Durchsetzung seines unternehmerischen Ziels.

(2) Die Relevanz von § 83 Abs. 1 AktG in diesem Zusammenhang

Als zweitem Gesichtspunkt kommt § 83 Abs. 1 AktG an dieser Stelle besondere Bedeutung zu. Nach § 83 Abs. 1 AktG hat die Hauptversammlung die Möglichkeit, den Vorstand zur Vorbereitung von Maßnahmen, die in die Zuständigkeit der Hauptversammlung fallen, anzuweisen. Dies gilt insbesondere für die Vorbereitung und den Abschluss von Verträgen, die nur mit Zustimmung der

---

418 *Stein*, in: Münchener Komm. z. AktG, § 179a Rdn. 39; *Hüffer*, Komm. z. AktG, § 179a Rdn. 10; *Holzborn*, in: Spindler/Stilz, Komm. z. AktG, § 179a Rdn. 20; *Seibt*, in: Schmidt/Lutter, Komm. z. AktG, § 179a Rdn. 13.

419 Vgl. BGHZ 82, 188, 195 („Hoesch/Hoogovens"); *Stein*, in: Münchener Komm. z. AktG, § 179a Rdn. 31 ff., 40; *Hüffer*, Komm. z. AktG, § 179a Rdn. 13, 15.

420 *Koppensteiner*, in: Kölner Komm. z. AktG, § 293 Rdn. 11; *Altmeppen*, in: Münchener Komm. z. AktG, § 293 Rdn. 5, 56; *Emmerich*, in: Emmerich/Habersack, Aktien- und GmbH-Konzernrecht, § 293 Rdn. 15; *Hüffer*, Komm. z. AktG, § 293 Rdn. 12.

421 Vgl. *Koppensteiner*, in: Kölner Komm. z. AktG, § 293 Rdn. 32 ff.; *Hüffer*, Komm. z. AktG, § 293 Rdn. 5; *Emmerich*, in: Emmerich/Habersack, Aktien- und GmbH-Konzernrecht, § 293 Rdn. 26.

422 Vgl. *Koppensteiner*, in: Kölner Komm. z. AktG, § 293 Rdn. 5; *Altmeppen*, in: Münchener Komm. z. AktG, § 293 Rdn. 5; *Hüffer*, Komm. z. AktG, § 179a Rdn. 15; *Emmerich*, in: Emmerich/Habersack, Aktien- und GmbH-Konzernrecht, § 293 Rdn. 14.

Hauptversammlung wirksam werden. Hieraus folgt ein Initiativrecht der Hauptversammlung.[423] Der Beschluss der Hauptversammlung bedarf der Mehrheit, die auch für die Maßnahme erforderlich ist.

Aus dem Recht der Hauptversammlung, nicht nur über den Abschluss und den Inhalt eines Unternehmensvertrags bzw. Übertragungsvertrag i.S.v. § 179a AktG zu entscheiden, sondern sogar die Initiative für diese unternehmerischen Maßnahmen zu ergreifen, lässt sich *a maiore ad minus* schließen, dass der Vorstand auch verpflichtet ist, einen Vertragsentwurf, dem die Hauptversammlung zugestimmt hat, zum Abschluss zu bringen. Denn wenn die Hauptversammlung mit qualifizierter Mehrheit einem Entwurf zustimmt, lässt sich dieser Beschluss in einen Beschluss nach § 83 Abs. 1 AktG zumindest umdeuten. Für den Fall, dass die Hauptversammlung einem Vertragsentwurf nur mit Änderungen zustimmt, ist dies weitgehend anerkannt.[424] Lediglich die ausnahmslose Umdeutung in einen Beschluss nach § 83 Abs. 1 AktG wird oft bezweifelt.[425] Dem ist insoweit zuzustimmen, als es letztlich eine Frage der Auslegung ist, ob der mit Änderungsanmerkungen versehene Zustimmungsbeschluss[426] zugleich als Anweisung im Sinne von § 83 Abs. 1 AktG zu verstehen ist. Der Grundgedanke, dass es bloße Förmelei wäre, wenn die Hauptversammlung einem Vertragsentwurf zustimmt und zusätzlich mit derselben Mehrheit noch einen Anweisungsbeschluss gemäß § 83 Abs. 1 Satz 2 AktG fassen müsste, um den Vorstand zum Abschluss des Vertrags zu zwingen, bleibt davon unberührt.

(3) Folge: Ausführungspflicht

Nach dem Vorgenannten besteht zum einen eine abschließende Verantwortung der Hauptversammlung für den Abschluss und den Inhalt sowohl von Unternehmensverträgen als auch von Übertragungsverträgen i.S.v. § 179a AktG. Zum anderen verlagert § 83 Abs. 1 AktG die Folgepflicht nach vorne bis hin zur unternehmerischen Initiative. Daraus folgt, dass der Vorstand im Bereich der von § 83 Abs. 1 AktG erfassten Zustimmungsbeschlüsse hierarchisch der Hauptversammlung untergeordnet ist und damit grundsätzlich uneingeschränkt der Aus-

---

423 Vgl. *Hüffer*, Komm. z. AktG, § 83 Rdn. 2.

424 *Koppensteiner*, in: Kölner Komm. z. AktG, § 293 Rdn. 38.

425 So etwa *Altmeppen*, in: Münchener Komm. z. AktG, § 293 Rdn. 35; *Hüffer*, Komm. z. AktG, § 293 Rdn. 13; *Emmerich*, in: Emmerich/Habersack, Aktien- und GmbH-Konzernrecht, § 293 Rdn. 28; *Veil*, in: Spindler/Stilz, Komm. z. AktG, § 293 Rdn. 27.

426 Beschlusstechnisch dürfte in der Änderung des Vertragstexts ein neuer Abstimmungsantrag zu sehen sein, der mangels Vertragsschluss nur einen Entwurf darstellt: Der Antrag auf Zustimmung des ursprünglichen Vertrags würde abgelehnt bzw. nicht zur Abstimmung gestellt und der Antrag auf Zustimmung zu einem Vertragsentwurf angenommen.

führungspflicht unterliegt.[427] Er muss also die Wirksamkeit der vom Zustimmungsbeschluss erfassten Maßnahme herbeiführen, d.h. den Vertrag abschließen, soweit noch nicht geschehen, und ggf. zum Handelsregister anmelden.[428]

(4) Auswirkungen auf die Haftung des Vorstands

An diese Erkenntnis schließt sich die Frage an, welche Auswirkungen die Ausführungspflicht auf die Haftung des Vorstands hat. In der Literatur wird es für möglich gehalten, dass sich der Vorstand trotz des Zustimmungsbeschlusses beim Abschluss eines zustimmungspflichtigen Vertrags haftbar machen kann. So soll der Vorstand schadensersatzpflichtig sein, wenn er beim Vertragsschluss nicht mit der Sorgfalt eines ordentlichen und gewissenhaften Geschäftsleiters vorgeht.[429] Ein Beispiel für eine Pflichtverletzung soll die mangelhafte Prüfung der Bonität des anderen Vertragsteils sein.[430] Von der Haftung sei er nur befreit, wenn der Vorstand nach § 83 Abs. 1 Satz 2 AktG zur Vorbereitung des Vertrags angewiesen werde.[431] Von diesem Fall abgesehen führe § 93 Abs. 4 Satz 1 AktG nicht zur Haftungsbefreiung, weil es sich bei der Zustimmung zu einem bereits geschlossenen Vertrag um eine nachträgliche Billigung einer Geschäftsführungsmaßnahme handeln würde; in einem solchen Fall „beruhe" das Handeln des Vorstands nicht auf dem Beschluss der Hauptversammlung.[432]

---

427 Ähnlich *Stein*, in: Münchener Komm. z. AktG, § 179a Rdn. 44.

428 So ausdrücklich *Altmeppen*, in: Münchener Komm. z. AktG, § 293 Rdn. 22; im Ergebnis ebenso *Werner,* AG 1972, 93, 98 f.; *Hüffer,* Komm. z. AktG, § 293 Rdn. 15; *Veil*, in: Spindler/Stilz, Komm. z. AktG, § 293 Rdn. 28; *Langenbucher*, in: Schmidt/Lutter, Komm. z. AktG, § 293 Rdn. 12; wohl auf Fälle des § 83 Abs. 1 AktG einschränkend *Koppensteiner*, in: Kölner Komm. z. AktG, § 293 Rdn. 5, siehe aber auch *Koppensteiner*, in: Kölner Komm. z. AktG, § 293 Rdn. 39, wonach eine Pflicht zur Anmeldung des Vertrags bestehen soll; etwas undeutlich *Emmerich*, in: Emmerich/Habersack, Aktien- und GmbH-Konzernrecht, § 293 Rdn. 31, 32, demzufolge eine Pflicht zur Anmeldung besteht, wenn der Vertrag bereits geschlossen war, der aber auch ein Recht der Hauptversammlung bejaht, die Anmeldung in das Ermessen des Vorstands zu stellen.

429 *Koppensteiner*, in: Kölner Komm. z. AktG, § 293 Rdn. 22; *Altmeppen*, in: Münchener Komm. z. AktG, § 293 Rdn. 28; *Emmerich*, in: Emmerich/Habersack, Aktien- und GmbH-Konzernrecht, § 293 Rdn. 14.

430 Vgl. *Canaris,* ZGR 1978, 207, 214; *Koppensteiner*, in: Kölner Komm. z. AktG, § 293 Rdn. 22; *Emmerich*, in: Emmerich/Habersack, Aktien- und GmbH-Konzernrecht, § 293 Rdn. 14; siehe auch *Langenbucher*, in: Schmidt/Lutter, Komm. z. AktG, § 293 Rdn. 3.

431 Vgl. *Koppensteiner*, in: Kölner Komm. z. AktG, § 293 Rdn. 23; *Emmerich*, in: Emmerich/Habersack, Aktien- und GmbH-Konzernrecht, § 293 Rdn. 14; *Langenbucher*, in: Schmidt/Lutter, Komm. z. AktG, § 293 Rdn. 5.

432 Vgl. *Koppensteiner*, in: Kölner Komm. z. AktG, § 293 Rdn. 23.

Demgegenüber haben *Canaris*[433] und ihm folgend *Altmeppen*[434] eine Haftung des Vorstands im Zusammenhang mit dem Abschluss eines Unternehmensvertrags verneint. In solchen Fällen greife § 93 Abs. 4 Satz 1 AktG zumindest analog.[435] § 93 Abs. 4 Satz 1 AktG sei Ausdruck eines allgemeinen Rechtsgedankens, nämlich eine gesetzliche Ausprägung oder Weiterentwicklung des Arglisteinwands und mithin des Gebots von Treue und Glauben.[436] Außerdem sei es sachlich nicht gerechtfertigt, den Vorstand von der Haftung zu befreien, wenn er – wozu er ohne Weiteres in der Lage wäre – die Hauptversammlung über den Entwurf des Unternehmensvertrags beschließen lasse, bei der Abstimmung über einen bereits geschlossenen, aber schwebend unwirksamen Vertrag in die Haftung zu nehmen.[437]

Die Diskussion stürzt sich an dieser Stelle vorschnell auf § 93 Abs. 4 Satz 1 AktG. Vorrangig stellt sich die Frage nach dem Umfang der Sorgfaltspflichten. Wenn der Vorstand z.B. aufgrund der Ausführungspflicht zu einem bestimmten Verhalten verpflichtet ist, kann er nicht sorgfaltswidrig handeln, wenn er diese Pflicht befolgt.[438] Mangels Sorgfaltspflichtverletzung gäbe es dann keine Haftung des Vorstands, von der eine Ausnahme nach § 93 Abs. 4 Satz 1 AktG diskutiert werden könnte. Wie dargelegt, besteht die Ausführungspflicht des Vorstands auch bei Zustimmungsbeschlüssen zu Unternehmensverträgen und Übertragungsverträgen i.S.v. § 179a AktG. Dementsprechend ist eine Haftung des Vorstands für Schäden aufgrund des Abschlusses derartiger Verträge bereits mangels Pflichtverletzung ausgeschlossen.

Etwas anderes kann lediglich gelten, wenn der Zustimmungsbeschluss an einem Mangel leidet, z.B. weil der Vorstand seinen Informationspflichten nicht nachgekommen ist.[439] Auf die Auswirkungen fehlerhafter Beschlüsse ist später einzugehen.[440] An dieser Stelle ist festzuhalten, dass der Vorstand bei Zustimmungsbeschlüssen zu Unternehmensverträgen und Übertragungsverträgen i.S.v. § 179a AktG grundsätzlich der Ausführungspflicht unterliegt und bei Befolgung

433 Vgl. *Canaris,* ZGR 1978, 207.

434 *Altmeppen*, in: Münchener Komm. z. AktG, § 293 Rdn. 29.

435 *Canaris,* ZGR 1978, 207, 215.

436 *Canaris,* ZGR 1978, 207, 209, 215; *Bürgers/Israel,* in: Bürgers/Körber, Komm. z. AktG, § 93 Rdn. 32; offen gelassen von *Fleischer,* BB 2005, 2025, 2027; anders *Golling,* Sorgfaltspflicht, S. 77, demzufolge der Grund für die Haftungsfreistellung in der wirtschaftlichen Eigentümerstellung der Aktionäre zu suchen ist.

437 *Canaris,* ZGR 1978, 207, 215.

438 Siehe oben Kapitel 1:III.8.

439 Vgl. *Altmeppen*, in: Münchener Komm. z. AktG, § 293 Rdn. 29; *Spindler*, in: Münchener Komm. z. AktG, § 93 Rdn. 216.

440 Siehe Kapitel 3.

seiner Ausführungspflicht keiner Haftung für Schäden infolge des Abschlusses derartiger Verträge unterliegt.

bb. Zustimmungsbeschlüsse auf Verlangen des Vorstands

Die bisherigen Ausführungen haben sich auf Zustimmungsbeschlüsse zu Unternehmensverträgen und Übertragungsverträgen i.S.v. § 179a AktG beschränkt. Es stellt sich daher die Frage, ob sich die gefundenen Ergebnisse auch auf andere Zustimmungsbeschlüsse übertragen lassen. In Betracht kommen hier zunächst die Zustimmungsbeschlüsse, die nur auf Verlangen des Vorstands möglich sind.

(1) Zustimmungsbeschlüsse nach § 119 Abs. 2 AktG

Nach § 119 Abs. 2 AktG kann der Vorstand verlangen, dass die Hauptversammlung über Fragen der Geschäftsführung entscheidet. Der Anwendungsbereich des § 119 Abs. 2 AktG ist weit.[441] Insbesondere ist es dem Vorstand möglich, nur eine Empfehlung statt einer verbindlichen Aussage einzuholen.[442] Der Vorstand hat es folglich selbst in der Hand, welches Maß an Verbindlichkeit er mit dem Hauptversammlungsbeschluss erzielen will. Es stellt sich daher die Frage, welche Bindungswirkungen entfaltet werden, wenn der Vorstand nach § 119 Abs. 2 AktG die „Zustimmung“ zu einer Geschäftsführungsmaßnahme einholt: Zählt der Zustimmungsbeschluss eher – wie es der Wortsinn nahelegt – zu den nur berechtigenden, aber nicht verpflichtenden Beschlüssen oder begründet er – wie es bei Zustimmungsbeschlüssen zu Unternehmensverträgen der Fall ist – eine Ausführungspflicht? Dies hängt maßgeblich davon ab, ob § 119 Abs. 2 AktG unter § 83 Abs. 1 AktG fällt. Denn nur wenn die Hauptversammlung das Initiativrecht nach § 83 Abs. 1 AktG hätte, könnte sie eine Geschäftsführungsmaßnahme auch gegen den Willen des Vorstands durchsetzen.

Die h.M. lässt Beschlüsse nach § 119 Abs. 2 AktG zwar pauschal unter § 83 Abs. 1 AktG fallen, allerdings nur dann, wenn der Vorstand die Entscheidung nach § 119 Abs. 2 AktG bereits verlangt hat.[443] Dann sei der Vorstand verpflichtet, die Maßnahme vorzubereiten. Es drängt sich aber die Vermutung auf, dass sich die h.M. mit diesen Aussagen auf die primär von § 83 Abs. 1 AktG erfasste Vorbereitungspflicht beschränkt, nicht aber ein Initiativrecht vor Augen hat.[444]

441 Vgl. *Mülbert*, in: Großkomm. z. AktG, § 119 Rdn. 46 f.; *Kubis*, in: Münchener Komm. z. AktG, 2. Aufl., § 119 Rdn. 22; *Spindler*, in: Schmidt/Lutter, Komm. z. AktG, § 119 Rdn. 17.

442 Vgl. *Hoffmann*, in: Spindler/Stilz, Komm. z. AktG, § 119 Rdn. 16; *Hüffer*, Komm. z. AktG, § 119 Rdn. 15; *Spindler*, in: Schmidt/Lutter, Komm. z. AktG, § 119 Rdn. 25.

443 Siehe *Habersack*, in: Großkomm. z. AktG, § 83 Rdn. 6; *Mertens/Cahn*, in: Kölner Komm. z. AktG, § 83 Rdn. 4; *Fleischer*, in: Spindler/Stilz, Komm. z. AktG, § 83 Rdn. 3; *Hüffer*, Komm. z. AktG, § 83 Rdn. 2.

444 Deutlicher wird dies bei *Hüffer*, Komm. z. AktG, § 83 Rdn. 2.

Denn ein Initiativrecht ist logisch ausgeschlossen, wenn der Vorstand bereits tätig geworden ist. Hinter dieser Erwägung steckt aber noch ein tieferer Grund: Durch § 119 Abs. 2 AktG wird nicht nur eine Kompetenz begründet, sondern auch ausgeschlossen. Die Kompetenz der Hauptversammlung in Geschäftsführungsfragen ist subsidiär.[445] Hätte die Hauptversammlung nach § 83 Abs. 1 AktG ein Initiativrecht für Beschlüsse nach § 119 Abs. 2 AktG, würde diese Kompetenzbeschränkung ausgehebelt.

Neben dem Fehlen des Initiativrechts spricht auch die fehlende Beschränkung der Vertretungsmacht gegen eine hierarchische Unterordnung des Vorstands in Fällen des § 119 Abs. 2 AktG.[446] Die Hauptversammlung kann nicht gegen den Willen des Vorstands eine Beschlussfassung nach § 119 Abs. 2 AktG erreichen, und sie hat es nicht in der Hand, die Wirksamkeit der Maßnahme zu unterbinden, wenn der Vorstand trotz verweigerter Zustimmung die Geschäftsführungsmaßnahme vollzieht. Die gesetzliche Systematik legt es deshalb nahe, dass der Vorstand bei Zustimmungsbeschlüssen nach § 119 Abs. 2 AktG weiterhin die Hoheit über die Geschäftsführungsmaßnahme hat. Jedenfalls ist er nicht hierarchisch untergeordnet. Daraus muss geschlossen werden, dass die Zustimmung der Hauptversammlung nicht weiter reicht, als ihr Wortsinn nahelegt: Sie berechtigt nur, verpflichtet aber nicht.[447]

Das gefundene Ergebnis steht nicht in Widerspruch zu den Ausführungen oben, dass die Ausführungspflicht allgemein in den Fällen des § 119 Abs. 2 AktG besteht.[448] Es geht hier nicht um die Frage einer allgemeinen Bindung an Beschlüsse nach § 119 Abs. 2 AktG, sondern um die spezifische Reichweite eines Zustimmungsbeschlusses. Die Zustimmung ist etwas anderes als die Aufforderung zu einem Tun.

(2) Ersetzung der Zustimmung des Aufsichtsrats

Ähnlich wie bei Zustimmungsbeschlüssen nach § 119 Abs. 2 AktG liegt die Rechtslage, wenn der Vorstand nach § 111 Abs. 4 Satz 3 AktG verlangt, dass die Hauptversammlung über die Zustimmung beschließt. Dieser praktisch wenig relevante[449] Fall wird in der Literatur kaum erörtert. Von der qualifizierten Be-

445 Siehe Kapitel 1:III.2.

446 Aus der fehlenden Beschränkung der Vertretungsmacht leiten *Hüffer,* Komm. z. AktG, § 83 Rdn. 2 und *Spindler*, in: Münchener Komm. z. AktG, § 83 Rdn. 8 allgemein ab, dass die Hauptversammlung dann keine ausschließliche Entscheidungskompetenz habe und folglich kein Initiativrecht bestehe.

447 Anders *Werner,* AG 1972, 93, 99.

448 Siehe oben 1.

449 *Drygala*, in: Schmidt/Lutter, Komm. z. AktG, § 60 Rdn. 60; *Spindler*, in: Spindler/Stilz, Komm. z. AktG, § 111 Rdn. 74.

schlussmehrheit abgesehen, handelt es sich bei § 119 Abs. 2 AktG und § 111 Abs. 4 Satz 3 AktG um parallele, geradezu austauschbare Vorschriften.[450] In beiden Fällen geht es um eine originäre Geschäftsführungskompetenz des Vorstands, die der Zustimmung eines anderen Gesellschaftsorgans unterworfen ist. In beiden Fällen wird die Vertretungsbefugnis des Vorstands durch das Zustimmungserfordernis nicht beschränkt.[451]

Ziel der Zustimmungsvorbehalte nach § 111 Abs. 4 Satz 2 AktG ist es, dem Aufsichtsrat ein Vetorecht einzuräumen.[452] Der Vorstand soll aber nicht verpflichtet sein, ein Geschäft durchzuführen, für dessen Durchführung er die Zustimmung des Aufsichtsrats erbeten und erhalten hat.[453] Nicht weiter reicht die Mitwirkung der Hauptversammlung, wenn sie die Zustimmung ersetzt.[454] In dieses Bild fügt sich, dass die Hauptversammlung für Beschlüsse nach § 111 Abs. 4 Satz 3 AktG ebenso wenig ein Initiativrecht nach § 83 Abs. 1 AktG wie bei Beschlüssen nach § 119 Abs. 2 AktG.[455] Dies unterstreicht, dass der Vorstand in seinem originären Geschäftsführungsbereich nicht gebunden und der Hauptversammlung hierarchisch untergeordnet ist.

(3) Auswirkungen auf die Haftung

Die wesentliche Rechtsfolge des Zustimmungsbeschlusses nach § 119 Abs. 2 AktG ist in der Haftungsbeschränkung für den Vorstand zu suchen.[456] Fraglich ist aber, ob auch der Beschluss nach § 111 Abs. 4 Satz 3 AktG den Vorstand von der Haftung befreit. *Hopt/Roth* verneinen das.[457] Sie übersehen aber die Parallele zu § 119 Abs. 2 AktG: der Vorstand, der nach § 111 Abs. 4 Satz 3 AktG mit qualifizierter Mehrheit die Zustimmung der Hauptversammlung erhält, hätte stets zugleich auch die Zustimmung nach § 119 Abs. 2 AktG erhalten. Es wäre pure Förmelei, wenn man ihm die doppelte Beschlussfassung zumuten wollte. Abgesehen davon läge ebenfalls ein Fall widersprüchlichen Verhaltens vor, wenn die Hauptversammlung einer Maßnahme zustimmt und später die Gel-

---

450 Vgl. *Kubis*, in: Münchener Komm. z. AktG, 2. Aufl., § 119 Rdn. 24; *Mülbert*, in: Großkomm. z. AktG, § 119 Rdn. 41; *Spindler*, in: Schmidt/Lutter, Komm. z. AktG, § 119 Rdn. 19.

451 Vgl. *Drygala*, in: Schmidt/Lutter, Komm. z. AktG, § 60 Rdn. 61; *Spindler*, in: Spindler/Stilz, Komm. z. AktG, § 111 Rdn. 62.

452 *Drygala*, in: Schmidt/Lutter, Komm. z. AktG, § 60 Rdn. 47, 57; *Spindler*, in: Spindler/Stilz, Komm. z. AktG, § 111 Rdn. 62.

453 So etwa *Spindler*, in: Spindler/Stilz, Komm. z. AktG, § 111 Rdn. 75.

454 Ebenso *Kubis*, in: Münchener Komm. z. AktG, 2. Aufl., § 119 Rdn. 27; *Werner,* AG 1972, 93, 99.

455 Vgl. *Hüffer,* Komm. z. AktG, § 83 Rdn. 2.

456 Siehe 1.c.bb. und cc.

457 *Hopt/Roth*, in: Großkomm. z. AktG, § 111 Rdn. 717.

tendmachung von Ersatzansprüchen für Schäden aus der von ihr mitverantworteten Geschäftsführungsmaßnahme verlangt. Richtigerweise eröffnen sowohl Zustimmungsbeschlüsse nach § 111 Abs. 4 Satz 3 AktG als auch Zustimmungsbeschlüsse im Rahmen von § 119 Abs. 2 AktG den Anwendungsbereich von § 93 Abs. 4 Satz 1 AktG. Anders als in den Normalfällen der Beschlussausführung, gibt es bei Zustimmungsbeschlüssen nach § 119 Abs. 2 AktG bzw. § 111 Abs. 4 Satz 3 AktG jedoch keine Ausführungspflicht, weswegen die Haftung nicht bereits auf Ebene der Pflichtverletzung ausgeschlossen ist.[458]

An dieser Stelle kommt die Diskussion über den Normzweck des § 93 Abs. 4 Satz 1 AktG zum Tragen. Einer Reihe von Autoren zufolge liegt der Grund für die Haftungsbefreiung nach § 93 Abs. 4 Satz 1 AktG in der Folgepflicht.[459] Hieraus wird gefolgert, dass die Haftungsbefreiung nur so weit reichen kann wie die Folgepflicht.[460] Wäre dies richtig, hätte dies zur Konsequenz, dass in den Fällen lediglich berechtigender, nicht aber verpflichtender Zustimmungsbeschlüsse (§ 119 Abs. 2 AktG und § 111 Abs. 4 Satz 3 AktG) keine Haftungsbefreiung einträte, weil der Vorstand nicht zur Umsetzung der Geschäftsführungsmaßnahme, der die Hauptversammlung zugestimmt hat, verpflichtet ist. Weitere Konsequenzen wären allerdings auch, dass für § 93 Abs. 4 Satz 1 AktG überhaupt kein Anwendungsfall mehr erkennbar wäre und dass auch unklar würde, worin der Sinn und Zweck einer Zustimmungsentscheidung der Hauptversammlung läge. Richtigerweise übernimmt aber die Hauptversammlung zumindest eine Mitverantwortung für die von ihr mitentschiedene Geschäftsführungsmaßnahme. Es wäre daher ein Fall widersprüchlichen Verhaltens, wenn sie einerseits einer Geschäftsführungsmaßnahme zustimmt, andererseits aber den Vorstand bei Fehlschlagen der Geschäftsführungsmaßnahme in Regress nehmen will. Nahe liegt daher, den Regelungsgedanken des § 93 Abs. 4 Satz 1 AktG nicht nur in der Bindungswirkung zu sehen, sondern auch im darin zum Ausdruck kommenden Arglistgedanken.[461] Dieser Gedanke wird weiter gestützt durch die Annahme von *Spindler*, dass sich die Haftungsbefreiung aus der Stellung der Hauptversammlung als Organ der am Gesellschaftsvermögen wertmäßig beteiligten Aktionäre rechtfertige.[462] Wenn nämlich der Vorstand als Treuhänder des von den Aktionären zur Verfügung gestellten Kapitals mit Zustim-

---

458 Siehe Kapitel 1:III.8.

459 *Mertens/Cahn*, in: Kölner Komm. z. AktG, § 93 Rdn. 149; *Krieger/Sailer-Coceani*, in: Schmidt/Lutter, Komm. z. AktG, § 93 Rdn. 46; *Hopt*, in: Großkomm. z. AktG, § 93 Rdn. 306 f.

460 *Mertens/Cahn*, in: Kölner Komm. z. AktG, § 93 Rdn. 149.

461 Ebenso *Canaris*, ZGR 1978, 207, 209, 215; *Bürgers/Israel*, in: Bürgers/Körber, Komm. z. AktG, § 93 Rdn. 32.

462 *Spindler*, in: Münchener Komm. z. AktG, § 93 Rdn. 207.

mung der Treugeber Risiken eingeht, können die Treugeber ihn nicht später für das Eintreten der Risiken haften lassen.

Geht man von der Anwendbarkeit aus des § 93 Abs. 4 Satz 1 AktG aus, stellt sich ein weiteres Problem. Wie bereits erwähnt,[463] gibt es Stimmen, die die Anwendbarkeit von § 93 Abs. 4 Satz 1 AktG bei einem Zustimmungsbeschluss verneinen, weil die Geschäftsführungsmaßnahme nicht auf dem Zustimmungsbeschluss „beruhen" soll. Ein „Beruhen" liegt jedoch unzweifelhaft vor, wenn die Hauptversammlung einem bloßen Entwurf zustimmt und der Vertrag erst nach Zustimmung geschlossen wird. Die Rechtslage kann aber auch dann nicht anders bewertet werden, wenn ein Vertrag vor dem Zustimmungsbeschluss geschlossen wurde, sein Wirksamwerden aber auf die Fassung des Zustimmungsbeschlusses bedingt ist. Denn auch in dieser zweiten Konstellation gibt es vor Fassung des Zustimmungsbeschlusses keine wirksame Geschäftsführungsmaßnahme. Die Hauptversammlung hat es letztlich in der Hand, über das Wirksamwerden der Geschäftsführungsmaßnahme zu entscheiden.[464] Außerdem wäre der eigentliche Hintergrund der „Beruhens"-Maßgabe – dass nämlich eine nachträgliche Billigung ein Verzicht i.S.v. § 93 Abs. 4 Satz 3 AktG ist – nicht einschlägig, da ein etwaiger Ersatzanspruch nicht vor dem Wirksamwerden des Vertrags und damit vor dem Zustimmungsbeschluss entstehen würde.[465] Von daher führt auch die Zustimmung zu einer bereits vereinbarten, aber aufgrund Bedingung noch nicht wirksam gewordenen Geschäftsführungsmaßnahme zu einer Haftungsbefreiung nach § 93 Abs. 4 Satz 3 AktG.[466]

cc. „Holzmüller"-Fälle

Nach den vorangegangen Ausführungen besteht eine Ausführungspflicht bei Zustimmungsbeschlüssen zu Unternehmensverträgen und Übertragungsverträgen i.S.v. § 179a AktG, nicht aber bei Zustimmungsbeschlüssen nach § 119 Abs. 2 AktG und § 111 Abs. 4 Satz 3 AktG. Damit ist der Rahmen gesetzt für die Analyse der „Holzmüller"-Fälle, d.h. den Zustimmungsbeschlüssen bei ungeschriebenen Hauptversammlungskompetenzen.

In Rechtsprechung und Literatur ist anerkannt, dass es ungeschriebene Hauptversammlungskompetenzen gibt. Nach den „Gelatine"-Entscheidungen[467] wird man es als praktisch geklärt ansehen können, dass die ungeschriebenen Hauptversammlungskompetenzen auf einer offenen Rechtsfortbildung beruhen,

---

463 Siehe aa.(4).

464 Vgl. *Canaris,* ZGR 1978, 207, 215.

465 Vgl. *Altmeppen*, in: Münchener Komm. z. AktG, § 293 Rdn. 29; *Canaris,* ZGR 1978, 207, 215 f.

466 Ebenso *Kleinhenzund/Leyendecker*, BB 2012, 861.

467 BGHZ 159, 30 („Gelatine I"); BGH ZIP 2004, 1001 („Gelatine II").

nur ausnahmsweise und in engen Grenzen bestehen, eine Mehrheit von drei Vierteln des vertretenen Grundkapitals erfordern und die Vertretungsmacht des Vorstands im Außenverhältnis nicht beschränken.[468] Welche Fallgestaltungen eine ungeschriebene Hauptversammlungskompetenz begründen, ist zwar nicht abschließend geklärt.[469] Dieser Meinungsstreit ist aber für die vorliegende Untersuchung nicht relevant, da es hier nur um die Ausführungspflicht bei Zustimmungsbeschlüssen geht und „Holzmüller"-Fälle regelmäßig Zustimmungsbeschlüsse sind.[470]

Die offene Frage nach der Ausführungspflicht bei einem „Holzmüller"-Zustimmungsbeschluss hängt mit der ebenso wenig geklärten Frage zusammen, ob „Holzmüller"-Fälle unter § 83 Abs. 1 AktG fallen, d.h. einem Initiativrecht der Hauptversammlung unterliegen. Während die überwiegende Meinung „Holzmüller"-Fälle zumeist ohne nähere Begründung unter § 83 Abs. 1 AktG subsumiert,[471] lehnen *Mertens/Cahn* dies ab. Ihrer Ansicht zufolge sollen die ungeschriebenen Zustimmungserfordernisse lediglich sicherstellen, dass der Vorstand nicht eigenmächtig Maßnahmen der Geschäftsführung vornimmt, die tief in die Mitgliedschaftsrechte der Aktionäre und in deren Vermögensinteresse eingreifen.[472] Ein Initiativrecht nach § 83 Abs. 1 AktG, mit dessen Hilfe die Hauptversammlung den Vorstand zur Vornahme von Geschäftsführungsmaßnahmen zwingen könnte, ginge über die auf Abwehr von Eingriffen in das Mitgliedschaftsrecht gerichtete Funktion ungeschriebener Hauptversammlungskompetenzen weit hinaus und würde zu einer empfindlichen und mit dem Gesetz nicht zu vereinbarenden Verschiebung der Kompetenzverteilung zwischen Vorstand und Hauptversammlung führen. Demgegenüber bejaht *Arnold* ein Initiativrecht, weil die „Holzmüller"-Fälle aufgrund ihrer Satzungsnähe in die Zuständigkeit der Hauptversammlung fallen und bei diesen Fundamentalmaßnahmen Kompetenz und Initiativrecht miteinander verknüpft werden sollten.[473] *Martens* geht sogar soweit, in der kontroversen Frage nach dem Bestehen eines

---

468 Vgl. BGHZ 159, 30, 44 f. („Gelatine I"); *Hüffer,* Komm. z. AktG, § 119 Rdn. 16 ff.; *Hoffmann*, in: Spindler/Stilz, Komm. z. AktG, § 119 Rdn. 26 ff., 52; *Spindler*, in: Schmidt/Lutter, Komm. z. AktG, § 119 Rdn. 28 ff.; *Fleischer,* NJW 2004, 2335, 2339; *Reichert,* AG 2005, 150, 152 f.; *Arnold,* ZIP 2005, 1573, 1574 f.; *Liebscher,* ZGR 2005, 1, 12 ff.; kritisch *Koppensteiner,* Der Konzern 2004, 381, 383 ff.; *Hoffmann-Becking,* ZHR 172 (2008), 231.

469 Vgl. OLG Frankfurt am Main AG 2011, 173.

470 Vgl. BGHZ 159, 30, 45 („Gelatine I"): „Ist danach – ausnahmsweise – die *Zustimmung* der Hauptversammlung […] einzuholen […]" (Hervorhebung vom Verfasser).

471 So etwa *Liebscher,* ZGR 2005, 1, 32.

472 *Mertens/Cahn*, in: Kölner Komm. z. AktG, § 83 Rdn. 4.

473 *Arnold,* ZIP 2005, 1573, 1578.

Initiativrechts eine Normenkollision zu sehen, die er letztlich gegen ein Initiativrecht der Hauptversammlung entscheidet.[474]

Letzten Endes wird man diese Frage nicht durch Argumentation entscheiden können. Es ist der offenen Rechtsfortbildung eigen, dass sie an die Stelle der Gesetzgebung tritt und einen voluntativen Einschlag hat.[475] Dementsprechend wird der BGH zu entscheiden haben, ob er die ungeschriebenen Hauptversammlungskompetenzen weiter an die Strukturentscheidungen angleicht; dann läge es nahe, der Hauptversammlung auch die Initiative für entsprechende Maßnahmen einzuräumen. Hierfür lässt sich auch der Gedanke anführen, dass die Hauptversammlung mittels einer von ihr eingeleiteten Satzungsänderung einen ähnlichen Effekt erzielen kann.

Nach dem derzeitigen Stand der Rechtsfortbildung spricht indes mehr gegen ein Initiativrecht. Die ungeschriebenen Hauptversammlungszuständigkeiten gründen auf einem Abwehrrecht der Aktionäre. Tiefe Eingriffe in Mitgliedsrechte und Vermögensinteressen sollen dem Vorstand nur unter Beteiligung der Hauptversammlung möglich sein. Die Abwehr tiefer Eingriffe in Mitgliedsrechte und Vermögensinteressen verlangt aber keine unternehmerischen Initiativrechte. Hinzu kommt, dass die ungeschriebenen Hauptversammlungskompetenzen nach ihrer Entwicklung dazu da waren, den Vorstand in seinem Tatendrang zu bremsen. Will die Hauptversammlung unternehmerische Initiative ergreifen, steht ihr hierfür der Weg der Satzungsänderung offen. Sie könnte auch gegen den Willen des Vorstands den Unternehmensgegenstand radikal neu definieren und damit Maßnahmen herbeiführen, die einem Vorstand von sich aus verwehrt wären.

Auf die Ausführungspflicht übertragen bedeutet dies, dass der Vorstand durch die Zustimmung der Hauptversammlung nicht zur finalen Durchführung der „Holzmüller"-Maßnahme verpflichtet ist. Selbst nachdem die Hauptversammlung zugestimmt hat, kann er Abstand von der Maßnahme nehmen. Ob ein Abstandnehmen allerdings im Einzelfall Sinn ergibt, ist eine andere Frage.

3. „Bis-zu"-Kapitalerhöhungsbeschlüsse

Oben wurden zum einen die strenge, wenngleich modifizierte Ausführungspflicht bei regulären Kapitalerhöhungen[476] und zum anderen die Ermessensspielräume des Vorstands bei Ermächtigungsbeschlüssen wie etwa einem genehmigten Kapital[477] aufgezeigt. Zwitterartig dazwischen liegen die sogenannten „bis-

474 Vgl. *Martens,* ZHR 147 (1983), 377, 386 ff.

475 Ähnlich *Koppensteiner,* Der Konzern 2004, 381, 385.

476 Siehe II.3.dd.

477 Siehe II.3.b.

zu"-Kapitalerhöhungsbeschlüsse, bei denen der Betrag der Kapitalerhöhung nicht exakt festgelegt, sondern nur der Höchstbetrag der Kapitalerhöhung angegeben wird.

Die grundsätzliche Zulässigkeit eines „bis-zu"-Kapitalerhöhungsbeschlusses ist fast einhellig anerkannt, entspricht es doch einem praktischen Bedürfnis, den Erfolg einer Kapitalerhöhung nicht davon abhängig zu machen, dass sämtliche Aktien gezeichnet werden.[478] Gibt es keine Emissionsbank oder keinen Großaktionär, der sich im Vorfeld bereit erklärt, sämtliche Aktien der Neuemission zu zeichnen, muss geschätzt werden, wie viele neue Aktien der Markt bereit ist abzunehmen. Ein zu hoch geplanter Umfang der Kapitalerhöhung würde nicht ausreichend Abnehmer finden, die Kapitalerhöhung folglich nicht durchgeführt werden; ein zu niedriger Kapitalerhöhungsbeschluss würde nicht das Investitionsmaximum erreichen. In dieser Situation erlaubt ein „bis-zu"-Kapitalerhöhungsbeschluss der Gesellschaft, die Kapitalerhöhung sicher umzusetzen und gleichzeitig die gesamte Investitionsbereitschaft des Marktes zu nutzen.

Mit der eingeräumten Flexibilität rückt der „bis-zu"-Kapitalerhöhungsbeschluss jedoch in die Nähe zum genehmigten Kapital.[479] Auch dort hat der Vorstand die Möglichkeit, bei entsprechender Nachfrage das Kapital in Teilbeträgen zu erhöhen. Je weiter die vom „bis-zu"-Kapitalerhöhungsbeschluss gesetzten Grenzen sind, desto weiter verwandelt sich die reguläre Kapitalerhöhung in ein genehmigtes Kapital. Die Hebel für die Verschiebung der Grenzen sind das „ob" eines Mindestbetrags neben dem Höchstbetrag, der Abstand zwischen beiden Beträgen, das „ob" einer Durchführungsfrist und ihre zeitliche Nähe zum Erhöhungsbeschluss. Eine zu große Entfernung des „bis-zu"-Kapitalerhöhungsbeschlusses von der regulären Kapitalerhöhung führt dazu, dass der Inhalt der Kapitalerhöhung nicht mehr ausreichend von der Hauptversammlung beschlossen und die Kompetenzverteilung in der Aktiengesellschaft verletzt wurde. Wo genau der zulässige Grenzverlauf liegt und welche Rechtsfolgen eine Grenzverletzung nach sich zieht, ist noch im Fluss.[480]

---

478 Vgl. OLG Hamburg AG 2000, 326, 327; *Lutter*, in: Kölner Komm. z. AktG, 2. Aufl., § 182 Rdn. 17; *Wiedemann*, in: Großkomm. z. AktG, § 182 Rdn. 55; *Hüffer,* Komm. z. AktG, § 182 Rdn. 12; *Peifer*, in: Münchener Komm. z. AktG, § 182 Rdn. 36; *Krieger*, in: Münchener Handbuch GesR, Bd. 4, § 56 Rdn. 23; *Bähr,* AG 1995, 93; *Findeisen,* ZIP 2009, 1647, 1649; *Seibt/Voigt,* AG 2009, 133, 134 f.; a.A. wohl *Priester,* FS Wiedemann, S. 1161, 1164, 1169.

479 Vgl. *Peifer*, in: Münchener Komm. z. AktG, § 182 Rdn. 36.

480 Vgl. LG Hamburg AG 1995, 92; *Lutter*, in: Kölner Komm. z. AktG, 2. Aufl., § 182 Rdn. 17; *Wiedemann*, in: Großkomm. z. AktG, § 182 Rdn. 55 ff.; *Peifer*, in: Münchener Komm. z. AktG, § 182 Rdn. 36 ff.; *Krieger*, in: Münchener Handbuch GesR, Bd. 4,

Die in der vorliegenden Untersuchung interessierende Vorschrift des § 83 Abs. 2 AktG begründet einen wesentlichen Unterschied zwischen einem „bis-zu"-Kapitalerhöhungsbeschluss und einem genehmigten Kapital.[481] Beim genehmigten Kapital beschränkt sich die Ausführungspflicht auf die Anmeldung zum Handelsregister. Über die Ausnutzung des genehmigten Kapitals entscheidet der Vorstand nach pflichtgemäßem Ermessen. Hingegen erfasst die Ausführungspflicht die gesamte „bis-zu"-Kapitalerhöhung. Will der Vorstand nicht seine Ausführungspflicht verletzen, muss er sich um so viele Zeichner wie möglich bemühen, bis der Höchstbetrag erreicht ist. Er muss damit in Ermangelung durch den Beschluss bestimmter Durchführungsfristen unverzüglich beginnen und so schnell wie möglich abschließen.[482] Kommt der Vorstand diesen Aufgaben nicht nach, verletzt er seine Ausführungspflicht.

4. Abgelehnte Beschlussvorschläge und negative Beschlüsse

Allgemein stellt sich die Frage, was passiert, wenn die Hauptversammlung einen Beschlussvorschlag ablehnt. Auch die Ablehnung eines Beschlussantrags bringt einen kollektiven Willen aus mehreren Einzelwillen zum Ausdruck; sie wird deshalb überwiegend als negativer Beschluss gewertet.[483]

a. Meinungsstand zur Ausführung negativer Beschlüsse

In der Literatur zu § 83 Abs. 2 AktG wird vielfach ohne nähere Begründung postuliert, dass die Ausführungspflicht auch für „negative, auf die Nichtvornahme bzw. Unterlassung einer Maßnahme gerichtete Beschlüsse" gelte.[484] Was damit genau gemeint ist, bleibt unklar. Oft wird hier auf eine Entscheidung des OLG München[485] verwiesen, die die Frage angeblich offen gelassen haben

---

§ 56 Rdn. 23; *Bähr,* AG 1995, 93; *Findeisen,* ZIP 2009, 1647, 1649 f.; *Seibt/Voigt,* AG 2009, 133, 135.

481 Vgl. *Findeisen,* ZIP 2009, 1647, 1650.

482 Vgl. *Findeisen,* ZIP 2009, 1647, 1650.

483 *Volhard*, in: Münchener Komm. z. AktG, 2. Aufl., § 133 Rdn. 5; *Hüffer,* Komm. z. AktG, § 133 Rdn. 5; *Rieckers*, in: Spindler/Stilz, Komm. z. AktG, § 133 Rdn. 6; *Seibt*, in: Schmidt/Lutter, Komm. z. AktG, § 83 Rdn. 11; *Spindler*, in: Schmidt/Lutter, Komm. z. AktG, § 133 Rdn. 3; *Semler*, in: Münchener Handbuch GesR, Bd. 4, § 39 Rdn. 2; *Zöllner,* FS Lutter, S. 821, 823; hingegen verneint *Maier-Reimer,* FS Oppenhoff, S. 193, 198 die Beschlussqualität, wenn ein Antrag abgelehnt wird.

484 So etwa *Habersack*, in: Großkomm. z. AktG, § 83 Rdn. 14; *Mertens/Cahn*, in: Kölner Komm. z. AktG, § 83 Rdn. 9; *Fleischer*, in: Spindler/Stilz, Komm. z. AktG, § 83 Rdn. 7; *Seibt*, in: Schmidt/Lutter, Komm. z. AktG, § 83 Rdn. 11; *Weber*, in: Hölters, Komm. z. AktG, § 83 Rdn. 8; *Fleischer,* BB 2005, 2025.

485 OLG München AG 1994, 134.

soll.[486] Der Entscheidung lag aber kein Beschluss zugrunde, der auf die Nichtvornahme einer Maßnahme gerichtet gewesen wäre. Vielmehr fehlte es gerade an einem – positiv oder negativ formulierten – Beschluss, der die vom klagenden Aktionär gewünschte Handlungspflicht hätte begründen können.

b. Die Unterscheidung von formell und materiell negativen Beschlüssen

Um Licht in das Dunkel zu bringen, müssen die negativen Beschlüsse in formell negative Beschlüsse und materiell negative Beschlüsse unterschieden werden. Beim formell negativen Beschluss handelt es sich um die Ablehnung eines positiv formulierten Beschlussantrags, wohingegen der materiell negativen Beschluss durch die Annahme eines negativ formulierten Beschlussantrags gekennzeichnet ist.[487] Die Ablehnung eines materiell negativen Beschlusses bringt keinen positiven Beschluss hervor.[488]

c. Keine Beschlussausführung bei materiell negativen Beschlüssen

Aus Sicht der Beschlussausführung muss festgestellt werden, dass kaum eine Hauptversammlungskompetenz eine Diskussion über die Ausführung negativer Beschlüsse zulässt. Denn bei der Beschlussausführung begibt sich der Vorstand in die Domäne der Hauptversammlung. Er ist nur befugt, in der Domäne der Hauptversammlung tätig zu werden, wenn ihn ein Hauptversammlungsbeschluss hierzu berechtigt. Lehnt die Hauptversammlung einen Beschluss ab oder fordert sie den Vorstand zum Unterlassen einer Handlung auf, fehlt es bereits an der Grundlage für einen Eingriff in die Sphäre der Hauptversammlung. Ein Handeln des Vorstands im Zusammenhang mit einem negativen Beschluss ist deshalb nur in solchen Fällen denkbar, in denen der Vorstand zumindest eine Parallelzuständigkeit besitzt, wenn nicht gar eine originäre – ergo nur bei Beschlüssen über Geschäftsführungsmaßnahmen.

Aber selbst wenn man sich einen negativen Beschluss über Geschäftsführungsmaßnahmen vorstellt, tritt sehr bald zutage, dass die *Ausführung* eines negativen Beschlusses gedanklich unmöglich ist. Ausführung ist die Herbeiführung des vom Beschlussinhalts intendierten Rechtserfolgs.[489] Der intendierte

---

486 Siehe *Habersack*, in: Großkomm. z. AktG, § 83 Rdn. 14.

487 Vgl. *Volhard*, in: Münchener Komm. z. AktG, 2. Aufl., § 133 Rdn. 5 f.; *Rieckers*, in: Spindler/Stilz, Komm. z. AktG, § 133 Rdn. 6 f.; *Spindler*, in: Schmidt/Lutter, Komm. z. AktG, § 133 Rdn. 3 f.; *Maier-Reimer,* FS Oppenhoff, S. 193.

488 *Rieckers*, in: Spindler/Stilz, Komm. z. AktG, § 133 Rdn. 7; *Semler*, in: Münchener Handbuch GesR, Bd. 4, § 39 Rdn. 5; *Zöllner,* FS Lutter, S. 821, 825; *Maier-Reimer,* FS Oppenhoff, S. 193, 197.

489 Siehe oben II.2.a.

Rechtserfolg eines materiell negativen Beschlusses besteht im Unterlassen einer Maßnahme; der Rechtserfolg „Unterlassen“ ist jedoch nicht herbeizuführen, sondern der negative Beschluss ist schlicht zu beachten. Es geht daher bei negativen Beschlüssen nicht um die Ausführung derselben, sondern um die Frage, inwieweit sie im Rahmen von § *82* Abs. 2 AktG zu einer vom Vorstand zu beachtenden Beschränkung der Geschäftsführungsbefugnis führen. Dies wäre bei der Annahme eines negativ formulierten Beschlussvorschlags grundsätzlich der Fall[490] – was jedoch praktisch auf das Problem stößt, dass der Vorstand, wenn er eine Geschäftsführungsfrage nach § 119 Abs. 2 AktG zur Entscheidung vorlegt, die Frage positiv formulieren wird. Hier wird es vonnöten sein, dass ein Aktionär den Beschlussantrag negativ formuliert wird und eine ausreichende Mehrheit findet.

d. Beachtung formell negativer Beschlüsse

Sollte es hingegen nicht zu einem materiell negativen Beschluss, sondern schlicht zur Ablehnung des positiven Beschlussvorschlags kommen, kann die Rechtslage anders zu beurteilen sein. Nach den allgemeinen Beschlusslehren liegt in der bloßen Ablehnung eines Beschlussantrags keine Erklärung von materiellem Gehalt, sondern materiell ein Schweigen der Hauptversammlung.[491] Die Rechtslage bleibt deshalb materiell nach der Ablehnung so, als wäre über den Antrag nicht abgestimmt worden.[492] Im Einklang mit der allgemeinen Beschlusslehre nimmt *Hopt* speziell für die Ausführungspflicht im Rahmen von § 119 Abs. 2 AktG an, dass der Vorstand unverändert vollen Handlungsspielraum habe, wenn die Hauptversammlung einen dem Vorstandsvorschlag entsprechenden Beschluss ablehnt; er könne sich dann allerdings nicht auf eine Haftungsbefreiung nach § 93 Abs. 4 Satz 1 AktG berufen.[493] Anders formuliert es jedoch die wohl h.M., der zufolge der Vorstand auch dann an die Meinung der Hauptversammlung gebunden sei, wenn die Hauptversammlung eine Geschäftsführungsmaßnahme ablehnt.[494]

Die Frage hängt letztlich davon ab, welche Bedeutung man der Vorlageentscheidung nach § 119 Abs. 2 AktG beimisst. Wenn der Vorstand sich damit nur

490 Vgl. *Hopt*, in: Großkomm. z. AktG, § 93 Rdn. 313.

491 *Volhard*, in: Münchener Komm. z. AktG, 2. Aufl., § 133 Rdn. 7; *Spindler*, in: Schmidt/Lutter, Komm. z. AktG, § 133 Rdn. 4.

492 BGH LM § 29 GmbHG Nr. 2 unter III 1b; *Volhard*, in: Münchener Komm. z. AktG, 2. Aufl., § 133 Rdn. 7; *Rieckers*, in: Spindler/Stilz, Komm. z. AktG, § 133 Rdn. 7; *Maier-Reimer,* FS Oppenhoff, S. 193.

493 *Hopt*, in: Großkomm. z. AktG, § 93 Rdn. 313.

494 Vgl. *Kubis*, in: Münchener Komm. z. AktG, 2. Aufl., § 119 Rdn. 27; *Schmidt,* Gesellschaftsrecht, § 28 V 2 a); nicht ganz klar bei BGHZ 146, 288, 293.

der Haftung entledigen können soll, besteht kein Bedürfnis für eine Abweichung von den allgemeinen Regeln.[495] Wenn hingegen mit § 119 Abs. 2 AktG die Entscheidungskompetenz insgesamt auf die Hauptversammlung übergeht, weil sich der Vorstand seiner originären Zuständigkeit begeben hat, spricht dies dafür, in einer Ablehnung des Beschlussvorschlags zugleich ein Nein der Hauptversammlung zu der Geschäftsführungsmaßnahme zu sehen.[496] Da oben der Wesenskern des § 119 Abs. 2 AktG in der Zuständigkeitsverlagerung gesehen wurde, muss diese Position hier konsequent fortgeführt werden. Verweigert die Hauptversammlung die Zustimmung zu einer vorgelegten Geschäftsführungsmaßnahme, darf der Vorstand die Maßnahme nicht mehr auf eigene Verantwortung vornehmen.

IV. Ergebnisse

1. Die Analyse der einzelnen Hauptversammlungskompetenzen hat ein komplexes Bild der Ausführungspflicht gezeigt.

2. Von den verschiedenen Hauptversammlungskompetenzen ist ein Teil komplett aus dem Anwendungsbereich der Ausführungspflicht herauszunehmen. Dies betrifft zunächst die beschlusslosen Tätigkeiten der Hauptversammlung, also die Entgegennahme von Informationen und die bloße Erörterung von Themen. Die Ausführungspflicht setzt dementsprechend erst ein, wenn ein Beschluss vorliegt. Dies ist der Fall, wenn der Beschluss (i) entweder vom Versammlungsleiter festgestellt wurde oder (ii) der Notar bzw. der Versammlungsleiter ihn protokolliert hat oder (iii) der Beschluss durch rechtskräftiges Urteil festgestellt wurde. Diese Verfahrensschritte haben alternativ konstitutive Bedeutung. Die Eintragung im Handelsregister ist hingegen keine Wirksamkeitsvoraussetzung für den Beschluss, sondern nur für die beschlossene Maßnahme.

3. Ein weiterer Teil der Hauptversammlungszuständigkeiten ist aus dem Anwendungsbereich der Ausführungspflicht herauszunehmen, weil er keine Ausführungshandlung erfordert – sog. nicht ausführungsbedürftige Beschlüsse. Eine Ausführungshandlung besteht darin, den vom Beschlussinhalt intendierten Rechtserfolg herbeizuführen. Entgegen Teilen der Literatur ist die Wahl von Aufsichtsratsmitgliedern ausführungsbedürftig, weil sie die Abgabe einer Willenserklärung – Bestellung – sowie den Empfang einer zweiten Willenserklärung – Annahme – erfordert. Demgegenüber handelt es sich bei der Entlastung,

495 So im Ergebnis *von Rechenberg,* Hauptversammlung, S. 65; in diese Richtung wohl auch *Hoffmann*, in: Spindler/Stilz, Komm. z. AktG, § 119 18.

496 So *Semler*, in: Münchener Handbuch GesR, Bd. 4, § 34 Rdn. 18; wohl auch *Hüffer,* Komm. z. AktG, § 119 Rdn. 15.

say on pay, dem Vertrauensentzug, der Feststellung des Jahresabschlusses und der Auflösung der Gesellschaft um nicht ausführungsbedürftige Beschlüsse.

4. Bei den ausführungsbedürftigen Beschlüssen ergeben sich die regulären Anwendungsfälle der Ausführungspflicht, wenn die ausführungspflichtigen Hauptversammlungsbeschlüsse um die Fälle reduziert werden, in denen die Beschlussausführung von Besonderheiten geprägt ist.

5. Besonderheiten gelten zunächst für die Beschlussausführung durch andere Personen als den Vorstand. Diese Fälle relativieren den Grundsatz des § 83 Abs. 2 AktG, dass der Vorstand alleiniges Ausführungsorgan für Hauptversammlungsbeschlüsse ist. In die Ausführung von Hauptversammlungsbeschlüssen sind auch der Aufsichtsrat, der Aufsichtsratsvorsitzende, besondere Vertreter und die Hauptversammlung selbst eingeschaltet. Einzelheiten sind in der Literatur umstritten, insbesondere bei der Wahl von Aufsichtsratsmitgliedern und der Bestellung von Sonderprüfern. Soweit Sonderlösungen bestehen, sind die Gründe für die Ausnahmen vielschichtig, teilweise verschwimmen sie auch in der rechtsgeschichtlichen Entwicklung der jeweiligen Vorschrift. Sucht man einen gemeinsamen Nenner, liegt dieser vor allem darin, dass der Gesetzgeber den Vorstand in Einzelfällen nicht für ausreichend geeignet erachtet, die Beschlüsse ordnungsgemäß auszuführen. Eher sekundär bestehen die Ausnahmen zum Zwecke der Verfahrensvereinfachung.

6. Eine weitere Relativierung erfährt die Ausführungspflicht durch Ermächtigungsbeschlüsse, bei denen der Vorstand nach pflichtgemäßem Ermessen entscheidet, ob und wann er von der Ermächtigung Gebrauch macht. Insoweit ähneln Ermächtigungsbeschlüsse auch nicht ausführungsbedürftigen Beschlüssen; da die meisten jedoch für ihr Wirksamwerden eine Anmeldung zum Handelsregister erfordern, sind Ermächtigungsbeschlüsse aber dem Grunde nach ausführungsbedürftig. Gleichwohl fügen sich Ermächtigungsbeschlüsse in das System des § 83 Abs. 2 AktG ein, wenn man berücksichtigt, dass bei Ermächtigungsbeschlüssen der vom Beschlussinhalt intendierte Rechtserfolg darauf beschränkt ist, dem Vorstand ein bloßes Recht zu verschaffen, nicht aber zur Ausübung der Ermächtigung zu verpflichten. Deshalb ist es erforderlich, zwischen der Beschlussausführung und der Beschlussumsetzung zu unterscheiden: Zur Phase der Beschlussausführung gehört bei Ermächtigungsbeschlüssen alles, um die Ermächtigung wirksam werden zu lassen. Demgegenüber zählt zur Beschlussumsetzung alles, was der Vorstand mit der wirksam gewordenen Ermächtigung unternimmt. Die Ausführungspflicht gilt nur für die erste Phase.

7. Weitere Besonderheiten finden sich bei einzelnen Hauptversammlungskomptenzen. Bei Beschlüssen nach § 119 Abs. 2 AktG ist zwar mit der h.M. grundsätzlich von einer Ausführungspflicht auszugehen. Die Vorschrift schillert aber, weil sie gleichzeitig positive und negative Aussagen trifft. Sie lässt deshalb

zwei Verständnisse ihres Normzwecks zu. Zum einen ist es denkbar, dass sich die Funktion des § 119 Abs. 2 AktG auf eine Möglichkeit für den Vorstand beschränkt, sich der Haftung zu entledigen. Zum andern ist es denkbar, dass § 119 Abs. 2 AktG weiter reicht und, sofern nur der Vorstand die Initiative ergreift, zu einer umfassenden Entscheidungshoheit der Hauptversammlung führt, der sich der Vorstand unterzuordnen hat. Aus der Systematik des AktG lässt sich schließen, dass die Haftungsbefreiung nur eine Nebenfolge ist. Die §§ 82 Abs. 2, 83 Abs. 2 AktG sprechen sich für eine umfassende Kompetenz der Hauptversammlung in Geschäftsführungsfragen aus, die nur verfahrenstechnisch an die Vorlageentscheidung des Vorstands und den Umfang der vorgelegten Frage gebunden ist.

8. Die allgemeine Ausführungspflicht bei § 119 Abs. 2 AktG besteht jedoch nicht in jedem Fall, sondern hängt vom Inhalt des Beschlusses ab. Bei Zustimmungsbeschlüssen nach § 119 Abs. 2 AktG ist der Beschlussinhalt, wie schon bei Ermächtigungsbeschlüssen, darauf beschränkt, dem Vorstand ein Recht einzuräumen, ohne ihn zur Umsetzung der Maßnahme, die dem Zustimmungsbeschluss zugrunde liegt, zu verpflichten. Dies ergibt sich aus dem Wortsinn des Begriffs „Zustimmung". Ähnlich berechtigen Zustimmungsbeschlüsse nach § 111 Abs. 4 Satz 3 AktG nur, ohne zu verpflichten.

9. Demgegenüber begründen andere Zustimmungsbeschlüsse, insbesondere zu Unternehmensverträgen und Übertragungsverträgen i.S.v. § 179a AktG, eine Ausführungspflicht im Hinblick auf die zugrunde liegende Maßnahme. Diese Abweichung vom Wortsinn des Begriffs „Zustimmung" ergibt sich aus dem Verhältnis von Vorstand und Hauptversammlung in den jeweiligen Konstellationen. In den Fällen, in denen die Hauptversammlung nach § 83 Abs. 1 AktG ein Initiativrecht hat und auch gegen den Willen des Vorstands bestimmte Maßnahmen durchsetzen kann, wäre es bloße Förmelei, wollte man neben dem Zustimmungsbeschluss noch eine Weisung nach § 83 Abs. 1 AktG verlangen. Vielmehr entscheidet die Hauptversammlung über den Abschluss und den Inhalt der entsprechenden Maßnahme. Der Vorstand nimmt demgegenüber nur die untergeordnete Funktion der Beschlussausführung wahr.

10. Bei „Holzmüller"-Fällen ist nicht abschließend geklärt, ob die Hauptversammlung ein Initiativrecht hat und damit gegen den Willen des Vorstands auch die Umsetzung der Maßnahme verlangen kann. Die Antwort hängt maßgeblich davon ab, ob die ungeschriebenen Hauptversammlungskompetenzen sich auf ein Abwehrrecht beschränken oder den Strukturentscheidungen gleichzusetzen sind. Nach der hier vertretenen Auffassung entspricht es der Entwicklung der ungeschriebenen Hauptversammlungskompetenzen, sie als bloßes Abwehrrecht gegen einen zu forschen Vorstand zu sehen. Auch hat die Hauptversammlung über die Gestaltung des Unternehmensgegenstands einen ähnlich großen unternehme-

rischen Spielraum, so dass sie nicht auf die Initiierung und Durchsetzung von „Holzmüller"-Fällen angewiesen ist.

11. Die Haftungssituation des Vorstands bei Zustimmungsbeschlüssen hängt davon ab, ob die Zustimmungsbeschlüsse eine Ausführungspflicht begründen oder nicht. Begründen sie eine Ausführungspflicht, handelt der Vorstand schon nicht sorgfaltswidrig, wenn er seine Ausführungspflicht befolgt. Wenn Zustimmungsbeschlüsse hingegen nur berechtigen, nicht aber verpflichten, kommt dem § 93 Abs. 4 Satz 1 AktG entgegen der h.M. eigenständige Bedeutung bei. Nach h.M. wäre der Normzweck des § 93 Abs. 4 Satz 1 AktG darauf beschränkt, dass die Haftungsbefreiung nur greift, wenn eine Bindungswirkung besteht. Als Konsequenz müsste die h.M. folgern, dass Ermächtigungsbeschlüsse und einzelne Zustimmungsbeschlüsse den Vorstand nicht von der Haftung befreien. Richtigerweise erklärt die Bindungswirkung nur einen Teil des Normzwecks. Daneben kann der Arglistgedanke bei Ermächtigungsbeschlüssen und Zustimmungsbeschlüssen eigenständige Bedeutung erlangen. Wenn die Hauptversammlung einer Geschäftsführungsmaßnahme zustimmt, kann sie den Vorstand nicht später für das Fehlschlagen der Maßnahme haftbar machen; andernfalls läge ein Fall widersprüchlichen Verhaltens vor. Voraussetzung für die eigenständige Haftungsbefreiung nach § 93 Abs. 4 Satz 1 AktG ist, dass die Handlung des Vorstands auf dem Hauptversammlungsbeschluss beruht. Die Maßgabe des § 93 Abs. 4 Satz 1 AktG, dass die Geschäftsführungsmaßnahme auf dem Zustimmungsbeschluss „beruhen" muss, ist dabei entgegen einer verbreiteten Ansicht gewahrt, wenn die Hauptversammlung einem Entwurf zustimmt oder die Wirksamkeit der Geschäftsführungsmaßnahme auf die Zustimmung der Hauptversammlung bedingt ist.

12. Die Vorschrift des § 83 Abs. 2 AktG begründet einen wesentlichen Unterschied zwischen einem „bis-zu"-Kapitalerhöhungsbeschluss und einem genehmigten Kapital. Beim genehmigten Kapital beschränkt sich die Ausführungspflicht auf die Anmeldung zum Handelsregister. Über die Ausnutzung des genehmigten Kapitals entscheidet der Vorstand nach pflichtgemäßem Ermessen. Hingegen erfasst die Ausführungspflicht die gesamte „bis-zu"-Kapitalerhöhung. Will der Vorstand nicht seine Ausführungspflicht verletzen, muss er sich um so viele Zeichner wie möglich bemühen, bis der Höchstbetrag erreicht ist. Er muss damit in Ermangelung durch den Beschluss bestimmter Durchführungsfristen unverzüglich beginnen und so schnell wie möglich abschließen.

13. In der Literatur zu § 83 Abs. 2 AktG wird vielfach ohne nähere Begründung postuliert, dass die Ausführungspflicht auch für negative, auf die Nichtvornahme bzw. Unterlassung einer Maßnahme gerichtete Beschlüsse gelte. Aus Sicht der Beschlussausführung muss jedoch festgestellt werden, dass eine Ausführung eines negativen Beschlusses gedanklich unmöglich ist. Es geht bei ne-

gativen Beschlüssen nicht um die Ausführung derselben, sondern um die Frage, inwieweit sie im Rahmen von § 82 Abs. 2 AktG zu einer vom Vorstand zu beachtenden Beschränkung der Geschäftsführungsbefugnis führen. Dies wäre bei der Annahme eines negativ formulierten Beschlussvorschlags grundsätzlich der Fall. Sollte es hingegen nicht zu einem negativ gewendeten Beschlussvorschlag, sondern schlicht zur Ablehnung des positiven Beschlussvorschlags kommen, kommt es darauf an, ob im Einklang mit den allgemeinen Beschlusslehren in der bloßen Ablehnung eines Beschlussantrags keine Erklärung von materiellem Gehalt gesehen wird oder ob der Normzweck des § 119 Abs. 2 AktG eine abweichende Lösung gebietet. Diese Frage ist umstritten, muss aber für die vorliegende Untersuchung nicht entschieden werden.

Kapitel 3: Inhärente Grenzen der Ausführungspflicht

I. Einleitung

Im vorangegangenen Kapitel wurde die tatbestandliche Reichweite der Ausführungspflicht analysiert. Die Analyse basierte auf der Prämisse, dass der jeweilige Hauptversammlungsbeschluss rechtmäßig ist. Nicht selten kommt es jedoch vor, dass Gerichte Hauptversammlungsbeschlüsse für nichtig erklären. Dieser Umstand ist darauf zurückzuführen, dass die Anfechtbarkeit schon auf kleinsten formalen Fehlern beruhen kann und eine Reihe von Aktionären ihre Aufgabe als Kontrollinstanz sehr weit versteht.[497] Dies führt zur Frage, welche Auswirkungen die Rechtswidrigkeit eines Beschlusses auf die Ausführungspflicht hat. Dabei sollen die rechtstatsächlichen Umstände die nachfolgende Suche nach inhärenten Grenzen der Ausführungspflicht nur kolorieren, nicht jedoch die dogmatischen Schlüsse beeinflussen. Es gilt weiter, das im AktG enthaltene System der Ausführungspflicht durch Analyse von Wortlaut, Systematik und Historie ans Licht zu führen.

Ausgangspunkt bleibt der Wortlaut. Die Vorschrift des § 83 Abs. 2 AktG ist uneingeschränkt formuliert. Aus ihrem Wortlaut ließe sich folgern, dass der Vorstand jeden Hauptversammlungsbeschluss ungeachtet seiner Rechtmäßigkeit zu vollziehen hat – also auch rechtswidrige Beschlüsse.[498] In der Literatur ist indes sehr umstritten, inwieweit die Rechtswidrigkeit von Hauptversammlungsbeschlüssen deren Ausführung entgegensteht. Die Diskussion findet vor allem in Zusammenhang mit den §§ 83, 93 und 181 AktG statt, wobei die einzelnen Diskussionsfelder bisher kaum miteinander verknüpft wurden. Insgesamt lassen sich vier große Richtungen ausmachen, die in sich wiederum von sehr heterogenen Positionen geprägt werden. Die einzelnen Meinungen werden nachfolgend dargestellt, anschließend wird eine dogmatische Herleitung der inhärenten Grenzen der Ausführungspflicht versucht.

497 Vgl. *Baums/Keinath/Gajek*, ZIP 2007, 1629.

498 Auch *Fleischer*, BB 2005, 2025, f. hält einen solchen Schluss für denkbar.

II. Der Meinungsstreit über inhärente Grenzen der Ausführungspflicht

1. Meinung 1: Uneingeschränkte Ausführungspflicht auch bei nichtigen Beschlüssen

Für eine uneingeschränkte Ausführungspflicht, die auch für nichtige Beschlüsse gilt, sprechen sich nur wenige Stimmen aus. Eine solche Meinung scheint *Meyer-Landrut* in der 3. Aufl. des Großkommentars vertreten zu haben, demzufolge der zweifelsfreie Wortlaut der Ausführungspflicht, verstärkt durch die historische Entwicklung der Ausführungspflicht, Einschränkungen nicht zulasse.[499] *Meyer-Landrut* befasst sich allerdings nicht ausdrücklich mit der Gesetzmäßigkeit bzw. Rechtswidrigkeit der auszuführenden Hauptversammlungsbeschlüsse. Von daher bleibt unklar, ob er eine Ausführungspflicht bei nichtigen Beschlüssen bejaht hätte.

Deutlicher und kompromissloser ist *Heidel*, der vom Vorstand verlangt, einen für nichtig gehaltenen Hauptversammlungsbeschluss zum Handelsregister anzumelden.[500] Er begründet dies ausschließlich mit einer Missbrauchsgefahr: seiner Argumentation zufolge würde eine materielle und formelle Prüfungskompetenz des Vorstands faktisch dazu führen, dass der Vorstand die Umsetzung missliebiger Hauptversammlungsbeschlüsse verhindert. In diese Richtung geht auch *Wagner*, demzufolge der Vorstand sich pflichtgemäß verhält, wenn er einen nichtigen oder anfechtbaren Beschluss zum Handelsregister anmeldet und den Registerrichter auf seine Bedenken hinweist, um ihm eine eigene Prüfung zu ermöglichen.[501]

Neben diesen Autoren halten weitere Stimmen den Schluss, dass § 83 Abs. 2 AktG eine bedingungslose Folgepflicht statuiere, zwar für theoretisch denkbar, kommen selbst aber zu einem anderen Ergebnis.[502] In der Rolle eines *advocatus diaboli* erkennen sie zwei Argumente an, die gegen eine Beschränkung der Ausführungspflicht sprechen: zum einen sei der Wortlaut des § 83 Abs. 2 AktG uneingeschränkt, zum anderen könne es im Hinblick auf die Handlungsschwäche der Hauptversammlung gerechtfertigt sein, den gefassten Beschluss so hinzunehmen, wie er ist.

---

499 *Meyer-Landrut*, in: Großkomm. z. AktG, 3. Aufl., § 83 Anm. 5.

500 *Heidel*, in: Heidel, Komm. z. Aktienrecht, § 241 Rdn. 14.

501 *Wagner*, in: Heidel, Komm. z. Aktienrecht, § 181 Rdn. 9.

502 Vgl. *Haertlein*, ZHR 168 (2004), 437, 445; *Fleischer*, BB 2005, 2025, f.; *Servatius*, Strukturmaßnahmen, S. 331.

2. Meinung 2: Pflicht zur Ausführung anfechtbarer bzw. angefochtener Beschlüsse

Andere Autoren nehmen eine weniger weit gehende Position ein. Ihnen zufolge besteht zwar bei nichtigen Beschlüssen keine Ausführungspflicht; bei anfechtbaren – und damit bei gesetz- und satzungswidrigen – Hauptversammlungsbeschlüssen sei der Vorstand aber zur Ausführung verpflichtet.[503] In diese Richtung hat sich auch das Landgericht München I ausgesprochen, demzufolge die Erhebung einer Anfechtungsklage nicht zu einer Suspendierung des Inhalts des angefochtenen Beschlusses und einem Umsetzungsverbot führt, sofern nicht das Gesetz wie etwa mit der Registersperre etwas anderes anordnet.[504]

Den Autoren der Literatur ist gemein, dass sie für die Herleitung ihrer Meinung keine Argumente anführen. Trotzdem oder vielleicht gerade deshalb unterscheiden sie sich im Detail. In voller Konsequenz vertreten nur *Zöllner*[505] und *Hüffer*[506] diese Position, die sie fast wortgleich formulieren. Für sie gilt keine Ausnahme: Anfechtbare Beschlüsse seien zum Handelsregister anzumelden, auch wenn Anfechtungsklage erhoben wurde. Andere Autoren hingegen bejahen in unterschiedlicher Weise Einschränkungen, wenn es um die Ausführung anfechtbarer Beschlüsse geht:

a. Einschränkung 1: Hinweis auf Bedenken

Die Position, dass bei anfechtbaren Beschlüssen eine Ausführungspflicht besteht, wird insbesondere im Rahmen von § 181 AktG vertreten. Dort gibt es die Besonderheit, dass durch das Handelsregister eine gerichtliche Prüfung des Beschlusses stattfindet, bevor die Ausführung abgeschlossen ist. Wohl wegen der registergerichtlichen Prüfung wird oft zumindest ein Recht des Vorstands bejaht, einen möglicherweise anfechtbaren Beschluss zum Handelsregister anzumelden, sofern der Vorstand auf seine Bedenken hinweist und ggf. sogar selbst Anfechtungsklage erhebt.[507]

---

503 So im Ergebnis *Baumbach/Hueck*, Komm. z. AktG, § 93 Rdn. 12; *Zöllner*, in: Kölner Komm. z. AktG, 2. Aufl., § 181 Rdn. 26; *Hüffer*, Komm. z. AktG, § 181 Rdn. 5; *Semler*, in: Münchener Handbuch GesR, Bd. 4, § 41 Rdn. 85; in diese Richtung auch *Adler/Düring/Schmaltz*, Rechnungslegung, § 174 AktG Rdn. 65.

504 LG München I ZIP 2007, 1809, 1814 („HVB").

505 *Zöllner*, in: Kölner Komm. z. AktG, 2. Aufl., § 181 Rdn. 26.

506 *Hüffer*, Komm. z. AktG, § 181 Rdn. 5.

507 Vgl. *Stein*, in: Münchener Komm. z. AktG, § 181 Rdn. 16; *Seibt*, in: Schmidt/Lutter, Komm. z. AktG, § 181 Rdn. 10; *Holzborn*, in: Spindler/Stilz, Komm. z. AktG, § 181 Rdn. 8; *Haberstock/Greitemann*, in: Hölters, Komm. z. AktG, § 181 Rdn. 6.

b. Einschränkung 2: Keine Schuld des Vorstands für Anfechtbarkeit

Nach *Baumbach/Hueck* besteht die Ausführungspflicht bei anfechtbaren Hauptversammlungsbeschlüssen nur, sofern der Beschluss ohne Schuld des Vorstands anfechtbar geworden ist, aber nicht angefochten wurde.[508] Ob sie hiermit lediglich den Fall meinen, dass der Beschluss mangels Anfechtung bestandskräftig geworden ist, ist unklar.

c. Einschränkung 3: Keine Ausführungspflicht bei Anfechtungsklage des Vorstands

Semler zufolge soll die Ausführungspflicht bei anfechtbaren Beschlüssen dann nicht bestehen, wenn der Vorstand selbst Anfechtungsklage erhoben hat.[509] Es ist aber unbekannt, woraus er dieses Ergebnis ableitet.

3. H.M.: Beschränkung der Ausführungspflicht auf gesetzmäßige Beschlüsse

Den vereinzelten Stimmen, die eine weitgehend unbeschränkte Ausführungspflicht des Vorstands bei anfechtbaren oder bei nichtigen Hauptversammlungsbeschlüssen bejahen bzw. für theoretisch denkbar erachten, steht eine geschlossene Phalanx an Autoren entgegen, die die Ausführungspflicht auf Fälle gesetzmäßiger Hauptversammlungsbeschlüsse reduziert.[510] Diese Meinung wird sehr homogen vertreten. *Haertlein* bringt sie prägnant auf den Punkt:

---

508 *Baumbach/Hueck,* Komm. z. AktG, § 93 Rdn. 12.

509 *Semler*, in: Münchener Handbuch GesR, Bd. 4, § 41 Rdn. 85.

510 So im Ergebnis bereits *Horrwitz,* Recht der Generalversammlungen, § 4, demzufolge der Vorstand selbstverständlich den Gehorsam zu versagen habe, wenn die Generalversammlung etwas Gesetzwidriges verlangt; ansatzweise *Hirsch,* ZHR 95 (1930), 69, 73 f., demzufolge die Verpflichtungen des Vorstands nur so weit gehen können, als es mit der Sorgfalt eines ordentlichen Geschäftsmanns vereinbar ist; ferner *Friedländer,* Aktienrecht, § 241 Anm. 4; *Mestmäcker,* BB 1961, 945, 948; aus der Literatur nach Inkrafttreten des AktG vertreten diesen Standpunkt *Hefermehl,* FS Schilling, S. 159, 164 ff.; *Hefermehl*, in: Geßler/Hefermehl, Komm. z. AktG, § 93 Rdn. 47; *Martens,* FS Beusch, S. 529, 533; *Casper,* Heilung nichtiger Beschlüsse, S. 171; *Schmidt,* Gesellschaftsrecht, § 28 V 2 a); *Haertlein,* ZHR 168 (2004), 437, 445 ff.; *Servatius,* Strukturmaßnahmen, S. 332 f.; *Fleischer,* BB 2005, 2025, 2026; *Pentz*, in: Handbuch Vorstand, § 17 Rdn. 131; *Wiesner*, in: Münchener Handbuch GesR, Bd. 4, § 25 Rdn. 80; *Habersack*, in: Großkomm. z. AktG, § 83 Rdn. 11 f.; *Findeisen,* ZIP 2009, 1647, 1650; *Liebscher*, in: Beck'sches Handbuch der AG, § 6 Rdn. 102; *Oltmanns*, in: Heidel, Komm. z. Aktienrecht, § 83 Rdn. 5; *Fleischer*, in: Spindler/Stilz, Komm. z. AktG, § 83 Rdn. 9 f.; *Mertens/Cahn*, in: Kölner Komm. z. AktG, § 83 Rdn. 9; *Seibt*, in: Schmidt/Lutter, Komm. z. AktG, § 83 Rdn. 10; *Krieger/Sailer-Coceani*, in: Schmidt/Lutter, Komm. z. AktG, § 93 Rdn. 46; *Spindler*, in: Münchener Komm. z. AktG, § 83 Rdn. 17, § 93

„Hauptversammlungsbeschlüsse sind auszuführen, wenn und weil sie gesetzmäßig sind, sie dürfen nicht ausgeführt werden, wenn und weil sie nicht gesetzmäßig sind.“[511]

Für die h.M. werden folgende Argumente vorgebracht:

a. Hauptargument: *e contrario* § 93 Abs. 4 Satz 1 AktG

Zentrales Argument der h.M. ist die Zusammenschau von § 83 Abs. 2 AktG und § 93 Abs. 4 Satz 1 AktG.[512] Der Gedankengang lässt sich wie folgt zusammenfassen: Der Vorstand sei nach § 93 Abs. 4 Satz 1 AktG von der Haftung gegenüber der Gesellschaft nur befreit, wenn sein Handeln auf einem gesetzmäßigen Beschluss der Hauptversammlung beruht. Ein Beschluss sei gesetzmäßig, wenn er nicht nichtig oder anfechtbar ist.[513] Im Umkehrschluss bedeute dies, dass sich der Vorstand für die Ausführung eines nichtigen oder anfechtbaren Hauptversammlungsbeschlusses haftbar mache.[514] Wäre der Vorstand verpflichtet, jeden Hauptversammlungsbeschluss auszuführen, auch einen rechtswidrigen, müsste er bei nicht gesetzmäßigen Beschlüssen sehenden Auges ins „offene Messer“ der persönlichen Haftung laufen. Dies sei aber nicht zumutbar.[515] Es bestünde daher bei uneingeschränkter Ausführungspflicht eine „perplexe Pflichtenlage“[516]

Rdn. 207; *Bürgers/Israel*, in: Bürgers/Körber, Komm. z. AktG, § 83 Rdn. 5; *Weber*, in: Hölters, Komm. z. AktG, § 83 Rdn. 8; *Kleinhenzund/Leyendecker*, BB 2012, 861 (Fn. 12).

511 *Haertlein,* ZHR 168 (2004), 437, 446.

512 Grundlegend *Hefermehl,* FS Schilling, S. 159, 164 ff.; auf diese Zusammenschau stützen sich auch *Martens,* FS Beusch, S. 529, 540; *Schmidt,* Gesellschaftsrecht, § 28 V 2 a); *Haertlein,* ZHR 168 (2004), 437, 446; *Servatius,* Strukturmaßnahmen, S. 332 f.; *Fleischer,* BB 2005, 2025, f.; *Habersack*, in: Großkomm. z. AktG, § 83 Rdn. 11 f.; *Spindler*, in: Münchener Komm. z. AktG, § 83 Rdn. 17; *Hopt*, in: Großkomm. z. AktG, § 93 Rdn. 306 ff.; *Fleischer*, in: Spindler/Stilz, Komm. z. AktG, § 83 Rdn. 9 f.; *Mertens/Cahn*, in: Kölner Komm. z. AktG, § 83 Rdn. 9; *Seibt*, in: Schmidt/Lutter, Komm. z. AktG, § 83 Rdn. 10; *Krieger/Sailer-Coceani*, in: Schmidt/Lutter, Komm. z. AktG, § 93 Rdn. 46; *Weber*, in: Hölters, Komm. z. AktG, § 83 Rdn. 8; *Bürgers/Israel*, in: Bürgers/Körber, Komm. z. AktG, § 93 Rdn. 32.

513 Vgl. *Hefermehl,* FS Schilling, S. 159, 166; *Haertlein,* ZHR 168 (2004), 437, 439 f.; *Fleischer,* BB 2005, 2025, 2026, 2028.

514 So ausdrücklich *Mestmäcker,* BB 1961, 945, 948; *Hefermehl,* FS Schilling, S. 159, 166; *Haertlein,* ZHR 168 (2004), 437, 451; *Servatius,* Strukturmaßnahmen, S. 333; ähnlich *Fleischer,* BB 2005, 2025, 2026.

515 Dieser Gedanke wird bereits von *Hirsch,* ZHR 95 (1930), 69, 74 formuliert; ähnlich *Fleischer*, in: Spindler/Stilz, Komm. z. AktG, § 83 Rdn. 8; *Hefermehl,* FS Schilling, S. 159; *Fleischer,* BB 2005, 2025, 2026; *Servatius,* Strukturmaßnahmen, S. 333.

516 So *Fleischer*, in: Spindler/Stilz, Komm. z. AktG, § 83 Rdn. 8; *Fleischer,* BB 2005, 2025, 2026.

bzw. ein „Dilemma“[517]. Um das Dilemma zu lösen, müsse die Ausführungspflicht auf Fälle gesetzmäßiger Hauptversammlungsbeschlüsse reduziert werden. Insoweit bestehe ein innerer Zusammenhang zwischen der Bindung des Vorstands an Hauptversammlungsbeschlüsse und seiner Haftung für ihre Ausführung.[518]

Neben der Zusammenschau von § 83 Abs. 2 AktG und § 93 Abs. 4 AktG werden vereinzelt noch weitere Argumente angeführt:

b. Argument 2: Keine Rechtswirkungen nichtiger Beschlüsse

Gegen die Ausführung nichtiger Hauptversammlungsbeschlüsse verweisen *Haertlein*[519] und *Volhard*[520] auf deren fehlende Rechtswirksamkeit: Nichtige Hauptversammlungsbeschlüsse brächten keine Rechtswirkungen hervor, sie könnten also auch keine Ausführungspflicht auslösen.

c. Argument 3: Unterscheidung zwischen anfechtbaren und nicht mehr anfechtbaren Beschlüssen geboten

Bei anfechtbaren Beschlüssen hilft das zuletzt genannte Argument der Rechtsunwirksamkeit nicht weiter, da sie – zumindest schwebend bis zur rechtskräftigen Nichtigerklärung – wirksam sind. Dass ihre Mangelhaftigkeit aber gleichwohl zu beachten sei, ergebe sich nach *Haertlein* aus der Gesamtschau der §§ 93 Abs. 4 Satz 1, 244, 246 AktG.[521] Nach diesen Vorschriften bestehe ein rechtlicher Unterschied zwischen anfechtbaren Beschlüssen und unanfechtbar gewordenen Beschlüssen. Dieser Unterschied würde negiert, wenn anfechtbare Beschlüsse genauso auszuführen seien wie unanfechtbar gewordene Beschlüsse.

d. Argument 4: Anerkannter Unterlassungsanspruch gegen die Ausführung anfechtbarer Beschlüsse

Haertlein sieht außerdem einen anerkannten Unterlassungsanspruch von Aktionären gegen die Ausführung anfechtbarer Hauptversammlungsbeschlüsse. Der Unterlassungsanspruch könne mit einer einstweiligen Verfügung durchgesetzt werden. Die Existenz dieses Anspruchs beruhe auf dem Vorrang der Mangelhaf-

---

517 So *Fleischer*, in: Spindler/Stilz, Komm. z. AktG, § 83 Rdn. 9; *Liebscher*, in: Beck'sches Handbuch der AG, § 6 Rdn. 102; *Hefermehl,* FS Schilling, S. 159; *Volhard,* ZGR 1996, 55, 66; *Fleischer,* BB 2005, 2025, 2026; *Servatius,* Strukturmaßnahmen, S. 333.

518 *Spindler*, in: Münchener Komm. z. AktG, § 83 Rdn. 17; *Mertens/Cahn*, in: Kölner Komm. z. AktG, § 93 Rdn. 148.

519 *Haertlein,* ZHR 168 (2004), 437, 445 f.

520 *Volhard,* ZGR 1996, 55, 59.

521 Vgl. *Haertlein,* ZHR 168 (2004), 437, 445 f.

tigkeit vor der Wirksamkeit, was bedeute, dass der Vorstand einen anfechtbaren Beschluss grundsätzlich nicht ausführen muss oder darf.[522]

e. Argument 5: Vorstandspflicht zur Wahrung der Gesetz- und Satzungsmäßigkeit

Auch *Fleischer* sucht neben dem Haftungsdilemma nach weiteren Argumenten für die Beschränkung der Ausführungspflicht. Er sieht ein solches in der Anfechtungsbefugnis des Vorstands gemäß § 245 Nr. 4 AktG.[523] Aus ihr ergebe sich seine Amtspflicht, Hauptversammlungsbeschlüsse auf ihre Rechtmäßigkeit zu überprüfen. Sie bilde einen Teilausschnitt der allgemeinen Vorstandspflicht, die Gesetz- und Satzungsmäßigkeit der Entscheidungsprozesse innerhalb der Gesellschaft zu wahren.

4. Meinung 4: Berücksichtigung einer subjektiven Bewertung der Rechtslage beim Umfang der Ausführungspflicht

Eine Reihe von Autoren steht mit der h.M. zwar auf dem Standpunkt, dass die Ausführungspflicht auf gesetzmäßige Beschlüsse beschränkt sei; sie stellt dabei aber nicht nur auf die objektive Rechtslage ab, sondern berücksichtigt auch eine subjektive Bewertung der Rechtslage bzw. der Erfolgsaussichten einer anhängigen Anfechtungsklage durch den Vorstand. Welche Kriterien eine Rolle spielen sollen, wird uneinheitlich beantwortet. Es lassen sich mehrere Perspektiven und Positionen unterscheiden.

a. Perspektive 1: Bewertung der Rechtmäßigkeit des Beschlusses durch den Vorstand

Einige Autoren stellen auf die Bewertung der Rechtmäßigkeit des Beschlusses durch den Vorstand ab. Dabei werden unterschiedliche Kriterien herangezogen.

aa. Kriterium 1: Eigene Überzeugung des Vorstands

Für *Stein*, *Seibt* und *Holzborn* kommt es maßgeblich auf die eigene Überzeugung des Vorstands von der Rechtmäßigkeit an.[524] Je nach Ergebnis seiner Prüfung müsse er bei Rechtmäßigkeit den Beschluss ausführen, selbst wenn Anfechtungsklage erhoben wurde, oder bei Anfechtbarkeit den Beschluss zwar anmelden, zugleich aber den Registerrichter auf Bedenken aufmerksam machen

---

522 So ausdrücklich *Haertlein,* ZHR 168 (2004), 437, 446.

523 Vgl. *Fleischer,* BB 2005, 2025, 2026.

524 *Stein*, in: Münchener Komm. z. AktG, § 181 Rdn. 16; *Seibt*, in: Schmidt/Lutter, Komm. z. AktG, § 181 Rdn. 10; *Holzborn*, in: Spindler/Stilz, Komm. z. AktG, § 181 Rdn. 8.

sowie selbst anfechten, sofern der Beschluss gegen das Gesellschaftsinteresse verstößt oder ein pflichtwidriges Verhalten vom Vorstand verlangt.

bb. Kriterium 2: Evidenz der Rechtswidrigkeit für den Vorstand

Da die Überzeugung des Vorstands ein sehr subjektives Kriterium ist, versucht eine Reihe von Autoren auf objektivierbare Umstände abzustellen. Ein häufig verwendetes Merkmal ist dabei die Evidenz der Nichtigkeit bzw. Anfechtbarkeit.[525] Nichtige Satzungsänderungen brauche der Vorstand nicht anzumelden, evident nichtige dürfe er gar nicht anmelden. Leicht dazu variierend verschärft *K. Schmidt* diesen Standpunkt, indem er bei evident rechtswidrigen Beschlüsse nicht nur keine Pflicht sieht, sondern ein Ausführungsverbot annimmt, solange eine Anfechtungsklage möglich oder anhängig ist.[526]

Ähnlich sieht *Liebscher* kein Recht des Vorstands zur Ausführung offenkundig rechtswidriger und deshalb erkennbar der Anfechtung unterliegender Beschlüsse, solange die Anfechtungsfrist noch nicht abgelaufen ist.[527] Statt auf das Merkmal der „Evidenz" abzustellen, verwendet er den Begriff der „Offenkundigkeit", was die Frage offen lässt, ob zwischen diesen beiden Begriffen Unterschiede bestehen.

cc. Kriterium 2: Zweifel des Vorstands an der Rechtmäßigkeit

Während evidente Rechtswidrigkeit ein sehr hohes Maß an Zweifeln an der Rechtswidrigkeit erfordert, wird vereinzelt auch auf das Kriterium einfacher Zweifel des Vorstands an der Rechtmäßigkeit des Beschlusses abgestellt.[528] Die Rechtsfolgen sollen dann weniger dramatisch sein: ist die Nichtigkeit eines Hauptversammlungsbeschlusses zweifelhaft, dürfe der Vorstand den Beschluss zur Eintragung im Handelsregister anmelden. Er habe jedoch den Registerrichter auf seine Zweifel hinzuweisen.

---

525 Hierauf stellen *Zöllner*, in: Kölner Komm. z. AktG, 2. Aufl., § 181 Rdn. 26; *Stein*, in: Münchener Komm. z. AktG, § 181 Rdn. 15; *Holzborn*, in: Spindler/Stilz, Komm. z. AktG, § 181 Rdn. 7; *Haberstock/Greitemann*, in: Hölters, Komm. z. AktG, § 181 Rdn. 5; *Wiesner*, in: Münchener Handbuch GesR, Bd. 4, § 19 Rdn. 7 ab.

526 *Schmidt*, in: Großkomm. z. AktG, § 243 Rdn. 71.

527 *Liebscher*, in: Beck'sches Handbuch der AG, § 6 Rdn. 102.

528 Vgl. *Zöllner*, in: Kölner Komm. z. AktG, 2. Aufl., § 181 Rdn. 26; *Zöllner*, in: Kölner Komm. z. AktG, 1. Aufl., § 241 Rdn. 32; *Stein*, in: Münchener Komm. z. AktG, § 181 Rdn. 16; *Seibt*, in: Schmidt/Lutter, Komm. z. AktG, § 181 Rdn. 10; *Holzborn*, in: Spindler/Stilz, Komm. z. AktG, § 181 Rdn. 8.

b. Perspektive 2: Prüfung der Erfolgsaussichten einer Anfechtungsklage

Von der eigenen Bewertung der Rechtmäßigkeit eines Hauptversammlungsbeschlusses durch den Vorstand ist dessen Einschätzung der Erfolgssichten einer anhängigen oder angedrohten Klage zu unterscheiden. Auch hierauf stellen verschiedene Autoren ab. Es finden sich zwei konträre Positionen:

aa. Kriterium 1: Ausführungspflicht bei offensichtlich unbegründeter Anfechtungsklage

Mertens/Cahn sowie *Liebscher* nehmen an, dass der Vorstand sich bei der Beschlussausführung nicht von einer offensichtlich unbegründeten Anfechtungsklage abhalten lassen darf.[529] *Karsten Schmidt* ergänzt insoweit, dass im Zweifelsfall ein Aufschub der Beschlussausführung geboten sein kann.[530] Der Anfechtungskläger werde aber auch durch eine Beschlussausführung trotz anhängiger Anfechtungsklage nicht schutzlos gestellt, da er eine einstweilige Verfügung auf Nichtvollzug erheben könne.[531]

bb. Kriterium 2: Keine Ausführungspflicht bei nicht aussichtsloser Klage

Entgegen der zuletzt genannten Meinung relativiert *Kropff* die Ausführungspflicht bereits, wenn eine Anfechtungsklage nicht aussichtslos ist. Er fordert vom Vorstand, die Erfolgsaussichten eines angefochtenen Gewinnverwendungsbeschlusses abzuwägen. Erscheint die Klage nicht aussichtslos, sei der Vorstand berechtigt und verpflichtet, die Ausschüttung zurückzustellen.[532]

c. Ermessensentscheidung des Vorstands

Die unter a. und b. geschilderten Positionen stellen trotz ihrer schwierig zu subsumierenden Tatbestandsvoraussetzungen eindeutige Verhaltensregeln auf. Einen ganz anderen Ansatz verfolgt die Reihe von Autoren, die in der Entscheidung über die Beschlussausführung bei anhängiger Klage eine Ermessensentscheidung des Vorstands sehen.[533]

---

529 *Mertens/Cahn*, in: Kölner Komm. z. AktG, § 83 Rdn. 10; *Liebscher*, in: Beck'sches Handbuch der AG, § 6 Rdn. 102.

530 *Schmidt*, in: Großkomm. z. AktG, § 243 Rdn. 71.

531 *Schmidt*, in: Großkomm. z. AktG, § 243 Rdn. 71.

532 *Kropff*, in: Geßler/Hefermehl, Komm. z. AktG, § 174 Rdn. 31.

533 In diese Richtung gehen auch *Adler/Düring/Schmaltz,* Rechnungslegung, § 174 AktG Rdn. 59; *Stein*, in: Münchener Komm. z. AktG, § 181 Rdn. 17; *Seibt*, in: Schmidt/Lutter, Komm. z. AktG, § 181 Rdn. 10; *Holzborn*, in: Spindler/Stilz, Komm. z. AktG, § 181 Rdn. 9.

In diese Richtung äußerte sich erstmals *Schilling*, der im Hinblick auf die Rückwirkung eines stattgebenden Urteils das Recht des Vorstands bejahte, die Ausführung eines angefochtenen Beschlusses auszusetzen.[534] Den Entschluss zur Aussetzung habe der Vorstand pflichtgemäß zu treffen, ausgerichtet am Wohl der Gesellschaft. In die Abwägung sollten die rechtliche Bewertung durch den Vorstand, aber auch evtl. der Gesellschaft drohende Nachteile einfließen. Warum es sich bei der Entschließung zur Aussetzung um eine Ermessensentscheidung handeln soll, erörtert *Schilling* nicht. Seine Meinung steht ohne nähere Begründung im Raum. Gleiches gilt für *Butzke*, der bei nicht offensichtlich unbegründeten Anfechtungsklagen eine Ermessensentscheidung annimmt und lediglich für den Fall, dass der Vorstand selbst den Beschluss für nichtig hält, die Ausführungspflicht ohne Handlungsspielraum verneint.[535]

Liebscher gehört ebenfalls zu den Autoren, die in der Frage der Ausführungspflicht eine Ermessensentscheidung des Vorstands sehen, samt dem damit verbundenen Handlungsspielraum.[536] Er beschäftigt sich allerdings weniger mit der Ausführungspflicht als mit der Haftung, so dass unklar bleibt, ob die Haftungsfreistellung im pflichtkonformen Handeln des Vorstands fußt oder im fehlenden Verschulden. Im Dilemma eines angefochtenen Hauptversammlungsbeschlusses komme es nach *Liebscher* darauf an, ob der Vorstand seine Überzeugung bei Anwendung der ihm obliegenden Sorgfalt auf eine hinreichend objektive Abwägung der zur Beurteilung der Rechtmäßigkeit des Beschlusses streitenden Gesichtspunkte stützen kann. Dem Vorstand stehe ein auch in Haftungsfragen zu berücksichtigender unternehmerischer Handlungsspielraum zu. In Anbetracht dieser Umstände sei der Vorstand nur dann an der Ausführung eines angefochtenen Beschlusses gehindert, wenn er konkrete Anhaltspunkte dafür hat, dass der Beschluss rechtswidrig ist und die Anfechtungsklage daher Erfolg haben wird bzw. wenn der Gesellschaft durch das Zuwarten mit der Beschlussumsetzung keine Nachteile entstehen.

Zu einem ganz eigenen dogmatischen Ansatz kommt *Volhard*, der seine Meinung im Gegensatz zu den meisten anderen Autoren zwar begründet, sich aber nicht mit dem Standpunkt der h.M. auseinandersetzt, obwohl sein dogmatischer Ansatz mit der h.M. nicht zu vereinen ist. Während die h.M. die Reichweite der Ausführungspflicht auf gesetzmäßige Hauptversammlungsbeschlüsse reduziert, geht *Volhard* von einer auch bei Anfechtbarkeit bestehenden Ausführungspflicht aus. Bei rechtswidrigen Hauptversammlungsbeschlüssen komme es jedoch zur Kollision der Ausführungspflicht mit einer davon unabhängigen Prü-

534 *Schilling*, in: Großkomm. z. AktG, 3. Aufl., § 243 Anm. 30.
535 *Butzke,* Hauptversammlung, H 100.
536 *Liebscher*, in: Beck'sches Handbuch der AG, § 6 Rdn. 102.

fungspflicht, da der Vorstand ein Recht und die Pflicht habe, einen Hauptversammlungsbeschluss auf seine Rechtmäßigkeit zu prüfen.[537] *Volhard* will den Konflikt wie bei anderen Pflichtenkollisionen lösen: es sei im Einzelfall abzuwägen, welcher der kollidierenden Pflichten der Vorrang gebührt. Bei nichtigen Beschlüsse habe die Kontrollpflicht eindeutig Vorrang vor der Ausführungspflicht. Bei bloßer Anfechtbarkeit sei das Rangverhältnis nicht eindeutig. Die Abwägung habe der Vorstand im Rahmen seiner umfassenden Leitungsbefugnis in eigener Verantwortung vorzunehmen. An welchen Leitlinien die Pflichtenkollision zu lösen sei, konkretisiert *Volhard* ausführlich anhand der Fallkonstellationen gesetz- oder satzungswidriger Beschluss, rechtmäßiger Beschluss und zweifelhafte Rechtslage.[538] Zur Kontrolle seiner dogmatischen Lösung befasst sich *Volhard* anschließend mit der Haftung des Vorstands.[539] Auch hier kommt es für *Volhard* entgegen der h.M. nicht auf die objektive Rechtslage, sondern auf die Frage an, ob der Vorstand zugunsten des Ausführungsinteresses der Hauptversammlungsmehrheit entscheiden durfte. Sei dem so gewesen, habe der Vorstand *ex ante* sorgfältig gehandelt, selbst wenn sich die Anfechtung *ex post* als begründet erweisen sollte.

d. Argumente der h.M. gegen die Berücksichtigung einer subjektiven Bewertung der Rechtslage

An dieser Stelle kann nicht unerwähnt bleiben, dass sich die h.M., die sich für eine rein objektive Ermittlung des Umfangs der Ausführungspflicht ausspricht, ausdrücklich gegen die Ansätze einzelner Autoren zur Berücksichtigung einer subjektiven Bewertung der Rechtslage wendet.[540] Die Autoren der h.M. fordern, die Gesetzmäßigkeit des Beschlusses vom Dafürhalten des Vorstands zu unterscheiden, und zwar selbst dann, wenn die Gesetzmäßigkeit bei rechtlicher Rückwirkung auf einer nachträglichen als-ob-Betrachtung beruht. Die Erkennbarkeit der Gesetzmäßigkeit bzw. -widrigkeit habe keinen Einfluss auf die objektive Gesetzmäßigkeit bzw. -widrigkeit des Beschlusses und damit auch nicht auf die Ausführungspflicht gemäß § 83 Abs. 2 AktG. Ein gesetzwidriger Beschluss werde nicht dadurch zu einem auszuführenden Beschluss, dass ihn der Vorstand unzutreffend für gesetzmäßig hält, und ein gesetzmäßiger Beschluss müsse ausgeführt werden, auch wenn ihn der Vorstand für nicht gesetzmäßig hält. Gleichwohl sei eine Haftung ausgeschlossen, wenn der Vorstand die Sorgfalt eines ordentlichen und gewissenhaften Geschäftsleiters angewandt hat. Die

537 Vgl. *Volhard,* ZGR 1996, 55, 59 f.

538 Vgl. *Volhard,* ZGR 1996, 55, 60 ff.

539 Vgl. *Volhard,* ZGR 1996, 55, 66 f.

540 *Haertlein,* ZHR 168 (2004), 437, 446 f.; *Fleischer,* BB 2005, 2025, 2026.

Einschätzung der Rechtslage durch den Vorstand sei aber keine Frage der Ausführungspflicht, sondern eine Frage des Verschuldens.

III. Auf der Suche nach inhärenten Grenzen der Ausführungspflicht

Wie dargelegt, besteht ein ausgesprochen vielfältiges Meinungsspektrum zur Frage, ob und welche Grenzen der Ausführungspflicht durch die Rechtswidrigkeit eines Beschluss gezogen werden. Die bezogenen Positionen werden dabei nur selten begründet. Auch werden die Diskussionen im Kontext verschiedener Vorschriften, namentlich den §§ 83, 93 und 181 AktG, geführt, ohne groß miteinander in Verbindung gebracht zu werden. Diese Umstände dürften erheblich dazu beigetragen haben, dass bisher keine einheitliche Linie zu inhärenten Grenzen der Ausführungspflicht gefunden wurde.

Nachfolgend soll versucht werden, in einer Auseinandersetzung mit den vorgebrachten Argumenten eine dogmatisch korrekte Lösung zu ermitteln. Ausgangspunkt der Suche sollen dabei die am häufigsten vertretene Meinung und ihr Kernargument sein.

1. Die geringe Aussagekraft des § 93 Abs. 4 Satz 1 AktG

a. Eine Prämisse und zwei Thesen

Am häufigsten wird in der Literatur die Position vertreten, dass die Ausführungspflicht auf gesetzmäßige Hauptversammlungsbeschlüsse beschränkt sei.[541] Kernargument hierfür ist der angebliche Zusammenhang zwischen § 83 Abs. 2 AktG und § 93 Abs. 4 Satz 1 AktG.[542]

Wenn man die Struktur der Argumentation analysiert, fällt auf, dass die h.M. hier eine Prämisse aufstellt und aus §§ 83 Abs. 2, 93 Abs. 4 Satz 1 AktG zwei Thesen ableitet, die mit der Prämisse im Einklang stehen. Die Prämisse lautet: Der Vorstand darf nicht zur Ausführung eines Beschlusses verpflichtet sein, wenn er sich hierdurch haftbar macht. Die beiden Thesen lauten: (i) Der Vorstand ist verpflichtet, gesetzmäßige Beschlüsse auszuführen; (ii) der Vorstand darf rechtswidrige Beschlüsse nicht ausführen.[543]

Die Prämisse ist inhaltlich nicht zu beanstanden. Es besteht ein innerer Zusammenhang zwischen Haftung und Pflicht, der im Haftungskonzept des § 93 Abs. 2 AktG fußt, da die Haftung des Vorstands stets eine Verletzung seiner

541 Siehe II.3.

542 Siehe II.3.a.

543 Pointiert *Haertlein*, ZHR 168 (2004), 437, 446.

Sorgfaltspflichten voraussetzt.[544] Der Zusammenhang wird von der h.M. jedoch unglücklich formuliert, indem argumentativ mit der Haftung begonnen und aus ihr der Umfang der Pflichten abgeleitet wird. Mit anderen Worten: „wenn eine Haftung droht, besteht keine Pflicht". Die gesetzliche Haftungssystematik geht indes von der umgekehrten Reihenfolge von Pflicht und Haftung aus: § 93 Abs. 1 AktG fragt zunächst nach dem Umfang der Pflichten, aus deren Verletzung § 93 Abs. 2 AktG dann die Haftung des Vorstands ableitet. Mit anderen Worten: „wenn eine Pflicht befolgt wird, ist eine Haftung ausgeschlossen". Von daher stellt sich die Frage, ob die Prämisse nicht vom Kopf auf die Füße gestellt werden muss. Es liegt nahe, dass zunächst der Umfang der Vorstandspflichten und hieraus resultierende Haftungsrisiken ermittelt werden müssen, ehe auf die Haftungsfreistellung eingegangen werden kann. Doch bevor ein eigener dogmatischer Ansatz gewagt werden kann, sollen die Thesen, die die h.M. aus §§ 83 Abs. 2, 93 Abs. 4 Satz 1 AktG ableitet, näher betrachtet werden.

b. Keine Stütze der Thesen im Wortlaut

Aus dem Wortlaut des § 93 Abs. 4 Satz 1 AktG kann keine Einschränkung der Ausführungspflicht auf gesetzmäßige Hauptversammlungsbeschlüsse abgeleitet werden. Die Vorschrift des § 93 Abs. 4 Satz 1 AktG sagt von ihrem Wortlaut her nichts über rechtswidrige Hauptversammlungsbeschlüsse, sondern nur etwas über die Situation aus, in der ein gesetzmäßiger Beschluss vorliegt: Beruht die Handlung des Vorstands auf einem gesetzmäßigen Hauptversammlungsbeschluss, tritt die Ersatzpflicht der Gesellschaft gegenüber *kraft Gesetzes* nicht ein, ohne dass geprüft werden müsste, ob der Vorstand einer Ausführungspflicht unterlag. Die Vorschrift des § 93 Abs. 4 Satz 1 AktG erinnert insoweit rechtstechnisch an einen *safe habour*. Inhaltlich wird sie als gesetzliche Ausprägung des Arglisteinwands verstanden.[545]

c. Begrenzte Aussagekraft des Umkehrschlusses

Die Vorschrift des § 93 Abs. 4 Satz 1 AktG befasst sich unmittelbar nur mit gesetzmäßigen Beschlüssen. Eine Aussage zu *rechtswidrigen* Beschlüsse könnte man aus § 93 Abs. 4 Satz 1 AktG allenfalls über einen Umkehrschluss herleiten. Die Aussagekraft des Umkehrschlusses wäre jedoch begrenzt: Ein Umkehrschluss würde lediglich die Aussage zulassen, dass eine Haftung des Vorstands für die Ausführung nicht bereits *kraft Gesetzes* ausgeschlossen ist.[546] Die Vorschrift des § 93 Abs. 4 Satz 1 AktG verlangt jedoch auch im Umkehrschluss

544 Vgl. *Hopt*, in: Großkomm. z. AktG, § 93 Rdn. 22; *Bürgers/Israel*, in: Bürgers/Körber, Komm. z. AktG, § 93 Rdn. 19; *Bosch/Lange*, JZ 2009, 225, f.

545 Siehe Fn. 436.

546 Vgl. *Larenz*, Methodenlehre, S. 390.

nicht die Rechtsfolge, dass der Vorstand für die Ausführung eines rechtswidrigen Hauptversammlungsbeschlusses haftet. Die Vorschrift besagt nämlich nichts – weder nach ihrem Wortlaut noch im Umkehrschluss – zum Umfang der Sorgfaltspflichten bei der Ausführung eines Hauptversammlungsbeschlusses. Dass die h.M. gleichwohl aus § 93 Abs. 4 Satz 1 AktG eine Haftung des Vorstands für die Ausführung rechtswidriger Hauptversammlungsbeschlüsse ableitet, ist dogmatisch nicht über einen Umkehrschluss aus § 93 Abs. 4 Satz 1 AktG begründbar.

d. Geringer Anwendungsbereich des § 93 Abs. 4 Satz 1 AktG

Es stellt sich die Frage, ob § 93 Abs. 4 Satz 1 AktG überhaupt einen eigenen Regelungsgehalt hat. Dass gesetzmäßige Hauptversammlungsbeschlüsse ausgeführt werden müssen, ist vor dem Hintergrund des § 83 Abs. 2 AktG unstreitig. Der Vorstand erfüllt daher nur seine aus § 83 Abs. 2 AktG folgenden Pflichten, wenn er einen gesetzmäßigen Hauptversammlungsbeschluss ausführt. Eine Haftung der Vorstandsmitglieder wegen der Ausführung eines gesetzmäßigen Hauptversammlungsbeschlusses ist folglich mangels Sorgfaltspflichtverletzung von vornherein ausgeschlossen.[547] Weil sich (i) die Rechtsfolgen des § 93 Abs. 4 Satz 1 AktG bereits aus der Ausführungspflicht nach § 83 Abs. 2 AktG ergeben und weil (ii) die Frage der Sorgfaltswidrigkeit, die von § 83 Abs. 2 AktG beantwortet wird, gedanklich vorrangig gegenüber einer möglichen Haftungsfreistellung nach § 93 Abs. 4 Satz 1 AktG ist, hat die Vorschrift des § 93 Abs. 4 Satz 1 AktG regelmäßig keinen eigenen Regelungsgehalt. Dementsprechend nimmt *Hopt* an, dass § 93 Abs. 4 Satz 1 AktG nur eine „klarstellende Bedeutung“ habe.[548]

Eine Ausnahme könnte lediglich bei Ermächtigungsbeschlüssen und Zustimmungsbeschlüssen ohne Ausführungspflicht bestehen, die den Vorstand nur berechtigen, aber nicht verpflichten.[549] Bei ihnen beschränkt sich die Ausführungspflicht meist auf die Anmeldung zum Handelsregister, während die Nutzung des Beschlusses von ihr nicht mehr erfasst wird. Wenn es durch die Nutzung eines Ermächtigungsbeschlusses bzw. Zustimmungsbeschlusses zu einem Schaden kommt, könnte insoweit eine Haftung wegen § 93 Abs. 4 Satz 1 AktG ausgeschlossen sein. Allerdings gibt es einige Stimmen in der Literatur, die die Haftungsfreistellung gemäß § 93 Abs. 4 Satz 1 AktG in einem solchen Fall nicht

547 Siehe Kapitel 1:III.8.

548 *Hopt*, in: Großkomm. z. AktG, § 93 Rdn. 306.

549 Näher hierzu oben Kapitel 2:III.2.c.bb(3).

anwenden wollen.[550] Wäre dem so, dürfte es noch seltener zur unmittelbaren Anwendung von § 93 Abs. 4 Satz 1 AktG kommen.

e. Das Problem des § 93 Abs. 5 Satz 3 AktG

Die Vorschrift des § 93 Abs. 5 Satz 3 AktG relativiert noch stärker die Argumentation der h.M.: Nach § 93 Abs. 5 Satz 3 AktG wird die Ersatzpflicht des Vorstands nicht dadurch aufgehoben, dass seine Handlung auf einem Beschluss der Hauptversammlung beruht. Der Wortlaut der Vorschrift erwähnt zwar keine Unterscheidung von gesetzmäßigen und rechtswidrigen Beschlüssen; vor dem Hintergrund des § 93 Abs. 4 Satz 1 AktG, zu dem § 93 Abs. 5 Satz 3 AktG als Ausnahme formuliert ist, müsste aber gefolgert werden, dass auch bei Ausführung eines gesetzmäßigen Hauptversammlungsbeschlusses eine Haftung des Vorstands nicht bereits *kraft Gesetzes* ausgeschlossen ist – zumindest dann nicht, wenn Gläubiger der Gesellschaft den Vorstand in Anspruch nehmen.[551] Andernfalls würde die Unterscheidung in § 93 AktG zwischen der Haftung gegenüber der Gesellschaft und den Gläubigern keinen Sinn ergeben. Die These der h.M., dass eine Ausführungspflicht bei gesetzmäßigen Beschlüssen bestehe, weil der Vorstand wegen § 93 Abs. 4 Satz 1 AktG insoweit nicht hafte, gerät durch § 93 Abs. 5 Satz 3 AktG ins Wanken.

Dieses Problem erkennen auch weite Teile der Literatur. Sie suchen die Lösung im Argument, dass der Vorstand, wenn er einen gesetzmäßigen Beschluss ausführt, nur seiner Ausführungspflicht nachkomme, deshalb nicht sorgfaltswidrig handele und folglich auch nicht Gläubigern gegenüber hafte.[552] Sie stellen damit die Prämisse – wie oben[553] für sinnvoll erachtet – vom Kopf auf die Füße und fragen erstmals nach den Pflichten des Vorstands, um aus deren Umfang die Haftungsfolgen abzuleiten.

Allerdings muss als Konsequenz der vermeintlichen Unterschied, den § 93 Abs. 4 Satz 1 AktG und § 93 Abs. 5 Satz 3 AktG in der Wirkung von Hauptversammlungsbeschlüssen auf die Haftung des Vorstands suggerieren, aufgegeben werden: wenn die Ausführungspflicht auf gesetzmäßige Beschlüsse beschränkt ist und die Befolgung dieser Pflicht kein sorgfaltswidriges Verhalten darstellt, hätte nicht nur § 93 Abs. 4 Satz 1 AktG, sondern auch § 93 Abs. 5 Satz 3 AktG

550 *Hopt*, in: Großkomm. z. AktG, § 93 Rdn. 312; *Hefermehl,* FS Schilling, S. 159, 170 ff.

551 Vgl. *Hopt*, in: Großkomm. z. AktG, § 93 Rdn. 332; *Hefermehl,* FS Schilling, S. 159, 164.

552 Vgl. *Baumbach/Hueck,* Komm. z. AktG, § 93 Rdn. 17; *Krieger/Sailer-Coceani*, in: Schmidt/Lutter, Komm. z. AktG, § 93 Rdn. 58; *Mertens/Cahn*, in: Kölner Komm. z. AktG, § 93 Rdn. 159; *Spindler*, in: Münchener Komm. z. AktG, § 83 Rdn. 18, § 93 Rdn. 247; *Hefermehl,* FS Schilling, S. 159, 164 ff.

553 Siehe a.

praktisch keinen eigenen Regelungsgehalt.[554] Mehr theoretisch als praktisch wird ein Ausweg in der Konstellation gesucht, dass gesetzmäßige Hauptversammlungsbeschlüsse denkbar seien, die vom Vorstand ein pflichtwidriges Verhalten gegenüber den Gläubigern verlangen.[555]

Die Nivellierung von § 93 Abs. 4 Satz 1 AktG und § 93 Abs. 5 Satz 3 AktG ist jedoch nur eine Konsequenz. Gravierender ist, dass sich die Argumentation der h.M. als Zirkelschluss entlarvt: Sie verneint eine Haftung des Vorstands gegenüber den Gläubigern im Rahmen des § 93 Abs. 5 Satz 3 AktG, indem sie eine bestimmte Reichweite der Ausführungspflicht unterstellt – namentlich die Pflicht zur Ausführung gesetzmäßiger Hauptversammlungsbeschlüsse. Die Reichweite der Ausführungspflicht hat sie indes zuvor aus der Haftung gegenüber der Gesellschaft bestimmt. Das Ganze ruht auf der Prämisse, dass der Vorstand nicht zur Ausführung eines Beschlusses verpflichtet sein darf, wenn er sich dadurch persönlich haftbar macht. Wie wacklig diese Argumentation ist, zeigt sich, wenn die Reichweite der Ausführungspflicht hypothetisch verschoben wird:

- Unterstellt, die Ausführungspflicht bestünde auch bei gesetzmäßigen Hauptversammlungsbeschlüssen nicht – zumindest dann nicht, wenn eine Haftung gegenüber den Gläubigern nicht ausgeschlossen werden kann –, wäre die Prämisse ebenfalls gewahrt. Der Vorstand würde eigenverantwortlich über die Ausführung entscheiden und in den Fällen des § 93 Abs. 4 Satz 1 AktG nicht haften bzw. in den Fällen des § 93 Abs. 5 Satz 3 AktG haften. Es bestünde zwar kein Konflikt mit diesen beiden Vorschriften, die Vorschrift des § 83 Abs. 2 AktG wäre aber stark eingeschränkt.556
- Unterstellt, die Ausführungspflicht bestünde auch bei rechtswidrigen Hauptversammlungsbeschlüssen, so könnte der safe habour des § 93 Abs. 4 Satz 1 AktG dem Vorstand nur manchmal helfen – nämlich nur bei der Ausführung gesetzmäßiger Beschlüsse. Führt der Vorstand rechtswidrige Hauptversammlungsbeschlüsse aus, hieße das aber nicht, dass er haftet. Seine Haftung könnte mit derselben Logik ausgeschlossen werden, die die h.M. auf § 93 Abs. 5 Satz 3 AktG anwendet: Die Haftung des Vorstands setzt sorgfaltswidriges Handeln voraus, doch wenn er einen

554 Vgl. *Hopt*, in: Großkomm. z. AktG, § 93 Rdn. 332 ff., demzufolge die genaue Bedeutung der Norm unklar ist.

555 Hierüber wollen *Hopt*, in: Großkomm. z. AktG, § 93 Rdn. 334; *Mertens/Cahn*, in: Kölner Komm. z. AktG, § 93 Rdn. 158 den Anwendungsbereich von § 93 Abs. 5 Satz 3 AktG retten.

556 In diese Richtung tendiert deutlich *Spindler*, in: Münchener Komm. z. AktG, § 83 Rdn. 18, § 93 Rdn. 247.

rechtswidrigen Hauptversammlungsbeschluss ausführt, käme er lediglich seiner – hypothetisch erweiterten – Ausführungspflicht nach – ergo keine Haftung. Auch in diesem hypothetischen Fall wäre die Prämisse der h.M. gewahrt, der Inhalt ihrer Thesen aber verändert, diesmal zugunsten von § 83 Abs. 2 AktG und zulasten von § 93 Abs. 4 Satz 1 AktG.

Die hypothetischen Beispiele zeigen, dass sich die Thesen verschieben lassen, ohne die Prämisse zu verletzen. Ob die Thesen dogmatisch richtig sind, lässt sich deshalb nicht mit der Prämisse begründen. Die Behauptung „Der Vorstand muss nicht haften, er darf deswegen nur gesetzmäßige Beschlüsse ausführen“ kann so nicht bestätigt werden.

f. Rechtshistorischer Hintergrund von § 93 Abs. 4 Satz 1 und Abs. 5 Satz 3 AktG

Die vorangegangenen Ausführungen haben gezeigt, dass sich die §§ 83 Abs. 2, 93 Abs. 4 Satz 1 und 93 Abs. 5 Satz 3 AktG nicht harmonisch ineinander fügen: Vor dem Hintergrund der Ausführungspflicht gemäß § 83 Abs. 2 AktG hat die Haftungsfreistellung nach § 93 Abs. 4 Satz 1 AktG praktisch kaum eigenen Regelungsgehalt. Und die Vorschriften des § 93 Abs. 4 Satz 1 AktG sowie § 93 Abs. 5 Satz 3 AktG suggerieren einen Unterschied, der praktisch nicht besteht und auch von der weiten Teilen der Literatur bezweifelt wird. Es stellt sich daher die Frage, wie es zu diesem disharmonischen Regelungskomplex kommen konnte. Die Antwort ist in der historische Entwicklung dieser Vorschriften zu suchen.[557]

aa. Vor 1938 keine Haftung gegenüber der Gesellschaft für die Ausführung gesetzwidriger Generalversammlungsbeschlüsse

Von den Vorgängervorschriften des § 93 AktG ist zunächst § 241 HGB in den verschiedenen Fassungen bis zum 1. Januar 1938 interessant. Die Vorschrift lautete:[558]

> „Die Mitglieder des Vorstandes haben bei ihrer Geschäftsführung die Sorgfalt eines ordentlichen Geschäftsmanns anzuwenden.
>
> Mitglieder, die ihre Obliegenheiten verletzen, haften der Gesellschaft als Gesamtschuldner für den daraus entstehenden Schaden.
>
> Insbesondere sind sie zum Ersatz verpflichtet, wenn entgegen den Vorschriften dieses Gesetzbuchs:
>
> 1. Einlagen an die Aktionäre zurückgezahlt,
> 2. den Aktionären Zinsen oder Gewinnanteile gezahlt,
> 3. eigene Aktien oder Interimsscheine der Gesellschaft erworben, zum Pfande genommen oder eingezogen,

557 Hierzu ausführlich *Hefermehl,* FS Schilling, S. 159, 160 ff.

558 Zitiert nach *Friedländer,* Aktienrecht, S. 113.

4. Aktien vor der vollen Leistung des Nennbetrags oder, falls der Ausgabepreis höher ist, vor der vollen Leistung dieses Betrags ausgegeben werden,
5. die Verteilung des Gesellschaftsvermögens oder eine teilweise Zurückzahlung des Grundkapitals erfolgt,
6. Zahlungen geleistet werden, nachdem die Zahlungsunfähigkeit der Gesellschaft eingetreten ist oder ihre Ueberschuldung sich ergeben hat. Dies gilt nicht von Zahlungen, die auch nach diesem Zeitpunkt mit der Sorgfalt eines ordentlichen Geschäftsmanns vereinbar sind.

In den Fällen des Abs. 3 kann der Ersatzanspruch auch von den Gläubigern der Gesellschaft, soweit sie von dieser ihre Befriedigung nicht erlangen können, geltend gemacht werden. Die Ersatzpflicht wird ihnen gegenüber weder durch einen Verzicht der Gesellschaft noch dadurch aufgehoben, daß die Handlung auf einem Beschlusse der Generalversammlung beruht.

Die Ansprüche auf Grund dieser Vorschriften verjähren in fünf Jahren."

Der zitierte § 241 HGB a.F. unterscheidet sich vom heutigen § 93 AktG insbesondere dadurch, dass eine dem heutigen § 93 Abs. 4 Satz 1 AktG entsprechende Vorschrift fehlte und nur eine dem heutigen § 93 Abs. 5 Satz 3 AktG entsprechende Vorschrift vorhanden war.

Aus der gesetzlichen Maßgabe, dass eine Handlung, die auf einem Beschluss der Generalversammlung beruhte, *den Gläubigern gegenüber* nicht die Ersatzpflicht des Vorstands aufhob, wurde in der Literatur der Umkehrschluss gezogen, dass Vorstandsmitglieder, die einen Beschluss der Gesellschaft ausführten, *der Gesellschaft gegenüber* nicht hafteten.[559] Andernfalls hätte es der besonderen Regelung in § 241 Abs. 4 Satz 2 HGB a.F. nicht bedurft.[560] Für den immanenten Ausschluss der Haftung gegenüber der Gesellschaft sprach noch ein zweiter Grund: Es wäre als arglistig eingestuft worden, wenn eine Aktiengesellschaft ihre Vorstandsmitglieder für die Ausführung eines von ihrer Generalversammlung gefassten Beschlusses auf Schadensersatz in Anspruch nimmt.[561]

Der Haftungsausschluss gegenüber der Gesellschaft konnte indes nur Sinn haben, wenn er weiter reichte als der heutige § 93 Abs. 4 Satz 1 AktG. Im Unterschied zu heute war der Haftungsausschluss gegenüber der Gesellschaft nicht auf gesetzmäßige Hauptversammlungsbeschlüsse beschränkt.[562] Die Haftung eines Vorstandsmitglieds gegenüber der Gesellschaft wäre auch ausgeschlossen gewesen, wenn der vom Vorstand ausgeführte Beschluss der Generalversammlung gegen das Gesetz verstieß.

---

559 Vgl. *Hefermehl,* FS Schilling, S. 159, 161.

560 *Hefermehl,* FS Schilling, S. 159, 161.

561 Vgl. *Spindler*, in: Münchener Komm. z. AktG, § 83 Rdn. 206; *Hefermehl,* FS Schilling, S. 159, 161; *Canaris,* ZGR 1978, 207, 209; *Fleischer,* BB 2005, 2025, 2027.

562 Vgl. *Spindler*, in: Münchener Komm. z. AktG, § 83 Rdn. 206; *Hefermehl,* FS Schilling, S. 159, 162; *Canaris,* ZGR 1978, 207, 209; *Fleischer,* BB 2005, 2025, 2027.

Für die parallel[563] gelagerte Haftung der Aufsichtsratsmitglieder brachte der Gesetzgeber beide Gedanken – Arglisteinwand und Enthaftung bei rechtswidrigen Beschlüssen – zum Ausdruck:

> „Es soll nämlich den Gläubigern gegenüber die Verbotswidrigkeit der Handlungsweise der Mitglieder des Aufsichtsrats und die Ersatzpflicht nicht dadurch beseitigt werden, daß die Generalversammlung das Verfahren beschlossen hat; ihnen gegenüber handeln die Gesellschaftsorgane auf eigene Verantwortlichkeit, wenn sie einen an sich ungültigen Beschluß der Generalversammlung ausführen. Diesen strengen Standpunkt wird man der klagenden Gesellschaft gegenüber nicht festhalten dürfen; die letztere kann sich nicht beschweren, wenn der Aufsichtsrat als ihr Mandatar einen von der Generalversammlung selbst gefaßten Beschluß ausgeführt hat, obgleich derselbe gegen das Gesetz verstieß."[564]

Nur in dieser Konstellation, d.h. bei der Ausführung rechtswidriger Beschlüsse, die zu einem Schaden der Gesellschaft führen, ergibt der Haftungsausschluss gegenüber der Gesellschaft überhaupt einen Sinn. Die Ausführung eines gesetzmäßigen Beschlusses ruft kaum eine Haftungssituation hervor. Zur Ausführung gesetzmäßiger Beschlüsse war der Vorstand auch nach der Rechtslage vor 1938 verpflichtet.[565] Er hätte daher nur seinen Sorgfaltspflichten – in der Sprache des § 241 HGB a.F.: „Obliegenheiten" – entsprochen, wenn er einen gesetzmäßigen Beschluss ausführte, wodurch die Haftungsvoraussetzungen des § 241 Abs. 2 HGB a.F. nicht erfüllt worden wären. Erst die Annahme, dass die Ausführung eines rechtswidrigen Beschlusses sorgfaltswidrig ist und grundsätzlich eine Haftung begründet, erlaubt einen Haftungsausschluss gegenüber der Gesellschaft und eine Fortsetzung der Haftung gegenüber den Gläubigern.

bb. Einschränkung des Haftungsausschlusses durch das AktG 1937

Durch die Aktienrechtsreform von 1937 wurde Art. 241 HGB a.F. zu § 84 AktG 1937 und nahm eine stärker dem heutigen § 93 AktG ähnelnde Gestalt an.[566] Erstmals wurde ausdrücklich bestimmt, dass der Gesellschaft gegenüber die Haftung des Vorstandsmitglieds nicht eintritt, wenn die Handlung auf einem gesetzmäßigen Beschluss der Hauptversammlung beruht (§ 84 Abs. 4 Satz 1 AktG 1937).[567]

Die Vorschrift des § 84 Abs. 4 Satz 1 AktG 1937 kann nur vor dem Hintergrund der vorangegangenen Rechtslage verstanden werden. Sie beabsichtigte

---

563 Vgl. *Hefermehl,* FS Schilling, S. 159, 162.

564 Allgemeine Begründung des Gesetzes vom 7. März 1884 bei *Schubert/Hommelhoff,* ZGR Sonderheft 4, 1985, 463.

565 Siehe oben Kapitel 1:II.2.a.

566 Vgl. *Baumbach/Hueck,* Komm. z. AktG, § 93 Rdn. 1; *Spindler*, in: Münchener Komm. z. AktG, § 83 Rdn. 206 f.; *Fleischer,* BB 2005, 2025, 2027.

567 *Spindler*, in: Münchener Komm. z. AktG, § 83 Rdn. 206.

eine Abkehr von der weitgehenden Haftungsfreistellung gegenüber der Gesellschaft. Angesichts der neu anerkannten Unabhängigkeit der Leitungsmacht des Vorstands und der hierdurch veränderten Kompetenzverteilung in der Aktiengesellschaft erschien es nicht mehr gerechtfertigt, auch einem pflichtwidrig handelnden Vorstandsmitglied die Berufung auf einen Hauptversammlungsbeschluss zu gestatten.[568] Wie weit diese Abkehr reichen sollte, ob namentlich der Umfang der Vorstandspflichten erst *ex post* feststellbar sein sollte, wie von der h.M. aus § 93 Abs. 4 Satz 1 AktG herausgelesen wird, bleibt offen.

Die Einführung des § 84 Abs. 4 Satz 1 AktG 1937 führte letztlich zum geschilderten Konflikt mit der noch nicht kodifizierten, von der h.M. aber anerkannten Ausführungspflicht sowie der aufrecht erhaltenen Einschränkung des Haftungsausschlusses gegenüber den Gläubigern gemäß § 84 Abs. 5 Satz 3 AktG 1937. Der disharmonischen Regelungskomplex muss als ein Unterlassen des Gesetzgebers, die einzelnen Vorschriften aufeinander abzustimmen, gewertet werden.

g. Mangelnde Praxistauglichkeit der h.M.

Neben ihrer dogmatischen Schwäche leidet die Ausführungspflicht, so wie die h.M. sie versteht, unter einem großen praktischen Problem. Wenn die Gesetzmäßigkeit des Beschluss maßgeblich sein soll, kommt es für die Vorstandspflichten darauf an, ob ein anderes Organ der Aktiengesellschaft rechtmäßig gehandelt hat, und darauf, wie ein Gericht die Rechtmäßigkeit einschätzt. Das Schicksal des Vorstands wird dadurch aus seinen Händen genommen und von der gerichtlichen Bewertung eines anderen Organhandelns abhängig gemacht. Hinzu kommt die rückwirkende Kraft eines Anfechtungsurteils: erklärt das Gericht einen anfechtbaren Beschluss für nichtig, entfällt die bis dahin schwebende Wirksamkeit des Beschlusses rückwirkend.[569] Dies hat zur Konsequenz, dass der Umfang der Vorstandspflichten oft nur *ex post* beurteilt werden kann.[570] Zudem können die Einleitung und der Ausgang des Anfechtungsverfahrens auch unabhängig von der materiellen Fehlerhaftigkeit eines Beschlusses von den Klägern beeinflusst werden: wenn ein Aktionär einen rechtswidrigen Beschluss anficht, später aber die Klage zurücknimmt, kann die Anfechtbarkeit nicht mehr geltend gemacht werden und der Beschluss ist als von Anfang an rechtmäßig anzusehen. Der Vorstand hätte folglich den Beschluss von Anfang an ausführen müssen, was angesichts der Anfechtbarkeit ausgeschlossen war. Aus Sicht des Vorstands stellt dies eine unbefriedigende Situation dar.

---

568 Vgl. *Spindler*, in: Münchener Komm. z. AktG, § 83 Rdn. 207; *Hefermehl*, FS Schilling, S. 159, 162.

569 *Hüffer*, Komm. z. AktG, § 248 Rdn. 6; *Haertlein*, ZHR 168 (2004), 437, 441.

570 Vgl. *Haertlein*, ZHR 168 (2004), 437, 450 ff.

Diese unbefriedigende Situation ist auch aus rechtspolitischer Sicht bedenklich. Wird der Vorstand zu einer Prophezeiung über den Ausgang eines Gerichtsverfahrens angehalten und bei fehlerhaftem Orakeln der Haftung ausgesetzt, verzichtet das Aktienrecht auf seine Lenkungsfunktion. Sinnvoller wäre es, wenn das Aktienrecht dem Vorstand in der misslichen Situation, dass seine gegenwärtigen Pflichten durch zukünftige Ereignisse rückwirkend geprägt werden, mit Sorgfaltspflichten einen Kurs vorgeben würde, den der Vorstand in seiner gegenwärtigen Situation berücksichtigen kann. Für einen solchen Schwenk ist es jedoch erforderlich, die Perspektive weg von der *ex-post*-Bewertung des Beschlusses hin zum Vorstand im Moment der Beschlussausführung zu richten.

h. Zwischenergebnis

Die Vorschrift des § 93 Abs. 4 Satz 1 AktG erlaubt entgegen der h.M. keine dogmatisch zwingende Begrenzung der Ausführungspflicht auf gesetzmäßige Hauptversammlungsbeschlüsse. Die Vorschrift stellt rechtstechnisch lediglich einen *safe habour* dar, sagt aber nichts zur Ausführung rechtswidriger Beschlüsse. Der *safe habour* ist regelmäßig gegenstandslos, da die Ausführung gesetzmäßiger Hauptversammlungsbeschlüsse zu den Sorgfaltspflichten des Vorstands gehört und keine Haftung auslösen kann, die einem Haftungsausschluss nach § 93 Abs. 4 Satz 1 AktG zugänglich wäre. Allenfalls in wenigen Ausnahmefällen – Ermächtigungsbeschlüsse, Zustimmungsbeschlüsse ohne Ausführungspflicht – ließe sich über eine Anwendung des § 93 Abs. 4 Satz 1 AktG nachdenken. Bei der Reichweite des weitgehend wirkungslosen Haftungsausschlusses ergibt zudem die Unterscheidung zwischen der Gesellschaft und Gläubigern keinen Sinn. § 93 Abs. 4 Satz 1 AktG und § 93 Abs. 5 Satz 3 AktG haben daher praktisch keinen Regelungsgehalt. Ihre Existenz erklärt sich allein vor dem rechtshistorischen Hintergrund, dass vor der Aktienrechtsreform 1937 ein Haftungsausschluss auch bei Befolgung rechtswidriger Generalversammlungsbeschlüsse angenommen wurde und der Gesetzgeber diesen weitgehenden Haftungsausschluss einschränken wollte. Dabei unterließ der Gesetzgeber es aber, die Ausführungspflicht nach § 83 Abs. 2 AktG mit den Haftungsregelungen nach § 93 Abs. 4 Satz 1 und Abs. 5 Satz 3 AktG harmonisch abzustimmen.

Neben ihrer dogmatischen Schwäche leidet die Ausführungspflicht, so wie die h.M. sie versteht, unter einem großen praktischen Problem. Sie vermag dem Vorstand keine klaren Handlungsrichtlinien an die Hand zu legen, wie er im Moment der Beschlussausführung mit einem Beschluss umgehen muss, dessen Gesetzmäßigkeit sich nur *ex post* zuverlässig ermitteln lässt.

Wegen der dogmatischen und praktischen Schwäche der h.M. soll als Nächstes ein eigener Versuch unternommen werden, dogmatisch zwingende Grenzen der Ausführungspflicht herzuleiten.

2. Erste Grenze der Ausführungspflicht: Unwirksamkeit unheilbar nichtiger Beschlüsse

a. Keine wirksame Ausführungspflicht bei unheilbar nichtigen Beschlüssen

Nachdem sich § 93 Abs. 4 Satz 1 AktG nicht als hilfreich erwiesen hat, um inhärente Grenzen der Ausführungspflicht zu erkennen, könnte ein zweiter Ansatzpunkt in der Unwirksamkeit nichtiger Beschlüsse liegen, zumindest solcher, die nicht der Heilung unterliegen[571].

Nichtige Beschlüsse sind unwirksam und können eigentlich keine Rechtswirkungen entfalten (zu trotzdem entstehenden Wirkungen sogleich unter b.).[572] Aus den fehlenden Rechtswirkungen folgert *Haertlein*, dass auch keine Ausführungspflicht nach § 83 Abs. 2 AktG hervorgebracht wird, zumal die Ausführung des Beschlusses die Nichtigkeitsfolgen vereiteln würde.[573] Ähnlich, allerdings weniger deutlich, argumentiert *Volhard*, dass nichtige Beschlüsse keinerlei Rechtswirkungen entfalteten, weswegen nicht nur keine Pflicht bestehe, sie auszuführen, sondern auch kein Recht.[574]

Aus der Unwirksamkeit nichtiger Beschlüsse zu folgern, dass keine Ausführungspflicht ausgelöst wird, erscheint in der Tat schlüssig und überzeugend. Bei näherer Betrachtung stößt die Argumentation aber auf einige Probleme:

aa. Keine Abstraktion der Ausführungspflicht durch § 83 Abs. 2 AktG

Die Argumentation von *Haertlein* und *Volhard* setzt voraus, dass die Ausführungspflicht unmittelbar dem Beschluss selbst entspringt. Denn nur wenn die Ausführungspflicht eine unmittelbare, von § 83 Abs. 2 AktG lediglich widergespiegelte Wirkung eines Hauptversammlungsbeschlusses ist, würde aufgrund der Nichtigkeit des Beschlusses keine Ausführungspflicht zur Entstehung kommen. Dieser Konsequenz könnte jedoch § 83 Abs. 2 AktG entgegenstehen, wenn die Vorschrift die Ausführungspflicht vom Beschluss abstrahieren und auf eine eigene Grundlage stellen sollte. Der Wortlaut des § 83 Abs. 2 AktG, der nicht zwischen gesetzmäßigen, anfechtbaren und nichtigen Beschlüssen differenziert, spricht für eine solche Abstraktion. Die Vorschrift wäre dann so zu verstehen,

---

571 Nicht der Heilung zugänglich sind z.B. Beschlüsse, die nicht in das Handelsregister eingetragen werden; siehe ferner die Auflistung bei *Würthwein*, in: Spindler/Stilz, Komm. z. AktG, § 241 Rdn. 11; *Schwab*, in: Schmidt/Lutter, Komm. z. AktG, § 242 Rdn. 13.

572 Vgl. *Haertlein,* ZHR 168 (2004), 437, 445; *Casper,* Heilung nichtiger Beschlüsse, S. 33.

573 *Haertlein,* ZHR 168 (2004), 437, 445.

574 *Volhard,* ZGR 1996, 55, 59.

dass der Vorstand jeden existierenden Beschluss ausführen muss, ungeachtet einer etwaigen Nichtigkeit.

(1) Systematische und historische Argumente

Haertlein und *Volhard* gehen auf dieses Problem nicht ein. In der Literatur sprechen sich die Stimmen, die sich – wenngleich nicht im Zusammenhang mit der Unwirksamkeit nichtiger Beschlüsse – zu dieser Frage äußern, klar dafür aus, dass die Ausführungspflicht unmittelbar dem Beschluss selbst entspringt.[575] Für diese Lösung spricht, dass im Recht anderer juristischer Personen die Ausführungspflicht unmittelbar aus dem Gesellschafterbeschluss abgeleitet wird, ohne dass hierfür eine besondere Regelung erforderlich wäre.[576] Vor Einführung des § 83 Abs. 2 AktG nahm die h.M. dies auch für die Aktiengesellschaft an.[577] Die Einführung des § 83 Abs. 2 AktG beabsichtigte indes nicht, an der früheren Rechtslage etwas zu ändern; sie wollte nur die Unsicherheit zu beseitigen, ob der Vorstand trotz seiner eigenverantwortlichen Leitungsmacht zur Ausführung von Hauptversammlungsbeschlüssen verpflichtet ist oder frei darüber entscheiden kann, ob er sie ausführt.[578] Vor dem Hintergrund der rechtshistorischen Entwicklung kann nicht angenommen werden, dass § 83 Abs. 2 AktG die Ausführungspflicht vom Hauptversammlungsbeschluss abstrahieren wollte. Folglich wäre zu schließen, dass ein nichtiger Hauptversammlungsbeschluss keine Ausführungspflicht auslöst.

(2) Keine überwiegenden Gründe für eine abstrakte Ausführungspflicht

Die rechtshistorischen und rechtsvergleichenden Argumente könnten jedoch von schwerer wiegenden Gründen, die für eine Abstraktion der Ausführungspflicht sprechen, aufgewogen werden. Für eine solch weitgehende Auslegung des § 83 Abs. 2 AktG ließe sich *Heidels* Argument anführen, dass eine materielle und formelle Prüfungskompetenz des Vorstands faktisch dazu führen könnte, dass der Vorstand die Umsetzung missliebiger Hauptversammlungsbeschlüsse verhindert.[579] Es könnte die Handlungsfähigkeit der Hauptversammlung steigern, wenn der Vorstand gezwungen wäre, die Frage der Nichtigkeit in einem registergerichtlichen Verfahren oder einem Freigabeverfahren zu klären, anstatt einfach von der Ausführung abzusehen. Ferner könnte mit einer Ausführungs-

575 Vgl. *Mertens/Cahn*, in: Kölner Komm. z. AktG, § 83 Rdn. 9; *Fleischer*, in: Spindler/Stilz, Komm. z. AktG, § 83 Rdn. 7; *Oltmanns*, in: Heidel, Komm. z. Aktienrecht, § 83 Rdn. 5; *Fleischer,* BB 2005, 2025; *Findeisen,* ZIP 2009, 1647, 1650; wohl auch *Baumbach/Hueck,* Komm. z. AktG, § 83 Rdn. 5.

576 Siehe oben Kapitel 1:I.2.

577 Siehe oben Kapitel 1:II.2.

578 Siehe oben Kapitel 1:II.2.b.

579 Siehe Fn. 500.

pflicht, die auch bei nichtigen Beschlüssen greift, der Schwierigkeit, nichtige Beschlüsse zu erkennen, begegnet werden.

Das Argument von *Heidel* überzeugt indes nicht. Er übersieht, dass es bei der Ausführung nichtiger Beschlüsse gar nicht um die Frage einer Prüfungskompetenz oder eines Ermessensspielraums des Vorstands geht. Vielmehr fehlt bei nichtigen Beschlüssen bereits die rechtliche Basis für eine Ausführung des Beschlusses. Es müsste zunächst eine Ausführungspflicht bestehen, bevor sie aufgrund einer Prüfungskompetenz oder eines Ermessensspielraums eingeschränkt werden könnte. Dies ist, wie dargelegt, bei nichtigen Beschlüssen nicht der Fall. Der Vorstand muss einen Hauptversammlungsbeschluss deswegen auf seine Nichtigkeit prüfen, weil er festzustellen hat, ob überhaupt eine Ausführungspflicht ausgelöst wurde.[580] Verneint er die Nichtigkeit, während ein Aktionär von der Nichtigkeit des Beschlusses überzeugt ist, stellt sich eher das Problem, ob der Aktionär die Möglichkeit hat, bei Gericht mit seiner Meinung vorzudringen. Der Missbrauchseinwand *Heidels* tangiert daher die Frage eines effektiven Rechtsschutzes, nicht hingegen die objektive Reichweite der Ausführungspflicht.[581]

Auch die Schwierigkeit, dass die Nichtigkeit eines Beschlusses nicht immer leicht zu erkennen ist, erlaubt es nicht, eine Ausführungspflicht auf nichtige Beschlüssen auszudehnen. Denn die Ausführung eines unerkannt nichtigen Beschlusses könnte nicht dazu führen, dass der Hauptversammlungsbeschluss Rechtswirkungen entfaltet. Die Ausführung eines wirkungslosen Hauptversammlungsbeschlusses geht letztlich ins Leere. Mangels Sinnhaftigkeit der Ausführung kann es bei nichtigen Beschlüssen keine Ausführungspflicht geben – zumindest dann nicht, solange der nichtige Beschluss keiner Heilung zugänglich ist oder sonstwie Rechtswirkungen entfalten kann.

bb. Kein Recht zur Ausführung eines unheilbar nichtigen Beschlusses?

Die fehlende Sinnhaftigkeit der Ausführung stünde auch einem etwaigen Recht des Vorstands zur Ausführung eines nichtigen Beschlusses entgegen.[582] Selbst wenn ein Vorstand einen nichtigen Beschluss freiwillig ausführt, würde dieser keine dauerhaften Wirkungen entfalten.

b. Das Problem wirksamer nichtiger Beschlüsse

Wie dargelegt, bildet die Unwirksamkeit nichtiger Beschlüsse eine erste objektive Grenze der Ausführungspflicht. Das Argument ist allerdings nur beschränkt

580 *Haertlein,* ZHR 168 (2004), 437, 445.

581 Ähnlich *Haertlein,* ZHR 168 (2004), 437, 445.

582 Im Ergebnis ebenso *Haertlein,* ZHR 168 (2004), 437, 445.

verwendbar und stößt auf Probleme, sobald ein nichtiger Beschluss – wie in vielen Fällen – wirksame Rechtsfolgen entwickeln kann.

aa. Recht oder Pflicht zur Herbeiführung der Heilung

Nichtige Hauptversammlungsbeschlüsse können etwa unter den Voraussetzungen des § 242 AktG geheilt werden.[583] So führt die Eintragung eines entgegen § 130 Abs. 1, Abs. 2 Satz 1 oder Abs. 4 AktG nicht oder nicht gehörig beurkundeten Beschlusses in das Handelsregister unmittelbar dazu, dass dessen Nichtigkeit nicht mehr geltend gemacht werden kann. Bei anderen Nichtigkeitsgründen müssen zudem mindestens drei Jahre seit der Eintragung verstrichen sein. Der Eintragung muss eine Ausführungshandlung des Vorstands vorangegangen sein muss, nämlich die Anmeldung zur Eintragung. Das Gesetz unterstellt also, dass es bei nichtigen Beschlüssen zu einer Ausführungshandlung gekommen ist.

Zwei Konstellationen sind hier zu unterscheiden: zum einen die Ausführung des nichtigen Beschlusses, nämlich die Anmeldung zur Eintragung in das Handelsregister; zum anderen die Ausführung des geheilten Beschlusses. In der Literatur wird vor allem die zweite Konstellation erörtert.[584] Dass sich die Diskussion hierauf begrenzt, erklärt sich daraus, dass die Autoren zuvor aus § 93 Abs. 4 Satz 1 AktG eine Begrenzung der Ausführungspflicht auf gesetzmäßige Beschlüsse abgeleitet haben und sich nun die Folgefrage stellen, ob geheilte Beschlüsse „gesetzmäßig" sind. In diesem Zusammenhang steht die umstrittene Frage im Vordergrund, welche Wirkungen die Heilung entfaltet.[585]

Zeitlich vorangehend ist aber die Konstellation, in der der Beschluss mangels Eintragung in das Handelsregister in jedem Fall nichtig ist. Es stellen sich daher die Fragen, wie es zur Ausführung des nichtigen Beschlusses kommen kann und ob der Vorstand zur Ausführung eines nichtigen Beschlusses verpflichtet ist, um die Heilung der Nichtigkeit zu erwirken. Überraschenderweise werden diese Fragen in der Literatur kaum gestellt.[586] Es wird übersehen, dass es erst in zweiter Linie darum gehen kann, ob ein geheilter Beschluss ausgeführt werden darf. In erster Linie muss geklärt werden, ob es überhaupt zur Anmeldung eines nichtigen Beschlusses kommen darf, wodurch erst die Heilung in die Wege geleitet wird. Diese Argumentationslücke deckt *Servatius* auf, demzufolge es bei § 242 AktG in Wahrheit um die Wirksamkeit eines bereits ausgeführten

---

583 Weitere Heilungsvorschriften sind z.B. § 256 Abs. 6 AktG oder § 20 Abs. 2 UmwG.

584 Vgl. *Fleischer*, in: Spindler/Stilz, Komm. z. AktG, § 83 Rdn. 14 f.; *Bürgers/Israel*, in: Bürgers/Körber, Komm. z. AktG, § 93 Rdn. 33; *Hefermehl,* FS Schilling, S. 159, 168 f.; *Fleischer,* BB 2005, 2025, 2026 f.; *Casper,* Heilung nichtiger Beschlüsse, S. 172 ff.

585 Ausführlich hierzu *Casper,* Heilung nichtiger Beschlüsse, S. 140 ff.

586 Siehe aber *Hopt*, in: Großkomm. z. AktG, § 93 Rdn. 319 ff.; *Servatius,* Strukturmaßnahmen, S. 333 ff.

Beschlusses geht und sich die Frage der Nichtausführung gar nicht mehr stellt.[587]

Servatius beschäftigt sich auch in der Folge näher mit der Frage, wie es zur Eintragung eines nichtigen Beschlusses kommen kann und ob es pflichtgemäß ist, wenn der Vorstand bewusst die Heilung eines erkannt nichtigen Beschlusses herbeiführt.[588] Im Ergebnis lehnt *Servatius* die Möglichkeit ab, dass sich der Vorstand über die Nichtigkeit hinwegsetzen darf, um so in geeigneten Fällen die Heilung herbeizuführen. Die Heilung schließe zwar aus Gründen der Rechtssicherheit die Vernichtung des Beschlusses aus, deren Herbeiführung sei aber keine für den Vorstand legitime Handlungsalternative.[589] Es könne daher bei § 242 AktG immer nur um unerkannt nichtige Beschlüsse gehen. Zur Begründung seines Ergebnisses stützt sich *Servatius* auf drei Argumente:[590] Erstens dürften nach § 93 Abs. 4 Satz 1 AktG nur gesetzmäßige Beschlüsse ausgeführt werden, wozu nichtige Beschlüsse nicht zählten. Zweitens sei der Vorstand bei erkannter Nichtigkeit regelmäßig zur Erhebung einer Beschlussmängelklage verpflichtet, womit sich eine gleichzeitige Ausführung verbiete. Drittens liege die Legitimation der Heilungswirkung im Schutz des Rechtsverkehrs und nicht in der Haftungsvermeidung zugunsten des Vorstands.

Auf die Argumentation von *Servatius* wird noch näher einzugehen sein.[591] An dieser Stelle ist festzustellen, dass die Frage, ob der Vorstand die Heilung eines nichtigen Beschlusses herbeiführen darf oder muss, sich nicht aus dem Umstand der Wirksamkeit bzw. Unwirksamkeit ableiten lässt. Das Unwirksamkeitsargument stößt hier an seine Grenzen. Gleiches gilt für die Frage, ob der Vorstand zur Ausführung des geheilten Beschlusses verpflichtet ist. Beide Fragen müssen vorerst offen bleiben.

bb. Wirksame Ausführungshandlungen

Ein nichtiger Beschluss kann nicht nur dann Rechtsfolgen entfalten, wenn er geheilt wird. Es gibt daneben Fälle, in denen die Ausführung eines nichtigen, noch nicht geheilten Beschlusses zu Ausführungshandlungen führt, deren Wirksamkeit abstrakt von der Wirksamkeit des nichtigen Beschlusses beurteilt werden muss.

Dies betrifft zunächst die lediglich gesellschaftsintern wirkenden Beschlüsse wie Zustimmungsbeschlüsse nach § 119 Abs. 2 AktG, bei denen die Nichtigkeit des Beschlusses der Wirksamkeit der Geschäftsführungsmaßnahme nicht entge-

---

587 *Servatius,* Strukturmaßnahmen, S. 333.

588 *Servatius,* Strukturmaßnahmen, S. 343 ff.

589 *Servatius,* Strukturmaßnahmen, S. 345.

590 *Servatius,* Strukturmaßnahmen, S. 344 ff.

591 Siehe unten IV.3.c.

gensteht.[592] Die Wirksamkeit der Geschäftsführungsmaßnahme führt jedoch nicht zu einer Heilung des nichtigen Beschlusses, sondern findet ihren Grund in der allgemeinen Vertretungsbefugnis des Vorstands. Gesellschaftsintern bleibt es beim Auseinanderfallen von Beschluss und Handlung. Es stellt sich daher die Frage, ob der Vorstand angesichts eines erkannt nichtigen Zustimmungsbeschlusses die Geschäftsführungsmaßnahme umsetzen darf. Das (Un-)Wirksamkeitsargument vermag diese Frage nicht zu lösen. Vielmehr steckt ein ganz anderes Problem dahinter, nämlich die Frage, ob sich der Vorstand intern seiner Geschäftsführungsbefugnis begeben hat, als er die Geschäftsführungsmaßnahme nach § 119 Abs. 2 AktG vorlegte.[593]

Relevanter sind hier Fallgestaltungen, in denen eine Anwendung der Grundsätze über die fehlerhafte Gesellschaft zu erwägen sind. Wenn beispielsweise die Wahl von Aufsichtsratsmitgliedern nichtig ist, der Aufsichtsrat aber zwischen der Wahl und der Nichtigkeitsfeststellung bereits Beschlüsse gefasst hat, sprechen sich immer mehr Autoren dafür aus, dass das fehlerhaft bestellte Aufsichtsratsmitglied bis zur Beendigung seiner Organstellung wie ein wirksam bestelltes Organmitglied zu behandeln ist.[594] Die Wirksamkeit der zwischenzeitlich gefassten Aufsichtsratsbeschlüsse würde dann nicht von der fehlerhaften Bestellung berührt. Ähnlich liegen die Fälle, in denen die Nichtigkeit des Beschlusses für die Bestandkraft der beschlossenen und umgesetzten Maßnahme irrelevant geworden ist, etwa weil trotz Nichtigkeit des Beschlusses ein Freigabeverfahren erfolgreich durchgeführt wurde.

In all diesen Konstellationen versagt das Unwirksamkeitsargument. Damit ist allerdings weder behauptet noch erwiesen, dass die Nichtigkeit eines Beschlusses keine Grenze der Ausführungspflicht darstellt. Lediglich das Unwirksamkeitsargument ist in seiner Reichweite zu relativieren. Der Grund, warum z.B. beim nichtig bestellten Aufsichtsrat das Aufsichtsratsmandat trotz Anwendung der Grundsätze über die fehlerhafte Gesellschaft zu beenden ist,[595] ist woanders zu suchen.

c. Die Wirksamkeit anfechtbarer Beschlüsse

Das Unwirksamkeitsargument stößt auch bei anfechtbaren Beschlüssen auf Schwierigkeiten. Die bloße Anfechtbarkeit hindert die Wirksamkeit der Beschlüsse nicht. Im Gegensatz zu nichtigen Beschlüssen sind anfechtbare Be-

---

592 Vgl. *Hoffmann*, in: Spindler/Stilz, Komm. z. AktG, § 119 Rdn. 51 ff.; *Casper*, Heilung nichtiger Beschlüsse, S. 169 f.

593 Zu diesem Problem siehe oben Kapitel 2:III.2.c.bb.

594 So etwa *Habersack*, in: Münchener Komm. z. AktG, § 101 Rdn. 70; *Hüffer*, Komm. z. AktG, § 101 Rdn. 18; ausführlich *Happ*, FS Hüffer, S. 293, ff.

595 Vgl. *Habersack*, in: Münchener Komm. z. AktG, § 101 Rdn. 73.

schlüsse zunächst schwebend wirksam, bis sie von einem Gericht rechtskräftig für nichtig erklärt werden.[596] Zudem besteht bei ihnen die Möglichkeit, dass sie nach Ablauf der Anfechtungsfrist, sofern keine Klage erhoben oder eine Klage später zurückgenommen wird, bestandskräftig werden.[597]

Aufgrund ihrer Wirksamkeit sind anfechtbare Beschlüsse für einen Vorstand zunächst einmal bindend.[598] Grundsätzlich lösen anfechtbare Beschlüsse daher die Ausführungspflicht aus, so wie z.B. durch einen anfechtbaren, aber wirksamen Gewinnverwendungsbeschluss auch der Dividendenanspruch der Aktionäre ausgelöst wird[599]. Der Wirksamkeitsaspekt wird in der Literatur nur selten betont, da die meisten Autoren anfechtbare Beschlüsse als nicht gesetzmäßig von der Ausführungspflicht ausnehmen und sich daher nur die Folgefrage stellen, unter welchen Voraussetzungen ein anfechtbarer Beschluss gesetzmäßig werden kann.[600] Der Schluss aus § 93 Abs. 4 Satz 1 AktG reicht jedoch, wie dargelegt, nicht aus, um der Wirksamkeit anfechtbarer Beschlüsse zu entgehen. Es muss nach anderen Gründen gesucht werden, um bei anfechtbaren Hauptversammlungsbeschlüssen die Ausführungspflicht zu verneinen.

Haertlein verweist darauf, dass es einen Unterschied zwischen anfechtbaren und infolge Ablaufs der Anfechtungsfrist bzw. eines Bestätigungsbeschlusses nicht mehr anfechtbaren Beschlüssen gebe, der auch bei der Ausführungspflicht nicht nivelliert werden dürfe.[601] Lediglich in den Fällen der §§ 244, 246 AktG sei die Mangelhaftigkeit eines Beschlusses trotz seiner Wirksamkeit nicht mehr beachtlich. Aus diesen Vorschriften sowie aus § 93 Abs. 4 Satz 1 AktG folgert *Haertlein* den Grundsatz, dass außerhalb dieser Fälle die Mangelhaftigkeit eines Beschlusses trotz seiner Wirksamkeit zu beachten sei. Im Ergebnis mag *Haertlein* mit seiner Meinung Recht haben. Sein Argument ist aber nicht dogmatisch zwingend. Es ist nicht erforderlich, dass sich Wirkungen der Anfechtungsfrist oder von Bestätigungsbeschlüssen gerade bei der Ausführungspflicht unterschiedlich verhalten. Aus dem Umstand, dass ein nicht mehr anfechtbarer bzw. ein bestätigter Beschluss ausgeführt werden muss, kann nicht der Umkehrschluss gezogen werden, dass vor Ablauf der Anfechtungsfrist bzw. Fassung eines Bestätigungsbeschlusses die Ausführungspflicht ausgeschlossen ist.

596 Vgl. *Casper,* Heilung nichtiger Beschlüsse, S. 35.

597 *Bürgers/Israel*, in: Bürgers/Körber, Komm. z. AktG, § 93 Rdn. 33.

598 Vgl. LG München I ZIP 2007, 1809, 1814 („HVB“); *Haertlein,* ZHR 168 (2004), 437, 445.

599 *Butzke,* Hauptversammlung, H 100.

600 Vgl. *Hefermehl,* FS Schilling, S. 159, 166 f.

601 *Haertlein,* ZHR 168 (2004), 437, 446.

3. Die Ausführungspflicht und die Struktur des Beschlussmängelrechts

Das eigentliche Problem, dass sich bei anfechtbaren Hauptversammlungsbeschlüssen stellt, ist das Risiko, dass ein Gericht sie später für nichtig erklärt, also die schwebende Wirksamkeit zur endgültigen Unwirksamkeit wird. Sogar mit Rückwirkung: der für nichtig erklärte Beschluss ist von Anfang an nichtig.[602] An dieser Stelle zeigt sich, dass das Grundproblem der Ausführung rechtswidriger Beschlüsse eng mit der Struktur des geltenden Beschlussmängelrechts verknüpft ist und darin die Wurzel der hier untersuchten Schwierigkeiten liegt. Wären rechtswidrige Hauptversammlungsbeschlüsse stets nur mit Wirkung *ex nunc* vernichtbar, würden die geschilderten Schwierigkeiten im Umgang mit ihnen nicht bestehen. Da aber die Nichtigkeit stets von Anfang an besteht und die Anfechtbarkeit eine rückwirkende Nichtigerklärung ermöglicht, stellt sich das Problem, wie in der Zwischenzeit bis zur gerichtlichen Entscheidung mit dem rechtswidrigen Beschluss umzugehen ist.

Damit soll weder für noch gegen eine Änderung des Beschlussmängelrechts argumentiert werden. Hier interessiert nur, die Verbindung zwischen den Problemen aufzuzeigen. Ironischerweise wird das spezielle Problem der Ausführungspflicht durch den konzeptionellen Fortschritt des aktienrechtlichen Beschlussmängelrechts gegenüber anderen juristischen Personen noch verstärkt. Wenn ein rechtswidriger Beschluss, wie z.B. im Vereinsrecht, stets nichtig und unwirksam wäre,[603] würde daraus für die Ausführungspflicht folgen, dass die Nichtigkeit stets eine Ausführung verbietet. Das Unwirksamkeitsargument würde dann uneingeschränkt gelten.

Nun hat der Gesetzgeber aber im Aktienrecht eine komplexe Struktur des Beschlussmängelrechts entwickelt, die einen Ausgleich zwischen dem Interesse der Gesellschaft an Rechtssicherheit und dem allgemeinen Interesse an der Rechtmäßigkeit des Gesellschaftshandelns herbeiführen will.[604] Dem Interesse an Rechtssicherheit wird durch die Einschränkung der Nichtigkeitsgründe und die Befristung der Anfechtungsklage Rechnung getragen. Das allgemeine Interesse an der Rechtmäßigkeit der Beschlüsse verlangt hingegen, dass sich Rechtsmängel grundsätzlich ab Beschlussfassung auswirken.[605] Diese komplexe Struktur provoziert eine temporäre Unsicherheit, die der Gesetzgeber gesehen hat.[606] Bereits 1884 brachte er zum Ausdruck:

602 *Hüffer,* Komm. z. AktG, § 248 Rdn. 6.
603 Vgl. BGH NJW 2008, 69; *Schmidt,* AG 2009, 248, 253.
604 Vgl. *Schmidt,* AG 2009, 248, 250 ff.; *Habersack/Stilz,* ZGR 2010, 710, 711 ff.
605 Vgl. *Happ,* FS Hüffer, S. 293.
606 Vgl. Begründung zum Regierungsentwurf bei *Kropff,* Aktiengesetz, S. 331.

> „Die fortdauernde Ungewißheit über die Gültigkeit eines Beschlusses der Generalversammlung muß nothwendig zu einer Abschwächung der Verwaltung, kann sogar zu einem Stillstande derselben und einer völligen Zersetzung der Organisation führen.“[607]

Das ist *de lege lata* hinzunehmen und Grundlage für die weitere Untersuchung, wie dogmatisch korrekt mit rechtswidrigen Beschlüssen umzugehen ist.

Durch die gerichtliche Nichtigerklärung entfällt nachträglich nicht nur die Wirksamkeit der Ausführungspflicht, sondern auch die rechtliche Grundlage für die Ausführung des Beschlusses. Der Vorstand könnte bei wirksamen Ausführungshandlungen sein Handeln nicht mehr auf einen Beschluss der Hauptversammlung stützen. Darin könnte ein Verstoß gegen die Legalitätspflicht des Vorstands liegen. Auf diesen Gedanken ist näher einzugehen:

4. Zweite Grenze der Ausführungspflicht: Die kollidierende Legalitätspflicht des Vorstands

Wie sich gezeigt hat, ist § 93 Abs. 4 Satz 1 AktG nicht die geeignete dogmatische Basis, um die uneingeschränkt formulierte Ausführungspflicht auf gesetzmäßige Hauptversammlungsbeschlüsse zu begrenzen. Auch die eingeschränkte Wirksamkeit nichtiger und anfechtbarer Beschlüsse zeigt nur bei unheilbar nichtigen Beschlüssen eine klare Grenze der Ausführungspflicht auf; sobald auch nur ansatzweise eine Wirksamkeit der Ausführungshandlung möglich ist, versagt das Unwirksamkeitsargument. Es müssen folglich weitere Wege gesucht werden, um dogmatisch zwingende Grenzen der Ausführungspflicht zu ermitteln.

a. Inspiration durch den BGH

aa. Die Entscheidung BGH DVBl. 1959, 623

Der Schlüssel für die Lösung des Problems könnte in einer Entscheidung des BGH zur Amtshaftung nach § 839 BGB liegen.[608] Dem Urteil des BGH lag, soweit für die vorliegende Untersuchung relevant, folgender Sachverhalt zugrunde: Der Kläger benötigte eine behördliche Genehmigung für die Auflassung eines Grundstücks. Der zuständige Bürgermeister lehnte die Genehmigung zunächst ab, erteilte sie aber zwei Jahre später aufgrund einer rechtswidrigen Weisung der Aufsichtsbehörde. Im Amtshaftungsprozess ging es um die Prozesskosten, die dem Kläger infolge der unterschiedlichen behördlichen Verwaltungsakte entstanden waren.

---

607 Allgemeine Begründung des Gesetzes vom 7. März 1884 bei *Schubert/Hommelhoff*, ZGR Sonderheft 4, 1985, 467.

608 Vgl. BGH DVBl. 1959, 623, 623.

Auch wenn die Entscheidung des BGH nicht zum Aktienrecht erging, sind einige Passagen des Urteils zu Amtspflichten eines rechtswidrig angewiesenen Beamten für die vorliegende Untersuchung von Interesse:

> „[Die] Feststellung [der Amtspflichtverletzung] setzt voraus die Ermittlung des Pflichtenkreises [...]. Scheinbar legt [...] die Rechtsordnung [dem Beamten] hier die Pflicht auf, keinen rechtswidrigen VerwAkt zu setzen, und die Pflicht, der Weisung seiner Vorgesetzten nachzukommen. In Wahrheit hat die Rechtsordnung diesen Konflikt gelöst [...]: In gewissem Umfang gehört, soweit die Weisung reicht, die Nachprüfung der Rechtmäßigkeit des Inhalts der Weisung nicht mehr zu seinen Amtspflichten. Nur unter dieser Voraussetzung ist die Statuierung der im Interesse des Funktionierens der Verwaltung erforderlichen Pflicht, daß der Beamte den Weisungen seiner vorgesetzten Behörden ungesäumt nachzukommen hat, rechtsstaatlich vertretbar, innerlich gerechtfertigt und für den Beamten tragbar. Er, der gar nicht anders handeln darf, als er gehandelt hat, wenn er der Weisung nachkam, hat keine seiner Amtspflichten verletzt; ihn nur zu „entschuldigen", ist auch deshalb unzureichend, weil damit die – unrichtige – Vorstellung verbunden wäre, daß der ‚vorbildliche, ideale' Beamte richtigerweise anders gehandelt hätte. Das Problem liegt also in der Abgrenzung der Verantwortlichkeit zwischen der anweisenden Behörde und dem angewiesenen Beamten."[609]

Die Entscheidung zum Amtshaftungsrecht kann nicht unmittelbar auf die Ausführungspflicht übertragen werden. Der – gemäß § 76 AktG eigenverantwortliche – Vorstand ist kein Amtsträger, der seinerseits der Fach- und Rechtsaufsicht unterliegt. Wie oben dargelegt,[610] gibt es aber rechtstechnische Parallelen der Ausführungspflicht zur Weisungsabhängigkeit, weshalb Gedanken, die bei der Weisungsabhängigkeit eine Rolle spielen, auch für ähnlich gelagerte Probleme der Ausführungspflicht fruchtbar gemacht werden können. Denn im Bereich der Beschlussausführung ist, wie oben aufgezeigt wurde, die Unabhängigkeit des Vorstands beschränkt; er ist in diesem Bereich vielmehr nur hierarchisch der Hauptversammlung untergeordnet und grundsätzlich strikt zur Beschlussausführung verpflichtet. Insoweit findet sich eine Parallele zwischen Vorstand und Amtsträger in der gemeinsamen Pflicht, fremde Willensbildungen umzusetzen.

Von Interesse an der Entscheidung des BGH ist zunächst die Unterscheidung der Pflicht zur Befolgung von Weisungen und der Pflicht zur Rechtmäßigkeitskontrolle. Der BGH begrenzt nicht die Pflicht zur Befolgung von Weisungen auf gesetzmäßige Weisungen, sondern lässt die Weisungsabhängigkeit unbegrenzt und fragt, welche Pflichten den Beamte neben der Weisungsabhängigkeit treffen. Der Blick des BGH führt damit weg von der Weisung hin zur Frage nach dem Umfang kollidierender Pflichten. Dieser Gedanke lässt sich auch auf

609 BGH DVBl. 1959, 623, f.

610 Siehe Kapitel 1:IV.

die Ausführungspflicht übertragen: statt bei den Hauptversammlungsbeschlüssen und ihrer Gesetzmäßigkeit anzusetzen, erscheint es sinnvoll zu fragen, welche Pflichten den Vorstands neben der Ausführungspflicht treffen und welchen Umfang sie haben. Mit den Worten des BGH: gehört die Nachprüfung des Inhalts des Hauptversammlungsbeschlusses zu den Amtspflichten des Vorstands?

Der BGH deutet eine weitere Unterscheidung an, die ebenfalls für die Ausführungspflicht fruchtbar gemacht werden kann. Dem BGH zufolge liegt das Problem in der Abgrenzung der Verantwortlichkeit zwischen der anweisenden Behörde und dem angewiesenen Beamten. Und auch bei der Ausführung rechtswidriger Hauptversammlungsbeschlüsse muss festgestellt werden, dass es die Hauptversammlung ist, die rechtswidrig handelt, nicht der Vorstand. Mit der von der h.M. postulierten Begrenzung der Ausführungspflicht auf gesetzmäßige Beschlüsse[611] wird der Vorstand jedoch akzessorisch an die Rechtmäßigkeit des Handelns der Hauptversammlung gebunden. Einen rechtmäßigen Beschluss soll er ausführen müssen, einen rechtswidrigen Beschluss nicht ausführen dürfen – unabhängig davon, ob der Vorstand die Rechtmäßigkeit bzw. Rechtswidrigkeit erkennen kann. Überspitzt ließe sich formulieren, dass der Vorstand als Konsequenz der h.M. eine Garantie für die Rechtmäßigkeit des Hauptversammlungsbeschlusses, den er ausführt, abgibt.

bb. Einwendungen gegen BGH DVBl. 1959, 623

Es soll nicht verschwiegen werden, dass die Entscheidung des BGH Kritik in der Literatur erntete. *Arndt* widersprach den Ausführungen des BGH; er nahm an, dass die rechtswidrige Weisung das Handeln des Angewiesenen nicht rechtmäßig machen, sondern nur dessen schuldloses Handeln bewirke.[612] Die Amtspflichten des Beamten beschränkten sich nicht auf das Verhältnis zum Dienstherren, sondern ergäben sich in erster Linie aus der allgemeinen, für jedermann geltenden Rechtsordnung. Der Beamte müsse jederzeit die Gesetze achten und sei für die Gesetzmäßigkeit seiner Amtshandlungen verantwortlich. Der Beamte stehe bei rechtswidrigen Weisungen in verschiedenen Pflichtenkreisen. Es läge ein echter Fall der Pflichtenkollision vor.

Der Streit zum Amtshaftungsrecht muss hier nicht entschieden werden. Bedeutsamer ist, dass auch die Einwände von *Arndt* auf die Ausführungspflicht übertragen werden können und noch weiter zum Kern des Problems führen. Auch *Arndt* unterscheidet zwischen der Pflicht zur Befolgung von Weisungen und der Pflicht zur Beachtung der Rechtsordnung. Er sieht indes einen größeren Umfang der Pflicht zur Beachtung der Rechtsordnung, weshalb er eine Pflich-

611 Siehe II.3.

612 *Arndt,* DVBl. 1959, 624, f.

tenkollision annimmt und die Frage hierüber löst. Ebenso stellen sich bei der Ausführungspflicht die Fragen, ob eine Pflichtenkollision anzunehmen ist und ob einzelnen kollidierenden Pflichten der Vorrang gebührt.

b. Die Entscheidung BGHZ 110, 323

Die Überlegung in BGH DVBl. 1959, 623, dass zwischen Befolgungspflicht und Rechtmäßigkeitskontrolle unterschieden werden müsse, findet sich auch in einer Entscheidung des BGH zum Vereinsrecht. In einem *obiter dictum* schränkte der BGH darin die persönliche Haftung der Mitglieder eines Vereinsvorstands für Verletzungen von Mitgliedschaftsrechten ein:

> „Für Vereinsorgane kommt eine solche Haftung allerdings grundsätzlich nur dann in Betracht, wenn sie bei der schädigenden Handlung nicht ausschließlich in Vollzug sie bindender Mehrheitsentscheidungen der insbesondere auch durch die Mitgliederversammlung verkörperten Gesamtheit der Mitglieder gehandelt haben. Insofern überlagert ihre Stellung als ausführende Organe der Mitgliederversammlung ihre persönliche Verantwortlichkeit für ihr Handeln. Es wäre im Regelfall unvertretbar und auch mit der vereinsinternen Zuständigkeitsordnung nicht vereinbar, den Vereinsvorständen bei Sanktion der unbeschränkten persönlichen Haftung die generelle Verpflichtung zur Rechtmäßigkeitskontrolle von Beschlüssen der Mitgliederversammlung aufzuerlegen.“[613]

Nachfolgend soll versucht werden, diesen Gedanken des BGH, dass Befolgungspflicht und Rechtmäßigkeitskontrollpflicht zu unterscheiden sind, auf das Aktienrecht zu übertragen.

5. Die Kollision zwischen Legalitätspflicht und Ausführungspflicht

Dem Vorstand einer Aktiengesellschaft werden neben der Ausführungspflicht noch weitere Pflichten auferlegt: Er muss – wie aus § 82 Abs. 2 AktG folgt – auf die Einhaltung der aktienrechtlichen Kompetenzordnung achten[614] und außerdem – wie auch Ziff. 4.1.3 des DCGK zum Ausdruck bringt – sämtliche Rechtsvorschriften einhalten, die die Aktiengesellschaft als Rechtsobjekt treffen.[615] Diese Pflichten werden verbreitet als „Legalitätspflicht“ bezeichnet.[616]

---

613 BGHZ 110, 323, 335 („Schärenkreuzer“).

614 Vgl. OLG Frankfurt am Main ZIP 2011, 2008, 2009.

615 BGHZ 133, 370; BGHZ 125, 366 (jeweils für die GmbH); *Spindler*, in: Münchener Komm. z. AktG, § 93 Rdn. 64; *Krieger/Sailer-Coceani*, in: Schmidt/Lutter, Komm. z. AktG, § 93 Rdn. 6; *Fleischer*, in: Spindler/Stilz, Komm. z. AktG, § 93 Rdn. 23; *Wiesner*, in: Münchener Handbuch GesR, Bd. 4, § 25 Rdn. 4; *Hauschka,* AG 2004, 461, 465.

616 Vgl. *Spindler*, in: Münchener Komm. z. AktG, § 93 Rdn. 63; *Fleischer*, in: Spindler/Stilz, Komm. z. AktG, § 93 Rdn. 14; *Hauschka,* AG 2004, 461, 465; *Fleischer,* ZIP 2005, 141.

Bei rechtmäßigen Hauptversammlungsbeschlüssen laufen die Ausführungspflicht und die Legalitätspflicht parallel: die Legalitätspflicht gebietet die Beachtung von § 83 Abs. 2 AktG und damit die Ausführung gesetzmäßiger Beschlüsse. Wenn ein von der Hauptversammlung gefasster Beschluss jedoch rechtswidrig ist, gerät die Legalitätspflicht mit der Ausführungspflicht in Konflikt. Es kommt zu einem Verstoß gegen die Kompetenzordnung in der Aktiengesellschaft, wenn der Vorstand eine Maßnahme ausführt, die nur von der Hauptversammlung beschlossen werden kann, der zugrunde liegende Hauptversammlungsbeschluss aber aufgrund einer erfolgreichen Anfechtungsklage für nichtig erklärt wird. Der Vorstand hat dann *ultra vires* gehandelt.

Denkbar ist auch, dass der Inhalt des Hauptversammlungsbeschlusses den Vorstand zu einem rechtswidrigen Handeln im Außenverhältnis zwingt, ohne dass der Rechtsverstoß zugleich die Nichtigkeit begründet. In diesem Fall wäre der Beschluss zunächst ebenfalls anfechtbar und könnte für nichtig erklärt werden, mit der Folge, dass bei einer vorherigen Ausführung ebenfalls ein Verstoß gegen die Kompetenzordnung vorliegen würde. Wird der Beschluss jedoch nicht angefochten und damit bestandskräftig, könnte es im Außenverhältnis gleichwohl zu einem rechtswidrigen Handeln kommen. Der Konflikt zwischen Legalitätspflicht und Ausführungspflicht hätte dann eine andere Gestalt.

In beiden Konstellationen befindet sich der Vorstand in einer rechtlichen Konfliktsituation, in der er eine Pflicht gegenüber der Gesellschaft nur durch gleichzeitige Verletzung einer anderen Pflicht erfüllen kann – dem typischen Fall einer Pflichtenkollision.[617] Das von der Literatur[618] beschworene Pflichtendilemma besteht deshalb – und es kann nicht dadurch umgangen werden, dass die Ausführungspflicht mittels § 93 Abs. 4 Satz 1 AktG auf gesetzmäßige Beschlüsse reduziert wird. Vielmehr ist zu fragen, wie die Pflichtenkollision gelöst werden kann. Hierzu ist im weiteren Verlauf der Untersuchung ein dogmatisches Konzept für den Umfang mit einer Pflichtenkollision zu erarbeiten.[619] Zuvor aber muss der Konflikt mit der Legalitätspflicht noch näher beleuchtet werden.

IV. Der Konflikt mit der Legalitätspflicht

Die bisherige Suche nach inhärenten Grenzen der Ausführungspflicht hat (i) gezeigt, dass entgegen der h.M. § 93 Abs. 4 Satz 1 AktG nicht genügt, um die Ausführungspflicht auf gesetzmäßige Beschlüsse zu beschränken, dass (ii) das Unwirksamkeitsargument bei heilbar nichtigen sowie bei anfechtbaren Be-

617 Vgl. *Schneider,* NZG 2009, 1413, 1415.

618 Siehe Fn. 517.

619 Siehe unten VI.

schlüssen versagt und (iii) zu der Annahme geführt, dass die inhärente Grenze im Konflikt mit der Legalitätspflicht liegen könnte.

Mit der Feststellung, dass die Ausführungspflicht in Konflikt mit der Legalitätspflicht geraten kann, kann es jedoch kein Bewenden haben. Es gilt vielmehr, den Konflikt näher zu umreißen, um zu erkennen, in welchen Fällen er besteht und in welchen nicht. Unterstellt z.B., die Legalitätspflicht würde vom Vorstand stets verlangen, dass er eine Anfechtungsklage gegen einen rechtswidrigen Beschluss erhebt, so läge der Konflikt viel häufiger vor, als wenn der Vorstand die Anfechtungsfrist verstreichen lassen dürfte. Die Reichweite des Konflikts hat folglich Einfluss auf die inhärente Grenze der Ausführungspflicht.

1. Die zwei Seiten der Legalitätspflicht

Es wird einhellig postuliert, dass der Vorstand einer Aktiengesellschaft der Legalitätspflicht unterliegt.[620] Diese These verwundert auf den ersten Blick nicht, liegt es in einem Rechtsstaat doch nahe, dass sich Bürger und Unternehmen an Recht und Gesetz halten.[621] Dass eine Aktiengesellschaft die an die Gesellschaft adressierten Vorschriften, ein Vorstand die an den Vorstand adressierten Vorschriften und eine Hauptversammlung die an die Hauptversammlung adressierten Vorschriften beachten muss, ergibt sich unmittelbar aus der jeweils anwendbaren Vorschrift. Die Befolgung der an einen selbst gerichteten Vorschriften macht aber nur einen Teil der Legalitätspflicht aus. Weniger deutlich ist es – und darin liegt der eigentliche Kern des Problems –, wenn es nicht darum geht, die einem selbst obliegenden Pflichten einzuhalten, sondern darum, sicherzustellen, dass Dritte die an sie gerichtete Vorschriften einhalten.

Der Deutsche Corporate Governance Kodex fixiert nur diesen zweiten Teil der Legalitätspflicht. Nach Ziffer 4.1.3 DCGK hat der Vorstand für die Einhal-

620 So etwa BGHZ 133, 370, 375 (zur GmbH); *Mertens*, in: Kölner Komm. z. AktG, 2. Aufl., § 93 Rdn. 30 ff.; *Hopt*, in: Großkomm. z. AktG, § 93 Rdn. 98, 107; *Spindler*, in: Münchener Komm. z. AktG, § 93 Rdn. 63 f.; *Hüffer*, Komm. z. AktG, § 93 Rdn. 4; *Krieger/Sailer-Coceani*, in: Schmidt/Lutter, Komm. z. AktG, § 93 Rdn. 6; *Fleischer*, in: Spindler/Stilz, Komm. z. AktG, § 93 Rdn. 15 ff.; *Peltzer*, in: Semler/Peltzer, Arbeitshandbuch für Vorstandsmitglieder, § 9 Rdn. 10; *Wiesner*, in: Münchener Handbuch GesR, Bd. 4, § 25 Rdn. 7 f.; *Liebscher*, in: Beck'sches Handbuch der AG, § 6 Rdn. 120; *Bayer*, FS Karsten Schmidt, S. 85, 88 ff.; *Paefgen*, Rechtsbindung, S. 17 ff.; *Fleischer*, ZIP 2005, 141; *Spindler*, FS Canaris, S. 403, 412; *Thole*, ZHR 173 (2009), 504, 505; *Habersack*, FS Schneider, S. 429.

621 Vgl. *Spindler*, in: Münchener Komm. z. AktG, § 93 Rdn. 63; *Krieger/Sailer-Coceani*, in: Schmidt/Lutter, Komm. z. AktG, § 93 Rdn. 6; *Fleischer*, in: Spindler/Stilz, Komm. z. AktG, § 93 Rdn. 15; *Habersack*, FS Schneider, S. 429, 431 f.; das Problem „nützlicher Pflichtverletzungen“ soll an dieser Stelle außen vor gelassen werden.

tung der gesetzlichen Bestimmungen „zu sorgen“ und auf deren Beachtung durch die Konzernunternehmen „einzuwirken“. Bemerkenswert sind die verwendeten Verben. Es geht nicht um die ausnahmslose Beachtung der gesetzlichen Bestimmungen, sondern um Handlungspflichten. Den Vorstand treffen nicht die Pflichten aus den gesetzlichen Bestimmungen, sondern davon abstrahierte Sorgfaltspflichten. Die Sorgfaltspflichten haben auch nicht die Beachtung der gesetzlichen Bestimmungen zum unmittelbaren Gegenstand, sondern eine Verhaltenssteuerung bei den unmittelbar den gesetzlichen Bestimmungen ausgesetzten Personen. Hierin liegt auch die Wurzel der in Mode gekommenen Compliance-Diskussion,[622] die gar nicht auf die unmittelbare Beachtung der anwendbaren Vorschriften zielt, sondern auf die Einrichtung einer Organisation, die Gesetzesverstöße so weit als möglich verhindert – und damit auf Verhaltenssteuerung.

In der Literatur wird diese Unterscheidung vereinzelt mit dem Begriffspaar Legalitätspflicht – Legalitätskontrollpflicht gespiegelt.[623] Das Begriffspaar erlaubt zwar die Kennzeichnung des Problems mit Schlagwörtern, führt aber in der Sache nicht weiter. Denn auch wenn Ziffer 4.1.3 DCGK den Charakter der Vorstandspflichten zutreffend beschreibt, besagt sie damit noch nichts über den Geltungsgrund, Inhalt und Umfang der Sorgfaltspflicht. Fest steht nur, dass das klare Terrain der Legalitätspflicht – „ausnahmslose Befolgung der gesetzlichen Bestimmungen“ – verlassen ist und nicht für die Legalitätskontrollpflicht gelten kann: wäre der Vorstand verpflichtet, jeden Gesetzesverstoß von Mitarbeitern oder anderen Organen zu verhindern, käme dies einer Garantiehaftung gleich, die mit dem geltenden Haftungssystem des § 93 Abs. 2 AktG nicht zu vereinen wäre. Selbst wenn der Vorstand noch so oft zur Befolgung von Recht und Gesetz mahnt, kann nicht ausgeschlossen werden, dass ein Mitarbeiter gleichwohl, und sei es nur leicht fahrlässig, gegen gesetzliche Bestimmungen verstößt.

Woraus ergibt sich nun die Verantwortung des Vorstands für das rechtmäßige Verhalten Dritter? *Habersack* hat kürzlich den Versuch unternommen, die aktienrechtliche Legalitätspflicht dogmatisch herzuleiten.[624] Er musste dabei feststellen, dass sich im AktG keine greifbaren Anhaltspunkte für das Bestehen einer umfassenden Legalitätspflicht finden.[625] Da auch er keinem *„efficient breach of law“* das Wort reden wollte, musste er auf allgemeine Erwägungen zurückgreifen: neben dem Allgemeininteresse an Regelbefolgung und der Überlegung, dass die juristische Person im Allgemeinen und im Zusammenhang mit

---

622 Vgl. *Thole,* ZHR 173 (2009), 504, 510.

623 Vgl. *Thole,* ZHR 173 (2009), 504, 509 f.

624 Vgl. *Habersack,* FS Schneider, S. 429, 432 ff.

625 Vgl. *Habersack,* FS Schneider, S. 429, 434.

der Regelbefolgung auf das Handeln natürlicher Personen angewiesen ist, insbesondere auf Überlegungen generalpräventiver Art.[626] Nicht viel dogmatischer ist es, wenn die h.M. die Legalitätspflicht in der Sorgfalt eines ordentlichen und gewissenhaften Geschäftsleiters verankert sieht.[627]

Für die vorliegende Untersuchung kommen noch zwei besondere Aspekte hinzu. Anders als in der üblichen Compliance-Diskussion geht es hier nicht um das rechtmäßige Handeln nachgeordneter Mitarbeiter, sondern um das rechtmäßige Handeln eines anderen Gesellschaftsorgans. Während bei Mitarbeitern die Hierarchie eindeutig ist, berührt eine – vorerst unterstellte – Pflicht des Vorstands, die Rechtmäßigkeit des Hauptversammlungshandelns zu überwachen, unmittelbar die Gewaltenteilung zwischen den Organen. Schließlich ist zu berücksichtigen, dass das AktG mit den §§ 241 ff. AktG ein eigenes System für die Beurteilung enthält, welche Auswirkungen Verstöße gegen Gesetz und Satzung auf Beschlüsse der Hauptversammlung haben. Diese Aspekte verlangen eine nähere Betrachtung der Fälle, in denen die Legalitätspflicht verletzt ist.

2. Verletzung der Legalitätspflicht

a. Ausführungshandlung ohne Beschlussgrundlage

Noch relativ einfach ist die Herleitung eines Verstoßes gegen die Legalitätspflicht, wenn der Vorstand durch sein Handeln gegen die Kompetenzordnung innerhalb der Aktiengesellschaft verstößt.[628] Hier geht es um unmittelbar den Vorstand treffende Pflichten, die ihre rechtliche Basis in § 82 Abs. 2 AktG haben.[629] Danach stellen die Kompetenzen der anderen Organe Grenzen für das Vorstandshandeln auf.[630] Wenn der Vorstand eine Maßnahme ergreift, die in den Kompetenzbereich der Hauptversammlung fällt, muss sein Handeln von einem entsprechenden Beschluss gedeckt sein. Ist der Beschluss hingegen nichtig oder wird er aufgrund einer erfolgreichen Anfechtungsklage für nichtig erklärt, liegt eine Situation vor, in der der Vorstand keine Legitimationsgrundlage für sein Handeln im Hoheitsbereich der Hauptversammlung hat – und damit ein Verstoß gegen die aktienrechtliche Kompetenzordnung.

---

626 Vgl. *Habersack,* FS Schneider, S. 429, 435.

627 Vgl. *Fleischer*, in: Spindler/Stilz, Komm. z. AktG, § 93 Rdn. 12; *Krieger/Sailer-Coceani*, in: Schmidt/Lutter, Komm. z. AktG, § 93 Rdn. 6; *Thole,* ZHR 173 (2009), 504, 509; *Brand/Sperling,* AG 2011, 233, 234.

628 *Fleischer*, in: Spindler/Stilz, Komm. z. AktG, § 93 Rdn. 20; *Paefgen,* Rechtsbindung, S. 18 f.

629 Vgl. *Fleischer*, in: Spindler/Stilz, Komm. z. AktG, § 93 Rdn. 20; *Spindler*, in: Münchener Komm. z. AktG, § 93 Rdn. 63; *Fleischer,* ZIP 2005, 141, 142 f.

630 Siehe Kapitel 1:III.2.

b. Unterlassene Beschlussausführung

Umgekehrt besteht ebenfalls ein Verstoß gegen die aktienrechtliche Binnenpflichten, wenn der Vorstand seiner Ausführungspflicht aus § 83 Abs. 2 AktG nicht nachkommt.[631] Dies ist ein heikler Punkt. Die h.M. begrenzt die Ausführungspflicht auf gesetzmäßige Beschlüsse.[632] Unterstellt, sie würde damit falsch liegen und die Ausführungspflicht richtigerweise auch bei anfechtbaren Beschlüssen bestehen, würde die Nichtausführung eines anfechtbaren Beschlusses einen Verstoß gegen die Legalitätspflicht bedeuten.[633] Der Vorstand bewegt sich folglich auf einem sehr schmalen Grad, will er Pflichtverletzungen im Zusammenhang mit der Ausführungspflicht vermeiden.

3. Kein Kompetenzverstoß bei Ausführung bestandskräftiger und geheilter Beschlüsse

Die Feststellung, dass bei anfechtbaren bzw. nichtigen Beschlüssen ein Kompetenzverstoß droht, wird durch § 246 Abs. 1 AktG relativiert, wonach die Anfechtungsklage innerhalb eines Monats nach Beschlussfassung erhoben werden muss. Die Anfechtung kann außerdem nicht mehr geltend gemacht werden, wenn die Hauptversammlung den anfechtbaren Beschluss gemäß § 244 Satz 1 AktG durch einen neuen Beschluss bestätigt. Ähnlich gibt es mit § 242 AktG Fälle, in denen die Nichtigkeit eines Hauptversammlungsbeschluss nicht mehr geltend gemacht werden kann. Ferner sind in diese Reihe die §§ 253 Abs. 1 Satz 2 und § 256 Abs. 6 AktG zu stellen, die ebenfalls Situationen vorsehen, in denen die Nichtigkeit bzw. die Anfechtbarkeit eines Hauptversammlungsbeschlusses nicht mehr geltend gemacht werden kann.[634]

Es stellt sich folglich die Frage, wie sich diese Vorschriften auf die Legalitätspflicht des Vorstands auswirken. Mit dieser Frage schließt sich der Kreis zu der von der h.M. geführten Diskussion, ob die Heilung nichtiger Beschlüsse bzw. der Ablauf der Anfechtungsfrist zu gesetzmäßigen Beschlüssen i.S.v. § 93 Abs. 4 Satz 1 AktG führt, die einer Ausführungspflicht nicht entgegenstehen. Auf beide Fragen ist näher einzugehen:

---

631 Vgl. *Paefgen,* Rechtsbindung, S. 21 ff.

632 Siehe II.3.

633 Vgl. LG München I ZIP 2007, 1809, 1814 („HVB"), wonach die Erhebung eines Anfechtungsklage nicht zur Suspendierung der Ausführungspflicht führt.

634 Ähnliche Vorschriften finden sich auch außerhalb des AktG, z.B. § 20 Abs. 1 Nr. 4, Abs. 2 UmwG.

a. Ablauf der Anfechtungsfrist ohne Klage

Durch den Ablauf der Anfechtungsfrist werden anfechtbare Beschlüsse unanfechtbar.[635] Die Anfechtungsfrist wird fast durchweg als materiell-rechtliche Präklusionsfrist gesehen, was zur Folge hat, dass eine verfristete Klage nicht als unzulässig, sondern als unbegründet abgewiesen werden muss.[636] Aus der Unanfechtbarkeit folgert die h.M., dass der Ablauf der Anfechtungsfrist einen Beschluss gesetzmäßig i.S.v. § 93 Abs. 4 Satz 1 AktG macht und die Anfechtbarkeit der Ausführungspflicht nicht mehr entgegensteht.[637]

Gleichwohl soll der anfechtbare Beschluss auch nach Ablauf der Anfechtungsfrist rechtswidrig bleiben.[638] Als Konsequenz wird dem Registerrichter die Möglichkeit eröffnet, die Eintragung eines anfechtbaren, aber nicht angefochtenen Beschlusses auch nach Ablauf der Anfechtungsfrist zu verweigern.[639] Weitergehend folgert *Heidel* aus der fortdauernden Rechtswidrigkeit, dass der Vorstand anfechtbare Beschlüsse selbst nach Ablauf der Anfechtungsfrist nicht ausführen dürfe, da die §§ 83 Abs. 2, 93 Abs. 4 Satz 1 AktG gesetzmäßige Beschlüsse voraussetzten.[640] Ähnlich verneint *Golling* die Ausführungspflicht nach Ablauf der Anfechtungsfrist, wenn anfechtbare, aber bestandskräftige Beschlüsse Schädigungen der Gesellschaft auslösen können.[641]

Die Meinungsverschiedenheiten brauchen vorerst nicht geklärt zu werden. Denn unstreitig wird durch den Ablauf der Anfechtungsfrist aus einem schwebend wirksamen Beschluss ein endgültig wirksamer Beschluss, weshalb keine Situation eintreten kann, in der eine Ausführungshandlung des Vorstands nicht von einem wirksamen Hauptversammlungsbeschluss getragen wird. Selbst wenn man den Registerrichter für befugt hält, die Eintragung eines anfechtbaren, aber nicht angefochtenen Beschlusses abzulehnen, könnte es nicht zu einem Kompe-

---

635 *Spindler*, in: Münchener Komm. z. AktG, § 93 Rdn. 208.

636 Ganz h.M., vgl. nur BGHZ 172, 136; *Hüffer,* Komm. z. AktG, § 246 Rdn. 20 f.; *Dörr*, in: Spindler/Stilz, Komm. z. AktG, § 246 Rdn. 12, 21; *Semler*, in: Münchener Handbuch GesR, Bd. 4, § 41 Rdn. 72; a.A. *Schwab,* in: Schmidt/Lutter, Komm. z. AktG, § 246 Rdn. 4.

637 Vgl. *Spindler*, in: Münchener Komm. z. AktG, § 93 Rdn. 208; *Hüffer,* Komm. z. AktG, § 93 Rdn. 25; *Hefermehl,* FS Schilling, S. 159, 166 ff.; *Canaris,* ZGR 1978, 207, 212; *Martens,* FS Beusch, S. 529, 533; *Haertlein,* ZHR 168 (2004), 437, 441; *Fleischer,* BB 2005, 2025, 2027 f.

638 *Hüffer,* Komm. z. AktG, § 243 Rdn. 48, 56.

639 *Würthwein*, in: Spindler/Stilz, Komm. z. AktG, § 243 Rdn. 19.

640 *Heidel*, in: Heidel, Komm. z. Aktienrecht, § 243 Rdn. 40; widersprüchlich dazu aber *Heidel*, in: Heidel, Komm. z. Aktienrecht, § 246 Rdn. 23; *Landwehrmann*, in: Heidel, Komm. z. Aktienrecht, § 93 Rdn. 133.

641 *Golling,* Sorgfaltspflicht, S. 81 ff.

tenzverstoß kommen, da in einem solchen Fall die Ausführung des Beschlusses vom Registerrichter unterbunden wird.

Vom möglichen Kompetenzverstoß ist die Frage zu unterscheiden, ob der Vorstand aus der fortdauernden Rechtswidrigkeit des nicht mehr anfechtbaren Beschlusses Konsequenzen ziehen muss – ähnlich wie der Registerrichter. Denkbar ist hier z.B., dass er aufgrund der Legalitätspflicht den Eintritt der Bestandskraft verhindern muss. Dann aber bestünde der Verstoß gegen die Legalitätspflicht nicht im Kompetenzverstoß, sondern in einem anderen Aspekt der Legalitätspflicht. Auf diese Frage wird noch einzugehen sein.[642]

b. Bestandskräftiger Bestätigungsbeschluss

Auch beim Bestätigungsbeschluss gemäß § 244 Satz 1 AktG kommt es regelmäßig nicht zu einem Kompetenzverstoß. Zwar tritt die materielle Heilungswirkung nach h.M. nur *ex nunc* ein,[643] de facto kommt es aber doch zu einer Rückwirkung, da sich die anfänglich schwebende Wirksamkeit des anfechtbaren Beschlusses aufgrund des bestandskräftigen Bestätigungsbeschlusses in eine dauerhafte Wirksamkeit wandelt.[644]

Eine Ausnahme ist nur insoweit zu machen, als ein Gericht nach § 244 Satz 2 AktG den anfechtbaren Beschluss für die Zeit bis zum Bestätigungsbeschluss für nichtig erklärt. Dann läge ein temporär begrenzter Kompetenzverstoß vor, wenn der Beschluss bereits zuvor ausgeführt wurde.

c. Heilung nichtiger Beschlüsse

Zu einem temporären Kompetenzverstoß könnte es auch kommen, wenn ein nichtiger Beschluss ausgeführt, aber später geheilt wird. Dies hängt maßgeblich von der umstrittenen Frage ab, welche Wirkungen der § 242 AktG und die ihm verwandten Vorschriften[645] entfalten.

aa. Der Meinungsstreit über die Heilungswirkung

Nach der vor allem früher vertretenen Ansicht, dass § 242 Abs. 2 Satz 1 AktG nur den Kreis derjenigen, die die Nichtigkeit geltend machen können, auf das Handelsregister beschränkt, bliebe der Beschluss im Zwischenzeitraum nich-

---

642 Siehe unten 5.

643 Vgl. *Hüffer,* Komm. z. AktG, § 244 Rdn. 6; *Würthwein*, in: Spindler/Stilz, Komm. z. AktG, § 244 Rdn. 6; *Semler*, in: Münchener Handbuch GesR, Bd. 4, § 41 Rdn. 42.

644 *Würthwein*, in: Spindler/Stilz, Komm. z. AktG, § 244 Rdn. 7.

645 Zur Heilung eines Gewinnverwendungsbeschlusses durch Heilung des nichtigen Jahresabschlusses gemäß §§ 253, 256 AktG siehe *Haertlein,* ZHR 168 (2004), 437, 440 f.

tig.[646] Dann käme es zu einem Kompetenzverstoß, wenn der Vorstand den Beschluss vor Eintritt der Heilung ausführt – der temporär wäre, wenn später Heilung eintritt, und endgültig, wenn Heilung ausbleibt.

Die heute h.M. und auch die Rechtsprechung[647] haben hingegen ein weitergehendes Verständnis der Heilungswirkung: Ihnen zufolge kommt es aufgrund der Heilung zu einer rückwirkenden Beseitigung des Nichtigkeitsgrunds und zu einem Wirksamwerden des Beschlusses ab dem Zeitpunkt der Eintragung im Handelsregister.[648] Dementsprechend werten sie einen geheilten Beschluss als gesetzmäßig i.S.v. § 93 Abs. 4 Satz 1 AktG und bejahen eine Ausführungspflicht ab dem Zeitpunkt des Heilungseintritts.[649]

Trotz Heilung mit Rückwirkung für die Vergangenheit hält *Emde* es für möglich, die Nichtigkeit mit Restitutionsansprüchen geltend zu machen und erneut eine Änderung der Rechtslage herbeizuführen.[650]

Die heute h.M. hätte zur Konsequenz, dass ein Kompetenzverstoß zu verneinen wäre, wenn der Vorstand einen nichtigen Beschluss zum Handelsregister anmeldet und der Beschluss später geheilt wird. Gleichwohl besteht bis zur Heilung der Nichtigkeit das Risiko, dass die Nichtigkeit gerichtlich festgestellt und der Eintritt der Heilung verhindert wird. Wie hoch das Risiko ist, hängt maßgeblich davon ab, ob zwischen Eintragung und Heilung ein bestimmter Zeitraum vergehen muss. In den Fällen des § 242 Abs. 1 AktG besteht dieses Risiko nicht, da die Heilungswirkung unmittelbar mit der Eintragung eintritt. Anders ist das Risiko in den Fällen des § 242 Abs. 2 AktG zu bewerten, bei denen nicht nur

646 So etwa *Schlegelberger/Quassowski,* Aktiengesetz, § 196 Anm. 3; *Mestmäcker,* BB 1961, 945, 947 f.; *Hefermehl,* FS Schilling, S. 159, 168 f. und aus der neueren Literatur *Cahn,* JZ 1997, 8, 11.

647 BGHZ 157, 206, 210.

648 So etwa *Hüffer,* Komm. z. AktG, § 242 Rdn. 7; *Schwab*, in: Schmidt/Lutter, Komm. z. AktG, § 242 Rdn. 14 f.; *Semler*, in: Münchener Handbuch GesR, Bd. 4, § 41 Rdn. 39; *Fleischer,* BB 2005, 2025, 2027 f.; *Casper*, in: Spindler/Stilz, Komm. z. AktG, § 242 Rdn. 12 f.; ausführlich *Casper,* Heilung nichtiger Beschlüsse, S. 145 ff.

649 Vgl. *Hopt*, in: Großkomm. z. AktG, § 93 Rdn. 318 ff.; *Hüffer,* Komm. z. AktG, § 93 Rdn. 25, § 242 Rdn. 7; *Fleischer*, in: Spindler/Stilz, Komm. z. AktG, § 93 Rdn. 270; *Krieger/Sailer-Coceani*, in: Schmidt/Lutter, Komm. z. AktG, § 93 Rdn. 48; *Semler*, in: Münchener Handbuch GesR, Bd. 4, § 41 Rdn. 39; *Fleischer,* BB 2005, 2025, 2027; *Casper*, in: Spindler/Stilz, Komm. z. AktG, § 242 Rdn. 16 f.; differenzierend *Schwab*, in: Schmidt/Lutter, Komm. z. AktG, § 242 Rdn. 16 f.; ausführlich *Casper,* Heilung nichtiger Beschlüsse, S. 174 ff.

650 *Emde,* ZIP 2000, 1753, 1756 ff.

drei Jahre Zeit für eine Nichtigkeitsklage besteht, sondern auch ein Amtslöschungsverfahren möglich ist.[651]

bb. Stellungnahme

Die Argumente der h.M. überzeugen, nicht nur im Hinblick auf die materiell-rechtliche Änderung der Rechtslage, sondern auch im Hinblick auf die Rückwirkung. Zwar lassen sich aus dem Wortlaut des § 242 AktG für beide Seiten Argumente finden: der Begriff „Heilung" spricht für die materiell-rechtliche Beseitigung von Fehlern, wohingegen die Wendung „kann nicht mehr geltend gemacht werden" eher zur Verkleinerung des Klägerkreises tendiert. Entscheidend ist aber der Normzweck. Mit der Heilung sollen Rechtssicherheit und Rechtsklarheit für alle geschaffen werden.[652] Dieser Normzweck würde vereitelt, wenn es nach Eintritt der Heilung über Seitenwege möglich wäre, die Wirksamkeit des geheilten Beschlusses infrage zu stellen.[653] Denkbar wäre zum einen ein erneutes Aufleben der Diskussion, ob der Vorstand auch nach Eintritt der Heilung die Nichtigkeit des auszuführenden Beschlusses prüfen müsste. Zum anderen könnte die Diskussion aufkommen, dass eine Nichtigkeit vor Heilung zu Schadensersatz- und Restitutionsansprüchen führt. Um endgültig Klarheit für alle Beteiligten zu schaffen, ist eine materiell-rechtliche und rückwirkende Änderung der Rechtslage erforderlich.[654]

Diesem Ergebnis steht die Möglichkeit eines Amtslöschungsverfahrens nicht entgegen,[655] im Gegenteil: Gerade die hohen Voraussetzungen einer Amtslöschung bekräftigen die Annahme, dass die Heilung zu einer materiell-rechtlichen Änderung der Rechtslage führt, da durch sie die Amtslöschung auf wenige Ausnahmen beschränkt wird. Die Möglichkeit der Amtslöschung stellt sich so als Korrektiv dar, wenn die materiell-rechtliche Heilung ausnahmsweise zu unbilligen Lösungen führt.

Fällt die Heilung infolge eines Amtslöschungsverfahrens wieder weg, lebt auch ein etwaiger Kompetenzverstoß wieder auf. Für die Ausführungspflicht bedeutet das, dass ein Verstoß gegen die Legalitätspflicht vorliegt, wenn aufgrund eines Amtslöschungsverfahrens der Beschluss gemäß § 398 FamFG als

---

651 Eine ähnliche Differenzierung nach § 242 Abs. 1 und Abs. 2 AktG nimmt *Schwab*, in: Schmidt/Lutter, Komm. z. AktG, § 242 Rdn. 17 vor, allerdings im Hinblick auf § 93 Abs. 4 Satz 1 AktG.

652 Vgl. *Casper,* Heilung nichtiger Beschlüsse, S. 175.

653 Vgl. *Casper,* Heilung nichtiger Beschlüsse, S. 175.

654 Ähnlich *Fleischer,* BB 2005, 2025, 2027.

655 Im Ergebnis ebenso *Casper,* Heilung nichtiger Beschlüsse, S. 176 ff., der bis zur Grenze offenkundiger Erfüllung der Voraussetzungen eines Amtslöschungsverfahrens eine Folgepflicht des Vorstands bejaht.

nichtig gelöscht wird. Außerdem ist denkbar, dass die Legalitätspflicht vom Vorstand verlangt, ein Amtslöschungsverfahren anzuregen.[656]

d. Bestandskraft nach erfolgreichem Freigabeverfahren

Als Besonderheit ist schließlich die Bestandskraft eines erfolgreichen Freigabeverfahrens zu erwähnen. Kommt das Gericht zu dem Ergebnis, dass Anfechtungs- und Nichtigkeitsklagen offensichtlich unbegründet sind und einer Eintragung des Beschlusses in das Handelsregister nicht entgegenstehen, liegt in aller Regel ein rechtmäßiger Beschluss vor, der nicht in Konflikt mit der Legalitätspflicht des Vorstands geraten kann. Denkbar ist es aber gleichwohl, dass der freigegebene Beschluss trotzdem nichtig oder anfechtbar ist. Solche Konstellationen können seit dem ARUG vermehrt auftreten, wenn der Beschluss zwar rechtswidrig ist, die klagenden Aktionäre aber nicht das nötige Quorum aufbringen können, um eine materielle Prüfung zu erreichen. Die Bestandskraft nach erfolgreichem Freigabeverfahren führt dann in den meisten Fällen dazu, dass auch die Ausführung eines nichtigen oder anfechtbaren Beschlusses nicht zu einem Kompetenzverstoß führt.

e. Zwischenfazit

Nach den vorangegangenen Ausführungen begeht der Vorstand grundsätzlich einen Kompetenzverstoß, wenn er einen nichtigen Beschluss ausführt. Zu den nichtigen Beschlüssen zählt insoweit auch der anfechtbare Beschluss, der rechtskräftig für nichtig erklärt wird, § 241 Nr. 5 AktG. Ein Kompetenzverstoß ist hingegen zu verneinen, wenn die Anfechtungsfrist abgelaufen wird, ohne dass Klage erhoben wird. Ein Kompetenzverstoß ist regelmäßig auch zu verneinen, wenn ein anfechtbarer Beschluss durch einen bestandskräftigen Bestätigungsbeschluss geheilt wird; eine Ausnahme gilt insoweit nur für die temporäre Nichtigerklärung nach § 244 Satz 2 AktG, wenn der Vorstand den Ausgangsbeschluss bereits vor Fassung des Bestätigungsbeschlusses ausführt. Bei nichtigen Beschlüssen liegt es so, dass eine Heilung des Beschlusses auch rückwirkend den Kompetenzverstoß beseitigt. Fällt die Heilung infolge eines Amtslöschungsverfahrens wieder weg, lebt auch ein etwaiger Kompetenzverstoß wieder auf. Schließlich verhindert die Bestandskraft nach erfolgreichem Freigabeverfahren in den meisten Fällen einen Kompetenzverstoß, selbst wenn der ausgeführte Beschluss nichtig oder anfechtbar ist.

656 Hierzu näher unten 6.

4. Verletzung der Legalitätspflicht durch rechtswidrige Ausführungshandlungen

Trotz Bestandskraft oder Heilung kommt ein Verstoß gegen die Legalitätspflicht in Betracht, wenn der Beschluss inhaltlich gegen das Gesetz verstößt und die Ausführungshandlung des Vorstands einen eigenständigen Rechtsverstoß darstellt. Diese Fallgruppe wird in § 245 Nr. 5 AktG explizit angesprochen: den einzelnen Mitgliedern von Vorstand und Aufsichtsrat steht ein Anfechtungsrecht zu, wenn sie oder andere Organmitglieder[657] durch die Ausführung des Beschlusses eine strafbare Handlung oder eine Ordnungswidrigkeit begehen würden. Die Folgepflicht ergibt sich hier unmittelbar aus der gesetzlichen Vorschrift und trifft direkt die Vorstandsmitglieder selbst. Die Vorstandsmitglieder könnten sich auch nicht auf den Beschluss berufen, um ihr Verhalten zu rechtfertigen.

Wenngleich damit in der Theorie eine Verletzung der Legalitätspflicht durch rechtswidrige Ausführungshandlungen als möglich erscheint, tut man sich schwer, einschlägige Beispiele zu finden, in denen diese Fallgruppe von Belang sein könnte. Denkbar wäre z.B., dass die Hauptversammlung nach Vorlage des Vorstands eine Geschäftsführungsmaßnahme beschließt, die u.a. eine Bestechung vorsieht. Dann würde die ausführende Bestechungshandlung des Vorstands ihrerseits gegen § 334 StGB verstoßen und könnte nicht durch den Hauptversammlungsbeschluss gerechtfertigt werden. Dies gilt selbst dann, wenn der Beschluss wirksam wäre. Nun dürfte aber in diesem Beispiel die Bestechungsabrede dazu führen, dass der Beschluss entweder nach § 241 Nr. 3 oder nach § 241 Nr. 4 AktG nichtig wäre, weil er durch seinen Inhalt gegen Vorschriften, die im öffentlichen Interessen gegeben sind, oder zumindest die guten Sitten verstößt. Eine Heilung wäre mangels Eintragung im Handelsregister nicht möglich, so dass eigentlich ein Fall eines unheilbar nichtigen Beschlusses vorläge, der von vornherein keine Ausführungspflicht begründet.[658]

5. Die Reichweite der Anfechtungspflicht

Die bisherigen Ausführungen behandelten die Legalitätspflicht aus dem Blickwinkel gesetzlicher Vorschriften, die den Vorstand unmittelbar selbst in die Pflicht nehmen. Das Handeln des Vorstands muss stets[659] rechtmäßig sein; er darf insbesondere nicht gegen die Kompetenzordnung innerhalb der Aktiengesellschaft verstoßen oder mit seiner Ausführungshandlung z.B. ein Strafgesetz verletzen. Kommt es jedoch zur Bestandskraft bzw. Heilung des rechtswidrigen

---

657 *Hüffer*, in: Münchener Komm. z. AktG, § 245 Rdn. 75.

658 Siehe oben III.2.

659 Die Diskussion über „nützliche Pflichtverletzungen“ außer acht gelassen.

Beschlusses, scheidet ein Verstoß gegen die Kompetenzordnung regelmäßig aus. Dann stellt sich die Frage, ob und inwieweit der Vorstand den Eintritt der Bestandskraft bzw. der Heilung hätte verhindern müssen. Mit dieser Frage ist die Legalitätskontrollpflicht angesprochen: inwieweit hat der Vorstand eine Rechtmäßigkeitsverantwortung für das Handeln anderer Organe, namentlich der Hauptversammlung?[660]

a. Die Verantwortung des Vorstands für die Rechtmäßigkeit des Handelns anderer Organe

Im abstrakten Ausgangspunkt finden sich in der Literatur sehr weit reichende Vorgaben an die Rechtmäßigkeitsverantwortung. Der Vorstand soll allgemein verpflichtet sein, für die Gesetz- und Satzungsmäßigkeit der Gesellschaft sowie ihrer internen Entscheidungsprozesse zu sorgen.[661] Der Vorstand habe eine umfassende Verantwortung für die Rechtmäßigkeit des Verhaltens aller Organe der Gesellschaft;[662] diese Verantwortung schließe eine Rechtsaufsicht über das Verhalten der Hauptversammlung, insbesondere deren Beschlussfassung, ein[663]. *Hopt* verlangt vom Vorstand sogar sicherzustellen, dass keine gesetzwidrigen Beschlüsse gefasst werden.[664]

Solche Formulierungen legen nahe, dass die Rechtmäßigkeitsverantwortung umfassend ist und zu einer Art Garantie für das rechtmäßige Verhalten der Hauptversammlung führt. Dementsprechend verwundert es nicht, wenn viele Stimmen zu § 93 Abs. 4 Satz 1 AktG den Vorstand nicht aus der Haftung nehmen wollen, wenn er es pflichtwidrig unterlassen hat, eine Anfechtungs- oder Nichtigkeitsklage zu erheben.[665]

b. H.M.: Anfechtungspflicht nur in Einzelfällen

Als Konsequenz könnte aus diesen allgemeinen Aussagen gefolgert werden, dass der Vorstand stets Anfechtungsklage gegen anfechtbare Beschlüsse und

660 Zur Unterscheidung zwischen Legalitätspflicht und Legalitätskontrollpflicht siehe oben 1.

661 *Mertens/Cahn*, in: Kölner Komm. z. AktG, § 93 Rdn. 67, 71.

662 Vgl. *Hopt*, in: Großkomm. z. AktG, § 93 Rdn. 89; *Wiesner*, in: Münchener Handbuch GesR, Bd. 4, § 25 Rdn. 5; *Peltzer*, in: Semler/Peltzer, Arbeitshandbuch für Vorstandsmitglieder, § 9 Rdn. 4; *Fleischer,* BB 2005, 2025, 2026; ähnlich *Spindler*, in: Münchener Komm. z. AktG, § 93 Rdn. 63 f.

663 Ähnlich *Findeisen,* ZIP 2009, 1647, 1650; *Servatius,* Strukturmaßnahmen, S. 339.

664 *Hopt*, in: Großkomm. z. AktG, § 93 Rdn. 89.

665 Vgl. *Hüffer,* Komm. z. AktG, § 242 Rdn. 7; *Hefermehl,* FS Schilling, S. 159, 167; *Fleischer,* BB 2005, 2025, 2027.

Nichtigkeitsklage gegen nichtige Beschlüsse erheben müsste.[666] Schaut man indes auf die konkreten Aussagen zur Anfechtungspflicht, zeigt sich ein überraschend anderes Bild. Die Rechtmäßigkeitsverantwortung soll nach h.M. nicht dazu führen, dass der Vorstand einer allgemeinen Pflicht zur Erhebung von Anfechtungsklagen unterliegt.[667] Lediglich für besondere Einzelfälle wird – uneinheitlich – eine Pflicht zur Anfechtung bejaht: wenn der Gesellschaft durch den Beschluss ein Schaden droht,[668] bei besonders schweren Rechtsverstößen,[669] wenn die Klage im Gesellschaftsinteresse liegt,[670] wenn der Beschluss ein pflichtwidriges Verhalten vom Vorstand fordert[671] sowie in den Fällen des § 245 Nr. 5 AktG.[672] *Martens* bringt noch einen weiteren Aspekt ins Spiel, der gegen eine Anfechtungspflicht spricht: Sofern der Beschluss nur unterschiedliche Aktionärsinteressen berührt, also gesellschaftsneutral ist, soll es opportun sein, dass sich der Vorstand der Anfechtungsbefugnis enthält und die Streitinitiative den betroffenen Aktionären überlässt.[673]

Mit dieser einschränkenden Aussage nimmt die h.M. die Anfechtungspflicht aus der Legalitätspflicht heraus und stützt sie auf andere Treuepflichten des Vorstands, insbesondere die Schadensabwehrpflicht.[674] Lediglich wenn bei besonders schweren Rechtsverstößen oder einem pflichtwidrigen Verhalten im Außenverhältnis eine Anfechtungspflicht bejaht wird, gibt es Zusammenhänge zwischen der Legalitätspflicht und der Anfechtungspflicht.

---

666 Diese Konsequenz hält auch *Spindler*, in: Münchener Komm. z. AktG, § 93 Rdn. 85 für naheliegend, der aber dann ein anderes Ergebnis befürwortet.

667 Vgl. *Mertens/Cahn*, in: Kölner Komm. z. AktG, § 93 Rdn. 68; *Fleischer*, in: Spindler/Stilz, Komm. z. AktG, § 93 Rdn. 274; *Spindler*, in: Münchener Komm. z. AktG, § 93 Rdn. 208; *Hefermehl,* FS Schilling, S. 159, 167; *Martens,* FS Beusch, S. 529, 535; wohl auch *Hopt*, in: Großkomm. z. AktG, § 93 Rdn. 92; ebenfalls zweifelnd *Mestmäcker,* BB 1961, 945, 948.

668 Vgl. *Hüffer,* Komm. z. AktG, § 243 Rdn. 50; *Seibt*, in: Schmidt/Lutter, Komm. z. AktG, § 83 Rdn. 12; *Hüffer*, in: Münchener Komm. z. AktG, § 243 Rdn. 131; *Hefermehl,* FS Schilling, S. 159, 167; *Volhard,* ZGR 1996, 55, 60; *Haertlein,* ZHR 168 (2004), 437, 449; *Golling,* Sorgfaltspflicht, S. 81 f.

669 *Fleischer*, in: Spindler/Stilz, Komm. z. AktG, § 93 Rdn. 274.

670 Vgl. *Mertens/Cahn*, in: Kölner Komm. z. AktG, § 93 Rdn. 68; wohl auch *Hopt*, in: Großkomm. z. AktG, § 93 Rdn. 92.

671 *Mertens/Cahn*, in: Kölner Komm. z. AktG, § 93 Rdn. 68; wohl auch *Hopt*, in: Großkomm. z. AktG, § 93 Rdn. 92.

672 *Mertens/Cahn*, in: Kölner Komm. z. AktG, § 93 Rdn. 156; a.A. *Fleischer*, in: Spindler/Stilz, Komm. z. AktG, § 93 Rdn. 274.

673 *Martens,* FS Beusch, S. 529, 533 f.

674 Ausdrücklich *Hüffer*, in: Münchener Komm. z. AktG, § 243 Rdn. 131.

c. Die Annahme einer allgemeinen Anfechtungspflicht

Nur vereinzelt wird die Anfechtungspflicht auf alle rechtswidrigen Beschlüsse erstreckt. Bei Nichtigkeitsgründen sehen *Mertens/Cahn* ebenso wie *Casper* in der unterlassenen Geltendmachung der Nichtigkeit regelmäßig eine Pflichtwidrigkeit.[675] Weitergehend nimmt *Heidel* ohne nähere Begründung an, dass der Vorstand einen Hauptversammlungsbeschluss anfechten muss, wenn er ihn für anfechtbar hält.[676] An einer anderen Stelle indes beschränkt *Heidel* im Anschluss an die h.M. die Anfechtungspflicht auf Beschlüsse, die für die Gesellschaft schädlich sind.[677] Auch *Hirsch* hatte bereits angenommen, dass die Beschlussanfechtung den Vorstandsmitgliedern als gesetzliche und unverzichtbare Pflicht auferlegt sei.[678]

Weit ausführlicher hat sich unlängst *Servatius* zu diesem Thema geäußert. Er nimmt im Ergebnis an, dass der Vorstand aufgrund seiner Legalitätspflicht einer generellen Pflicht zur gerichtlichen Geltendmachung von Nichtigkeits- und Anfechtungsgründen unterliege.[679] Ausnahmen bejaht er nur dann, wenn die Nichtigkeit durch Einholung einer Genehmigung geheilt werden könne, wenn sich der nichtige Beschluss durch unverzügliche rechtmäßige Neuvornahme erledige oder wenn der anfechtbare Beschluss unverzüglich gemäß § 244 Satz 1 AktG bestätigt werde.[680]

Servatius führt eine Reihe von Gründen an, die nach seiner Meinung eine allgemeine Anfechtungspflicht rechtfertigen. Da seien zunächst allgemeine Aspekte: die Gesetzessystematik lasse eine allgemeine Rechtmäßigkeitsverantwortung erkennen; außerdem führe die gerichtliche Klärung zu Rechtssicherheit für alle Beteiligten.[681] Diese allgemeinen Aspekte reichen aber auch für *Servatius* nicht aus, um Vorschrift des § 245 Nr. 4 AktG zu überwinden, die lediglich von einer Befugnis des Vorstands spricht, nicht aber von einer Pflicht.[682] Entscheidend sind für ihn dann zwei Punkte: zum einen bestehe eine „funktionelle Vergleichbarkeit" der Rechtmäßigkeitsverantwortung des Vorstands mit der Überwachungsaufgabe des Aufsichtsrats;[683] zum anderen habe der Vorstand auch das öffentliche Interesse am rechtmäßigen Handeln der Gesellschaft sowie die Inte-

---

675 Vgl. *Mertens/Cahn*, in: Kölner Komm. z. AktG, § 93 Rdn. 155; *Casper,* Heilung nichtiger Beschlüsse, S. 178.

676 *Heidel*, in: Heidel, Komm. z. Aktienrecht, § 243 Rdn. 40: „jedenfalls".

677 *Heidel*, in: Heidel, Komm. z. Aktienrecht, § 245 Rdn. 21.

678 *Hirsch,* ZHR 95 (1930), 69, 75.

679 *Servatius,* Strukturmaßnahmen, S. 349 f., 359 f.

680 *Servatius,* Strukturmaßnahmen, S. 350 ff., 361 f.

681 *Servatius,* Strukturmaßnahmen, S. 340.

682 Vgl. *Servatius,* Strukturmaßnahmen, S. 341.

683 *Servatius,* Strukturmaßnahmen, S. 346 ff.

ressen von Minderheitsaktionären zu wahren[684]. Neben diesen hehren Aufgaben spielten ferner persönliche Interessen eine Rolle: der Vorstand dürfe über die pflichtwidrige Herbeiführung der Heilung bzw. Bestandskraft keine Haftungsprivilegierung erreichen, dies sei keine legitime Handlungsoption.[685] Im Gegenteil müssten gerade umgekehrt Fehler des Vorstands bei der Beschlussvorbereitung aus dem Gesichtspunkt der Ingerenz zu einer Anfechtungspflicht führen.[686]

Auch *Fleischer* tendiert in die Richtung einer allgemeinen Anfechtungspflicht.[687] Er will zwar zwischen der Rechtswahrungs-, der Schadensabwendungs- und einer Selbstschutzfunktion differenzieren. Die Rechtswahrungsfunktion rechtfertige nur eine punktuelle Vorstandspflicht zur Klageerhebung bei besonders schweren oder flagranten Rechtsverstößen. Doch begründe die Schadensabwendungsfunktion im Verein mit dem Legalitätsgebot in der Regel eine Anfechtungspflicht.

d. Stellungnahme

aa. Keine Anfechtungspflicht aufgrund bloßer Anfechtbarkeit

Die eben geschilderte Meinung von *Servatius* hätte sehr weitreichende Konsequenzen für das Gesamtsystem der Ausführungspflicht. Sie ist deshalb auf deutliche Kritik gestoßen.[688] Wenn der Vorstand bei jedem kleinsten Fehler verpflichtet wäre, den Beschluss anzufechten, hätten die gesetzlich vorgesehenen Heilungs- und Bestandskraftmöglichkeiten kaum Wirkung mehr. Die Annahme der h.M., dass die Heilung bzw. Bestandskraft zu gesetzmäßigen Beschlüssen im Sinne von § 93 Abs. 4 Satz 1 AktG führt und eine Folgepflicht auslöst,[689] würde hierdurch unterlaufen, da der Vorstand in all diesen Fällen pflichtwidrig eine Anfechtungs- bzw. Nichtigkeitsklage unterlassen hätte. Aufgrund der dann drohenden Haftung könnte der Vorstand dann geneigt sein, auch bei bestandskräftigen und geheilten Beschlüssen die Ausführung zu unterlassen.

Eine uneingeschränkte Anfechtungspflicht hätte noch weitere absurde Konsequenzen. Unterstellt z.B., der Versammlungsleiter einer kleinen AG würde einem Aktionär vorzeitig und ohne Rechtfertigungsgrund das Wort entziehen, so dass die gefassten Beschlüsse anfechtbar wären: wenn der Aktionär, dem das Wort entzogen wurde, ebenso wenig willens ist, die Beschlüsse anzufechten, wie die übrigen Aktionäre, müsste der Vorstand gleichwohl aufgrund einer allgemeinen Anfechtungspflicht den Beschluss zu vernichten versuchen. Dies wei-

684 *Servatius,* Strukturmaßnahmen, S. 343.

685 *Servatius,* Strukturmaßnahmen, S. 344 f.

686 *Servatius,* Strukturmaßnahmen, S. 354 f.

687 Vgl. *Fleischer,* BB 2005, 2025, 2030.

688 *Leuering,* ZHR 169 (2005), 648, 655.

689 Siehe oben 3.

tergedacht, muss man feststellen, dass eine Vielzahl von Anfechtungsgründen nur im Interesse der Aktionäre besteht. Dies gilt selbst für Nichtigkeitsgründe, wenn z.B. die Einberufung gegen § 121 Abs. 2 und 3 Satz 1 oder Abs. 4 AktG verstößt, Aktionäre an diesem Verstoß aber keinen Anstand nehmen. Wenn sich der Vorstand hier „päpstlicher als der Papst" verhalten müsste, käme es erstens zur Bevormundung der von den verletzten Vorschriften geschützten Personen und zweitens zu einem erheblichen Aufwand, da eine neue Hauptversammlung einberufen werden müsste, um die Beschlüsse erneut zu fassen. Schon aus praktischen Erwägungen liegt daher nahe, dass eine Anfechtungspflicht nicht in jedem Fall bestehen kann.

Eine dogmatisch saubere Lösung kann jedoch nicht nur vom Ergebnis her gedacht werden. Im Ausgangspunkt muss vielmehr die Reichweite der Legalitätskontrollpflicht abstrakt bestimmt werden.

Wäre die Legalitätskontrollpflicht umfassend, läge es in der Tat nahe, eine Anfechtungspflicht für jeden Fall eines gesetzwidrigen Hauptversammlungsbeschlusses zu bejahen. Die Reichweite der Legalitätspflicht ist jedoch nicht gesetzlich terminiert, sondern muss aus dem aktienrechtlichen System abgeleitet werden. Wie oben dargelegt,[690] kann sie nicht soweit gehen, dass der Vorstand eine Garantie für die Rechtmäßigkeit des Handels Dritter übernimmt, da dies mit dem auf Sorgfaltspflichtverletzungen beruhenden Haftungssystem nicht zu vereinen wäre.

Wenn es darum geht, aus dem AktG Anhaltspunkte für die Reichweite der Legalitätskontrollpflicht zu gewinnen, kommt in erster Linie § 245 Nr. 4 AktG in Betracht. Danach ist der Vorstand zur Anfechtung „befugt". Der Begriff „Befugnis" deutet darauf hin, dass es sich hierbei nur um ein Recht des Vorstands handelt, nicht aber eine Pflicht.[691] Auch § 245 Nr. 5 AktG spricht gegen eine allgemeine Anfechtungspflicht, da es dieser Vorschrift nicht bedurfte hätte, wenn der Vorstand stets zur Anfechtung verpflichtet wäre. Hieraus lässt sich der Schluss ziehen, dass das AktG gerade keine umfassende Legalitätskontrollpflicht impliziert, die bei bloßer Anfechtbarkeit zu einer Klage verpflichtet.

Eine umfassende Anfechtungspflicht lässt sich entgegen *Servatius* auch nicht aus der vermeintlichen „funktionellen Gleichwertigkeit" der Überwachungspflicht des Aufsichtsrats mit der Legalitätskontrollpflicht des Vorstands begründen.[692] Zum einen geht es bei der Überwachungsaufgabe des Aufsichts-

---

690 Siehe oben 1.

691 *Martens,* FS Beusch, S. 529, 533 zufolge lässt die gesetzliche Anfechtungsbefugnis nicht erkennen, ob und unter welchen Voraussetzungen eine Ausführungspflicht besteht.

692 Ebenso *Leuering,* ZHR 169 (2005), 648, 655.

rats um dessen Kernfunktion, wohingegen die Legalitätskontrollpflicht nur einen Randaspekt der Vorstandstätigkeit ausmachen kann. Zum anderen überzeugt es nicht, wenn *Servatius* aus der „ARAG/Garmenbeck"-Entscheidung[693] eine regelmäßige Anfechtungspflicht ableitet: Bei „ARAG/Garmenbeck" geht es nicht um die Legalität des Handelns, sondern um treuhänderische Sorgfaltspflichten. Werden Ersatzansprüche gegen den Vorstand nicht geltend gemacht, entsteht der Gesellschaft ein finanzieller Schaden. Dass der Vorstand bei einem drohenden Schaden für die Gesellschaft zur Anfechtung verpflichtet ist, entspricht der h.M.[694] und geht nicht über sie hinaus.

Schließlich vermag auch die von *Fleischer* angenommene Zusammenschau von Legalitätsgebot und Schadensabwendungsfunktion keine regelmäßige Anfechtungspflicht begründen. Sein Argument ist trügerisch, setzt es doch voraus, dass die Schadensabwendungsfunktion im konkreten Fall greift. Wenn aber durch den rechtswidrigen Hauptversammlungsbeschluss ein Schaden droht, würde auch die h.M. eine Anfechtungspflicht bejahen.

bb. Fallgruppen der Anfechtungspflicht

Da die Legalitätspflicht keine Anfechtung aufgrund bloßer Anfechtbarkeit verlangt, stellt sich die Frage, in welchen Fällen sich die Anfechtungsbefugnis des Vorstands zu einer Anfechtungspflicht verdichtet. Hier hilft zunächst die Generalklausel des § 93 Abs. 1 Satz 1 AktG, wonach die Vorstandsmitglieder bei ihrer Geschäftsführung die Sorgfalt eines ordentlichen und gewissenhaften Geschäftsleiters anzuwenden haben, ein wenig weiter. Denn bei einen ordentlichen und gewissenhaften Geschäftsleiter wird man annehmen können, dass er stets versuchen wird, Schaden von seiner Gesellschaft abzuwenden.[695] Folglich besteht eine Anfechtungspflicht stets bei schädlichen und zugleich rechtswidrigen Hauptversammlungsbeschlüssen – wobei die Schädlichkeit nicht zwingend die Rechtswidrigkeit impliziert[696].

Ein ordentlicher und gewissenhafter Geschäftsleiter wird stets auch rechtmäßig handeln wollen. Er wird dabei aber mit der Besonderheit konfrontiert, dass das AktG mit den §§ 241 ff. ein eigenes System geschaffen hat, das die Folgen von Gesetzesverstößen regelt. Wird ein nichtiger Beschluss geheilt und damit *ex tunc* gesetzmäßig,[697] gibt es kein rechtswidriges Handeln der Hauptversammlung, das den um Rechtmäßigkeit bedachten Geschäftsleiter in Verlegenheit bringen könnte.

---

693 BGHZ 135, 244 („ARAG/Garmenbeck").

694 Siehe Fn. 668.

695 Vgl. *Hefermehl,* FS Schilling, S. 159, 167.

696 Vgl. *Hefermehl,* FS Schilling, S. 159, 167 f.

697 Siehe 3.c.

Der geheilte Beschluss könnte nur dann Rechtmäßigkeitsprobleme aufwerfen, wenn er vom Vorstand die Vornahme rechtswidriger Ausführungshandlungen fordert.[698] Dann wäre aber nicht die Legalitätskontrollpflicht das Problem, sondern die ureigene Legalitätspflicht des Vorstands. Rechtswidrige Ausführungshandlungen – z.B. eine Bestechung – des Vorstands würden nicht durch einen geheilten Beschluss der Hauptversammlung gerechtfertigt. Damit ist eine weitere mögliche Fallgruppe der Anfechtungspflicht angesprochen: die Fälle, in denen der Beschluss ein pflichtwidriges Verhalten vom Vorstand fordert und in den Fällen des § 245 Nr. 5 AktG sogar jedem einzelnen Vorstandsmitglied ein Anfechtungsrecht einräumt. Ob hier eine Anfechtungspflicht besteht, lässt sich an dieser Stelle aber noch nicht abschließend beurteilen, da noch nicht geklärt ist, welche Folgen der Verstoß gegen die Legalitätspflicht auf die Ausführungspflicht hat. Würde in solchen Fällen die Ausführungspflicht entfallen, könnte eine Anfechtungspflicht obsolet sein.

Zu einer materiell-rechtlichen Änderung der Rechtslage kommt es nur durch die Heilung nichtiger Beschlüsse und die Fassung eines bestandskräftigen Bestätigungsbeschlusses.[699] Bei der Bestandskraft anfechtbarer Beschlüsse soll die Rechtswidrigkeit fortdauern und z.B. dem Registerrichter die Möglichkeit gewähren, die Eintragung in das Handelsregister zu verweigern.[700] Es wäre aber inkonsistent, wenn der Vorstand bei nichtigen Beschlüssen Heilung eintreten lassen dürfte, bei lediglich anfechtbaren Beschlüssen hingegen verpflichtet wäre, Anfechtungsklage zu erheben. Hinzu kommt die Besonderheit des § 245 AktG: das Gesetz grenzt den Kreis der Anfechtungsberechtigten ein und bringt damit zum Ausdruck, dass es die Frage der Geltendmachung von Fehlern unterhalb der Nichtigkeitsschwelle von den unmittelbar Betroffenen entscheiden lassen will. Umgekehrt bedeutet dies: Wenn die unmittelbar Betroffenen es so wollen, soll der anfechtbare Beschluss Bestandskraft haben und *inter omnes* gelten.

Entgegen *Servatius* ist bei der Rechtmäßigkeitskontrolle keine rationale Apathie der Publikums(minderheits-)aktionäre zu beklagen.[701] Im Gegenteil ist zu beobachten, dass Aktionäre sehr oft gegen Hauptversammlungsbeschlüsse klagen und damit – wohlwollend formuliert – einen wichtigen Beitrag zur Rechtmäßigkeitskontrolle beitragen.[702] Eine Schutzlücke, in die der Vorstand einspringen müsste, besteht deshalb nicht. Dies gilt auch für die Interessen außenstehender Dritter: bei Ihnen sieht das Gesetz die Nichtigkeit vor, wenn der

---

698 Siehe 4.

699 Siehe 3.b und 3.c.

700 Siehe Fn. 638.

701 So aber *Servatius*, Strukturmaßnahmen, S. 357 f.

702 Vgl. *Baums/Keinath/Gajek*, ZIP 2007, 1629.

Beschluss durch seinen Inhalt Vorschriften verletzt, die ausschließlich oder überwiegend zum Schutze der Gläubiger der Gesellschaft oder sonst im öffentlichen Interesse gegeben sind, § 241 Nr. 3 AktG. Die Nichtigkeit könnte von Dritten über eine allgemeine Feststellungsklage nach § 256 ZPO geltend gemacht werden.

Zusammengefasst lässt sich feststellen, dass die Legalitätskontrollpflicht kein Anfechtungspflicht bei bloßer Anfechtbarkeit fordert, da das AktG mit der Heilung und Bestandskraft Wege vorsieht, die einen Legalitätsverstoß verneinen, wenn die zur Geltendmachung der Fehler Berechtigten auf die Geltendmachung vernichten. Eine Anfechtungspflicht kann deshalb nur aus anderen Aspekten heraus abgeleitet werden. Sie kann nur bestehen, wenn der Vorstand einen Schaden für die Gesellschaften, der durch einen rechtswidrigen Beschluss entstehen könnte, verhindern muss oder wenn der Beschluss eine rechtswidrige Ausführungshandlung vom Vorstand verlangt.

cc. Uneingeschränktes Anfechtungsrecht

Von der Anfechtungspflicht ist das Anfechtungsrecht des Vorstands zu unterscheiden, das – unter den weiteren Voraussetzungen der § 241 ff. AktG – grundsätzlich uneingeschränkt besteht. Der Vorstand darf, wenn er dies für sinnvoll hält, jederzeit Mängel eines Hauptversammlungsbeschlusses gerichtlich geltend machen. Er muss dies auch tun, wenn er einen anfechtbaren Beschluss wegen des Mangels nicht ausführen will, da andernfalls Bestandskraft einträte, die den Vorstand gegen seinen Willen zur Beschlussausführung anhielte.

6. Pflicht zur Anregung einer Amtslöschung

Das Problem der Anfechtungspflicht wiederholt sich in einem späteren Zeitpunkt, wenn es zum Eintritt der Heilungswirkung gekommen ist. *Fleischer* hält es für möglich, dass in besonders gelagerten Einzelfällen nach Eintritt der Heilungswirkung eine Vorstandspflicht gibt, eine Amtslöschung anzuregen und die Beschlussausführung so lange aufzuschieben.[703] *Casper* leitet aus der „Organverantwortung" des Vorstands sogar die Pflicht ab, ein Amtslöschungsverfahren anzuregen, wenn für jedermann ersichtlich ist, dass die Heilung auf Dauer keinen Bestand haben soll.[704] In diesen Fällen liegt es wie bei Anfechtungspflicht: sind die Voraussetzungen für eine Anfechtungspflicht bzw. eine Pflicht zur Anregung einer Amtslöschung erfüllt, verletzt der Vorstand seine Legalitätspflicht, wenn er dieser Pflicht nicht nachkommt.

---

703 *Fleischer,* BB 2005, 2025, 2026; ähnlich *Martens,* FS Beusch, S. 529, 533.

704 *Casper,* Heilung nichtiger Beschlüsse, S. 178 f.

7. Zwischenfazit

Die vorangegangenen Ausführungen haben gezeigt, in welchen Fällen die Ausführungspflicht mit der Legalitätspflicht in Konflikt geraten kann. Bei rechtmäßigen Beschlüssen ist dies der Fall, wenn der Vorstand seiner Ausführungspflicht nicht nachkommt. Bei rechtswidrigen Beschlüssen liegt der wesentliche Vorwurf im Kompetenzverstoß, der besteht, wenn der Vorstand im Hoheitsbereich der Hauptversammlung wirksame Maßnahmen trifft. Dabei ist zu differenzieren. Bei anfechtbaren Beschlüssen liegt ein Kompetenzverstoß nur dann vor, wenn der Beschluss rechtskräftig für nichtig erklärt wird. Wird der anfechtbare Beschluss nicht angefochten, aufgrund eines Freigabeverfahrens bestandskräftig oder aufgrund eines Bestätigungsbeschlusses geheilt, scheidet ein Kompetenzverstoß aus. Bei nichtigen Beschlüssen liegt zwar bei einer wirksamen Ausführungshandlung zunächst stets ein Kompetenzverstoß vor; dieser würde jedoch *ex tunc* entfallen, wenn es zur Heilung des nichtigen Beschlusses kommt. Führt der Vorstand einen anfechtbaren, später bestandskräftigen, oder einen nichtigen, später geheilten Beschluss aus, gibt es daher grundsätzlich keinen Konflikt zwischen Ausführungspflicht und Legalitätspflicht.

Trotz Heilung oder Bestandskraft kann allerdings ein Konflikt mit der Legalitätspflicht entstehen, wenn der Vorstand eine rechtswidrige Ausführungshandlung vornehmen muss. Ein Verstoß gegen die Legalitätspflicht liegt bei bestandskräftigen bzw. geheilten Beschlüssen auch vor, wenn der Vorstand es pflichtwidrig unterlässt, Anfechtungs- bzw. Nichtigkeitsklage zu erheben bzw. ein Amtslöschungsverfahren anzuregen. Mit der h.M. geht die Legalitätskontrollpflicht des Vorstands aber nicht so weit, dass der Vorstand in jedem Fall eines rechtswidrigen Beschlusses Klage erheben müsste. Eine Anfechtungspflicht besteht nur, wenn der Vorstand einen Schaden für die Gesellschaft, der durch einen rechtswidrigen Beschluss entstehen könnte, verhindern muss oder wenn der Beschluss eine rechtswidrige Ausführungshandlung vom Vorstand verlangt. Von der Anfechtungspflicht ist das Anfechtungsrecht des Vorstands zu unterscheiden, das grundsätzlich uneingeschränkt besteht.

V. Der Konflikt mit der Schadensabwehrpflicht

Die Legalitätspflicht ist nicht die einzige Pflicht, die mit der Ausführungspflicht kollidieren kann. Bereits oben wurde angedeutet, dass sich der Vorstand bei unzweckmäßigen Beschlüssen zwei unterschiedlichen Pflichten ausgesetzt sehen kann: seiner Ausführungspflicht und seiner Schadensabwehrpflicht.[705]

---

705 Siehe Kapitel 1:III.6.

Dass der Vorstand einer Aktiengesellschaft allgemein einer Schadensabwehrpflicht unterliegt, ist unstreitig.[706] Der Vorstand ist Treuhänder fremden Vermögens und muss folglich dafür sorgen, dass das ihm anvertraute Vermögen keine gerechtfertigten Einbußen erleidet. Einbußen drohen indes bei unzweckmäßigen Beschlüssen, da die Unzweckmäßigkeit einer optimalen Nutzung des Gesellschaftsvermögens entgegensteht. Zwei Beispiele veranschaulichen die Konflikte: Die volle Ausschüttung des Bilanzgewinns kann aus Sicht des Vorstands unzweckmäßig sein, wenn der Vorstand die Bildung von Rücklagen sinnvoller gefunden hätte (und auch seine Spielräume zur Bildung von Rücklagen gemäß § 58 Abs. 2 AktG bereits genutzt hat). Dann hätte der Vorstand schlicht ein anderes Verständnis vom zweckmäßigen Vorgehen der Gesellschaft als die Hauptversammlung; er muss aber akzeptieren, dass die Entscheidung insoweit nach § 58 Abs. 3 AktG der Hauptversammlung unterliegt. Derselbe Beschluss könnte aber auch erst später objektiv unzweckmäßig werden, wenn z.B. die finanzielle Situation der Gesellschaft kurz nach Beschlussfassung durch ein nicht vorhersehbares Unglück enorm belastet wird – ohne die Schwelle der Zahlungsunfähigkeit gemäß § 92 Abs. 2 AktG zu erreichen. Dann könnte die Möglichkeit bestehen, dass die Hauptversammlung anders entschieden hätte, wenn sie die veränderten Umstände gekannt hätte. Erst durch das Zusammenwirken der veränderten Umstände zusammen mit der früheren Beschlussfassung könnte es zu einem Schaden kommen, etwa indem im laufenden Geschäftsjahr ein Bilanzverlust entsteht, der durch Auflösung der – wegen anstehender Ausschüttung eigentlich nicht zu bildenden – Rücklagen vermieden werden könnte. Hierdurch könnten z.B. Kredite und Zinszahlungen erforderlich werden. Um diesen Schaden zu vermeiden, könnte der Vorstand beabsichtigen, den durch den Gewinnverwendungsbeschluss drohenden Liquiditätsabfluss zu verhindern.

Die Beispiele zeigen, dass zwischen Unzweckmäßigkeit und Schaden ein fließender Übergang ist. Wann ein Schaden vorliegt, bestimmt sich nach der Differenzhypothese. Ein Vermögensschaden ist eingetreten, wenn der tatsächliche Wert des Gesellschaftsvermögens geringer ist als der Wert, den das Vermögen ohne das schädigende Ereignis haben würde.[707] Der unzweckmäßige Beschluss und seine Ausführung können ein solch schädigendes Ereignis darstellen, so dass es zum Zeitpunkt der Beschlussausführung auf eine Prognose ankommt, ob die Ausführung des unzweckmäßigen Beschlusses das Gesellschaftsvermögen verringert. Ist dem der Fall, stellt sich die Frage, wie sich die Schadensabwehrpflicht auf die Ausführungspflicht auswirkt. Hierzu ist zunächst allgemein zu klären, wie mit einer Pflichtenkollision umzugehen ist.

706 Vgl. *Fleischer,* BB 2005, 2025, 2027.

707 Vgl. Palandt/*Grüneberg*, Vorb v § 249 Rdn. 10.

VI. Der Umgang mit einer Pflichtenkollision

In den vorangegangenen Abschnitten wurde aufgezeigt, in welchen Fällen die Ausführungspflicht des Vorstands mit der Legalitätspflicht bzw. der Schadensabwehrpflicht des Vorstands in Kollision geraten kann. Besonders bei anfechtbaren Beschlüssen zeigt sich der Konflikt in reiner Form: der Beschluss entfaltet trotz Anfechtbarkeit seine Wirkung und verpflichtet den Vorstand zur Ausführung; der Vorstand droht aber bei Ausführung des Beschlusses in eine Situation zu geraten, in der er seine Legalitätspflicht verletzt, weil er ohne Rechtsgrundlage im Hoheitsbereich der Hauptversammlung tätig geworden ist, wenn der Beschluss auf eine Anfechtungsklage hin rechtskräftig für nichtig erklärt wird.

Die h.M. erkennt dieses Dilemma, wenngleich sie es nur auf die Haftung und nicht auf die Legalitätspflicht oder Schadensabwehrpflicht bezieht. Sie umgeht es, indem sie die Ausführungspflicht in Fällen anfechtbarer und nichtiger Beschlüsse verneint.[708] Ihr Weg über § 93 Abs. 4 Satz 1 AktG hat sich jedoch als nicht gangbar erwiesen;[709] er steht zudem in Konflikt mit der Wirksamkeit des anfechtbaren Beschlusses, weshalb der Vorstand Gefahr läuft, durch unterlassene Ausführung eines anfechtbaren Beschlusses seine Pflichten zu verletzen.[710] Richtigerweise muss daher festgestellt werden, dass der Vorstand sich bei rechtswidrigen Beschlüssen widersprechenden Normbefehlen ausgesetzt sieht – und das Dilemma besteht.

Diese Feststellung führt zur Frage, wie die sich widersprechenden Normbefehle aufgelöst werden können. Der gesellschaftsrechtliche Umgang mit einer Pflichtenkollision stellt ein unsicheres, wenig erschlossenes Gebiet dar. Die Dogmatik der Pflichtenkollision wurde vor allem im Strafrecht erörtert;[711] das Phänomen zeigt sich aber nicht nur dort.[712] Dass im Gesellschaftsrecht über den mit einer Pflichtenkollision gebotenen rechtlichen Umgang Unsicherheit herrscht,[713] ist erst auf den zweiten Blick zu erkennen. Wenn im Gesellschaftsrecht eine Pflichtenkollision angenommen wird, lösen viele Autoren sie auf, ohne die Methodik ihres Vorgehens näher zu reflektieren. Sie kommen daher auch zu unterschiedlichen Ergebnissen. So übernimmt *Schneider* § 275 Abs. 3 BGB

---

708 Siehe II.3.

709 Siehe III.1.

710 Siehe IV.2.b.

711 Siehe nur das umfangreiche Schrifttumverzeichnis bei *Rönnau*, in: Großkomm. z. StGB, Vor § 32 Rdn. 115.

712 Vgl. *Hirsch*, in: Großkomm. z. StGB, Vor § 32 Rdn. 75; zu den philosophischen Hintergründen bei der Bewältigung einer Pflichtenkollision *Hruschka*, FS Larenz (1983), S. 257, 276 ff.

713 So *Poelzig/Thole*, ZGR 2010, 836, 850.

als vermeintlich richtigen Anknüpfungspunkt für die Lösung gesellschaftsrechtlicher Pflichtenkollisionen.[714] Demgegenüber ist bei *Diekgräf*[715] und *Behling*[716] festzustellen, dass sie den strafrechtlichen Umgang mit einer Pflichtenkollision auf das Gesellschaftsrecht übertragen – ohne aber z.B. zu erwähnen, dass im Strafrecht die Kollision einer Handlungs- mit einer Unterlassungspflicht oft nicht als Pflichtenkollision, sondern nach Notstandsregeln gelöst wird[717]. Den genannten Autoren ist gemein, dass sie weder in Frage stellen, ob die zivilrechtliche bzw. strafrechtliche Lösung auf die gesellschaftsrechtliche Problematik übertragen werden kann,[718] noch aufzeigen, wie unterschiedlich im Gesellschaftsrecht mit einer Pflichtenkollision umgegangen wird. Von daher verwundert es nicht, dass die Problematik der Pflichtenkollision für das Gesellschaftsrecht bisher kaum als Querschnittsmaterie erkannt wurde, und es wurden auch noch keine allgemeinen Lehren hierzu entwickelt.[719]

Es würde den Rahmen der vorliegenden Untersuchung sprengen, wenn an dieser Stelle versucht würde, eine allgemeine Lehre der Pflichtenkollision im Gesellschaftsrecht zu entwickeln. Vielmehr muss es für die vorliegende Arbeit ausreichen, Regeln herzuleiten, die eine Lösung des speziellen Konflikts zwischen der Ausführungspflicht und der Legalitätspflicht erlauben. Angesichts des uneinheitlichen Umgangs mit einer Pflichtenkollision muss dazu etwas ausgeholt werden.

1. Definition einer Pflichtenkollision

Die Schwierigkeiten beginnen beim Begriff der Pflichtenkollision. Die Rechtsprechung hilft an dieser Stelle nur punktuell weiter. Dem BGH zufolge können „unterschiedliche Normbefehle" eine Pflichtenkollision auslösen.[720] Das Adjektiv „unterschiedlich" bringt allerdings nicht klar zum Ausdruck, dass die Normbefehle nicht nur verschiedenen Inhalt haben, sondern sich auch widersprechen

---

714 *Schneider,* NZG 2009, 1413, 1415.

715 *Diekgräf,* Sonderzahlungen, S. 155.

716 *Behling,* BB 2010, 892, 894.

717 Siehe *Rönnau*, in: Großkomm. z. StGB, Vor § 32 Rdn. 120; *Lenckner*, in: Komm. z. StGB, Vorbem §§ 32 ff. Rdn. 71/72; *Gropp,* FS Hirsch, S. 207, 212 ff.; kritisch dazu *Hruschka,* FS Larenz (1983), S. 257, 279 f.; a.A. *Küper,* JuS 1987, 81, 88, demzufolge der Widerstreit von Handlungs- und Unterlassungspflicht eine Pflichtenkollision darstellt.

718 Bedenken gegen die Übertragung der strafrechtlichen und zivilrechtlichen Grundsätze bei *Poelzig,* WM 2008, 1009, 1011.

719 So die Einschätzung von *Schneider,* NZG 2009, 1413, 1414; *Poelzig/Thole,* ZGR 2010, 836 f., 851.

720 BGH NJW 2007, 2118, 2119.

müssen, damit eine Pflichtenkollision entstehen kann.[721] Unterschiedliche Normbefehle können auch kohärent sein.

Sofern die gesellschaftsrechtliche Literatur Pflichtenkollisionen erwähnt, werden der Begriff und seine Voraussetzungen selten näher definiert.[722] Soweit eine Klärung des Begriffs unternommen wird, resultieren diese Unternehmungen nicht in einer einheitlichen Definition. *Schneider* vermeidet eine eigene explizite Definition der Pflichtenkollision, lässt aber durchscheinen, dass er hierunter wohl rechtliche Konfliktsituationen versteht, in denen der Schuldner die Verpflichtung aus einem Schuldverhältnis nur durch gleichzeitige Verletzung einer anderen Pflicht erfüllen kann.[723] Ähnlich liest es sich bei *Diekgräf*, demzufolge eine Pflichtenkollision dann vorliegt, wenn mehrere rechtliche Handlungspflichten so an den Normadressaten herangetragen werden, dass er die eine nur auf Kosten der anderen erfüllen kann.[724] Die Erfüllung der einen Pflicht bedeutet jedoch nur bei einem Teil denkbarer Pflichtenkollisionen zugleich die Verletzung der anderen Pflicht; in anderen Fällen führen sich ausschließende Normbefehle nicht automatisch zu einer Pflichtverletzung.[725]

Einen etwas weiteren Rahmen ziehen *Poelzig/Thole*, die zunächst davon sprechen, dass einzelne Geschäftsleiterpflichten in eine Kollisionslage geraten könnten, weil die verschiedenen Handlungsvorgaben zumindest vordergründig miteinander unvereinbar erscheinen.[726] Später schreiben sie, dass es zu Situationen kommen könne, in denen – zumindest *prima facie* – mehrere Pflichten des Geschäftsleiters greifen, die sich als inkompatibel erweisen, so dass der Geschäftsleiter vor der Frage steht, welcher Pflicht er Folge leisten muss.[727] Das für *Poelzig/Thole* maßgebliche Kriterium ist demnach die Unvereinbarkeit bzw. Inkompatibilität mehrerer Pflichten, wohingegen *Schneider* und *Diekgräf* die Verletzung der unterlegenen Pflicht in den Vordergrund gestellt haben.

Das Kriterium der Inkompatibilität mehrerer Pflichten beschreibt eine Pflichtenkollision weitgehend, aber nicht ganz vollständig, weil es einer Pflichtenkollision eigen ist, dass die Kollision nicht mehr besteht, wenn aufgrund der Regeln für die Bewältigung einer Pflichtenkollision die Pflichten so aufeinander abgestimmt werden können, dass die eine Pflicht hinter der anderen zurücktritt.

---

721 Vgl. *Küper,* JuS 1987, 81, 88.

722 Vgl. *Volhard,* ZGR 1996, 55, 60; *Geißler,* DZWIR 2007, 364, 365; *Behling,* BB 2010, 892, 893.

723 Siehe *Schneider,* NZG 2009, 1413, 1415. im Anschluss an Staudinger/*Löwisch,* Komm. z. BGB, § 275 Rdn. 90.

724 *Diekgräf,* Sonderzahlungen, S. 155.

725 *Hruschka,* FS Larenz (1983), S. 257, 259.

726 *Poelzig/Thole,* ZGR 2010, 836, 837.

727 *Poelzig/Thole,* ZGR 2010, 836, 840.

Deswegen verneint der 5. Strafsenat des BGH das Vorliegen einer Pflichtenkollision, wenn sich keine gleichwertigen Pflichten gegenüberstehen.[728] Dies erkennen auch *Poelzig/Thole*, denen zufolge es als Ergebnis der Analyse an einer Kollision fehlt, wenn der Geschäftsleiter nur eine bestimmte der beteiligten Pflichten zu befolgen hat. Sie widmen sich in ihrer Untersuchung daher wenig begriffsspezifisch

> „Situationen, in denen eine Pflicht als ein zu beachtendes Gebot oder Verbotsnorm *an sich* eingreift […], aber wegen des Zusammentreffens mit einer *anderen* ebenfalls an sich beachtlichen Pflicht im Ergebnis durch Reduzierung des Pflichtengehalts ausgeschaltet wird“.[729]

Nur wenn der Konflikt nicht ausgeschaltet werden kann, liegt nach *Poelzig/Thole* eine „echte Pflichtenkollision“ vor.[730]

Der Zuwachs an Präzision wird mit einem Verlust an Prägnanz erkauft. Dies befriedigt umso weniger, als die Lösung zur Bewältigung der Pflichtenkollision in die Definition aufgenommen wird – was verkennen lässt, dass es gerade die Dogmatik der Pflichtenkollision ist, die eine Lösung des Konflikts ermöglicht. Von daher empfiehlt es sich, den Begriff „Pflichtenkollision“ auf den Konflikt vor der Lösung anzuwenden, so wie *Schlehofer* dies im Strafrecht beschrieben hat.[731] *Folglich liegt eine Pflichtenkollision vor, wenn Rechtsnormen in concreto miteinander unvereinbare Pflichten begründen, sofern sie nicht aufeinander abgestimmt werden.* Mit *Schlehofer* ist zugleich darauf hinzuweisen, dass die sogenannte Pflichtenkollision in den meisten Fällen wohl nur eine hypothetische Kollision ist, wenn im Ergebnis die Kollision durch einschränkende Auslegung der Normen vermieden werden kann.[732]

Wird die herausgearbeitete Definition auf die vorliegende Untersuchung übertragen, lässt sich feststellen, dass Ausführungspflicht und Legalitätspflicht Rechtspflichten sind, die beide vom Vorstand zu beachten sind, *in concreto* aber unvereinbar sein können. So steht der Vorstand angesichts eines anfechtbaren Beschlusses vor der Entscheidung, entweder die schwebend wirksame Ausführungspflicht hintanzustellen oder einen Verstoß gegen die innergesellschaftliche Kompetenzordnung hervorzurufen. Ähnlich liegt das Verhältnis von Ausführungspflicht und Schadensabwehrpflicht: Im oben[733] geschilderten Beispiel könnte der Vorstand entweder die Dividende auszahlen und damit unter Hervor-

---

728 BGHSt 48, 307, 311.

729 *Poelzig/Thole,* ZGR 2010, 836, 840.

730 *Poelzig/Thole,* ZGR 2010, 836, 863; ähnlich *Gropp,* FS Hirsch, S. 207, 224.

731 *Schlehofer*, in: Münchener Komm. z. StGB, Vor §§ 32 ff. Rdn. 208.

732 *Schlehofer*, in: Münchener Komm. z. StGB, Vor §§ 32 ff. Rdn. 208; ähnlich *Gropp,* FS Hirsch, S. 207, 224.

733 Siehe V.

rufung eines Schadens für die Gesellschaft der nicht nur schwebend wirksamen Ausführungspflicht nachkommen, – oder die Dividendenzahlung entgegen der Ausführungspflicht unterlassen und den durch den Liquiditätsabfluss drohenden Schaden verhindern.

Es kommt folglich darauf an, die kollidierenden Pflichten aufeinander abzustimmen. Nach welchen Regeln dies zu geschehen hat, wird als nächstes zu untersuchen sein.

2. Fälle von Pflichtenkollisionen im Gesellschaftsrecht

Im Gesellschaftsrecht wurde die Dogmatik der Pflichtenkollision als Querschnittsmaterie noch nicht abschließend geklärt.[734] Es finden sich zwar mehrere Fallgestaltungen, in denen der Vorstand sich widersprechenden Normbefehlen ausgesetzt sieht; diese Fallgestaltungen werden aber weitgehend unabhängig voneinander diskutiert.[735] Sie sollen nachfolgend einzeln betrachtet werden, um aus ihnen im Wege der Gesamtschau allgemeine Prinzipien abzuleiten.

a. Ausführungspflicht und Legalitätspflicht

Im Bereich der Ausführungspflicht löst einzig *Volhard* den Konflikt nach den Kriterien einer Pflichtenkollision.[736] Ihm zufolge kollidiere bei anfechtbaren Beschlüssen die Ausführungspflicht mit der Pflicht des Vorstands, den Beschluss auf seine Rechtmäßigkeit zu kontrollieren. Zur Lösung schlägt *Volhard* vor, „wie stets bei Pflichtenkollisionen" im Einzelfall abzuwägen, welcher der kollidierenden Pflichten der Vorrang gebührt.[737] Diese Abwägung habe der Vorstand im Rahmen seiner umfassenden Leitungsbefugnis in eigener Verantwortung vorzunehmen.

Zu erinnern ist nochmals daran, dass die h.M. hier einen gänzlich anderen Ansatz verfolgt: sie lässt eine Pflichtenkollision gar nicht erst aufkommen, da sie die Ausführungspflicht inhaltlich auf gesetzmäßige Beschlüsse beschränkt.[738] Die dogmatische Begründung für die Beschränkung der Ausführungspflicht –

734 Siehe Fn. 719.

735 Eine erste zusammenhängende Untersuchung unternehmen aber *Poelzig/Thole,* ZGR 2010, 836.

736 Vgl. *Volhard,* ZGR 1996, 55, 59 ff.; siehe aber auch *Haertlein,* ZHR 168 (2004), 437, 459, der im Kontext der Beschlussausführung Pflichtenkollisionen erwähnt, sie aber auf den Umgang mit einer unklaren Rechtslage bezieht, nicht hingegen auf den hier interessierenden Konflikt zwischen Ausführungspflicht und Legalitätspflicht.

737 Vgl. *Volhard,* ZGR 1996, 55, 60.

738 Siehe II.3.

die Erwähnung des „gesetzmäßigen Beschlusses“ in § 93 Abs. 4 Satz 1 AktG – hat sich jedoch nicht als tragfähig erwiesen.[739]

b. Massesicherung und Abführung von Sozialversicherungsbeiträgen

In jüngerer Zeit wurde das Problem der gesellschaftsrechtlichen Pflichtenkollision vor allem bei Zahlungen in der Krise diskutiert.[740]

aa. Der Konflikt

Ist eine Aktiengesellschaft zahlungsunfähig, kann sich der Vorstand divergierenden Normfehlen ausgesetzt sehen. Gemäß § 92 Abs. 2 AktG[741] darf der Vorstand bei Überschuldung[742] keine Zahlung mehr leisten, sofern die Zahlung nicht mit der Sorgfalt eines ordentlichen und gewissenhaften Geschäftsleiters vereinbar ist. Zahlungen, die entgegen § 92 Abs. 2 AktG geleistet werden, begründen nach § 93 Abs. 3 Nr. 6 AktG zudem einen herausgehobenen Fall der Schadensersatzpflicht. Dem Normbefehl, in der Krise der Gesellschaft keine Zahlungen vorzunehmen, steht jedoch § 266a Abs. 1 StGB entgegen.[743] Danach können sich Vorstandsmitglieder strafbar machen, wenn Sie als Arbeitgeber[744] der Einzugstelle Beiträge des Arbeitnehmers zur Sozialversicherung[745] vorenthalten. Außerdem kann die Einzugsstelle, wenn der Vorstand keine Sozialversicherungsbeiträge abführt, die Vorstandsmitglieder auf Schadensersatz in Anspruch nehmen; § 266a Abs. 1 StGB ist ein Schutzgesetz im Sinne von § 823 Abs. 2 BGB.[746] In der Krise der Gesellschaft wird dem Vorstand folglich vom Gesetz einerseits jegliche Zahlung, andererseits das Unterlassen der Abführung von So-

739 Siehe III.1.

740 Vgl. *Berger/Herbst,* BB 2006, 437; *Tiedtke/Peterek,* GmbHR 2008, 617; *Heinze,* DZWIR 2009, 244; *Poelzig/Thole,* ZGR 2010, 836, 841 ff., 864 f.; *Brand,* WM 2010, 1783; *Brand,* GmbHR 2010, 237.

741 Für GmbH-Geschäftsführer, die zumeist im Mittelpunkt der Diskussion stehen, beruht dieselbe Pflicht auf § 64 GmbHG.

742 Bzw. bei Eintritt der Zahlungsunfähigkeit.

743 Zum ähnlich gelagerten Problem der Lohnabführungspflicht vgl. BFHE 216, 491; *Krieger/Sailer-Coceani*, in: Schmidt/Lutter, Komm. z. AktG, § 92 Rdn. 16; *Schuhmann,* GmbHR 2008, 418; *Tiedtke/Peterek,* GmbHR 2008, 617.

744 Dass eigentlich die Aktiengesellschaft Arbeitgeber ist, spielt wegen § 14 StGB keine Rolle.

745 Einschließlich der Arbeitsförderung.

746 Vgl. BGH NJW 2005, 2546, 2547; BGH NJW-RR 2010, 701; BGH DB 2011, 52, 53.

zialversicherungsbeiträgen verboten.[747] Es liegt somit eine Pflichtenkollision vor.[748]

bb. Die Entwicklung der Rechtsprechung

Wie die Pflichtenkollision zwischen Massesicherungspflicht und Abführungspflicht zu lösen ist, war in den letzten Jahren Gegenstand einer kontroversen höchstrichterlichen Rechtsprechung.

(1) II. Zivilsenat zunächst: Vorrang der Massesicherung

Ausgangspunkt der Kontroverse war das Urteil des II. Zivilsenats vom 8. Januar 2001, in dem es um einen GmbH-Geschäftsführer ging, der in der Überschuldungssituation eine Zahlung an das Finanzamt geleistet hat.[749] Der BGH stellte in den Urteilsgründen die Frage, ob diese Zahlung mit der Sorgfaltspflicht des Geschäftsführers vereinbar sein kann. Den für die Sorgfaltspflicht anzulegenden Maßstab bestimmte der II. Zivilsenat sodann nicht allein nach den allgemeinen Verhaltenspflichten eines Geschäftsführers, bei seiner Amtsführung Recht und Gesetz zu wahren, sondern vielmehr nach dem besonderen Zweck des § 64 Abs. 2 GmbHG a.F.[750], die verteilungsfähige Vermögensmasse einer insolvenzreifen GmbH im Interesse der Gesamtheit ihrer Gläubiger zu erhalten und eine zu ihrem Nachteil gehende bevorzugte Befriedigung einzelner Gläubiger zu verhindern.[751] Der II. Zivilsenat maß somit der Pflicht zur Masseerhaltung die höchste Bedeutung bei. In einem *obiter dictum* überlegte er weiter, ob im Fall einer Pflichtenkollision die Situation anders zu bewerten wäre, wenn z.B. die unterlassene Abführung von Sozialversicherungsbeiträgen zu einer persönlichen deliktischen Haftung führen könne.[752] Für diesen hypothetischen Fall hätte der II. Zivilsenat das „deliktische Verschulden" verneint, wenn der Geschäftsführer die Abführung von Sozialversicherungsbeiträgen verweigert.

---

747 Anschaulich von *Berger/Herbst,* BB 2006, 437 beschrieben.

748 Eine Pflichtenkollision nehmen grundsätzlich auch BGHZ 146, 264, 275; BGH NJW 2005, 2546, 2548; BGH NJW 2007, 2118, 2119 f.; OLG Frankfurt am Main ZIP 2009, 2293, 2294; *Casper*, in: Ulmer/Habersack, Komm. z. GmbHG, § 64 Rdn. 91 f.; *Wilhelm,* ZIP 2007, 1781; *Tiedtke/Peterek,* GmbHR 2008, 617, f.; *Heinze,* DZWIR 2009, 244; *Poelzig/Thole,* ZGR 2010, 836, 841. ausdrücklich an, wohingegen BGHSt 48, 307, 310; BGH NJW 2005, 3650, 3651; *Schmidt*, in: Scholz, Komm. z. GmbHG, 64 Rdn. 40 eine Pflichtenkollision ausdrücklich ablehnen, da der Konflikt gelöst worden sei.

749 BGHZ 146, 264.

750 Heute der einzige Absatz des § 64 GmbHG.

751 BGHZ 146, 264, 274 f.

752 BGHZ 146, 264, 275.

Die Pflichtenkollision, die der II. Zivilsenat im Jahr 2001 nur theoretisch erörterte, musste er im Jahr 2005 entscheiden.[753] Im zugrunde liegenden Sachverhalt hatte der GmbH-Geschäftsführer keine Sozialversicherungsabgaben geleistet, weswegen er von der Einzugsstelle in Anspruch genommen wurde. Wiederum stellte sich der BGH die Frage, in welchem Rangverhältnis die Masseerhaltungspflicht und die Pflicht zur Abführung von Sozialversicherungsbeiträgen zueinander stehen. Entgegen der Auffassung der vorangegangenen Instanz lehnte der II. Zivilsenat es ab, aus der Strafbewährung der Beitragsabführungspflicht deren Vorrang abzuleiten. Das Rangverhältnis bestimme sich vielmehr ausschließlich nach den Vorschriften der neu eingeführten Insolvenzordnung, die bewusst und nach eingehenden Beratungen den früheren Vorrang der Sozialkassen im Interesse einer effektiven, dem Ziel der gleichmäßigen Befriedigung aller Gläubiger verpflichteten Durchführung des Insolvenzverfahrens abgeschafft habe.[754] Eine auf dem Strafgesetz basierende Bevorzugung der Sozialversicherungsbeiträge würde zur Folge haben, dass die gesetzgeberische Intention bei der Insolvenzordnung über ein extensives Verständnis des § 266a StGB ausgehebelt würde. Der GmbH-Geschäftsführer müsse sich daher der Abführung von Sozialversicherungsbeiträgen entgegenstellen. Zu einer persönlichen Inanspruchnahme und damit zu einer Pflichtenkollision könne es nicht kommen, da bei Nichtabführung der Sozialversicherungsbeiträge das „deliktische Verschulden“ verneint werden müsse.[755]

(2) 5. Strafsenat: Vorrang des Strafrechts

Der 5. Strafsenat des BGH ist der Linie des II. Zivilsenats nicht gefolgt; er stellt sich durchweg auf den Standpunkt, dass der strafbewehrten Abführungspflicht der Vorrang zu geben sei.[756] Dabei unterscheidet der Senat zwischen zwei Phasen: der dreiwöchigen Frist zur Prüfung, ob die Gesellschaft fortgeführt werden kann, und der Zeit nach Ablauf der Insolvenzantragsfrist, wenn kein Insolvenzantrag gestellt wurde.[757] Für beide Phasen nimmt der Senat an, dass potentiell ein Konflikt zwischen der Massesicherungspflicht und der Pflicht zur Abführung von Sozialversicherungsbeiträgen bestehen kann. Aber nur während der Insolvenzantragsfrist sei dem Grundsatz der Massesicherung der Vorzug zu geben, weil der Gesetzgeber in diesem Zeitraum die aussichtsreichen Sanierungs-

753 Vgl. BGH NJW 2005, 2546.

754 BGH NJW 2005, 2546, 2548 linke Spalte.

755 BGH NJW 2005, 2546, 2548 rechte Spalte.

756 BGHSt 48, 307; BGH NJW 2005, 3650, 3651.

757 Die Drei-Wochen-Frist ergab sich früher aus § 64 Abs. 1 GmbHG a.F. bzw. § 92 Abs. 2 AktG a.F. und ist heute einheitlich für die GmbH und die AG in § 15a Abs. 1 Satz 1 InsO geregelt.

versuche privilegiere.[758] Läuft in einer insolventen Gesellschaft die Insolvenzantragsfrist ab, ohne dass der GmbH-Geschäftsführer einen Insolvenzantrag stellt, trete die Massesicherungspflicht hinter die Pflicht zur Abführung der Sozialversicherungsbeiträge zurück.[759] Grund hierfür sei der strafrechtliche Schutz der abzuführenden Sozialversicherungsbeiträge, der die besondere Bedeutung dieser Zahlungspflicht innerhalb des Sozialsystems kennzeichne.[760] Um der Pflichtenkollision zu entgehen, sieht der BGH den Geschäftsführer gehalten, einen Insolvenzantrag zu stellen.[761]

(3) Das Einlenken des II. Zivilsenats und die weitere Entwicklung

Angesichts des Umstands, dass Geschäftsführern, die der Meinung des II. Zivilsenats folgten und in der Krise keine Sozialversicherungsbeiträge abführten, aufgrund der Rechtsprechung des 5. Strafsenats weiterhin eine strafrechtliche Verfolgung drohte, gab der II. Zivilsenat im Jahr 2007 seine Rechtsprechung auf.[762] Mit Rücksicht auf die Einheit der Rechtsordnung könne es dem organschaftlichen Vertreter nicht angesonnen werden, die Massesicherungspflicht zu erfüllen, wenn er sich dadurch strafrechtlicher Verfolgung aussetze. Hinter der Rechtsprechungsänderung lässt sich die Absicht vermuten, die Kontroverse zwischen den Senaten nicht auf dem Rücken der Geschäftsführer auszutragen.[763]

Mit der Entscheidung kehrte jedoch keine völlige Ruhe ein. Für die Praxis mag das Problem gelöst sein.[764] In der Literatur wird weiter kontrovers über die Frage, welche Pflicht vorrangig ist, diskutiert.[765] Auch stellt der häufige Wechsel der vorrangigen Pflicht keine klare Linie dar.[766] Der höchstrichterlichen Klä-

---

758 BGHSt 48, 307, 309 f.; BGH NJW 2005, 3650, 3652.

759 BGHSt 48, 307, 310 ff.

760 BGHSt 47, 318, 321; BGHSt 48, 307, 311; BGH NJW 2005, 3650, 3651.

761 BGH NJW 2005, 3650, 3652.

762 Vgl. BGH NJW 2007, 2118; bestätigt durch BGH NJW-RR 2008, 1253.

763 Vgl. *Goette,* DStR 2007, 1176.

764 So die Einschätzung von *Fleischer*, in: Spindler/Stilz, Komm. z. AktG, § 92 Rdn. 32; *Schmidt*, in: Scholz, Komm. z. GmbHG, 64 Rdn. 40; *Goette,* DStR 2007, 1176; *Heinze,* DZWIR 2009, 244.

765 Aus der jüngeren Literatur vgl. insbesondere *Berger/Herbst,* BB 2006, 437; *Wilhelm,* ZIP 2007, 1781; *Tiedtke/Peterek,* GmbHR 2008, 617, 619 ff.; *Heinze,* DZWIR 2009, 244; *Brand,* GmbHR 2010, 237.

766 Auf den Punkt gebracht von *Heinze,* DZWIR 2009, 244: „Nach Eintritt der Zahlungsstockung bleibt es noch beim Vorrang der Abführung, bei Eintritt der Insolvenzreife gilt sodann der Vorrang der Massesicherung, nach Ablauf der Antragsfrist oder bei einem sonstigen Sorgfaltsverstoß kehrt wiederum der Vorrang der Abführungspflicht zurück, ist der Insolvenzantrag gestellt, spätestens jedoch unter vorläufiger Verwaltung folgt er-

rung harrt außerdem die Frage, ob rückständige Sozialversicherungsbeiträge, die während der dreiwöchigen Insolvenzantragsfrist fällig geworden sind, später nachgezahlt werden dürfen.[767] Für die vorliegende Untersuchung sind diese Aspekte jedoch nicht interessant.

c. Abkauf von Anfechtungsklagen zur Abwehr schwerer Schäden

Einer weiteren Pflichtenkollision, die allerdings nicht durch höchstrichterliche Rechtsprechung geprägt ist, begegnet man im Zusammenhang mit missbräuchlichen Anfechtungsklagen. Es ist ein Phänomen der letzten Jahrzehnte, dass eine kleine Gruppe von Aktionären gezielt Anfechtungsklagen erhebt, um sich aus der bloßen Prozessführung persönliche Vorteile zu verschaffen.[768] Diese sogenannten „räuberischen Aktionäre“[769], „Berufskläger“[770] oder „opponierenden Kleinaktionäre“[771] werfen eine Vielzahl juristischer Fragen auf und sind auch immer wieder Motivation für den Gesetzgeber[772] zur Änderung des Aktiengesetzes wie auch für Vorschläge *de lege ferenda*[773].

Da es an dieser Stelle um den methodischen Umgang mit Pflichtenkollisionen geht, soll aus dem Fragenkreis der Berufskläger nur eine spezielle Konstellation in den Vordergrund gestellt werden: der Abkauf von Anfechtungsklagen durch die Aktiengesellschaft zur Abwehr eines schweren Schadens.[774] Dem Vorstand ist es hier einerseits aufgrund von § 57 Abs. 1 Satz 1 AktG verboten, Aktionären Einlagen zurückzugewähren. Der Abkauf einer Anfechtungsklage durch die Gesellschaft stellt nach verbreiteter Auffassung eine unzulässige Einlagenrückgewähr an den klagenden Aktionär dar, ohne dass es auf die Art und Weise der Zahlung – etwa als Erstattung von Verfahrenskosten – ankäme.[775]

---

neut der Vorrang der Massesicherung und wird der Insolvenzantrag schließlich doch mangels Masse abgewiesen, gilt einmal mehr der Vorrang der Abführungspflicht.“

767 Vgl. hierzu OLG Frankfurt am Main ZIP 2009, 2293; *Brand,* WM 2010, 1783; *Brand,* GmbHR 2010, 237.

768 Siehe hierzu die grundlegende empirische Untersuchung von *Baums/Keinath/Gajek,* ZIP 2007, 1629; zuvor schon *Boujong,* FS Kellermann, S. 1.

769 OLG Celle AG 2010, 367; *Poelzig,* WM 2008, 1009; *Semler,* FS Maier-Reimer, S. 689, 697; *Helm/Manthey,* NZG 2010, 415.

770 *Riegger/Götze*, in: Krieger/Schneider, Handbuch Managerhaftung, § 26 Rdn. 63.

771 *Riegger/Götze*, in: Krieger/Schneider, Handbuch Managerhaftung, § 26 Rdn. 63; *Diekgräf,* Sonderzahlungen; *Martens,* AG 1988, 118.

772 Vgl. die Regierungsbegründung zum UMAG, BR-Drs. 3/05, S. 17

773 Vgl. *Diekgräf,* Sonderzahlungen, S. 342 ff.; *Helm/Manthey,* NZG 2010, 415, 416 ff.

774 Ausführlich ist der Abkauf von Anfechtungsklagen von *Diekgräf,* Sonderzahlungen, behandelt worden.

775 Vgl. *Henze*, in: Großkomm. z. AktG, § 57 Rdn. 70 f.; *Bayer*, in: Münchener Komm. z. AktG, § 57 Rdn. 88; *Hüffer,* Komm. z. AktG, § 57 Rdn. 12; *Fleischer*, in:

Außerdem liegt zumeist auch ein Verstoß gegen den Gleichbehandlungsgrundsatz (§ 53a AktG) vor, da eine erpresste Zahlung zu einem Sondervorteil der begünstigen Aktionäre führt.[776] Anderseits ist der Vorstand allgemein verpflichtet, Schaden von der Gesellschaft abzuwenden.[777] Deshalb kann sich der Vorstand zum Abkauf einer Klage genötigt sehen, um einen schweren Schaden von der Gesellschaft abzuwenden. Beim Abkauf von Anfechtungsklagen zur Vermeidung eines schweren Schadens kollidiert folglich die Schadensabwehrpflicht mit dem Verbot, Einlagen zurückzugewähren.[778]

Für die Lösung dieses Konflikts kann nicht auf höchstrichterliche Rechtsprechung zurückgegriffen werden. In der gesellschaftsrechtlichen Literatur werden verschiedene dogmatische Ansätze verfolgt,[779] wobei im Ergebnis der Abkauf der Klage zur Abwehr eines schweren Schadens zumeist als zulässig erachtet wird.[780] Von den verschiedenen Ansätzen ist für die vorliegende Untersuchung interessant, wie diejenigen Stimmen, die den Konflikt als Pflichtenkollision[781] verstehen, ihn methodisch lösen. Dabei ist festzustellen, dass auch hier die kollidierenden Pflichten abgewogen werden: regelmäßig überwiegen die Kapitalerhaltungsvorschriften, außer wenn der Gesellschaft durch die Beachtung der Kapitalerhöhungsvorschriften ein schwerer Schaden droht.

Neben der methodischen Übereinstimmung findet sich in dieser Diskussion ein weiterer Gedanke wieder. Eine Rechtfertigung soll ausgeschlossen sein,

---

Schmidt/Lutter, Komm. z. AktG, § 57 Rdn. 23; *Cahn/v. Spannenberg*, in: Spindler/Stilz, Komm. z. AktG, § 57 Rdn. 45; *Drinhausen*, in: Heidel, Komm. z. Aktienrecht, § 57 Rdn. 7; *Riegger/Götze*, in: Krieger/Schneider, Handbuch Managerhaftung, § 26 Rdn. 65; *Martens,* AG 1988, 118, 120 f.; *Fleischer,* ZIP 2005, 141, 143; *Poelzig,* WM 2008, 1009, f.

776 Vgl. *Poelzig,* WM 2008, 1009, 1010; *Fleischer,* ZIP 2005, 141, 143; a.A. *Martens,* AG 1988, 118, 122.

777 Vgl. in diesem Kontext *Poelzig,* WM 2008, 1009, 1010; *Diekgräf,* Sonderzahlungen, S. 144 f.

778 Vgl. *Poelzig,* WM 2008, 1009, 1010.

779 *Bayer*, in: Münchener Komm. z. AktG, § 57 Rdn. 88 hält es generell für unzulässig, Anfechtungsklagen abzukaufen, ohne auf den Konflikt mit der Schadensabwehrpflicht einzugehen.

780 So im Ergebnis *Merkt*, in: Großkomm. z. AktG, § 71 Rdn. 173; *Fleischer*, in: Schmidt/Lutter, Komm. z. AktG, § 57 Rdn. 23; *Block*, in: Heidel, Komm. z. Aktienrecht, § 71 Rdn. 24; *Riegger/Götze*, in: Krieger/Schneider, Handbuch Managerhaftung, § 26 Rdn. 69; *Martens,* AG 1988, 118, 120 f.; *Fleischer,* ZIP 2005, 141, 150; *Poelzig,* WM 2008, 1009, 1012; *Diekgräf,* Sonderzahlungen, S. 156.

781 Vgl. *Diekgräf,* Sonderzahlungen, S. 154 f.; erwogen auch von *Riegger/Götze*, in: Krieger/Schneider, Handbuch Managerhaftung, § 26 Rdn. 67; *Fleischer,* ZIP 2005, 141, 150.

wenn es eine andere geeignete Möglichkeit gibt, den drohenden Schaden von der Gesellschaft abzuwenden, z.B. durch ein Freigabeverfahren.[782] Ähnlich hatte oben[783] der BGH angenommen, dass der Geschäftsführer sich nicht auf eine Pflichtenkollision berufen könne, wenn er einen Insolvenzantrag stellen kann. Verallgemeinert steht der Gedanke dahinter, dass der Vorstand verpflichtet ist, den Konflikt, der die Pflichtenkollision auslöst, so weit als möglich zu vermeiden.

Ebenfalls taucht hier die Frage auf, ob dem Vorstand ein unternehmerischer Ermessensspielraum für die Beurteilung der Pflichtkollision zukommt. Diese Frage wird ausgiebig von *Poelzig* diskutiert und differenziert bejaht.[784] Die Entscheidung des Vorstands für oder gegen die Sonderzahlung an opponierende Aktionäre wertet *Poelzig* als unternehmerische Entscheidung im Sinne von § 93 Abs. 1 Satz 2 AktG. Die der unternehmerischen Entscheidung eigenen Unsicherheit sieht *Poelzig* nicht in der Frage, ob der Verstoß gegen § 57 AktG überhaupt gerechtfertigt werden kann. Dabei handele es sich um eine Rechtsfrage, die gerichtlich voll nachprüfbar sei. Die Unsicherheit entstehe vielmehr in dem Moment, in dem der Vorstand in der Regel zügig über den Abkauf der Anfechtungsklage entscheiden muss, ohne dabei mit an Sicherheit grenzender Wahrscheinlichkeit vorhersagen zu können, ob dies zur Abwehr eines erheblichen Schadens tatsächlich erforderlich ist. Unsicher sei dabei zum einen, ob der angegriffene Beschluss nicht doch tatsächlich an Fehlern leidet. Ungewiss sei außerdem, wie und wann das Gericht über die Anfechtungsklage entscheiden und welche Ausmaße die hierdurch verursachte Verzögerung annehmen werde. Häufig seien auch definitive Vorhersagen zum wirtschaftlichen Erfolg einer beschlossenen Maßnahme im Zeitpunkt der Beschlussfassung unmöglich. Der Vorstand müsse also bei seiner Entscheidung über den Abkauf der Anfechtungsklage komplexe Prognosen anstellen.

d. Schlussfolgerung

aa. Auflösung der Pflichtenkollision durch Vorrang einer Pflicht

Mit welchem Ergebnis der Meinungsstreit über den Vorrang von Massesicherungspflicht oder Abführungspflicht bzw. vom Verbot der Einlagenrückgewähr oder der Schadensabwehrpflicht zu lösen ist, ist für die vorliegende Untersu-

782 Vgl. *Merkt*, in: Großkomm. z. AktG, § 71 Rdn. 174; *Fleischer*, in: Schmidt/Lutter, Komm. z. AktG, § 57 Rdn. 23; *Cahn/v. Spannenberg*, in: Spindler/Stilz, Komm. z. AktG, § 57 Rdn. 46; *Block*, in: Heidel, Komm. z. Aktienrecht, § 71 Rdn. 24; *Riegger/Götze*, in: Krieger/Schneider, Handbuch Managerhaftung, § 26 Rdn. 76 ff.; *Poelzig*, WM 2008, 1009, 1012.

783 Siehe b.bb.

784 Vgl. *Poelzig*, WM 2008, 1009, 1013 f.

chung nicht entscheidend. Interessant ist vielmehr das methodische Vorgehen des BGH und der Literatur. Sowohl der 5. Strafsenat als auch der II. Zivilsenat sehen im Konflikt zwischen der Massesicherungspflicht und der Pflicht zur Abführung von Sozialversicherungsbeiträgen eine potentielle Pflichtenkollision.[785] Methodisch lösen beide Senate die Pflichtenkollision gleich, indem sie der aus ihrer Sicht höherrangigen Pflicht den Vorzug geben.[786] Die Verletzung der niederrangigen Pflicht soll dann im Ergebnis nicht zu einer Haftung der Vorstandsmitglieder führen. Auch die Literatur teilt den methodischen Ausgangspunkt, eine Pflichtenkollision über den Vorrang einer Pflicht zu lösen.[787]

Die im Ausgangspunkt methodische Übereinstimmung hilft allerdings nur einen kleinen Schritt weiter. Das Problem verschiebt sich zu der Frage, wie die Rangfolge der betroffenen Rechtsgüter und Interessen zu bestimmen ist.

bb. Die Bestimmung des Vorrangs

Bei kollidierenden Rechtssätzen gilt es allgemein, die kollidierenden Normen so aufeinander abzustimmen, dass der Konflikt aufgelöst wird.[788] Die Kollision kann sich z.B. über die Auslegung von Ausnahmetatbeständen[789] vermeiden lassen. Gelingt das nicht, muss eine der kollidierenden Normen weichen.[790] Zur Auswahl der unterlegenen Norm gibt es eine Reihe anerkannter Regeln – insbesondere die Grundsätze *lex specialis derogat legi generali, lex posterior derogat legi priori, lex superior derogat legi inferiori*[791].

Nun ähneln sich Pflichtenkollisionen und Normenkollisionen sehr stark, da kollidierende Pflichten letztlich auch auf Rechtsnormen beruhen, so dass mittelbar die dahinterstehenden Normen in Konflikt geraten. Von daher stellt sich die Frage, was eine Pflichtenkollision von einer Normenkollision unterscheiden könnte.

Ein Unterschied könnte darin zu sehen sein, dass sich Pflichtenkollisionen auf Kollisionen in Einzelfällen beschränken. Nicht die abstrakten Tatbestände der Rechtsnormen stehen miteinander in Konflikt, sondern nur auf einen Einzel-

785 Vgl. BGHSt 48, 307, 309 f. einerseits und BGH NJW 2005, 2546, 2548 andererseits, wobei der 5. Strafsenat einen engeren Begriff der Pflichtenkollision verwendet.

786 Am deutlichsten formuliert in BGH NJW 2009, 295.

787 Ausführlich *Küper,* JuS 1987, 81, 89; vgl. *Poelzig/Thole,* ZGR 2010, 836, 859 ff.

788 Vgl. *Larenz,* Methodenlehre, S. 266.

789 Z.B. im Rahmen von § 92 Abs. 2 AktG, wenn die Abführung der Sozialversicherungsbeiträge als „mit der Sorgfalt eines ordentlichen und gewissenhaften Geschäftsleiters vereinbar" subsumiert wird, vgl. *Schmidt,* in: Scholz, Komm. z. GmbHG, 64 Rdn. 40; ferner *Poelzig/Thole,* ZGR 2010, 836, 846 zu § 33 Abs. 1 Satz 2 WpÜG und *Schlehofer,* in: Münchener Komm. z. StGB, Vor §§ 32 ff. Rdn. 209 ff. zum Strafrecht.

790 *Larenz,* Methodenlehre, S. 266.

791 Hierzu *Larenz,* Methodenlehre, S. 266 ff.

fall, also *„in concreto"*, abgeleitete Rechtsfolgen: Der Vater, der eines seiner beiden Kinder vor dem Ertrinken, das anderer vor einer Verletzung retten kann, unterliegt einer Pflichtenkollision; auf abstrakter Ebene besteht jedoch keine Kollision zwischen den Straftatbeständen Totschlag und Körperverletzung. Ebenso laufen bei rechtmäßigen Hauptversammlungsbeschlüssen Ausführungspflicht und Legalitätspflicht parallel, da beide Pflichten die Ausführung fordern. Ein Konflikt kann nur im Sonderfall eines anfechtbaren bzw. nichtigen Beschlusses bzw. dann entstehen, wenn der Vorstand den rechtmäßigen Beschluss nicht ausführt. Demgegenüber ist der Konflikt zwischen § 92 Abs. 2 AktG und § 266a StGB bereits auf Ebene des abstrakten Tatbestands angelegt: Bei Überschuldung der Gesellschaft darf der Vorstand nach § 92 Abs. 2 Satz 1 AktG überhaupt keine Zahlung leisten, wohingegen § 266a StGB stets die Abführung von Sozialversicherungsbeiträgen verlangt. Der letztgenannte Fall wäre mit den Worten von *Hruschka* eine „systembedingte Pflichtenkollision", während er die zuerst genannten Konflikte als „situationsbedingte Pflichtenkollisionen" bezeichnen würde.[792] Auf „systembedingte Pflichtenkollisionen" wendet *Hruschka* die Regeln der Normenkollision – konkret die Regel *lex specialis* – an, was die Vermutung nahelegt, dass es sich bei Pflichtenkollisionen und Normenkollisionen wohl nur um die Kehrseiten derselben Medaille handelt. Es ist letztlich nur eine Frage der Perspektive, ob eine Kollision verschiedener Rechtssätze auf Ebene des Tatbestands oder auf Ebene der Rechtsfolge betrachtet wird.

Diese Frage braucht jedoch nicht geklärt zu werden. Entscheidend ist, dass die Nähe zwischen Pflichtenkollision und Normenkollision eine Anwendung der Regeln der Normenkollision auf Pflichtenkollisionen erlaubt.[793] Folgerichtig hat der II. Zivilsenat daher die Pflichtenkollision zwischen der Massesicherungspflicht und der Pflicht zur Abführung von Sozialversicherungsbeiträgen in erster Linie nach dem Grundsatz *lex specialis* lösen wollen.[794]

Was aber, wenn die Regeln der Normenkollision keine Auflösung der Pflichtenkollision herbeiführen? Dies dürfte insbesondere der Fall sein, wenn der Grundsatz *lex specialis* nicht greift, weil keine der sich widersprechenden Normen als Spezialfall der anderen zu erkennen ist. Dann hilft nur mehr ein Blick hinter die Normen, also eine Einzelfallabwägung der betroffenen Rechtsgüter und Interessen.[795] Denn eines ist klar: die Erfüllung beider Pflichten ist unmöglich, und zu etwas Unmöglichem kann niemand verpflichtet sein – *ultra*

---

792 *Hruschka,* FS Larenz (1983), S. 257, 282 f.

793 So im Ergebnis auch *Heinze,* DZWIR 2009, 244, 246.

794 BGHZ 146, 264, 275; zustimmend *Heinze,* DZWIR 2009, 244, 246.

795 Vgl. *Schlehofer*, in: Münchener Komm. z. StGB, Vor §§ 32 ff. Rdn. 218; *Rönnau*, in: Großkomm. z. StGB, Vor § 32 Rdn. 115; *Lenckner*, in: Komm. z. StGB, Vorbem §§ 32 ff. Rdn. 73; *Küper,* JuS 1987, 81, 89.

posse nemo obligatur.[796] Folglich kann es nicht rechtswidrig sein, wenn das einzig Mögliche getan wird: eine der beiden Pflichten zu erfüllen, und zwar die wertvollere, höherrangige.[797] Unterstellt, es gibt eine Rangfolge der kollidierenden Pflichten, so entspricht es ferner dem Gedanken *lex superior derogat legi inferiori*, die niederrangige Pflicht zurücktreten zu lassen. Das dahinterstehende Prinzip des überwiegenden Interesses findet Ausdruck auch in § 275 Abs. 3 BGB, § 904 BGB und § 34 StGB.

Bei unterstellter Gleichwertigkeit der betroffenen Rechtsgüter und Interessen versagt jedoch die Auflösung des Konflikts zugunsten einer Pflicht. In einer solchen Situation liegt nach *Poelzig/Thole* eine „echte Pflichtenkollision" vor,[798] obwohl besser von „unlösbarer Pflichtenkollision" gesprochen werden sollte[799]. Dann kann es nur vorwerfbar sein, wenn keine der beiden Pflichten erfüllt wird – welcher gefolgt wird, muss der freien Wahl des Auswählenden überlassen bleiben.[800]

cc. Justiziabilität der Vorrangbestimmung

Für den Konflikt zwischen Ausführungsführungspflicht und Legalitätspflicht ist die Feststellung von Interesse, dass der BGH die Bestimmung der Rangfolge für sich beansprucht und damit für justiziabel hält. Für einen eigenen Entscheidungsspielraum des Vorstands ist kein Raum zu erkennen. Dies steht im Gegensatz zu der erwähnten Meinung *Volhards*, dass der Vorstand die Abwägung, welcher kollidierenden Pflicht der Vorrang gebührt, im Rahmen seiner umfassenden Leitungsbefugnis „in eigener Verantwortung" vorzunehmen habe.[801]

Richtigerweise wird man differenzieren müssen. Soweit eine abstrakte und allgemeingültige Bestimmung anhand objektiver Gründe möglich ist, kann die

---

796 Vgl. *Schlehofer*, in: Münchener Komm. z. StGB, Vor §§ 32 ff. Rdn. 217; *Rönnau*, in: Großkomm. z. StGB, Vor § 32 Rdn. 116; *Lenckner*, in: Komm. z. StGB, Vorbem §§ 32 ff. Rdn. 73; *Hruschka,* FS Larenz (1983), S. 257, 274; *Küper,* JuS 1987, 81, 89.

797 Vgl. *Schlehofer*, in: Münchener Komm. z. StGB, Vor §§ 32 ff. Rdn. 217; *Rönnau*, in: Großkomm. z. StGB, Vor § 32 Rdn. 115, 122; *Lenckner*, in: Komm. z. StGB, Vorbem §§ 32 ff. Rdn. 73; *Küper,* JuS 1987, 81, 89; ferner *Hruschka,* FS Larenz (1983), S. 257, 276 unter Verweis auf die Philosophia Practica Universalis von Christian Wolff; im Ergebnis ebenso Staudinger/*Löwisch,* Komm. z. BGB, § 275 Rdn. 90.

798 Siehe Fn. 730.

799 So zutreffend *Küper,* JuS 1987, 81, 89.

800 Vgl. *Schlehofer*, in: Münchener Komm. z. StGB, Vor §§ 32 ff. Rdn. 217; *Rönnau*, in: Großkomm. z. StGB, Vor § 32 Rdn. 116, 124; *Lenckner*, in: Komm. z. StGB, Vorbem §§ 32 ff. Rdn. 73; ferner *Hruschka,* FS Larenz (1983), S. 257, 277, wiederum unter Verweis auf die Philosophia Practica Universalis von Christian Wolff.

801 Siehe Fn. 737.

Entscheidung von einem Richter nachvollzogen werden. Im oben[802] erwähnten Beispiel lässt sich abstrakt und allgemeingültig herleiten, dass die Rettung des Lebens die Rettung der Gesundheit überwiegt. Ist hingegen eine abstrakte und allgemeingültige Herleitung nicht möglich, etwa weil Leben gegen Leben steht, sind die Grenzen der Justiziabilität erreicht. Die Grenzen der Justiziabilität ziehen zugleich die Grenze zwischen lösbaren und unlösbaren bzw. „echten" Pflichtenkollisionen, da es unlösbaren Pflichtenkollisionen eigen ist, dass keine abstrakten Kriterien für die Bestimmung des Vorrangs bestehen.

Von der Justiziabilität der Vorrangsbestimmung ist die Frage zu unterscheiden, inwieweit ein Beurteilungsspielraum bei der Prognose, ob in Zukunft eine Pflichtenkollision eintritt, besteht. Dieser Frage wird später nachgegangen werden.[803] An dieser Stelle muss ebenfalls offen bleiben, welche Rechtsfolgen eine Pflichtenkollision auslöst, da die Rechtsfolgen von den konkret kollidierenden Pflichten abhängen.[804]

dd. Obliegenheit zur Konfliktvermeidung

Fest steht hingegen die Obliegenheit des Vorstands, den Konflikt so weit als möglich zu vermeiden. Das Privileg, von einer eigentlich bestehenden Pflicht befreit zu werden, basiert maßgeblich auf dem Gedanken *ultra posse nemo obligatur*. Kann der Vorstand die Pflichtenkollision durch alternative Handlungen vermeiden, ist der Grundsatz nicht einschlägig. Die Pflichtenkollision besteht dann eigentlich gar nicht.

Von der Obliegenheit, eine drohende Pflichtenkollision möglichst zu vermeiden, ist die Frage zu unterscheiden, inwieweit eine Berufung auf die Pflichtenkollision ausscheidet, wenn der Vorstand die Pflichtenkollision durch vorangegangenes Fehlverhalten selbst verursacht hat, z.B. weil der Beschluss wegen eines Vorbereitungsfehlers des Vorstands rechtswidrig ist. Eine Pflichtenkollision löst sich jedoch nicht in Luft auf, nur weil der Vorstand sie selbst verursacht hat. Der Grundsatz *ultra posse nemo obligatur* wird hierdurch nicht ausgehebelt, der Entscheidungsnotstand besteht weiter. Die Pflichtenkollision muss weiter zum Vorrang einer Pflicht aufgelöst werden. Möglich ist allerdings eine Haftung des Vorstands für das vorangegangene Fehlverhalten.

---

802 Siehe bb.

803 Siehe unten Kapitel 4.

804 Siehe unten 4. und 5.

3. Bisherige Diskussionen über die Legalitätspflicht

a. Der allgemeine Vorrang der Legalitätspflicht

Für die vorliegenden Untersuchung kann die Diskussion fruchtbar gemacht werden, die über die Frage geführt wird, ob „nützliche Pflichtverletzungen" eine Abkehr von der Legalitätspflicht erlauben. Bei „nützlichen Pflichtverletzungen" geht es um formal sorgfaltswidriges Verhalten des Vorstands, aus dem jedoch ein wirtschaftlicher Vorteil für die Gesellschaft erfolgt. Ein typisches Beispiel ist die Zahlung eines Schmiergelds, die erst die Erlangung eines Auftrags für die Gesellschaft ermöglicht. Aus der Diskussion um die Anerkennung „nützlicher Pflichtverletzungen" ist anerkannt, dass die Legalitätspflicht allgemein Vorrang vor anderen Pflichten des Vorstands genießt.[805] Auch bei „nützlichen Pflichtverletzungen" ist es dem Vorstand nicht erlaubt, gegen das Gesetz zu verstoßen.[806] Ganz allgemein wird der Legalitätspflicht der Rang eines ersten Gebots oder einer Kardinalpflicht zugesprochen.[807]

b. Anerkannte Grenzen der Legalitätspflicht

Einschränkungen der Legalitätspflicht werden allerdings für den Fall bejaht, wenn die Rechtslage unklar oder umstritten ist.[808] Bei einer unklaren Rechtslage habe der Vorstand das Recht, den für die Gesellschaft günstigen Standpunkt einzunehmen, wobei er sich dabei allerdings des Risikos bewusst zu sein und dieses im Rahmen der Abwägung zu berücksichtigen habe, dass sich der von ihm eingenommene Standpunkt als unzutreffend erweist.[809] *Habersack* weist in diesem Zusammenhang darauf hin, dass sich der Geschäftsleiter gerade bei gesetzlich gebundenen Entscheidungen durchaus erheblichen Unsicherheiten ausgesetzt sehen kann, mit denen wiederum ein nicht unerheblicher Beurteilungsspielraum einhergeht.[810]

805 Vgl. *Fleischer*, in: Spindler/Stilz, Komm. z. AktG, § 93 Rdn. 36; *Fleischer*, ZIP 2005, 141, 148; *Spindler*, FS Canaris, S. 403, 425 f.; *Thole*, ZHR 173 (2009), 504, 517 f.

806 So etwa *Ihrig*, WM 2004, 2098, 2103 ff.; *Fleischer*, ZIP 2005, 141, 148 f.; *Lutter*, ZIP 2007, 841, 843 f.; *Habersack*, FS Schneider, S. 429, 437 ff.

807 Vgl. *Habersack*, FS Schneider, S. 429, 431.

808 Vgl. *Fleischer*, in: Spindler/Stilz, Komm. z. AktG, § 93 Rdn. 29; *Fleischer*, ZIP 2005, 141, 149 f.; *Thole*, ZHR 173 (2009), 504, 521 ff.; *Habersack*, FS Schneider, S. 429, 436 f.

809 So ausdrücklich *Habersack*, FS Schneider, S. 429, 436.

810 So ausdrücklich *Habersack*, FS Schneider, S. 429, 436 f.

4. Schlussfolgerungen für die Pflichtenkollision zwischen Ausführungspflicht und Legalitätspflicht

An dieser Stelle können endlich Schlussfolgerungen aus dem hergeleiteten dogmatischen Konzept gezogen werden. Das hergeleitete Konzept für den Umgang mit Hauptversammlungsbeschlüssen lässt sich wie folgt beschreiben:

a. Grundfall der Pflichtenkollision

Im Grundsatz besteht die Ausführungspflicht des Vorstands, sobald die Hauptversammlung einen ausführungsbedürftigen Beschluss gefasst hat. Bei nichtigen Beschlüsse entfällt hingegen die Ausführungspflicht (sofern mit dem nichtigen Beschluss keine rechtlich wirksamen Folgen verbunden sind). Bei anfechtbaren Beschlüssen besteht hingegen eine wirksame Ausführungspflicht. Sie würde jedoch eine Verletzung der Legalitätspflicht durch Kompetenzüberschreitung hervorrufen, wenn der Vorstand ihr folgt, wirksame Ausführungshandlungen vornimmt und der Beschluss später rechtskräftig für nichtig erklärt wird. Die Pflichtenkollision besteht damit im Dilemma des Vorstands, entweder der Ausführungspflicht zu folgen und damit seine Legalitätspflicht durch Kompetenzüberschreitung zu verletzen – oder die Legalitätspflicht zu achten und die Ausführung des wirksamen Beschlusses, zu der er ebenfalls verpflichtet ist, zu unterlassen.

b. Auflösung der Pflichtenkollision zugunsten der Legalitätspflicht

Die Anwendung der Regeln über Normenkollisionen erlaubt keine Auflösung der Pflichtkollision. Die Legalitätspflicht ist nicht *lex specialis* zur Ausführungspflicht. Erforderlich ist ein Blick hinter die Normen im Wege einer Einzelfallabwägung der betroffenen Rechtsgüter und Interessen. Dabei zeigt sich, dass die Legalitätspflicht allgemein Vorrang vor anderen Pflichten des Vorstands genießt. *Die Pflichtenkollision zwischen Ausführungspflicht und Legalitätspflicht ist daher grundsätzlich zum Vorrang der Legalitätspflicht aufzulösen.* Dies bedeutet, dass der Vorstand von der Ausführung absehen darf und muss, wenn es andernfalls zur Verletzung der Legalitätspflicht käme.

c. Wirkung der Pflichtenkollision

Noch nicht geklärt ist, ob die Ausführungspflicht aufgrund der Pflichtenkollision entfällt oder ihre Verletzung aufgrund der Pflichtenkollision gerechtfertigt ist. Diese Frage ist lediglich theoretischer Natur. Ein Entfallen der Pflicht läge näher, wenn die Parallele zu § 275 Abs. 3 BGB gesucht wird; hingegen ließe sich aus den strafrechtlichen Parallelen eher eine Rechtfertigung annehmen. M.E. ist ein Entfallen der Ausführungspflicht angemessener, da es anders als im Strafrecht kein Bedürfnis für ein uneingeschränktes Aufrechterhalten der Ausführungspflicht gibt. Im Gegenteil: das Verweigerungsrecht des Vorstands stellt letztlich eine Antizipation der später aus der Nichtigerklärung folgenden rückwirkenden Unwirksamkeit des anfechtbaren Beschlusses dar. Denn eigentlich unterliegt der Vorstand bei einem anfechtbaren Beschluss, der später für nichtig erklärt wird, nur scheinbar der Ausführungspflicht. Wegen der Rückwirkung der Unwirksamkeit besteht sie nämlich auch vor rechtskräftiger Nichtigerklärung nicht.

Die Annahme eines Verweigerungsrecht ist gleichwohl sinnvoll. Sie ist der Versuch, die Dynamik der Rückwirkung in Worte zu fassen, um die Situation des Vorstands in seiner gegenwärtigen Entscheidungssituation zu erfassen – und damit eine Antwort auf die Konzeption des Beschlussmängelrechts. Mit einer „nur scheinbaren Ausführungspflicht" lässt sich wenig anfangen. Hingegen lässt sich mit einem Verweigerungsrecht gegen eine schwebend wirksame Ausführungspflicht der Konflikt beschreiben, dem der Vorstand ausgesetzt ist – auch wenn es letztlich nur die Diskussion von etwas nicht vorhandenem ist.

d. Zusammenfassung des hier vertretenen Konzepts

Zusammenfassend lässt sich das hier vertretene Konzept dahin beschreiben, dass der Vorstand bei einem anfechtbaren Hauptversammlungsbeschluss nach den Grundsätzen der Pflichtenkollision berechtigt ist, die Befolgung der Ausführungspflicht zu verweigern, wenn die Befolgung der Ausführungspflicht später zu einer Kompetenzüberschreitung und damit zu einer Verletzung der Legalitätspflicht führen würde.

e. Das Verhältnis der hier vertretenen Meinung zur h.M.

Im praktischen Ergebnis deckt sich der hier vertretene dogmatische Ansatz mit der Lösung der h.M., dass die Ausführungspflicht auf gesetzmäßige Beschlüsse beschränkt ist, d.h. bei nichtigen und anfechtbaren Beschlüssen nicht besteht. Es stellt sich daher die Frage, was der Nutzen des hier vertretenen Konzepts ist .

Dazu ist zunächst zu sagen, dass die Konzeption der Pflichtenkollision weitaus besser die Situation beschreibt, in der der Vorstand sich befindet. Die h.M. vermag die dynamischen Umwälzungen des rückwirkenden Wegfalls der Ausführungspflicht nicht recht zu beschreiben. So besteht nach der h.M. bei anfechtbaren Beschlüssen keine Ausführungspflicht, die aber dann gleichwohl „aus dem Hut gezaubert" kommt, wenn der Beschluss bestandskräftig und damit gesetzmäßig wird. Dass die Ausführungspflicht in dieser Situation aber bereits seit Beschlussfassung besteht – und der Vorstand eigentlich schon pflichtwidrig handelt, wenn er den Beschluss bis zum Eintritt der Bestandskraft nicht ausführt –, vermag die h.M. nicht zum Ausdruck zu bringen. Ähnliches gilt für nichtige Beschlüsse, bei denen sich die h.M. nur die Frage zu stellen vermag, ob nach

Eintritt der Heilung eine Ausführungspflicht besteht – und damit übersieht, dass nur durch vorangegangene Ausführungshandlungen eine Heilung überhaupt erst ermöglicht wird. Ganz allgemein bleibt die h.M. starr, da sie nur auf die finale Bewertung des Beschlusses abstellen kann.

Neben der besseren Beschreibung des Konflikts bietet die hier vertretene Lösung eine dogmatische Erklärung, die die Begründungslücke der h.M. zu schließen vermag. Es trifft im Ergebnis zwar zu, dass ein gesetzwidriger Beschluss nicht exekutiert werden darf. Doch warum führt der gesetzwidrige Beschluss zum Entfallen der Ausführungspflicht? Die Vorschrift des § 83 Abs. 2 AktG sieht diese Grenze nicht vor. Die h.M. bietet zur Frage nach dem Warum nur den formalen Hinweis auf den – bei genauer Betrachtung gar nicht einschlägigen – § 93 Abs. 4 Satz 1 AktG. Die bloße Rechtswidrigkeit des Beschlusses kann es aber nicht sein, da sie nicht mal bewirkt, dass der angefochtene Beschluss seine Wirksamkeit verliert.

Die hier vertretene Lösung vermag aber nicht nur eine bessere Beschreibung des Konflikts, sie erlaubt auch präzisere und dogmatisch zwingendere Ergebnisse, die teilweise von der h.M. abweichen. Welche Ergebnisse dies im Einzelnen sind, wird später ausführlich erörtert werden.[811] Die h.M. kann nur diskutieren, ob ein bestimmter Umstand aus einem gesetzwidrigen einen gesetzmäßigen Beschluss macht. Hier wurde aufgezeigt, dass es für die konkreten Umrisse der Ausführungspflicht auf die Reichweite des Konflikts zwischen Legalitätspflicht und Ausführungspflicht ankommt. Deswegen darf der Vorstand die Heilung eines nichtigen Beschlusses herbeiführen, da der geheilte Beschluss *ab initio* rechtmäßig ist und eine Verletzung der Legalitätspflicht entfällt. Der Vorstand muss dies allerdings nicht, da vor Ausführung und Heilung nur ein unwirksamer Ausführungsbefehl besteht, dem der Vorstand nicht Folge zu leisten braucht. Praktisch wird die Anmeldung eines nichtigen Beschlusses eh nicht sinnvoll sein, da der Registerrichter ihn nicht eintragen würde.

Ähnlich besteht bei anfechtbaren, jedoch bestandskräftigen Beschlüssen zu keiner Zeit ein Konflikt zwischen der Ausführungspflicht und der Legalitätspflicht. Geklärt ist ferner, in welchen Fällen der Vorstand zur Anfechtung des Beschlusses verpflichtet ist. Anders als nach h.M. entfällt die Ausführungspflicht auch bei bestandskräftigen Beschlüssen, nämlich dann, wenn der Beschlussinhalt vom Vorstand eine rechtswidrige Ausführungshandlung verlangt.

811 Unten Kapitel 5.

5. Schlussfolgerungen für die Pflichtenkollision zwischen Ausführungspflicht und Schadensabwehrpflicht

Die Grundsätze der Pflichtenkollision vermögen auch das Problem rechtmäßiger, jedoch unzweckmäßiger Beschlüsse präziser und dogmatisch zwingender zu lösen. Denn auch dieses Problem basiert letztlich auf der Kollision zweier Pflichten: der Ausführungspflicht und der Schadensabwehrpflicht.[812]

a. Auflösung zugunsten der Ausführungspflicht

Bei der Bestimmung der vorrangigen Pflicht kommt es maßgeblich auf die näheren Umstände an. Der Vorstand muss berücksichtigen, dass die Hauptversammlung unter Umständen Rechtsgeschäfte zum Nachteil der Gesellschaft beschließen darf. Tut sie dies in rechtmäßiger Weise, muss der Vorstand dies akzeptieren und dem Beschluss aufgrund seiner hierarchischen Unterordnung Folge leisten. Beispielhaft kann die Hauptversammlung – evtl. über den Weg des § 83 Abs. 1 AktG – beschließen, den Unternehmensgegenstand zu ändern, um in Bereichen tätig zu sein, die der Vorstand nicht für lukrativ hält. Der Vorstand muss einen solchen satzungsändernden Beschluss zum Handelsregister anmelden und seine zukünftige Geschäftstätigkeit daran ausrichten – oder zurücktreten.

b. Auflösung zugunsten der Schadensabwehrpflicht

Die Pflichtenkollision ist hingegen zum Vorrang der Schadensabwehrpflicht aufzulösen, wenn ein Schaden droht, der nicht von der Hauptversammlung berücksichtigt und gebilligt wurde. Klassischerweise handelt es sich hier um Beschlüsse, die aufgrund einer Veränderung der Umstände im Anschluss an die Beschlussfassung, aber vor Beschlussausführung unzweckmäßig werden. In einer solchen Situation muss angenommen werden, dass die Hauptversammlung keine Beschlussausführung zum Schaden der Gesellschaft beabsichtigt hätte. Der Vorrang der Schadensabwehrpflicht würde sich daher aus dem mutmaßlichen Willen der Hauptversammlung ableiten lassen, was nahe legt, dass der Vorstand gehalten ist, den Beschluss erneut der Hauptversammlung vorzulegen[813]. Den Bedenken[814] gegen eine übermäßige Belastung der Vorstandstätigkeit durch die Vorbereitung und Ausführung zusätzlicher Hauptversammlungen

---

812 Siehe oben V.

813 Vgl. *Seibt*, in: Schmidt/Lutter, Komm. z. AktG, § 83 Rdn. 12; *Spindler*, in: Münchener Komm. z. AktG, § 83 Rdn. 18; *Fleischer*, in: Spindler/Stilz, Komm. z. AktG, § 93 Rdn. 232; *Krieger/Sailer-Coceani*, in: Schmidt/Lutter, Komm. z. AktG, § 93 Rdn. 51; *Wiesner/Kraft*, in: Münchener Handbuch GesR, Bd. 4, § 26 Rdn. 16; *Hefermehl*, FS Schilling, S. 159, 172; *Fleischer*, BB 2005, 2025, 2027.

814 *Mertens/Cahn*, in: Kölner Komm. z. AktG, § 93 Rdn. 158; *Findeisen*, ZIP 2009, 1647, 1652.

lässt sich begegnen, indem der Vorstand bis zur nächsten ordentlichen Hauptversammlung abwarten darf. Bei schädlichen Beschlüssen ist ein Abwarten unbedenklich, bei nicht schädlichen Beschlüssen hat der Vorstand eh bereits seine Ausführungspflicht verletzt. Entfällt der schädliche Charakter des Beschlusses bis zur nächsten Hauptversammlung, muss der Vorstand den Beschluss wieder ausführen.

VII. Ergebnisse

1. In der Literatur ist sehr umstritten, inwieweit die Rechtswidrigkeit von Hauptversammlungsbeschlüssen deren Ausführung entgegensteht. Es lassen sich vier große Richtungen ausmachen, die in sich wiederum von sehr heterogenen Positionen geprägt werden. Grob lassen sich folgende Richtungen unterscheiden:

- Nach einer ersten Richtung besteht eine uneingeschränkte Ausführungspflicht auch bei nichtigen Beschlüssen.
- Eine zweite Richtung verneint eine Ausführungspflicht bei nichtigen Beschlüssen, bejaht aber eine Pflicht zur Ausführung angefochtener Beschlüsse.
- Die h.M. beschränkt die Ausführungspflicht auf gesetzmäßige Beschlüsse, d.h. auf Beschlüsse, die weder nichtig noch anfechtbar sind.
- Eine vierte Richtung will beim Umfang der Ausführungspflicht eine subjektive Bewertung der Rechtslage durch den Vorstand berücksichtigen.

2. Die Vorschrift des § 93 Abs. 4 Satz 1 AktG erlaubt entgegen der h.M. keine dogmatisch zwingende Begrenzung der Ausführungspflicht auf gesetzmäßige Hauptversammlungsbeschlüsse. Zudem ist das Konzept der h.M. für die praktische Anwendung ungeeignet.

3. Die Vorschrift des § 93 Abs. 4 Satz 1 AktG ist weitgehend gegenstandslos, da die Ausführung gesetzmäßiger Hauptversammlungsbeschlüsse zu den Pflichten des Vorstands gehört und keine Haftung auslösen kann, die einem Haftungsausschluss nach § 93 Abs. 4 Satz 1 AktG zugänglich wäre. Nur bei Ermächtigungsbeschlüssen und einzelnen Zustimmungsbeschlüssen, bei denen die Ausführungspflicht des Vorstands stark reduziert ist, kommt eine originäre Anwendung von § 93 Abs. 4 Satz 1 AktG in Betracht. Bei der Reichweite des Haftungsausschlusses ergibt zudem die Unterscheidung zwischen der Gesellschaft und den Gläubigern keinen Sinn. § 93 Abs. 4 Satz 1 AktG und § 93 Abs. 5 Satz 3 AktG haben daher praktisch kaum eigenen Regelungsgehalt. Ihre Existenz erklärt sich allein vor dem rechtshistorischen Hintergrund: vor der Aktienrechtsreform 1937 wurde ein Haftungsausschluss auch bei Befolgung rechtswidriger Generalversammlungsbeschlüsse angenommen, und der Reformgesetzgeber wollte diesen weitgehenden Haftungsausschluss einschränken. Dabei unterließ

der Gesetzgeber es, die auf § 83 Abs. 2 AktG beruhende Ausführungspflicht mit § 93 Abs. 4 Satz 1 AktG und § 93 Abs. 5 Satz 3 AktG harmonisch abzustimmen.

4. Eine erste Grenze der Ausführungspflicht lässt sich aus der Unwirksamkeit unheilbar nichtiger Hauptversammlungsbeschlüsse ableiten. Die Ausführung eines wirkungslosen Hauptversammlungsbeschlusses geht ins Leere. Mangels Wirksamkeit der Ausführung kann es bei nichtigen Beschlüssen keine Ausführungspflicht geben – zumindest dann nicht, solange der nichtige Beschluss keiner Heilung zugänglich ist oder anderweitig Rechtswirkungen entfalten kann. Die fehlende Wirksamkeit der Ausführung stünde auch einem etwaigen Recht des Vorstands zur Ausführung eines unheilbar nichtigen Beschlusses entgegen.

5. Das Unwirksamkeitsargument stößt jedoch auf Grenzen, sobald ein nichtiger Beschluss wirksame Rechtsfolgen entwickeln kann. Dies ist zum einen bei der Heilung nichtiger Beschlüsse der Fall. Zum anderen kann es Fälle geben, in denen die Ausführung eines nichtigen, noch nicht geheilten Beschlusses zu Ausführungshandlungen führt, deren Wirksamkeit abstrakt von der Wirksamkeit des nichtigen Beschlusses beurteilt werden muss. In diesen Konstellationen unterliegt der Vorstand zwar keiner wirksamen Ausführungspflicht; einem Recht zur Beschlussausführung, die eine Heilung ermöglicht, steht das Unwirksamkeitsargument aber nicht entgegen.

6. Das Unwirksamkeitsargument versagt auch bei anfechtbaren Beschlüssen. Im Gegensatz zu nichtigen Beschlüssen sind anfechtbare Beschlüsse zunächst schwebend wirksam; sie lösen deshalb die Ausführungspflicht aus, bis sie rechtskräftig für nichtig erklärt werden. Mit rechtskräftiger Nichtigerklärung entfällt die Ausführungspflicht *ex tunc*. In dieser rückwirkenden Unwirksamkeit liegt das Grundproblem beim Umgang mit rechtswidrigen Beschlüssen.

7. Das Grundproblem der Ausführungspflicht ist eng mit der Struktur des geltenden Beschlussmängelrechts verknüpft. Wären rechtswidrige Beschlüsse stets nur mit Wirkung *ex nunc* vernichtbar, gäbe es die Schwierigkeiten im Umgang mit ihnen nicht. Der Gesetzgeber hat jedoch als Kompromiss zwischen dem Interesse der Gesellschaft an Rechtssicherheit und dem allgemeinen Interesse an der Rechtmäßigkeit des Gesellschaftshandelns eine komplexe Struktur des Beschlussmängelrechts eingeführt. Diese komplexe Struktur provoziert eine temporäre Unsicherheit, die *de lege lata* hinzunehmen und für den Umgang mit rechtswidrigen Beschlüssen zugrunde zu legen ist.

8. Eine zweite Grenze der Ausführungspflicht ist in der Legalitätspflicht des Vorstands zu suchen. Der Vorstand muss auf die Einhaltung der aktienrechtlichen Kompetenzordnung achten und außerdem sämtliche Rechtsvorschriften einhalten, die die Aktiengesellschaft als Rechtssubjekt treffen.

9. Ein Konflikt zwischen Ausführungspflicht und Legalitätspflicht kann sowohl bei rechtmäßigen als auch bei rechtswidrigen Beschlüssen entstehen. Bei

rechtmäßigen Hauptversammlungsbeschlüssen laufen die Ausführungspflicht und die Legalitätspflicht zumeist parallel: beide gebieten die Ausführung. Bei rechtswidrigen Beschlüssen besteht der Konflikt im drohenden Kompetenzverstoß, wenn der Vorstand im Hoheitsbereich der Hauptversammlung wirksame Maßnahmen trifft, ohne hierzu durch einen Hauptversammlungsbeschluss berechtigt zu sein.

10. Die Fälle rechtswidriger Beschlüsse sind allerdings zu differenzieren. Bei anfechtbaren Beschlüssen führt eine wirksame Ausführungshandlung nur dann zu einem Kompetenzverstoß, wenn der Beschluss rechtskräftig für nichtig erklärt wird. Wird der anfechtbare Beschluss nicht angefochten, aufgrund eines Freigabeverfahrens bestandskräftig oder aufgrund eines Bestätigungsbeschlusses geheilt, kommt es nicht zu einem Kompetenzverstoß. Bei nichtigen Beschlüssen liegt zwar bei einer wirksamen Ausführungshandlung zunächst stets ein Kompetenzverstoß vor; dieser würde jedoch *ex tunc* entfallen, wenn es zur Heilung des nichtigen Beschlusses kommt. Führt der Vorstand einen anfechtbaren, später aber bestandskräftigen, oder einen nichtigen, später aber geheilten Beschluss aus, besteht daher grundsätzlich kein Konflikt zwischen Ausführungspflicht und Legalitätspflicht. Trotz Heilung oder Bestandskraft kann allerdings ein Konflikt mit der Legalitätspflicht entstehen, wenn der Vorstand eine rechtswidrige Ausführungshandlung vornehmen muss. Ein Verstoß gegen die Legalitätspflicht liegt bei bestandskräftigen bzw. geheilten Beschlüssen auch vor, wenn der Vorstand es pflichtwidrig unterlässt, Anfechtungs- bzw. Nichtigkeitsklage zu erheben bzw. ein Amtslöschungsverfahren anzuregen. Die Legalitätskontrollpflicht des Vorstands geht aber nicht so weit, dass der Vorstand in jedem Fall eines rechtswidrigen Beschlusses Klage erheben müsste. Eine Anfechtungspflicht besteht nur, wenn der Vorstand einen Schaden für die Gesellschaft, der durch einen rechtswidrigen Beschluss entstehen könnte, verhindern muss oder wenn der Beschluss eine rechtswidrige Ausführungshandlung vom Vorstand verlangt.

11. Der potentielle Konflikt zwischen Ausführungspflicht und Legalitätspflicht führt zur Frage, wie eine Pflichtenkollision zu lösen ist. Dabei stellt sich das Problem, dass die Dogmatik der Pflichtenkollision im Gesellschaftsrecht bisher kaum herausgearbeitet wurde. Auch in der vorliegenden Untersuchung kann nur versucht werden, Regeln herzuleiten, die eine Lösung des speziellen Konflikts zwischen Ausführungspflicht und Legalitätspflicht erlauben.

12. Eine Pflichtenkollision liegt vor, wenn Rechtsnormen *in concreto* miteinander unvereinbare Pflichten begründen, sofern sie nicht aufeinander abgestimmt werden. Dies kann bei der Ausführungspflicht und der Legalitätspflicht der Fall sein, wenn z.B. die Befolgung der schwebend wirksamen Ausführungspflicht zu wirksamen Ausführungshandlungen führt, die nach rechtskräftiger Nichtigerklärung des Beschlusses einen Verstoß gegen die Kompetenzordnung

darstellen. Unvereinbare Pflichten können sich auch aus der Kollision der Ausführungspflicht mit der Schadensabwehrpflicht ergeben, wenn z.B. die Ausführung eines Beschlusses aufgrund veränderter Umstände zu einem Schaden für die Gesellschaft führen würde.

13. Eine Pflichtenkollision wird über den Vorrang einer Pflicht gelöst. Welche Pflicht vorrangig ist, ist zunächst nach den Regeln über Normenkollisionen zu ermitteln – insbesondere *lex specialis derogat legi generali*, *lex posterior derogat legi priori*, *lex superior derogat legi inferiori*. Wenn die Regeln über Normenkollisionen keine Auflösung der Pflichtenkollision erlauben, hilft nur ein Blick hinter die Normen, also eine Einzelfallabwägung der betroffenen Rechtsgüter und Interessen. Diese Interessenabwägung ist justiziabel. Nur bei Gleichwertigkeit der betroffenen Rechtsgüter und Interessen versagt die zwingende Auflösung zugunsten einer Pflicht. Dann obliegt es demjenigen, der der Pflichtenkollision ausgesetzt ist, das überwiegende Interesse zu bestimmen. Dem Vorstand obliegt es ferner, eine Pflichtenkollision so weit als möglich zu vermeiden. Hingegen verhindert die pflichtwidrige Herbeiführung der Pflichtenkollision nicht deren Anwendbarkeit. Möglich ist aber eine Haftung des Vorstands für sein früheres Fehlverhalten.

14. Die Pflichtenkollision zwischen Ausführungspflicht und Legalitätspflicht ist grundsätzlich zum Vorrang der Legalitätspflicht aufzulösen. Der Vorstand darf und muss von der Beschlussausführung absehen, wenn es andernfalls zur Verletzung der Legalitätspflicht käme. Rechtsfolge der Pflichtenkollision ist das Entfallen der Ausführungspflicht, das die aus der Nichtigerklärung folgende rückwirkende Unwirksamkeit des anfechtbaren Beschlusses antizipiert. Die Annahme eines Verweigerungsrechts ist der Versuch, die Dynamik der Rückwirkung in Worte zu fassen, um die Situation des Vorstands in seiner gegenwärtigen Entscheidungssituation zu erfassen – und damit eine Antwort auf die Konzeption des Beschlussmängelrechts.

15. Im praktischen Ergebnis deckt sich der hier vertretene dogmatische Ansatz mit der Lösung der h.M., dass die Ausführungspflicht auf gesetzmäßige Beschlüsse beschränkt ist, d.h. bei nichtigen und anfechtbaren Beschlüssen nicht besteht. Die hier vertretene Lösung vermag aber besser die dynamischen Umwälzungen des rückwirkenden Wegfalls der Ausführungspflicht zu beschreiben. Sie erlaubt auch präzisere und dogmatisch zwingendere Ergebnisse, die teilweise von der h.M. abweichen. So wurde ausgezeigt, dass es für die konkreten Umrisse der Ausführungspflicht auf die Reichweite des Konflikts zwischen Legalitätspflicht und Ausführungspflicht ankommt. Im Gegensatz zur h.M. darf der Vorstand die Heilung eines nichtigen Beschlusses herbeiführen, ohne hierzu verpflichtet zu sein. Anders als nach h.M. entfällt die Ausführungspflicht auch

bei bestandskräftigen Beschlüssen, nämlich dann, wenn der Beschlussinhalt vom Vorstand eine rechtswidrige Ausführungshandlung verlangt.

16. Die hier vertretene Auffassung vermag auch das Problem rechtmäßiger, aber unzweckmäßiger Beschlüsse präziser und dogmatisch zwingender zu lösen. Denn auch dieses Problem basiert letztlich auf der Kollision zweier Pflichten: der Ausführungspflicht und der Schadensabwehrpflicht. Bei der Bestimmung der vorrangigen Pflicht kommt es maßgeblich auf die näheren Umstände an. Der Vorstand muss berücksichtigen, dass die Hauptversammlung unter Umständen Rechtsgeschäfte zum Nachteil der Gesellschaft beschließen darf. Tut sie dies in rechtmäßiger Weise, muss der Vorstand dies akzeptieren und aufgrund seiner hierarchischen Unterordnung Folge leisten. Die Pflichtenkollision ist hingegen zum Vorrang der Schadensabwehrpflicht aufzulösen, wenn ein Schaden droht, der nicht von der Hauptversammlung berücksichtigt und gebilligt wurde. Der Vorrang der Schadensabwehrpflicht lässt sich insoweit aus dem mutmaßlichen Willen der Hauptversammlung ableiten. Die Schadensabwehrpflicht bildet damit eine weitere Grenze der Ausführungspflicht.

Kapitel 4: Rechtliche Unsicherheit über die Ausführungspflicht

I. Einleitung

Der Vorstand bewegt sich, wie im vorangegangenen Kapitel hergeleitet wurde, bei der Ausführung von Hauptversammlungsbeschlüssen auf einem schmalen Grad. Führt er einen Beschluss aus, dessen Ausführung unzulässig ist, verstößt er gegen seine Legalitätspflicht, die ihm die Wahrung der aktienrechtlichen Kompetenzordnung auferlegt. Ein solcher Verstoß liegt aber auch vor, wenn der Vorstand die Ausführung eines ausführungspflichtigen Beschlusses unterlässt.

Bei rechtmäßigen und – entgegen der h.M. – auch bei anfechtbaren Beschlüssen unterliegt der Vorstand grundsätzlich der Ausführungspflicht.[815] Lediglich wenn anfechtbare Beschlüsse für nichtig erklärt werden würden – was bei bestandskräftigen oder bestätigten Beschlüssen nicht der Fall ist –, gewährt ihm die drohende Pflichtenkollision das Recht, bereits vor Rechtskraft des Anfechtungsurteils von der Ausführung abzusehen. In Einzelfällen muss der Vorstand die Vernichtung des Beschlusses sogar aktiv herbeiführen. Bei nichtigen Beschlüssen besteht anfänglich keine Ausführungspflicht; gleichwohl darf der Vorstand nichtige Beschlüsse ausführen, wenn später Heilung eintritt. Unterbleibt die Heilung, hat der Vorstand mit einer wirksamen Ausführungshandlung ebenfalls gegen die aktienrechtliche Kompetenzordnung verstoßen. Trotz Heilung oder Bestandskraft ist die Ausführung unzulässig, wenn der Beschlussinhalt eine rechtswidrige Ausführungshandlung verlangt.

Wenn die Rechtslage klar und das Verhalten der Beteiligten eindeutig ist, kann der Vorstand auf diesem schmalen Grad sicher wandeln. Ein klarer Fall dürfte vorliegen, wenn eine Vollversammlung einen Beschluss fasst und kein Widerspruch zu Protokoll erklärt wird. Ähnlich liegt ein klarer Fall nahe, wenn einer Beschluss an einem bekannten und in der Rechtsprechung geklärten Mangel leidet und der Vorstand den Beschluss selbst angefochten hat. Dann steht mit sehr hoher Wahrscheinlichkeit fest, dass der Beschluss am Ende rechtskräftig für nichtig erklärt wird. Doch schon diese vermeintlich sicheren Beispiele zeigen Unwägbarkeiten auf: So könnte ein Aktionär im ersten Beispiel gleichwohl Nichtigkeitsklage erheben, wenn er im Nachgang zur Hauptversammlung einen versteckten Nichtigkeitsgrund entdeckt. Im zweiten Beispiel könnte der Vorstand während des Anfechtungsprozesses abberufen werden und sein Nachfolger die Klage zurücknehmen. Noch größer werden die Unwägbarkeiten, wenn Aktionäre einen Beschluss anfechten und ihre Klage auf einen angeblichen Fehler

815 Siehe Kapitel 3:VI.4.

stützen, der gerichtlich noch nicht geklärt wurde und in der Literatur kontrovers diskutiert wird. Denkbar ist weiter, dass eine divergierende obergerichtliche Rechtsprechung zu einem angeblichen Mangel besteht und eine höchstrichterliche Klärung noch aussteht.

Verallgemeinert lässt sich feststellen, dass die Ausführung von Hauptversammlungsbeschlüssen stets von einem dynamischen Zeitmoment geprägt ist. Der Vorstand muss zeitnah zur Beschlussfassung entscheiden, ob er dem existierenden Beschluss Folge leistet oder nicht. Seine Entscheidung hängt aber maßgeblich von einer Prognose, nämlich vom Ergebnis späterer, möglicher Gerichtsverfahren ab.[816] Der Kern der Unsicherheit liegt in der rückwirkenden Gestaltungskraft des Anfechtungsurteils bzw. der Heilung:[817] Wenn der anfechtbare Beschluss rechtskräftig für nichtig erklärt wird, entfällt *ex tunc* auch die Ausführungspflicht; tritt Heilung ein, unterlag der einst nichtige Beschluss von Anfang an der Ausführungspflicht. Es stellt sich daher die Frage, wie der Vorstand mit den Unwägbarkeiten der Zukunft und insbesondere einer unklaren Rechtslage umzugehen hat. Für diese Frage werden verschiedene Lösungen kontrovers diskutiert.

II. Vermeidung des Konflikts

Ein erster Ansatz zur Lösung des Problems liegt im Versuch, den Konflikt zu vermeiden, sei es durch Verzögerung der Beschlussausführung oder durch Herbeiführung einer vorläufigen gerichtlichen Klärung.

1. Durch verzögerte Beschlussausführung

Eine erste Lösung wird darin gesehen, dass der Vorstand die Beschlussausführung verschiebt, bis die Rechtslage geklärt ist. So halten es manche Stimmen in der Literatur für möglich, dass der Vorstand zunächst bis zum Ablauf der Anfechtungsfrist wartet, sofern der Gesellschaft durch das Abwarten kein unabwendbarer Schaden droht.[818] Wird eine Anfechtungsklage erhoben, besteht Einzelnen zufolge sogar bis zur rechtskräftigen gerichtlichen Entscheidung keine Ausführungspflicht.[819]

---

816 Vgl. *Haertlein*, ZHR 168 (2004), 437, 439.

817 Siehe Kapitel 3:III.3.

818 *Seibt*, in: Schmidt/Lutter, Komm. z. AktG, § 83 Rdn. 10; *Schaub*, in: Beck'sches Mandatshandbuch: Vorstand der AG, § 5 Rdn. 129.

819 *Martens*, FS Beusch, S. 529, 540; *Schaub*, in: Beck'sches Mandatshandbuch: Vorstand der AG, § 5 Rdn. 129; *Hüffer*, in: Münchener Komm. z. AktG, § 243 Rdn. 131; tendenziell auch *Schmidt*, in: Großkomm. z. AktG, § 243 Rdn. 71., der in Zweifelsfällen Aufschub für geboten hält; *Kropff*, in: Geßler/Hefermehl, Komm. z. AktG, § 174 Rdn. 31.

Zu einer ähnlichen, wenngleich etwas kürzeren Verschiebung der Ausführung kommt es, wenn der Vorstand erneut die Hauptversammlung anruft. Dies wird von *Spindler*[820] überlegt: Lassen sich die Zweifel nicht ausräumen, kann aber andererseits auch der Ausgang einer Anfechtungsklage wegen erheblicher Nachteile für die Gesellschaft nicht abgewartet werden, könne der Vorstand die Frage der Hauptversammlung nochmals zur Beschlussfassung vorlegen; bestätigt diese den Beschluss, habe der Vorstand den Beschluss auszuführen, er sei dann aber auch von seiner Haftung nach § 93 Abs. 2 AktG befreit. Solange eine solche Entscheidung – sei es ein Beschluss der Hauptversammlung oder eine Entscheidung über die Anfechtungsklage – nicht vorliegt, könne der Vorstand, bei aus seiner Perspektive berechtigten Zweifeln, die Ausführung des Beschlusses unterlassen.

2. Durch Herbeiführung einer vorläufigen gerichtlichen Klärung

Als zweite Lösungsmöglichkeit könnte auf die Herbeiführung einer vorläufigen gerichtlichen Klärung abgestellt werden. In diese Richtung verstehen sich Aussagen von *Hüffer* und anderen, wonach die Ausführungspflicht bei entgegenstehenden Gerichtsentscheidungen entfallen soll.[821] Die Autoren verweisen dazu auf eine Entscheidung des Oberlandesgerichts Frankfurt am Main, bei der auf eine einstweilige Verfügung hin der Gesellschaft untersagt wurde, einen Beschluss in das Handelsregister eintragen zu lassen.[822] Die einstweilige Verfügung überwinde dann die aktienrechtlichen Handlungspflichten.[823]

Neben einer einstweiligen Verfügung kommen für eine vorläufige gerichtliche Klärung auch die registergerichliche Prüfung des Beschlusses und die Durchführung eines Freigabeverfahrens in Betracht. Der Hintergrund einer registergerichtlichen Prüfung führt viele Autoren im Rahmen von § 181 AktG zur Annahme, dass der Vorstand einen anfechtbaren Beschluss zur Eintragung anmelden darf – oder gar muss –, wenn er den Registerrichter nur auf die Bedenken hinweist.[824] Denn dem Registerrichter kommt nach der heute h.M. eine materiell-rechtliche Prüfungskompetenz zu.[825] Noch „ranghöher" ist die Entschei-

820 *Spindler*, in: Münchener Komm. z. AktG, § 83 Rdn. 19.

821 *Hüffer*, Komm. z. AktG, § 83 Rdn. 5; *Bürgers/Israel*, in: Bürgers/Körber, Komm. z. AktG, § 83 Rdn. 5.

822 Vgl. OLG Frankfurt am Main NZG 2004, 526.

823 Vgl. OLG Frankfurt am Main NZG 2004, 526.

824 Siehe Fn. 507.

825 Vgl. *Lutter*, NJW 1969, 1873, 1878 f.; *Volhard*, ZGR 1996, 55, 57 ff.

dung eines OLG-Senats im Freigabeverfahren. Bei erfolgreicher Führung eines Freigabeverfahrens soll der Vorstand von seiner Haftung befreit sein.[826]

3. Stellungnahme

Die Vermeidung des Konflikts, sei es durch Verzögerung der Beschlussausführung oder durch Herbeiführung einer vorläufigen gerichtlichen Klärung, wird nur in Einzelfällen möglich sein.

a. Das Abwarten als Frage der Unverzüglichkeit

Kaum ein Beschluss ist derart unbedeutend, dass seine Ausführung problemlos um Jahre verzögert werden könnte. Das Abwarten tritt deshalb in grundsätzlichen Konflikt mit der Maßgabe, dass die Ausführung „unverzüglich" zu erfolgen habe.[827] Problematisch sind hier auch späte Entwicklungen, wie z.B. eine Nichtigkeitsklage nach Ablauf der Anfechtungsfrist, die nur über ein sehr langes Abwarten erfasst werden könnten. Von daher löst ein Abwarten die Probleme nicht vollständig.

Allerdings ist zuzugeben, dass sich die meisten Konfliktlagen im Monat nach der Beschlussfassung abzeichnen. Zum einen kann hier feststehen, dass keine Anfechtungsklage erhoben wird und der Beschluss bestandskräftig geworden ist. Zum anderen wären bei erhobenen Anfechtungsklagen die Anfechtungsgründe bekannt und einer Prüfung zugänglich; ein Nachschieben von Anfechtungsgründen ist weitgehend ausgeschlossen[828]. Deshalb bietet es sich aus praktischer Sicht an, mit der Beschlussausführung einige Wochen zu warten – sofern nicht eine besondere Dringlichkeit bereits zuvor die Ausführung verlangt.

Aus dogmatischer Sicht ist die Verschiebung der Ausführungspflicht indes nicht geeignet, den Umgang mit Rechtsunsicherheit abschließend zu klären – hier geht es vielmehr um die Auslegung des Begriffs „unverzüglich" im Rahmen der Beschlussausführung.[829]

b. Pflicht des Vorstands zur Herbeiführung einer vorläufigen gerichtlichen Klärung

Auch eine vorläufige gerichtliche Klärung löst den Konflikt nur teilweise. Weder das Registerverfahren noch eine einstweilige Verfügung noch deren Spezialfall eines Freigabeverfahrens führen zu einer endgültigen Lösung. Trotz eindeutiger vorläufiger Gerichtsentscheidungen könnte ein späteres Hauptsacheverfahren die Dinge auf den Kopf stellen. Es ist nicht auszuschließen, dass selbst nach

---

826 So *Volhard,* ZGR 1996, 55, 68.

827 Vgl. BGH ZIP 1991, 1423, 1425; näher unten Fn. 947.

828 Vgl. *Hüffer,* Komm. z. AktG, § 246 Rdn. 26.

829 Siehe unten Kapitel 5:III.2.

einem erfolgreichen Freigabeverfahren eine verschuldensunabhängige Schadensersatzpflicht nach § 246a Abs. 4 oder § 319 Abs. 6 Satz 9 AktG auf die Gesellschaft zukommt.[830] Überspitzt ließe sich in einem solchen Ausnahmefall fragen, ob nicht der Vorstand, der hier letztlich einen rechtswidrigen und für nichtig erklärten Beschluss ausgeführt hat, gegenüber der Gesellschaft deren Inanspruchnahme durch die Aktionäre ausgleichen muss. Nach der h.M., die die Ausführungspflicht *ex tunc* vom Ergebnis des Anfechtungsverfahrens abhängig macht, wäre dies zu erwägen.

Gleichwohl sollen die Vorteile einer vorläufigen gerichtlichen Klärung nicht außer Acht gelassen werden. Sie ist in manchen Fällen hilfreich, um der wirksamen Ausführungspflicht bei anfechtbaren Beschlüssen entgegenzuwirken, so z.B., wenn ein Aktionär durch eine einstweilige Verfügung Handlungen des ausführungswilligen Vorstands verhindern will.[831] In einen solchem Fall überwindet die einstweilige Verfügung die Ausführungspflicht des Vorstands, weil die Gesellschaft an die einstweilige Verfügung gebunden ist und der Vorstand diese Bindung im Außenverhältnis beachten muss. Aber auch aus Sicht des Vorstands erhöht sich durch eine vorläufige gerichtliche Klärung die Wahrscheinlichkeit, dass seine Annahme eines rechtmäßigen und ausführungspflichtigen Beschlusses korrekt ist, wenn ein Registerrichter oder gar ein OLG-Senat derselben Ansicht ist. Die höhere Wahrscheinlichkeit wird in der Praxis oft weiterhelfen und die Vorwerfbarkeit des sorgfaltswidrigen Verhaltens reduzieren.

Fraglich ist allerdings, ob und wie vorläufige gerichtliche Entscheidungen die Ausführungspflicht in dogmatischer Hinsicht beeinflussen. Man ist geneigt zu sagen: gar nicht, da die Anmeldung zum Handelsregister als Ausführungshandlung der gerichtlichen Entscheidung vorweggeht. Und doch vermag dieses formale Argument nicht zu befriedigen. Das Problem reicht tiefer: es berührt das Verhältnis von Vorstand, Hauptversammlung und Gericht zueinander. Der Vorstand fungiert bei der Beschlussausführung als Hilfsorgan der Hauptversammlung;[832] soll er bei Zweifeln an der Rechtmäßigkeit des Beschlusses von der Ausführung absehen dürfen, oder wäre es nicht eher im Interesse der Hauptversammlung, die Zweifel einer gerichtlichen Klärung zuzuführen? Bei einem negativen Votum des Gerichts würde die Ausführung des Beschlusses letztlich unterbleiben; nur wenn ein Gericht von der Rechtmäßigkeit des Beschlusses überzeugt ist, findet die Ausführung ihren Abschluss im Wirksamwerden der beschlossenen Maßnahme. Die Ausführungspflicht könnte daher mit guten Gründen so verstanden werden, dass sie den Vorstand anhält, auch möglicherweise

830 Vgl. *Volhard,* ZGR 1996, 55, 68.

831 So die Situation bei OLG Frankfurt am Main NZG 2004, 526.

832 Siehe Kapitel 1:III.5.

mangelbehaftete Beschlüsse zum Handelsregister anzumelden, um eine gerichtliche Klärung zu ermöglichen.[833] Dieser Gedanke wird nachfolgend noch näher beleuchtet werden.[834] Nach der h.M., die bei anfechtbaren Beschlüssen die Ausführungspflicht generell verneint,[835] wäre ein solcher Weg allerdings verbaut.

III.Beschlussausführung vor gerichtlicher Klärung

Die Vermeidung des Konflikts ist praktisch zwar in Einzelfällen möglich, führt aber auch dort nicht zu einer abschließenden Lösung. Oft wird schon die Dringlichkeit nicht erlauben, mit der Beschlussausführung bis zum Ausgang eines gerichtlichen Verfahrens zu warten. Führt der Vorstand den Beschluss dann während des Anfechtungsverfahrens aus, weil er ihn für rechtmäßig hält, könnte er objektiv pflichtwidrig gehandelt haben, wenn ein Gericht zu einem anderen Ergebnis kommt.[836] Gleichwohl soll der Vorstand im Ergebnis nicht dafür haften, dass ein Gericht am Ende ein anderes Ergebnis vertritt. Wie dieses Ergebnis erreicht werden kann, ist indes umstritten:

1. Ansätze der Literatur

a. Lösung 1: Kein Verschulden bei maßgeblicher objektiver Rechtslage

Nach Meinung von *Fleischer* soll es sich bei der irrtümlichen Bewertung um eine Frage des Verschuldens handeln.[837] Für die Frage der Ausführungspflicht komme es allein auf die objektive Rechtslage an; im Lichte der §§ 93 Abs. 4 S. 1, 245 Nr. 4 AktG lasse sich zwar das ungeschriebene Tatbestandsmerkmal der Gesetzmäßigkeit, nicht aber das der Erkennbarkeit der Gesetzmäßigkeit bzw. -widrigkeit des Hauptversammlungsbeschlusses in § 83 Abs. 2 AktG hineinlesen. Subjektive Fehleinschätzungen der Rechtslage könnten den Vorstandsmitgliedern jedoch im Rahmen des § 93 Abs. 2 AktG zugute kommen, indem sie ihr Verschulden entfallen ließen.

Auch *Haertlein* verneint im Ausgangspunkt jeden Beurteilungs- oder Ermessensspielraum des Vorstands für die Entscheidung darüber, ob ein Beschluss

---

833 So im Ergebnis auch *Stein*, in: Münchener Komm. z. AktG, § 181 Rdn. 16; *Seibt*, in: Schmidt/Lutter, Komm. z. AktG, § 181 Rdn. 10; *Holzborn*, in: Spindler/Stilz, Komm. z. AktG, § 181 Rdn. 8; *Haberstock/Greitemann*, in: Hölters, Komm. z. AktG, § 181 Rdn. 6.

834 Siehe Kapitel 5:IV.3.a.bb.

835 Siehe Kapitel 3:II.3.

836 Vgl. *Haertlein,* ZHR 168 (2004), 437, 446 f.

837 Vgl. *Fleischer,* BB 2005, 2025, 2026.

auszuführen ist oder nicht.[838] Die Gesetzmäßigkeit des Beschlusses sei vom Dafürhalten des Vorstands zu unterscheiden, und zwar auch dann, wenn die Gesetzmäßigkeit bei rechtlicher Rückwirkung auf einer nachträglichen als-ob-Betrachtung beruht. Das Haftungsrisiko für falsches Ausführungsverhalten sei dem Vorstand zumutbar, weil er nicht hafte, wenn er die geschuldete Sorgfalt eines ordentlichen und gewissenhaften Geschäftsleiters angewandt hat. Die Einschätzung der Rechtslage sei keine Frage der Ausführungspflicht, sondern des Verschuldens. Ein an der Gesetzmäßigkeit des Beschlusses gemessenes falsches Ausführungsverhalten sei pflichtwidrig, es könne aber hinreichend sorgfältig und daher unverschuldet sein.

b. Lösung 2: Maßgeblichkeit der Bewertung durch den Vorstand

Bereits oben wurde dargelegt, dass einige Autoren die Ausführungspflicht nicht auf die objektive Gesetzmäßigkeit des Beschlusses stützen, sondern auf die Bewertung der Rechtmäßigkeit des Beschlusses durch den Vorstand.[839] Diese Ansichten haben zur Folge, dass es bereits an einer Pflichtwidrigkeit fehlt, wenn sich die Rechtseinschätzungen des Vorstands und des Gerichts voneinander unterscheiden und der Vorstand nur seiner eigenen Einschätzung gefolgt ist.

c. Lösung 3: Evidenz der Rechtslage

Da die Überzeugung des Vorstands ein sehr subjektives Kriterium ist, versucht eine Reihe von Autoren, die Erkennbarkeit der Rechtlage zu objektivieren. Der Umfang der Ausführungspflicht soll von der Evidenz der Rechtslage abhängen.[840] Daraus muss als Konsequenz abgeleitet werden, dass die Ausführungspflicht nicht verletzt wurde, wenn der Vorstand angesichts einer evident unzulässigen Anfechtungsklage den Beschluss ausführt,[841] ein Gericht aber gleichwohl der Klage stattgibt.

d. Lösung 4: Interessenabwägung

Ein weiterer Teil der Literatur sucht die Lösung über eine Interessenabwägung. In diese Richtung lässt sich *Volhard* verstehen: In der Konsequenz des Rangverhältnisses zwischen Kontroll- und Ausführungspflicht liege es, immer dann,

---

838 Vgl. *Haertlein,* ZHR 168 (2004), 437, 446 f.; siehe aber unten e.

839 Siehe Kapitel 3:II.4.a.aa.

840 Siehe Kapitel 3:II.4.a.bb; hierauf stellen *Zöllner*, in: Kölner Komm. z. AktG, 2. Aufl., § 181 Rdn. 26; *Stein*, in: Münchener Komm. z. AktG, § 181 Rdn. 15; *Holzborn*, in: Spindler/Stilz, Komm. z. AktG, § 181 Rdn. 7; *Haberstock/Greitemann*, in: Hölters, Komm. z. AktG, § 181 Rdn. 5; *Wiesner*, in: Münchener Handbuch GesR, Bd. 4, § 19 Rdn. 7 ab.

841 Vgl. *Mertens/Cahn*, in: Kölner Komm. z. AktG, § 83 Rdn. 10; *Schmidt*, in: Großkomm. z. AktG, § 243 Rdn. 71; *Liebscher*, in: Beck'sches Handbuch der AG, § 6 Rdn. 102.

wenn die Anfechtungsklage zwar möglicherweise begründet ist, die Fehlerhaftigkeit des Beschlusses aber keine wesentlichen Interessen der Gesellschaft berührt, den Vorstand nach seinem Ermessen entscheiden zu lassen, ob er den Beschluss anmeldet, aber anficht, oder ob er ihn ausführt.[842] Bei bloßen Form- oder Verfahrensfehlern ginge, wenn der Beschlussgegenstand aus der Sicht der Gesellschaft neutral ist, die Ausführungspflicht vor. Dem Interesse der Gesellschaft am Wirksamwerden des Beschlusses stehe ihr Interesse an der Vermeidung eines bei Erfolg der Klage entstehenden, eventuell erheblichen Schadens gegenüber, zu dem das Aussetzungsinteresse der Anfechtungskläger hinzutritt. Durfte der Vorstand zugunsten des Ausführungsinteresses der Hauptversammlungsmehrheit entscheiden, habe er *ex ante* pflichtgemäß gehandelt, auch wenn sich die Anfechtung *ex post* als begründet erweist.[843]

e. Lösung 5: Anwendung der Business Judgement Rule

Die Lösung über die Interessenabwägung ähnelt dem immer häufiger vertretenen Lösungsvorschlag, dass es sich bei der Entscheidung des Vorstands um eine Frage der Business Judgement Rule und somit um eine Frage der objektiven Sorgfaltspflicht handelt.

In diese Richtung äußerte sich erstmals *Schilling*, der im Hinblick auf die Rückwirkung eines stattgebenden Urteils das Recht des Vorstands bejahte, die Ausführung eines angefochtenen Beschlusses auszusetzen.[844] Den Entschluss zur Aussetzung habe der Vorstand pflichtgemäß zu treffen, ausgerichtet am Wohl der Gesellschaft. In die Abwägung sollten die rechtliche Bewertung durch den Vorstand, aber auch evtl. der Gesellschaft drohende Nachteile einfließen. Warum es sich bei der Entschließung zur Aussetzung um eine Ermessensentscheidung handeln soll, erörtert *Schilling* nicht. Seine Meinung steht ohne nähere Begründung im Raum. Gleiches gilt für *Butzke*, der bei nicht offensichtlich unbegründeten Anfechtungsklagen eine Ermessensentscheidung annimmt und lediglich für den Fall, dass der Vorstand selbst den Beschluss für nichtig hält, die Ausführungspflicht ohne Handlungsspielraum verneint.[845]

Für eine Ermessensentscheidung spricht sich auch *Liebscher*[846] aus: Es komme darauf an, ob der Vorstand seine Überzeugung bei Anwendung der ihm obliegenden Sorgfalt auf eine hinreichende objektive Abwägung der zur Beurteilung der Rechtmäßigkeit des Beschlusses streitenden Gesichtspunkte stützen könne. Ihm stehe ein auch in Haftungsfragen zu berücksichtigender unternehme-

---

842 *Volhard,* ZGR 1996, 55, 63 f.

843 *Volhard,* ZGR 1996, 55, 67.

844 *Schilling*, in: Großkomm. z. AktG, 3. Aufl., § 243 Anm. 30.

845 *Butzke,* Hauptversammlung, H 100.

846 *Liebscher*, in: Beck'sches Handbuch der AG, § 6 Rdn. 102.

rischer Handlungsspielraum zu. In Anbetracht dieser Umstände sei der Vorstand nur dann an der Ausführung des angefochtenen Beschlusses gehindert, wenn er konkrete Anhaltspunkte dafür hat, dass der Beschluss rechtswidrig ist und die Anfechtungsklage daher Erfolg haben wird bzw. der Gesellschaft durch das Zuwarten mit der Beschlussumsetzung keine Nachteile entstehen.

Außerhalb von § 83 Abs. 2 AktG hat sich *Spindler* in jüngerer Zeit ausführlich mit der Haftung von Vorstand und Aufsichtsrat für die fehlerhafte Auslegung von Rechtsbegriffen befasst.[847] Zwar könne der Vorstand sich dabei nicht unmittelbar auf die Business Judgement Rule berufen, da der Gesetzgeber *expressis verbis* rechtlich gebundene Entscheidungen nicht hierunter fassen wollte; doch hätten Entscheidungen über die richtige Rechtsauffassung denselben Prognosecharakter wie andere unternehmerische Entscheidungen, so dass der Gedanke des § 93 Abs. 1 Satz 2 AktG zumindest analog im Rahmen der Pflichtenbestimmung der Organmitglieder heranzuziehen sei.[848] In die Richtung einer analogen Anwendung von § 93 Abs. 1 Satz AktG argumentiert auch *Thole*, demzufolge die Anforderungen der Business Judgement Rule bei Rechtsunsicherheit „Pate" stehen können.[849]

Schließlich ist wiederum *Haertlein* zu erwähnen, der zwar im Ausgangspunkt die fehlerhafte Einschätzung der Rechtslage als eine Frage des Verschuldens versteht,[850] aber später gleichwohl die Maßstäbe der Business Judgement Rule unausgesprochen zur Anwendung bringt.[851] Nach *Haertlein* müssen zwei Verhältnisse des Rechtsirrtums unterschieden werden: das Verhältnis Gesellschaft-Dritter und das Verhältnis Gesellschaft-Vorstand. Im Verhältnis Gesellschaft-Dritter dürfe der Dritte keinen Nachteil dadurch erleiden, dass der Vorstand einem Rechtsirrtum unterliegt. Hier gölten die strengen Maßstäbe für den entschuldigenden Rechtsirrtum.[852] Anders sei hingegen das Verhältnis Gesellschaft-Vorstand zu bewerten. Dort habe der Vorstand rechtsirrtümliches Verhalten nicht zu vertreten, wenn sein Rechtsstandpunkt vertretbar ist, höchstrichterlicher Rechtsprechung nicht widerspricht und der Vorstand die zu erwartenden Folgen fehlerhaften Ausführungsverhaltens für die Gesellschaft sorgfältig ermittelt und abgewogen hat; bei der Prognose und Abwägung der Schadensrisiken komme ihm ein Beurteilungsspielraum zugute.[853]

---

847 *Spindler,* FS Canaris, S. 403.

848 *Spindler,* FS Canaris, S. 403, 427 f.

849 Vgl. *Thole,* ZHR 173 (2009), 504, 521 ff., 535.

850 Siehe Fn. 838.

851 Vgl. *Haertlein,* ZHR 168 (2004), 437, 461 ff.

852 Vgl. *Haertlein,* ZHR 168 (2004), 437, 453 ff., 467.

853 Vgl. *Haertlein,* ZHR 168 (2004), 437, 461 ff., 467.

Demgegenüber sprechen sich viele Stimmen allgemein dafür aus, dass rechtlich gebundene Entscheidungen nicht unter die Business Judgement Rule fallen, weil es bei ihnen nur eine richtige Entscheidung gibt, nicht aber die Wahl zwischen mehreren zulässigen Alternativen.[854]

2. Äußerungen des BGH

a. Die Entscheidung BGHZ 131, 346

Haertlein weist zum Thema Handeln auf unsicherer Rechtsgrundlage auch auf die Entscheidung BGHZ 131, 346 hin.[855] Die Entscheidung ist zwar zum Wohnungseigentumsrecht ergangen, behandelt mit der Haftung eines Wohnungsverwalters – der wegen rechtsirrtümlicher Annahme eines wichtigen Grunds die Zustimmung zum Ausbau eines Dachgeschosses verweigerte – gegenüber der Eigentümergemeinschaft einen sehr ähnlichen Fall. In der Entscheidung des BGH heißt es:

> „Dagegen kann es den Verwaltern nicht von vornherein angelastet werden, wenn sie sich über das Vorliegen eines wichtigen Grundes zur Versagung der Zustimmung im Rechtsirrtum befanden. Zwar ist die Rechtsprechung davon ausgegangen, daß den Schuldner grundsätzlich das Risiko, die Rechtslage zu verkennen, trifft. Er handelt danach schuldhaft, wenn er mit der Möglichkeit rechnen mußte, daß das zuständige Gericht einen anderen Rechtsstandpunkt einnimmt […]; dies gilt auch dann, wenn er bei der Bildung der eigenen Rechtsauffassung mit Sorgfalt vorgegangen ist […]. Die strengen Voraussetzungen, die die Rechtsprechung an die Entschuldbarkeit eines Rechtsirrtums des Schuldners gestellt hat, gehen auf die Überlegung zurück, daß derjenige schuldhaft handelt, der seine Interessen trotz zweifelhafter Rechtslage auf Kosten fremder Rechte wahrnimmt […]. So liegen die Dinge beim Rechtsirrtum des Verwalters über die Zustimmungspflicht nicht. Die Entscheidung über die Zustimmung trifft er nicht im eigenen Interesse, er nimmt vielmehr die Interessen Dritter wahr, deren Geschäfte er besorgt. In zweifelhafter Rechtslage kann er einer Verletzung seiner Pflicht nicht dadurch vorbeugen, daß er die Zustimmung erteilt. Denn ebenso wie er der Gemeinschaft bei Nichtvorliegen eines dem Vorhaben entgegenstehenden Grundes Zustimmung schuldet, schuldet er, wenn ein solcher Grund doch vorhanden ist, deren Versagung. Kommt er nach ordnungsgemäßer Prüfung der Rechtsfrage zu der Auffassung, die Zustimmung sei nicht oder noch nicht geschuldet, hat er dabei aber die Möglichkeit einer anderen Beurteilung durch das zuständige Gericht in Rechnung zu stellen, müßte er […] zustimmen; solange andererseits auch die Möglichkeit nicht von der Hand zu weisen ist, daß das Gericht seine Auffassung teilt, hätte er die Zustimmung zu versagen. Einem solchen, nicht lösbaren

854 Vgl. *Ihrig,* WM 2004, 2098, 2103 ff.; *Lutter,* ZIP 2007, 841, 843; *Schneider,* DB 2011, 99, 100; *Habersack,* FS Schneider, S. 429, 437; grundsätzlich auch *Thole,* ZHR 173 (2009), 504, 521 f.

855 Vgl. *Haertlein,* ZHR 168 (2004), 437, 461 f.

> Pflichtenwiderstreit ist der Verwalter nicht ausgesetzt. Ihm steht vielmehr bei Rechtszweifeln über das Vorliegen eines wichtigen Grundes ein Beurteilungsspielraum offen. Hat er sein Urteil […] mit Sorgfalt gebildet, kann ihm nicht angelastet werden, wenn er gleichwohl irrt und aus diesem Grunde die Zustimmung verweigert."[856]

Die Situation, die der Entscheidung BGHZ 131, 346 zugrunde lag, weist zwei Parallelen zur Ausführungspflicht des Vorstands auf: zum einen nehmen sowohl der Vorstand als auch der Wohnungsverwalter bei der Geschäftsführung treuhänderisch Interessen der Gesellschaft bzw. Gemeinschaft wahr, zum anderen droht beiden bei einer anderslautenden Gerichtsentscheidung die persönliche Haftung: So wie die Zustimmungspflicht des Verwalters von der Auslegung abhängt und eine Haftung nach beiden Seiten eröffnet, bewegt sich auch der Vorstand bei der Ausführungspflicht auf schmalem Grad, je nachdem, wie die Rechtmäßigkeit eines Hauptversammlungsbeschlusses bewertet wird. Wegen der Parallelen ließe sich die BGH-Entscheidung auch auf den Vorstand übertragen, mit der Folge, dass dem Vorstand bei der Einschätzung der Ausführungspflicht ein gerichtlich nicht überprüfbarer Beurteilungsspielraum zugute käme.[857]

b. „ARAG/Garmenbeck"

Auch in der „ARAG/Garmenbeck"-Entscheidung finden sich Aussagen zum problematischen Umgang mit rechtlicher Unsicherheit.

> „Bei der Prüfung des Bestehens und der Durchsetzbarkeit eines Schadenersatzanspruchs steht dem Aufsichtsrat keine andere Aufgabe zu, als jedem anderen, der in eigener oder fremder Sache ein Urteil über das Bestehen eines Anspruchs und die Aussichten einer gerichtlichen Geltendmachung desselben abzugeben hat. Die Haltbarkeit und Richtigkeit seiner Beurteilung der Erfolgsaussichten einer gerichtlichen Anspruchsverfolgung sind im Streitfall vor Gericht grundsätzlich voll nachprüfbar, da es bis hierher nicht um Fragen des Handlungs-, sondern allein des Erkenntnisbereichs geht, für die allenfalls die Zubilligung eines begrenzten Beurteilungsspielraums in Betracht kommen kann. [...] Führt eine solche sorgfältig und sachgerecht von dem Aufsichtsrat vorgenommene Prozeßrisikoanalyse zu dem Ergebnis, daß der Gesellschaft voraussichtlich – Gewissheit kann nach Lage der Dinge insoweit nicht verlangt werden – Schadenersatzansprüche gegen eines ihrer Vorstandsmitglieder zustehen, [...]"[858]

Die Aussagen in „ARAG/Garmenbeck" lassen sich in zwei Richtungen verstehen. Zum einen beschränken sie den Beurteilungsspielraum des Vorstands bei der Prüfung rechtlicher Sachverhalte; die Haltbarkeit und Richtigkeit seiner Be-

---

856 BGHZ 131, 346, 353 ff.

857 So im Ergebnis auch *Haertlein,* ZHR 168 (2004), 437, 461 ff., 467.

858 BGHZ 135, 244, 254 („ARAG/Garmenbeck").

urteilung sollen vor Gericht grundsätzlich voll nachprüfbar sein. Zum anderen vermag der BGH den Beurteilungsspielraum nicht völlig auszuschließen: er soll bestehen, wenn auch begrenzt, und Gewissheit kann nicht verlangt werden.

3. Stellungnahme

a. Das Ideal des sorgfältigsten und gewissenhaftesten Geschäftsleiters

Als Ansatz zur Klärung des aufgezeigten Meinungsstreits soll die Frage aufgeworfen werden, was man angesichts einer unklaren Rechtslage vom sorgfältigsten und gewissenhaftesten Geschäftsleiter erwarten darf. Von ihm kann man erwarten, die Rechtslage eingehend zu prüfen, hierzu externen Rechtsrat einzuholen, eine vertretbare Rechtsauffassung zu finden und danach zu handeln, wobei er stets das Wohl der Gesellschaft im Auge haben muss und einen Konflikt soweit als möglich zu vermeiden versuchen sollte. Hingegen kann man auch vom sorgfältigsten und gewissenhaftesten Geschäftsleiter nicht erwarten, dass er korrekt den Ausgang eines Gerichtsverfahrens, das Ergebnis der höchstrichterlichen Auslegung eines unbestimmten Rechtsbegriffs oder das Prozessverhalten eines Prozessgegners korrekt prophezeit. Wollte man dies von ihm verlangen, liefe seine Verantwortung auf eine Erfolgshaftung hinaus, nicht aber auf eine Haftung für Sorgfaltspflichtverletzungen.

Anhand dieses idealisierten Beispiels wird klar, dass (i) bei der Bestimmung der Sorgfaltspflichten die zeitliche Dynamik zu berücksichtigen ist und (ii) dass es maßgeblich nur darauf ankommen kann, qualitative Anforderungen an das Verfahren zu stellen. Diese beiden Aspekte prägen jedoch den Kern der Business Judgement Rule.[859] Wie *Paefgen* richtig auf den Punkt bringt, ist der Sorgfaltsmaßstab der Business Judgement Rule in seinem Kern verfahrensbezogen.[860] Eine unternehmerische Ermessensentscheidung ist dann richtig, wenn sie in einer dem komplexen Einzelfall gerecht werdenden Weise aufgrund ausreichender Information und Sachprüfung nach den Regeln der Kunst getroffen wird.[861] Von daher dürfte der Schluss naheliegen, dass auch die Ausführungspflicht den Kriterien der Business Judgement Rule folgt.

b. Die Ausführungshandlung als „unternehmerische Entscheidung“

Die Subsumtion der Ausführungshandlung als „unternehmerische Entscheidung“ fällt jedoch schwer. Unternehmerische Entscheidungen werden vielfach von einem fakultativen Element geprägt. Will der Vorstand z.B. einen Kaufver-

---

859 Vgl. *Thole,* ZHR 173 (2009), 504, 524 f.

860 *Paefgen,* Rechtsbindung, S. 177 f.

861 So prägnant *Paefgen,* Rechtsbindung, S. 177.

trag über ein bestimmtes Produkt schließen, könnten ein Kaufvertrag zum Preis von einer Million Euro, aber auch zu einem höheren Preis oder sogar eine Abstandnahme vom Kauf sorgfältig im Sinne der Business Judgement Rule sein. Das Ergebnis wäre stets ein rechtmäßiger Zustand. Demgegenüber gibt es bei der Ausführungspflicht nur ein Entweder – Oder. Entweder gibt es die Ausführungspflicht, dann ist der Vorstand auch verpflichtet, den vom Beschlussinhalt intendierten Rechtserfolg herbeizuführen – oder es gibt sie nicht, dann darf der Vorstand auch nicht im Hoheitsbereich der Hauptversammlung wirksam tätig werden. Entscheidet der Vorstand falsch, liegt ein Kompetenzverstoß vor. Aus diesem Grund verneint die Meinung, für die es bei der Ausführungspflicht auf die objektive Rechtslage ankommen soll und nicht auf deren Erkennbarkeit, das Vorliegen einer unternehmerischen Entscheidung.[862] Sie versteht die Ausführungspflicht als rechtlich gebundene Entscheidung, die nach dem Willen des Gesetzgebers sowie weiter Teile der Literatur nicht der Business Judgement Rule unterfallen soll:

> „Für illegales Verhalten gibt es keinen ‚sicheren Hafen' im Sinne einer haftungstatbestandlichen Freistellung, es kann hier im Einzelfall aber am Verschulden fehlen."[863]

Allerdings trifft das Verständnis der Ausführungspflicht als rechtlich gebundener Entscheidung nicht ganz den Punkt. Eine solche Annahme unterschätzt, dass sich die Rechtslage bei der Ausführungspflicht mit Rückwirkung verändern kann. Ginge es nur darum, ob der Vorstand Anfechtungsgründe, die einem Beschluss anhaften, erkennen muss, ließe sich vielleicht von einer rechtlich gebundenen Entscheidung sprechen. Doch es geht nicht nur um die Erkennbarkeit einer gegenwärtigen Rechtslage, für die man auf *iura novit curia* verweisen könnte.[864] Die gegenwärtige Rechtslage kann sich aufgrund eines in der Zukunft erfolgreichen Anfechtungsverfahrens verändern. Dementsprechend basiert die Pflichtenkollision, die dem Vorstand erlaubt, von der – auch bei anfechtbaren Beschlüssen – wirksamen Ausführungspflicht Abstand zu nehmen, auf der Prognose über eine in der Zukunft drohenden Verletzung der Legalitätspflicht.[865] Die Entscheidung des Vorstands über die Ausführung ist zukunftsbezogen und durch Prognosen geprägt[866] – und könnte damit auch nach dem Verständnis des Gesetzgebers unter den Begriff „unternehmerische Entscheidung" fallen:

---

862 Siehe 1.a.

863 Regierungsbegründung zum UMAG, BR-Drs. 3/05, S. 18; im Ergebnis ebenso *Holle,* AG 2011, 778, 786.

864 Vgl. *Spindler,* FS Canaris, S. 403.

865 Siehe Kapitel 3:VI.4.

866 Vgl. *Haertlein,* ZHR 168 (2004), 437, 439.

> „Unternehmerische Entscheidungen sind infolge ihrer Zukunftsbezogenheit durch Prognosen und nicht justiziable Einschätzungen geprägt. Dies unterscheidet sie von der Beachtung gesetzlicher, satzungsmäßiger oder anstellungsvertraglicher Pflichten ohne tatbestandlichen Beurteilungsspielraum."[867]

Letztlich fügt sich die Ausführungspflicht nicht in das vom Gesetzgeber als abschließend gedachte Begriffspaar „rechtlich gebundene Entscheidung – unternehmerische Entscheidung" ein. Sie weist vielmehr Charakterzüge beider Begriffe auf. Weil sich damit eine Regelungslücke auftut, kommt zumindest eine analoge Anwendung von § 93 Abs. 1 Satz 2 AktG in Betracht.

c. Objektive Sorgfaltspflichtverletzung und Verschulden

Trotz des Einwands, dass rechtlich gebundene Entscheidungen nach dem Willen des Gesetzgebers nicht der Business Judgement Rule unterfallen sollen, gelangt auch die Autoren, die die Ausführungspflicht aus dem Anwendungsbereich herausnehmen, zur Einschätzung, dass die Beachtung qualitativer Verfahrensanforderungen enthaftend wirkt.[868]

Die Schwierigkeiten bei der Zuordnung ergeben sich aus dem Umstand, dass die Sorgfaltspflichten im Rahmen von § 93 Abs. 2 AktG eine doppelte Rolle spielen. Auf Ebene des Tatbestands besteht ein objektiver Sorgfaltsmaßstab: das Vorstandsmitglied schuldet die Sorgfalt eines ordentlichen und gewissenhaften Geschäftsleiters.[869] Haftungsvoraussetzung ist aber auch, dass das Vorstandsmitglied seine Pflichten schuldhaft verletzt, d.h. vorsätzlich oder fahrlässig gehandelt hat. Für die Fahrlässigkeit wird wiederum darauf abgestellt, dass die Sorgfalt eines ordentlichen und gewissenhaften Geschäftsleiters außer acht gelassen wurde.[870] Wegen der Parallelität der Maßstäbe wird dem Verschulden in der Praxis nur wenig Bedeutung zugeschrieben: hat ein Vorstandsmitglied seine Pflichten objektiv verletzt, wird es ihm gewöhnlich auch subjektiv zumutbar gewesen, sich wie ein ordentlicher und gewissenhafter Geschäftsleiter zu verhalten.[871] Er hat für die Fähigkeiten und Kenntnisse einzustehen, die seine Aufgabe objektiv erfordern; persönliche Unfähigkeit oder fachliche Unkenntnis

---

867 Regierungsbegründung zum UMAG, BR-Drs. 3/05, S. 19.

868 So etwa *Thole,* ZHR 173 (2009), 504, 523 f.

869 Vgl. *Spindler*, in: Münchener Komm. z. AktG, § 93 Rdn. 24; *Krieger/Sailer-Coceani*, in: Schmidt/Lutter, Komm. z. AktG, § 93 Rdn. 5; *Mertens/Cahn*, in: Kölner Komm. z. AktG, § 93 Rdn. 10 f.; *Fleischer*, in: Spindler/Stilz, Komm. z. AktG, § 93 Rdn. 10.

870 Vgl. *Spindler*, in: Münchener Komm. z. AktG, § 93 Rdn. 158; *Mertens/Cahn*, in: Kölner Komm. z. AktG, § 93 Rdn. 136; *Fleischer*, in: Spindler/Stilz, Komm. z. AktG, § 93 Rdn. 205.

871 Vgl. *Spindler*, in: Münchener Komm. z. AktG, § 93 Rdn. 158 f.; *Fleischer*, in: Spindler/Stilz, Komm. z. AktG, § 93 Rdn. 205.

entlasten ihn nicht.[872] Zugespitzt lässt sich formulieren, dass der objektive Sorgfaltsmaßstab von jedem Vorstandsmitglied gefordert werden kann und nur im Einzelfall bei Versagen des individuellen Vorstandsmitglieds das Verschulden ggf. verneint werden kann.

Das oben geschilderte Ideal hat nun aber aufgezeigt, dass auch der sorgfältigste und gewissenhafteste Geschäftsleiter nicht den Ausgang eines Gerichtsverfahrens, das Ergebnis der höchstrichterlichen Auslegung eines unbestimmten Rechtsbegriffs oder das Prozessverhalten eines Prozessgegners korrekt prophezeien kann. Es geht beim richtigen Umgang mit der rechtlichen Unsicherheit über die Entstehung einer Pflichtenkollision deshalb nicht um eine individuelle Frage des Verschuldens, sondern um eine Frage des objektiven Sorgfaltsmaßstabs. § 93 Abs. 1 AktG ist der richtige Aufhänger. Mit der Festlegung des objektiven Sorgfaltsmaßstabs wird dem Vorstand aufgezeigt, wie er sich richtigerweise zu verhalten hat. Nur eine Abweichung seines Verhaltens vom gedachten Idealzustand kann und soll den Vorwurf einer Pflichtverletzung auslösen. Zu erinnern ist an die Aussage des BGH zum Beamten, der einer rechtswidrigen Weisung ausgesetzt ist:[873]

> „Er, der gar nicht anders handeln darf, als er gehandelt hat, wenn er der Weisung nachkam, hat keine seiner Amtspflichten verletzt; ihn nur zu „entschuldigen", ist auch deshalb unzureichend, weil damit die – unrichtige – Vorstellung verbunden wäre, daß der ‚vorbildliche, ideale' Beamte richtigerweise anders gehandelt hätte."

Wenn es somit um die Bestimmung des objektiven Sorgfaltsmaßstabs geht, drängt sich die Parallele zu § 93 Abs. 1 Satz 2 AktG förmlich auf. Die Entscheidung des Vorstands über die Ausführung eines Beschlusses ist zukunftsbezogen und durch Prognosen geprägt.[874] Das unterscheidet sie von sonstigen gesetzlichen Pflichten, die von der Erkennbarkeit der gegenwärtigen Rechtslage geprägt sind. Es kommt vielmehr darauf an, dass der Vorstand in einer bestimmten Art und Weise handelt: nämlich am Wohl der Gesellschaft orientiert und auf der Grundlage angemessener Information, d.h. nach einer ausreichenden Würdigung der Rechtslage.

d. Die Loslösung der Ausführungspflicht vom Hauptversammlungsbeschluss

Voraussetzung für ein prozedurales Verständnis der Ausführungspflicht ist die Trennung zwischen der rechtlichen Bewertung des Beschlusses und der rechtlichen Bewertung des Vorstandshandelns. Dies kann im Einzelfall darauf hinauslaufen, dass sich ein Beschluss im Nachhinein als rechtswidrig erweist, obwohl

---

872 *Fleischer*, in: Spindler/Stilz, Komm. z. AktG, § 93 Rdn. 205.

873 Siehe Fn. 608.

874 Vgl. *Haertlein,* ZHR 168 (2004), 437, 439.

das Vorstandsverhalten zuvor pflichtgemäß war. Ein solches Auseinanderfallen entspricht dem Wesen der Business Judgement Rule, die ja gerade dann zum Tragen kommt, wenn als Ergebnis des dynamischen Prozesses eine nachteilige Situation für die Gesellschaft entsteht. Bei klassischen unternehmerischen Entscheidungen ist dies besonders offenkundig: wenn ein Vertrag sich im Nachhinein als unrentabel erweist, kann sich der Vorstand unter Umständen damit entlasten, dass die Eingehung des Vertrags aufgrund ausreichender Information und besten Wissens und Gewissens einen erheblichen Vorteil für die Gesellschaft versprach. Hinterher ist man immer klüger.

Im Unterschied zur dogmatischen Analyse der Ausführungspflicht durch die herrschende Meinung erlaubt es dieser Ansatz, den Vorstand in seiner dynamischen Situation abzuholen. Die h.M. klebt am unbestimmten Rechtsbegriff „gesetzmäßiger Hauptversammlungsbeschluss" im Sinne von § 93 Abs. 4 Satz 1 AktG, der sich erst *ex post* klären lässt. Dementsprechend vermag sie es auch nicht, dem Vorstand einen Beurteilungsspielraum im Umgang mit einer unklaren Rechtslage einzuräumen, da es für sie nur um die Auslegung des unbestimmten Rechtsbegriffs „gesetzmäßiger Beschluss" geht. Nach der hier vertretenen dogmatische Auffassung kommt es nicht auf die Auslegung eines unbestimmten Rechtsbegriffs an, sondern auf die Prognose, ob in der Zukunft eine Verletzung der Legalitätspflicht droht. Eine ähnliche Differenzierung hat *Poelzig* bei der Pflichtenkollision zwischen dem Verbot der Einlagenrückgewähr und der Schadensabwehrpflicht herausgearbeitet: auch dort komme es für den Beurteilungsspielraum nicht auf die Rechtsfrage an, ob ein Verstoß gegen § 57 AktG gerechtfertigt werden könne, sondern darauf, ob der Abkauf der Anfechtungsklagen zur Abwehr eines erheblichen Schadens erforderlich sei.[875]

e. Keine Verletzung der Legalitätspflicht bei unklarer Rechtslage

Das gefundene Ergebnis – die Anwendbarkeit der Business Judgement Rule auf die Ausführungspflicht – soll durch einen weiteren Gedanken bekräftigt werden. Oben wurde herausgearbeitet, dass die Rechtsbindung des Vorstands reduziert ist, wenn die Rechtslage unklar ist.[876] Diese Annahme hat zur Konsequenz, dass die Abwägung der kollidierenden Pflichten Ausführungspflicht und Legalitätspflicht offen ausfällt. Wenn es keinen eindeutigen Vorrang der Legalitätspflicht gibt, weil die Rechtslage unklar ist, muss die Pflichtenkollision als unlösbar bezeichnet werden. Hierdurch ergibt sich nach den allgemeinen Regeln zur Pflichtenkollision ein Entscheidungsspielraum für denjenigen, der sich in der Ent-

875 *Poelzig/Thole,* ZGR 2010, 836, 847 ff.

876 Siehe Kapitel 3:VI.3.b.

scheidungsnotlage befindet.[877] Mit anderen Worten: es stellt keine Verletzung der Legalitätspflicht dar, wenn der Vorstand sich für eine vertretbare Auslegung entscheidet, die vom Gericht später nicht geteilt wird.

f. Rechtsirrtum der Gesellschaft – Rechtsirrtum des Vorstands

Abschließend soll noch darauf hingewiesen werden, dass die fehlende Pflichtwidrigkeit eines Rechtsirrtums durch den Vorstand nur für das Verhältnis zwischen Vorstand und Gesellschaft gilt. Wie *Haertlein*[878] zutreffend herausgearbeitet hat und worauf auch der BGH[879] hinweist, unterliegt das vom Rechtsirrtum des Vorstands geprägte Verhältnis zwischen Gesellschaft und Dritten anderen Regeln, nämlich den strengen Regeln des Rechtsirrtums im Rechtsverkehr. Letztlich geht es um eine Risikoverteilung zwischen Vorstand, Gesellschaft und Dritten: die Gesellschaft soll von einem Irrtum des Vorstands nicht gegenüber Dritten profitieren, sie darf aber auch nicht ihren treuhänderisch gebundenen Vorstand in eine Entscheidungsnotlage bringen und Regress von ihm nehmen, wenn ein Gericht später eine andere Auffassung vertritt.

Bei Dividendenzahlungen tritt das Dreiecksverhältnis besonders plastisch zutage: die Gesellschaft ist verpflichtet, unmittelbar nach dem Gewinnverwendungsbeschluss die Dividende auszuzahlen. Verweigert der Vorstand die Auszahlung, drohen der Gesellschaft Verzugszinsen, wenn ein Gericht später die Rechtmäßigkeit des Gewinnverwendungsbeschlusses bestätigt oder die Anfechtungsfrist abläuft. Die Inkaufnahme der möglichen Verzugszinsen kann aber sinnvoll sein, wenn nämlich bei unberechtigter Auszahlung eine Rückforderung der Dividende praktisch kaum umsetzbar ist. Bei offener Rechtslage handelt der Vorstand zum Wohl der Gesellschaft, wenn er das geringere Risiko, hier: die Verzugszinsen, eingeht. So hätte jeder entschieden, der seine eigenen Interessen wahrnimmt. Die treuhänderische Wahrnehmung fremder Interessen kann aber nicht dazu führen, dass der Vorstand beide Risiken – Verzugszinsen und unmögliche Rückforderung – mit seiner persönlichen Haftung abdecken muss.

IV. Ergebnisse

1. Die Ausführung von Hauptversammlungsbeschlüssen ist stets von einem dynamischen Zeitmoment geprägt. Der Vorstand muss zeitnah zur Beschlussfassung entscheiden, ob er dem existierenden Beschluss Folge leistet oder nicht. Seine Entscheidung hängt aber maßgeblich von einer Prognose über das Ergebnis möglicher Gerichtsverfahren ab. Es stellt sich daher die Frage, wie der Vor-

877 Siehe oben Kapitel 3:VI.2.d.bb.

878 *Haertlein,* ZHR 168 (2004), 437, 459 ff.

879 Siehe Fn. 856.

stand mit den Unwägbarkeiten der Zukunft und insbesondere einer unklaren Rechtslage umzugehen hat.

2. Für den Umgang mit einer unklaren Rechtslage werden verschiedene Lösungen kontrovers diskutiert.

3. Eine erste Lösung wird darin gesehen, dass der Vorstand die Beschlussausführung verschiebt, bis die Rechtslage geklärt ist. Ein Abwarten löst die Probleme jedoch nicht vollständig, da spätere Entwicklungen nur über sehr langes Abwarten erfasst werden könnten. Dies stünde im Konflikt mit der Maßgabe an den Vorstand, den Beschluss „unverzüglich" auszuführen. Zudem wird bei den meisten Beschlüssen eine zeitnahe Ausführung erforderlich sein. Bei der Auslegung des Begriffs „unverzüglich" können jedoch Vorteile, die beim Abwarten um wenige Wochen entstehen, berücksichtigt werden, sofern nicht eine besondere Dringlichkeit bereits zuvor die Ausführung verlangt.

4. Als zweite Lösungsmöglichkeit wird auf die Herbeiführung einer vorläufigen gerichtlichen Klärung abgestellt. In Betracht kommen hier einstweilige Verfügungen, das Registerverfahren oder ein Freigabeverfahren. Jedoch löst auch eine vorläufige gerichtliche Klärung den Konflikt nur teilweise. Trotz vorläufiger Gerichtsverfahren kann ein Hauptsacheverfahren zu einem entgegengesetzten Ergebnis führen und z.B. Schadensersatzpflichten auslösen. Für sie kann ein Haftung des Vorstands wegen Verletzung seiner Ausführungspflicht in Betracht kommen. Gleichwohl bietet eine vorläufige gerichtliche Klärung in der Praxis erhebliche Vorteile. Aus Sicht des Vorstands erhöht sich durch eine vorläufige gerichtliche Klärung die Wahrscheinlichkeit, dass seine Annahme eines rechtmäßigen und ausführungspflichtigen Beschlusses korrekt ist, wenn ein Registerrichter oder gar ein OLG-Senat derselben Ansicht ist. Aus dogmatischer Sicht stellt sich die Frage, ob die Ausführungspflicht bei Gerichtsverfahren, die in das Ausführungsverfahren integriert sind, wie ein Registerverfahren oder ein Freigabeverfahren, den Vorstand dazu anhält, auch möglicherweise mangelbehaftete Beschlüsse anzumelden, um die gerichtliche Klärung herbeizuführen. Diese Frage muss vorerst noch offen bleiben.

5. Die Vermeidung des Konflikts wird praktisch nur in Einzelfällen möglich sein. Führt der Vorstand den Beschluss bereits vor endgültiger gerichtlicher Klärung aus, könnte er pflichtwidrig gehandelt haben, wenn ein Gericht später zu einer anderen Rechtsauffassung gelangt. Gleichwohl soll der Vorstand im Ergebnis nicht dafür haften, dass ein Gericht am Ende ein anderes Ergebnis vertritt. Wie dieses Ergebnis erreicht werden kann, ist umstritten. In der Literatur finden sich folgende Ansätze:

- Kein Verschulden bei maßgeblicher objektiver Rechtslage
- Maßgeblichkeit der Bewertung durch den Vorstand
- Evidenz der Rechtslage

– Interessenabwägung
– Anwendung der Business Judgement Rule

6. Der BGH hat zur Haftung eines Wohnungsverwalters wichtige Aussagen zum Handeln bei unklarer Rechtslage getroffen. Wegen der Parallelen des vom BGH entschiedenen Falls zur Situation des Vorstands bei der Ausführung von Hauptversammlungsbeschlüssen könnte die BGH-Entscheidung so übertragen werden, dass dem Vorstand bei der Einschätzung der Ausführungspflicht ein gerichtlich nicht überprüfbarer Beurteilungsspielraum zugute kommt.

7. Nach der hier vertretenen Auffassung unterliegt die Entscheidung des Vorstands über die Ausführung eines Beschlusses analog § 93 Abs. 1 Satz 2 AktG den Anforderungen der Business Judgement Rule. Es ist eine Frage der objektiven Sorgfaltspflicht, wie der Vorstand mit einer unklaren Rechtslage umzugehen hat. Er muss die Entscheidung über die Ausführung auf der Grundlage angemessener Information, d.h. nach einer rausreichenden Würdigung der Rechtlage, treffen und am Wohl der Gesellschaft orientieren. Voraussetzung für ein prozedurales Verständnis der Ausführungspflicht ist die Trennung zwischen der rechtlichen Bewertung des Beschlusses und der rechtlichen Bewertung des Vorstandshandelns.

8. Die fehlende Pflichtwidrigkeit eines Rechtsirrtums durch den Vorstand betrifft nur das Verhältnis zwischen Vorstand und Gesellschaft. Im Verhältnis zwischen Gesellschaft und Dritten gelten die strengen Regeln des Rechtsirrtums im Rechtsverkehr.

Kapitel 5: Praktische Folgen

I. Einleitung

In den vorangegangenen Kapiteln wurden die wesentlichen dogmatischen Aspekte der Ausführungspflicht näher beleuchtet. Zu erinnern ist an dieser Stelle, dass der Vorstand bei der Beschlussausführung hierarchisch der Hauptversammlung untergeordnet ist.[880] Er ist gesetzlich verpflichtet, die von der Hauptversammlung beschlossenen Maßnahmen umzusetzen. Aus Zweckmäßigkeitserwägungen darf er nicht von der Beschlussausführung absehen.[881] Ihm stehen im Zusammenhang mit der Beschlussausführung nur vereinzelt eigene Entscheidungsrechte zu, insbesondere bei Ermächtigungsbeschlüssen und einzelne Zustimmungsbeschlüssen – wobei diese Entscheidungsrechte bereits jenseits der Ausführungspflicht liegen.[882] Der Vorstand darf aber die Beschlussausführung verweigern, wenn die Ausführungshandlung zu einer Verletzung seiner Legalitätspflicht oder seiner Schadensabwehrpflicht führen würde.[883] Bei der Prognose, ob eine Verletzung der Legalitäts- bzw. Schadensabwehrpflicht droht, kommen dem Vorstand die Grundsätze der Business Judgement Rule zugute, vor allem, wenn die Rechtslage unklar ist.[884]

Nach der dogmatischen Analyse soll als Nächstes ein eher pragmatischer Ansatz gewählt und die Frage gestellt werden, wie der Vorstand praktisch bei der Beschlussausführung vorzugehen hat.

II. Allgemeines

1. Delegierbarkeit der Beschlussausführung

Bereits im Vorfeld zur Beschlussausführung kann bei der Verteilung der Geschäfte im Vorstand die Frage aufkommen, ob für die Ausführung von Hauptversammlungsbeschlüssen ein Handeln des Gesamtvorstands erforderlich ist oder ob im Geschäftsverteilungsplan eine Einzelgeschäftsführungsbefugnis für die Beschlussausführung vorgesehen werden kann. Im späteren Verlauf der Beschlussausführung kann sich der Vorstand dann die Frage stellen, ob er nachgeordnete Mitarbeiter mit einzelnen Ausführungshandlungen betrauen darf.

Beide Fragen befassen sich mit der Delegierbarkeit der Beschlussausführung und deren Grenzen. Sie sind für den spezifischen Aspekt der Beschlussausfüh-

880 Siehe Kapitel 1:III.5.

881 Siehe Kapitel 1:III.6.

882 Siehe Kapitel 2:II.3.b und Kapitel 2:III.2.c.bb.

883 Siehe Kapitel 3:VI.4 und Kapitel 3:VI.5.

884 Siehe Kapitel 4:III.3.

rung wenig durchdrungen, zumal auch generell die exakten Grenzen der Übertragung von Aufgaben des Vorstands nicht abschließend geklärt sind.[885] Trotz der Ungewissheit über die Grenzen der Leitungsmacht lässt sich sagen, dass (i) § 77 AktG eine Übertragung der Beschlussausführung auf ein Vorstandsmitglied und dass (ii) die Organisationshoheit des Vorstands eine Übertragung einzelner Aufgaben der Beschlussausführung auf nachgeordnete Mitarbeiter erlauben – vorausgesetzt, es handelt sich bei der Beschlussausführung nicht um eine unveräußerliche Aufgabe im Kernbereich der Vorstandstätigkeit.[886]

Erstaunlicherweise sprechen sich viele Stimmen dafür aus, dass die Ausführungspflicht zu den unveräußerlichen Aufgaben des Gesamtvorstands gehört.[887] Grund hierfür sei die positivrechtliche Zuweisung der Aufgabe an den „Vorstand" in § 83 Abs. 2 AktG, da alle vom Gesetz ausdrücklich dem „Vorstand" zugeschriebenen Aufgaben unveräußerliche Leitungsaufgaben seien.[888] Dahinter steht der Gedanke, dass zu den unverzichtbaren Mindestzuständigkeiten all die Pflichten zählen, die der verbandsinternen Funktionsfähigkeit dienen.[889]

Demgegenüber hält *Mielke* es nicht für erforderlich, dass der Gesamtvorstand über die Beschlussausführung entscheidet.[890] Bei der Beschlussausführung gehe es nur um die technische Abwicklung, nicht aber um die Entscheidung über die Maßnahme selbst.

Im Gegensatz zur h.M. trifft *Mielke* den entscheidenden Punkt. Bei der Beschlussausführung ist der Vorstand der Hauptversammlung hierarchisch untergeordnet; ihm stehen grundsätzlich keine eigenen Entscheidungsbefugnisse über die beschlossenen Maßnahmen zu.[891] Dies mag bei der Beschlussvorbereitung – die der BGH[892] als unveräußerliche Leitungsaufgabe bezeichnet hat – anders sein, da dort die Festlegung der Tagesordnungspunkte und die Formulierung der Beschlussvorschläge vielfältige Spielräume bieten, um auf Grundlagenentscheidungen der Gesellschaft Einfluss zu nehmen. Bei der Beschlussausführung ist

885 Vgl. *Fleischer*, in: Spindler/Stilz, Komm. z. AktG, § 77 Rdn. 50 ff.; *Turiaux/Knigge,* DB 2004, 2199; *Fleischer,* S. 137, 149 f.

886 Vgl. *Fleischer*, in: Spindler/Stilz, Komm. z. AktG, § 77 Rdn. 50 ff., § 93 Rdn. 98 ff.; *Turiaux/Knigge,* DB 2004, 2199; *Fleischer,* ZIP 2003, 1, 7 ff.

887 So etwa *Kort*, in: Großkomm. z. AktG, § 76 AktG Rdn. 35; *Fleischer*, in: Spindler/Stilz, Komm. z. AktG, § 76 Rdn. 19; *Schiessl,* ZGR 1992, 64, 67.

888 Vgl. *Kort*, in: Großkomm. z. AktG, § 76 AktG Rdn. 35; *Fleischer*, in: Spindler/Stilz, Komm. z. AktG, § 76 Rdn. 19; *Schiessl,* ZGR 1992, 64, 67; *Hoffmann-Becking,* ZGR 1998, 497, 508.

889 Vgl. *Fleischer*, in: Spindler/Stilz, Komm. z. AktG, § 76 Rdn. 19.

890 *Mielke,* Leitung, S. 60 f.

891 Siehe oben I.

892 BGHZ 149, 158.

das „ob" der Maßnahme jedoch in der Regel entschieden. Es geht nur mehr um das „wie". Das „wie" lässt zwar einige wenige Spielräume übrig, doch sie können sich nicht so gravierend auswirken, als dass die Geschicke der Gesellschaft hiervon maßgeblich beeinflusst würden. Als Beispiel mag die Dividendenzahlung herangezogen werden, bei der der Vorstand vielleicht noch festlegen kann, wie er die Dividende auszahlt: per Überweisung oder automatisiert per Depotverwaltung.

Der geringe Entscheidungsspielraum bei der Beschlussausführung spricht gegen die Annahme, dass die Beschlussausführung zu den unveräußerlichen Leitungsaufgaben des Gesamtvorstands gehört. Hieran ändert auch der Umstand nichts, dass § 83 Abs. 2 AktG den „Vorstand" in die Pflicht nimmt. Auch bei anderen Verwendungen dieses Begriffs im AktG ist anerkannt, dass damit nicht zwingend der Gesamtvorstand gemeint ist. So sieht § 181 Abs. 1 Satz 1 AktG vor, dass der „Vorstand" Satzungsänderungen zur Eintragung im Handelsregister anzumelden hat. Gleichwohl ergibt sich aus der Gesetzesgeschichte zwingend, dass hier lediglich eine vertretungsberechtigte Anzahl von Vorstandsmitgliedern gemeint ist.[893] Die Vorschrift des § 83 Abs. 2 AktG bezweckt, dem Vorstand überhaupt aufzugeben, dass er die Beschlüsse der Hauptversammlung ausführt.[894] Sie gibt ihm aber nicht vor, in welcher Besetzung er dieser Aufgabe nachkommen muss.

Für die Besetzung spielt vielmehr eine Rolle, dass Ausführungshandlungen in der Regel wirksame Handlungen im Rechtsverkehr erfordern. Beispielsweise kommt es beim Abschluss von Verträgen auf die ausreichende Vertretungsmacht der handelnden Vorstandsmitglieder an. Die Frage nach der Delegierbarkeit der Beschlussausführung knüpft daher an die Frage an, wie viele und welche Personen für eine wirksame Vertretung der Aktiengesellschaft erforderlich sind. Geschäftsführungsbefugnis und Vertretungsbefugnis müssen insoweit einhergehen. Ein Handeln einzelner Vorstandsmitglieder scheidet dann aus, wenn sie keine Einzelvertretungsberechtigung haben und auch nicht zumindest mit Prokuristen wirksam handeln können. Ferner kann eine Einzelermächtigung nach § 78 Abs. 4 AktG zwar bei konkreten Ausführungshandlungen in Betracht kommen; eine allgemeine Einzelermächtigung zur Vornahme von Ausführungshandlungen wäre aber zu weitgehend und deshalb unzulässig.[895]

Für die These, dass eine Einzelgeschäftsführungsbefugnis bei der Beschlussausführung möglich ist, spricht weiter, dass das AktG bei einer Reihe

893 Siehe oben Kapitel 2:II.3.a.dd.

894 Siehe Kapitel 1:II.

895 Vgl. *Seibt*, in: Schmidt/Lutter, Komm. z. AktG, § 78 Rdn. 30; *Hüffer*, Komm. z. AktG, § 78 Rdn. 21.

von Ausführungshandlungen genau festlegt, wie viele Vorstandsmitglieder für die wirksame Umsetzung eines Beschlusses erforderlich sind. Gerade bei Handelsregisteranmeldungen genügt es dem AktG, wenn Vorstandsmitglieder in vertretungsberechtigter Zahl die Anmeldung unterzeichnen. Überspitzt kann rhetorisch gefragt werden, wo in diesen Fällen überhaupt Raum für eine Entscheidung des Gesamtvorstands ist.

Ferner würde es die Beschlussausführung in der Praxis erheblich erschweren, wenn sämtliche Vorstandsmitglieder bei der Beschlussausführung mitzuwirken hätten. Zu denken ist beispielsweise an die Wahl eines Aufsichtsratsmitglieds, das nicht an der Hauptversammlung teilgenommen hat.[896] Die h.M. hätte hier zur Folge, dass die Kundgabe der Bestellung von sämtlichen Vorstandsmitgliedern vorzunehmen wäre – was einen nicht zu rechtfertigenden Formalismus darstellen würde.

Unter Berücksichtigung der genannten Umstände liegt nahe, dass es sich bei der Beschlussausführung grundsätzlich nicht um eine Aufgabe des Gesamtvorstands handelt. Vielmehr kann die Zuständigkeit für die Beschlussausführung auf einzelne Vorstandsmitglieder delegiert werden. Damit ist auch der Weg eröffnet, nachgeordnete Mitarbeiter mit einzelnen Aufgaben der Beschlussausführung zu betrauen, beispielsweise mit der Abwicklung einer Dividendenzahlung. Hierbei muss natürlich beachtet werden, dass für das Handeln im Rechtsverkehr eine ausreichende Vertretungsmacht vorliegt.

Dem gefundenen Ergebnis könnte jedoch entgegenstehen, dass der Vorstand zwar weitgehend keine Entscheidungen bei der Beschlussausführung zu treffen hat, ihm aber gleichwohl einige Befugnisse verbleiben. Diese Frage stellt sich z.B. bei Ermächtigungsbeschlüssen, wenn der Vorstand die Ausübung eines genehmigten Kapitals beschließen will. Dort findet sich jedoch erstaunlicherweise die gegenteilige Meinung: die Ausübung des genehmigten Kapitals kann auf einzelne Vorstände übertragen werden.[897] Wenn aber bei den Bereichen der Beschlussausführung mit der weitesten Handlungsfreiheit gerade keine Gesamtgeschäftsführung gefordert wird, muss dies erst recht für die Bereiche der Beschlussausführung ohne Handlungsspielräume gelten.

Größere Bedenken wirft es auf, wenn der Vorstand von der Beschlussausführung absehen will, weil eine Verletzung seiner Legalitäts- bzw. Schadensabwehrpflicht droht. Durch ein Absehen von der Beschlussausführung könnte der Vorstand die innergesellschaftliche Kompetenzverteilung massiv beeinflussen – woraus man schließen könnte, dass über so gravierende Entscheidungen der Ge-

896 Siehe Kapitel 2:II.3.a.aa.

897 Vgl. *Hüffer*, Komm. z. AktG, § 202 Rdn. 20; *Wamser*, in: Spindler/Stilz, Komm. z. AktG, § 202 Rdn. 86.

samtvorstand entscheiden müsste. Die Beeinflussung der innergesellschaftlichen Kompetenzverteilung droht aber nur zum Schein. Auch in solchen Fällen ist der Vorstand unter der Prämisse richtiger Rechtserkennung gebunden, den Beschluss auszuführen oder nicht auszuführen. Ihm stehen Entscheidungsbefugnisse nur insoweit zu, als Grenzen der Erkennbarkeit der Rechtslage berücksichtigt werden müssen.[898] Wenn damit dogmatisch zwar keine zwingende Zuständigkeit des Gesamtvorstands zu folgern ist, dürfte es sich in der Praxis aber anbieten, ein Absehen von der Beschlussausführung vom Gesamtvorstand entscheiden zu lassen, zumal insoweit oft eine Maßnahme von außergewöhnlicher Bedeutung vorliegen dürfte.

Abschließend ist zu erwähnen, dass auch bei Einführung einer Einzelgeschäftsführungsbefugnis eine Gesamtverantwortung der übrigen Vorstandsmitglieder verbleibt. Wenn die Beschlussausführung unterbleibt, weil sich kein Vorstandsmitglied für zuständig hält, können alle Vorstandsmitglieder für das Unterlassen in die Verantwortung genommen werden. Die Ausführungspflicht trifft im Grundsatz jedes Vorstandsmitglied. Die übrigen Vorstandsmitglieder haben zudem eine Überwachungspflicht hinsichtlich der Beschlussausführung durch das zuständigen Vorstandsmitglied.[899]

2. Zustimmungsvorbehalte des Aufsichtsrats für die Beschlussausführung

Ein weiteres Problem stellt sich, wenn der Aufsichtsrat einen Zustimmungsvorbehalt für Ausführungshandlungen erlassen will. Grundsätzlich ist der Aufsichtsrat frei in seiner Entscheidung, welche Handlungen des Vorstands er einem Zustimmungsvorbehalt unterwirft.[900] Bei Zustimmungsvorbehalten zu Ausführungshandlungen würde jedoch das Kompetenzverhältnis in der Aktiengesellschaft untergraben. Im Bereich von § 83 Abs. 2 AktG handelt der Vorstand nicht als Leitungsorgan, sondern als Hilfsorgan der Hauptversammlung, dem kaum eigene Entscheidungsbefugnisse zustehen. Würde der Aufsichtsrat z.B. die Anmeldung von Satzungsänderungen zur Eintragung im Handelsregister von seiner Zustimmung abhängig machen, hätte er es maßgeblich in der Hand, ob eine Satzungsänderung umgesetzt wird oder nicht. Er würde dadurch Zustim-

---

898 Siehe Kapitel 4:III.3.

899 Vgl. *Hüffer,* Komm. z. AktG, § 77 Rdn. 15; *Fleischer*, in: Spindler/Stilz, Komm. z. AktG, § 77 Rdn. 46.

900 Vgl. *Hüffer,* Komm. z. AktG, § 111 Rdn. 17 ff.; *Drygala*, in: Schmidt/Lutter, Komm. z. AktG, § 111 Rdn. 52 ff.

mungsvorbehalte gegenüber der Hauptversammlung begründen, die nach dem AktG an sich nicht vorgesehen sind.[901]

Dementsprechend ist es dem Aufsichtsrat nach h.M. verwehrt, Maßnahmen, zu denen der Vorstand nach § 83 Abs. 2 AktG verpflichtet ist, an seine Zustimmung zu binden.[902] Ganz allgemein dürfen Zustimmungsvorbehalte nicht für gesetzlich zwingende Aufgaben, zu denen auch die Beschlussausführung zu zählen ist, erlassen werden.[903] Eine Ausnahme wird diskutiert, soweit der Vorstand die Initiative für die von der Hauptversammlung beschlossene Maßnahme ergriffen hat; insoweit soll der Aufsichtsrat die Initiativentscheidung an seine Zustimmung binden können.[904] Beispielsweise soll sich der Aufsichtsrat ein Vetorecht für die Entscheidung des Vorstands, einen Unternehmensvertrag zu schließen und der Hauptversammlung zur Entscheidung vorzulegen, einräumen können. Hierbei handelt es sich aber um beschlussvorbereitende Maßnahmen, nicht um die Beschlussausführung.

Zustimmungsvorbehalte, die diese Grenze überschreiten, sind nichtig.[905] Der Vorstand braucht sie nicht zu beachten. Zur Erhöhung der Rechtssicherheit kann er die Nichtigkeit auch gerichtlich feststellen lassen.

3. Die Umfang der rechtlichen Prüfung

Wie sich gezeigt hat, hängt die Frage, ob eine Ausführungspflicht besteht, davon ab, ob der Beschluss nichtig oder anfechtbar ist. Erforderlich ist also eine rechtliche Prüfung des Beschlusses: Ist er weder nichtig noch anfechtbar, besteht die Ausführungspflicht, sofern der Beschlussinhalt keine rechtswidrigen oder schädlichen Ausführungshandlungen verlangt. Ist der Beschluss hingegen nichtig oder anfechtbar, muss weiter geprüft werden, ob eine Pflicht des Vorstands besteht, den Mangel gerichtlich geltend zu machen. Wird die Pflicht zur Anfechtung verneint, gilt es zu prognostizieren, ob Aktionäre oder andere Personen die Nichtigkeit oder Anfechtbarkeit erfolgreich geltend machen werden. Von dieser Prognose hängt die Entscheidung ab, ob einem schwebend wirksamen Beschluss

---

901 Siehe aber aus der früheren Mitbestimmungsdiskussion *Duden,* ZHR 141 (1977), 145, 171; ferner OLG Stuttgart AG 1967, 265.

902 Vgl. *Habersack*, in: Münchener Komm. z. AktG, § 111 Rdn. 114; *Kropff*, in: Semler/v. Schenck, Arbeitshandbuch für Aufsichtsratsmitglieder, § 8 Rdn. 42; *Timm,* DB 1980, 1201, 1205.

903 Vgl. *Hopt/Roth*, in: Großkomm. z. AktG, § 111 Rdn. 640; *Habersack*, in: Münchener Komm. z. AktG, § 111 Rdn. 113.

904 Bejahend: *Hopt/Roth*, in: Großkomm. z. AktG, § 111 Rdn. 640; *Kropff*, in: Semler/v. Schenck, Arbeitshandbuch für Aufsichtsratsmitglieder, § 8 Rdn. 42; verneinend: *Mertens*, in: Kölner Komm. z. AktG, 2. Aufl., § 111 Rdn. 71.

905 Vgl. *Hopt/Roth*, in: Großkomm. z. AktG, § 111 Rdn. 697 f.

Folge geleistet werden muss oder nicht bzw. ob auf das Eintreten der Heilung eines nichtigen Beschlusses vertraut werden kann.

Dementsprechend verlangen viele Stimmen in der Literatur, dass der Vorstand die Rechtslage sorgfältig prüfen und ggf. sachverständigen Rechtsrat einholen muss, bevor er einen Beschluss ausführt bzw. die Beschlussausführung verweigert.[906] Im Folgenden soll geklärt werden, welche Anforderungen konkret an den Umfang der rechtlichen Prüfung zu stellen sind.

Der Umfang der rechtlichen Prüfung steht – nach der hier vertretenen Auffassung – im engen Zusammenhang mit der Maßgabe der Business Judgement Rule, dass die unternehmerische Entscheidung auf der Grundlage angemessener Information zu treffen ist.[907] Allgemein lässt sich daher fragen, welche Informationsbasis für die Entscheidung über die Ausführung eines Hauptversammlungsbeschlusses angemessen ist. In diesem Zusammenhang stellt sich weiter die Frage, unter welchen Voraussetzungen der Vorstand auf die Einschätzung eines Beraters vertrauen kann.

Ist die Informationsbasis ausreichend und sind auch alle anderen Anforderungen der Business Judgement Rule erfüllt, handelt der Vorstand objektiv pflichtgemäß. Wer hingegen die Anwendbarkeit der Business Judgement Rule auf die Entscheidung über die Beschlussausführung ablehnt, für den stellen sich dieselben Fragen im Rahmen des Verschuldens.[908]

a. Keine Berücksichtigung „aller“ Informationen erforderlich

Der BGH hat jüngst zur Haftungsprivilegierung eines GmbH-Geschäftsführers seine bisherige Formulierung bekräftigt, dass für die sorgfältige Ermittlung der Entscheidungsgrundlagen in der konkreten Entscheidungssituation „alle“ verfügbaren Informationsquellen tatsächlicher und rechtlicher Art auszuschöpfen seien.[909] Nur wenn diese Anforderung erfüllt sei, bestehe Raum für die Zubilligung unternehmerischen Ermessens. Auch in der Literatur finden sich Stimmen, die eine Berücksichtigung „aller“ Informationsquellen verlangen.[910]

Demgegenüber weist eine Reihe von Autoren zutreffend darauf hin, dass § 93 Abs. 1 Satz 2 AktG nicht die Berücksichtigung sämtlicher Informationen

906 So etwa *Seibt*, in: Schmidt/Lutter, Komm. z. AktG, § 83 Rdn. 12; *Fleischer,* BB 2005, 2025, 2026.

907 Vgl. *Binder,* AG 2008, 274, 278 ff.; *Thole,* ZHR 173 (2009), 504, 524 f.

908 Vgl. *Haertlein,* ZHR 168 (2004), 437, 459 ff.; *Binder,* AG 2008, 274, 279.

909 BGH NJW 2008, 3361, 3362.

910 *Goette,* ZGR 2008, 436, 448.

verlangt, sondern nur eine „angemessene“ Informationsbasis.[911] Angesichts der eindeutigen gesetzlichen Formulierung kann die Forderung nach der Berücksichtigung „aller“ Informationen nicht aufrecht erhalten werden. Die Gesetzesbegründung unterstreicht dieses Ergebnis: Dem UMAG-Gesetzgeber zufolge kann Information „nicht allumfassend sein“.[912] Insbesondere bei Entscheidungen, die unter hohem und nicht selbsterzeugtem Zeitdruck zu fällen sind, kann eine umfassende Entscheidungsvorbereitung schwierig oder gar unmöglich sein.[913] Aber auch bei Entscheidungen, für die mehr Zeit zur Verfügung steht, ist es nicht immer sinnvoll, sämtliche verfügbaren Informationen einzuholen: wer z.B. einen neuen Firmenwagen least, muss nicht sämtliche existierende Fahrzeugmodelle berücksichtigen.

b. Die Einzelfallabhängigkeit der angemessenen Informationsbasis

Wenn damit feststeht, dass nur eine „angemessene“ Information erforderlich ist, stellt sich die Frage, wonach die Angemessenheit zu bestimmen ist. Auch hierzu hat der UMAG-Gesetzgeber ausdrücklich Stellung genommen: Unbesonnenheit und Leichtsinn sollen unterbunden werden.[914] Das Tatbestandsmerkmal „angemessene Information“ beabsichtigt damit in erster Linie eine Abgrenzung nach unten. Oberhalb dieser Grenze ist eine Abwägung zwischen dem Aufwand für die Beschaffung der Information und ihrem Nutzen erforderlich:[915]

> „Welche Intensität der Informationsbeschaffung im Sinne der Norm ‚angemessen' ist, ist anhand des Zeitvorlaufs, des Gewichts und der Art der zu treffenden Entscheidung und unter Berücksichtigung anerkannter betriebswirtschaftlicher Verhaltensmaßstäbe […] zu entscheiden. Keinesfalls zielt der Entwurf darauf, dass durch routinemäßiges Einholen von Sachverständigengutachten, Beratervoten oder externen Marktanalysen eine rein formale Absicherung stattfindet. Die Frage, ob und in welchem Umfang externe Gutachten eingeholt werden, ist nach betriebswirtschaftlichen Notwendigkeiten sowie den eigenen Möglichkeiten der Gesellschaft zu beantworten […].“[916]

Noch nicht abschließend geklärt ist die Frage, wie intensiv ein Gericht die Voraussetzungen der Informationsbeschaffung überprüfen darf.[917] Einzelne Stimmen in der Literatur wenden die Business Judgement Rule auch auf die Be-

911 So etwa *Fleischer*, in: Spindler/Stilz, Komm. z. AktG, § 93 Rdn. 73; *Krieger/Sailer-Coceani*, in: Schmidt/Lutter, Komm. z. AktG, § 93 Rdn. 13; *Binder,* AG 2008, 274, 279; *Redeke,* NZG 2009, 496; *Redeke,* ZIP 2011, 59, 60; *Schneider,* DB 2011, 99, 101.

912 Regierungsbegründung zum UMAG, BR-Drs. 3/05, S. 21.

913 So ausdrücklich Regierungsbegründung zum UMAG, BR-Drs. 3/05, S. 20.

914 Regierungsbegründung zum UMAG, BR-Drs. 3/05, S. 20.

915 Vgl. *Spindler,* FS Canaris, S. 403, 420; *Lutter,* ZIP 2007, 841, 844.

916 Regierungsbegründung zum UMAG, BR-Drs. 3/05, S. 21.

917 Eingehend hierzu *Redeke,* ZIP 2011, 59, 60 ff.

urteilung des Vorstands, dass er sich selbst für angemessen informiert hält, an.[918] Dies funktioniert nur eingeschränkt, da sich das Informationserfordernis paradox verdoppelt: auf welcher angemessenen Informationsbasis kann der Vorstand entscheiden, dass er angemessen informiert ist? Richtig ist allerdings, dass das Gericht nicht im Nachhinein die Einschätzung des Vorstands durch seine Einschätzung, welche Informationen heranzuziehen gewesen wären, ersetzt. Andernfalls droht die Business Judgement Rule durch überzogene, objektivierte Informationserwartungen leer zu laufen. Dann könnte jede nicht herangezogene Informationsquelle genutzt werden, um die Haftungsfreiräume der Business Judgement Rule bereits im Ansatz auszuhebeln. Andererseits kann der Vorstand nicht frei entscheiden, dass seine Informationsbasis ausreicht, weil hierdurch die Grenzen nach unten verschwimmen und unbesonnenen Entscheidungen entgegen dem gesetzgeberischen Willen Vorschub geleistet würde. Von daher läuft die Anwendung des unbestimmten Rechtsbegriffs „angemessen" auf eine gerichtliche Plausibilitätskontrolle hinaus.[919] Der Vorstand hat darzulegen, welche Informationsquellen er verwendet hat. Die herangezogenen Informationen müssen aus einer *ex-ante*-Betrachtung grundsätzlich geeignet und ausreichend sein, um angesichts der Zeit, die zur Verfügung stand, eine vertretbare Entscheidung treffen zu können.

c. Pflicht zur Einholung eines Rechtsrats

Die Ausführungen des UMAG-Gesetzgebers zur Angemessenheit der Informationsbasis bezogen sich nur auf die „klassischen" unternehmerischen Entscheidungen, die gerade nicht „verrechtlicht" werden sollen, da für sie Instinkt, Erfahrung, Phantasie und Gespür erforderlich seien.[920] Bei der Ausführung eines Hauptversammlungsbeschlusses geht es aber nicht um eine „klassische" unternehmerische Entscheidung, sondern um eine im Prinzip rechtlich gebundene Entscheidung, die jedoch unter hoher rechtlicher Unsicherheit stehen kann und eine Prognose über die zukünftige Verletzung der Legalitäts- bzw. Schadensabwehrpflicht erfordert. Die Entscheidung über die Beschlussausführung ist also von Natur aus verrechtlicht, zumal auch die Feststellung, dass der rechtliche Rahmen der Ausführungspflicht unsicher ist, das Ergebnis einer rechtlichen Analyse im konkreten Einzelfall ist.[921]

Diese Umstände müssen bei der Entscheidung berücksichtigt werden, ob ein Vorstand ausreichende Informationen eingeholt hat. Im Gegensatz zur „klassi-

918 So etwa *Lutter,* ZIP 2007, 841, 844 f.; *Binder,* AG 2008, 274, 279; dagegen *Redeke,* ZIP 2011, 59, 60 ff.; *Freund,* GmbHR 2011, 238, 239.

919 So auch *Redeke,* ZIP 2011, 59, 64.

920 Regierungsbegründung zum UMAG, BR-Drs. 3/05, S. 20.

921 Vgl. *Thole,* ZHR 173 (2009), 504, 524 f.; *Schneider,* DB 2011, 99, 100.

schen" unternehmerischen Entscheidung erfordert die rechtlich gebundene Entscheidung eine vollständige Analyse der Rechtslage mit all ihren Antworten und Lücken. Zudem ergeben sich aus der rechtlichen Analyse Grenzen, die vom Vorstand im konkreten Einzelfall beachtet werden müssen: sorgfältiges Verhalten ist regelmäßig ausgeschlossen, wenn die Rechtsauffassung des Vorstands höchstrichterlicher Rechtsprechung widerspricht.[922]

Ohne rechtliche Analyse des konkreten Beschlusses und des Beschlussverfahrens ist die Einschätzung der Ausführungspflicht nicht möglich. Dies gilt umso mehr, als es sich bei der aktienrechtlichen Beschlussfassung um eine hochspezialisierte Rechtsmaterie handelt, die von vielen, auch formalen Fallstricken geprägt ist. Nur ein Kenner der Materie vermag eine Hauptversammlung fehlerfrei vorzubereiten und durchzuführen. Die Vorstandsmitglieder werden hier nur selten ausreichend eigene Kenntnisse haben und deshalb regelmäßig an ihre Grenzen stoßen. Verfügt der Vorstand nicht selbst über die erforderliche Sachkunde, verlangt der BGH von ihm, dass der Vorstand die ihm obliegende Prüfungspflicht unter umfassender Darstellung der Verhältnisse der Gesellschaft und Offenlegung der erforderlichen Unterlagen von einem unabhängigen Juristen prüfen lässt.[923]

Aus diesem Grund sind in der Praxis spezialisierte Rechtsanwälte regelmäßig bereits in die Vorbereitung und Durchführung der Versammlung einbezogen. Die Beteiligung von Rechtsanwälten in die Beschlussvorbereitung ist ein wichtiger Aspekt, der bei der rechtlichen Prüfung der Ausführungspflicht zu berücksichtigen ist. Haben Aktienrechtsspezialisten die Hauptversammlungseinladung und die in der Hauptversammlung beantworteten Fragen überwacht, dürfte eine umfassende rechtliche Prüfung im Anschluss an die Beschlussfassung ohne konkrete Zweifel an der Rechtmäßigkeit des Beschlusses nicht mehr erforderlich sein. In Einzelfällen mag es bei kleineren ordentlichen Hauptversammlungen ohne Konfliktpotential oder außergewöhnlichen Beschlüssen sogar genügen, wenn der Vorstand selbst aktienrechtskundig ist und die rechtliche Prüfung selbst vornimmt.

Eine zwingende Einbindung von Rechtsanwälten in die Beschlussvorbereitung, eine erneute Prüfung der Rechtslage und die Einholung weiteren Rats von Sachverständigen könnten indes erforderlich werden, wenn das Konfliktpotential zunimmt:[924] etwa wenn Aktionäre Anfechtungsklage androhen oder erheben,

922 Vgl. *Haertlein,* ZHR 168 (2004), 437, 467; *Spindler,* FS Canaris, S. 403, 422 f.; *Thole,* ZHR 173 (2009), 504, 524.

923 BGH ZIP 2011, 2097, 2099; allgemein BGH DB 2012, 1320, 1321; *Binder,* AG 2008, 274, 283 f.; *Fleischer*, in: Spindler/Stilz, Komm. z. AktG, § 93 Rdn. 35.

924 Vgl. *Spindler,* FS Canaris, S. 403, 421; *Volhard,* ZGR 1996, 55, 56.

wenn auf neue rechtliche Rahmenbedingungen zu reagieren ist, wenn außergewöhnliche Beschlüsse gefasst oder wenn gewichtige Vorhaben beschlossen werden, die nicht oder nur mit sehr hohen Kosten reversibel sind. In all diesen Fällen wiegt der Nutzen der zusätzlichen Information die zusätzlichen Kosten der Informationsbeschaffung auf. In solchen Fällen ist der Vorstand daher verpflichtet, Rechtsrat einzuholen, entweder von seiner Rechtsabteilung oder von einem externen Rechtsanwalt.[925] Nach Beauftragung muss der Vorstand den Rechtsanwalt ausreichend über den zu würdigenden Sachverhalt informieren.[926]

d. Pflicht zur Kontrolle des Rechtsrats

Mit der Einholung eines Rechtsrats hat es nicht sein Bewenden. Der Gesetzgeber hat klargestellt, dass eine formale Absicherung durch routinemäßiges Einholen von Sachverständigengutachten, Beratervoten oder externen Marktanalysen nicht das Wesen angemessener Informationsbeschaffung prägt. Der Vorstand bleibt vielmehr gehalten, den eingeholten Rat kritisch zu hinterfragen und Zweifeln nachzugehen.[927] Er darf sich auch nicht auf „Gefälligkeitsgutachten" verlassen.[928] Vielmehr muss er die erteilte Rechtsauskunft einer sorgfältigen Plausibilitätskontrolle unterziehen.[929]

Der Gesichtspunkt der Kontrolle spielt zudem die entscheidende Rolle für die Frage, ob der Vorstand auf den Rat seiner Rechtsabteilung vertrauen darf oder externe Berater einschalten muss. Aktienrechtliche Spezialkenntnisse lässt sich in Rechtsabteilungen und bei Rechtsanwälten gleichermaßen finden und nicht finden. Eine Rechtsabteilung, die Aktienrechtsspezialisten vorhält, wird Hauptversammlungen fehlerfreier vorbereiten und durchführen können als ein gesellschaftsrechtsfremder Rechtsanwalt. Umgekehrt dürfte ein General Counsel regelmäßig auf externen, spezialisierten Rechtsrat zugreifen müssen. Von den vorhandenen Rechtskenntnissen ist die Unabhängigkeit des Rechtsrats zu unterscheiden, die regelmäßig bei externen Beratern ausgeprägter ist als bei einer Rechtsabteilung.[930] Die Pflicht zur Kontrolle des Rechtsrats kann deshalb den Vorstand anhalten, in problematischen Fällen nicht nur seiner Rechtsabteilung

---

925 Vgl. BGH AG 1985, 165 (zur GmbH); OLG Stuttgart AG 2010, 133, 135; OLG Frankfurt am Main AG 2010, 296, 297; *Spindler,* FS Canaris, S. 403, 421; *Schneider,* DB 2011, 99, 102; *Freund,* GmbHR 2011, 238, 239.

926 Vgl. OLG Stuttgart AG 2010, 133, 135; *Schneider,* DB 2011, 99, 101.

927 Vgl. OLG Stuttgart AG 2010, 133, 135; *Schneider,* DB 2011, 99, 102 f.; *Freund,* GmbHR 2011, 238, 239 f.; einschränkend *Binder,* AG 2008, 274, 286.

928 Vgl. *Schneider,* DB 2011, 99, 102.

929 BGH ZIP 2011, 2097, 2099; allgemein BGH DB 2012, 1320, 1321.

930 Vgl. *Fleischer*, in: Spindler/Stilz, Komm. z. AktG, § 93 Rdn. 73, 209; *Spindler,* FS Canaris, S. 403, 421; *Schneider,* DB 2011, 99, 102 f.

zu vertrauen, sondern eine zweite Meinung einzuholen, um im Sinne eines Vier-Augen-Prinzips die Rechtslage kritisch zu beleuchten.[931] Die Einholung einer zweiten Meinung kann auch gegenüber unabhängigen Rechtsanwälten geboten sein, wenn sich Zweifel an der Plausibilität der Ausführungen auftun oder die zu treffende Entscheidung von ganz besonderer Bedeutung ist.[932]

4. Exkurs: Die Ausführungspflicht im Konzern

Konzernrechtliche Fragen gehören eigentlich nicht zum Gegenstand dieser Untersuchung,[933] weswegen sie nicht vertieft abgehandelt werden können. Gleichwohl soll wegen ihrer praktischen Bedeutung kurz auf die verbindenden Linien zwischen Ausführungspflicht und Konzernrecht hingewiesen werden. Zu unterscheiden ist dabei zunächst zwischen faktischem Konzern und Vertragskonzern.

a. Vertragskonzern

Im Vertragskonzern spielt die Ausführungspflicht zunächst für dessen Begründung eine Rolle. Stimmt die Hauptversammlung einem Unternehmensvertrag zu, unterliegt der Vorstand der Ausführungspflicht, die ihn im Gegenzug von der Haftung für die Beschlussausführung befreit.[934] Insoweit gelten die allgemeinen Regeln.

Auch für Hauptversammlungsbeschlüsse während der Laufzeit des Vertragskonzerns gelten zunächst die allgemeinen Regeln. So bleibt der Vorstand z.B. verpflichtet, satzungsändernde Beschlüsse zum Handelsregister anzumelden oder Dividenden auszuzahlen, sofern nicht der Gewinn abgeführt wird. Daneben unterliegt er eine Folgepflicht bei Weisungen des herrschenden Unternehmens, § 308 Abs. 1 Satz 1 AktG.

Es besteht aber ein spezifisch konzernrechtliches Problem: die h.M.[935] will im Einklang mit der Gesetzesbegründung[936] dem Vorstand die Berufung auf einen Hauptversammlungsbeschluss verwehren, wenn der Vorstand grundsätzlich nach § 309 Abs. 1 Satz 1 AktG haftbar ist. Hintergrund ist der Gedanke, dass das herrschende Unternehmen regelmäßig über die nötige Mehrheit verfügt, um eine vom Vorstand verlangte Zustimmung nach § 119 Abs. 2 AktG zu beschließen. Nur *Canaris* hält eine analoge Anwendung von § 93 Abs. 4 Satz 1 AktG für geboten, da in dieser Vorschrift der Grundsatz von Treu und Glauben verkörpert

931 So allgemein *Spindler,* FS Canaris, S. 403, 421; vgl. *Schneider,* DB 2011, 99, 103.

932 Vgl. *Schneider,* DB 2011, 99, 103; *Freund,* GmbHR 2011, 238, 240.

933 Siehe Einleitung: I.4.

934 Siehe Kapitel 2:III.2.c.aa.

935 *Koppensteiner*, in: Kölner Komm. z. AktG, § 310 Rdn. 9; *Hüffer,* Komm. z. AktG, § 310 Rdn. 5; *Altmeppen*, in: Münchener Komm. z. AktG, § 310 Rdn. 16.

936 Vgl. Begründung zum Regierungsentwurf bei *Kropff,* Aktiengesetz, S. 406.

sei und Missbräuchen über immanente Grenzen von § 93 Abs. 4 Satz 1 AktG begegnet werden könne.[937]

M.E. ist zunächst zu differenzieren. Nach § 310 Abs. 3 AktG besteht die Ersatzpflicht der Verwaltungsmitglieder der abhängigen Gesellschaft dann nicht, wenn die schädigende Handlung auf einer Weisung beruht, die nach § 308 Abs. 2 AktG zu befolgen war. Solange der Hauptversammlungsbeschluss sich im Rahmen der Weisung hält oder selbst als rechtmäßige Weisung zu qualifizieren ist, besteht kein Anlass, an einer Folgepflicht zu zweifeln oder eine Haftungsbefreiung nach § 93 Abs. 4 Satz 1 AktG zu versagen.

Problematisch können daher nur die Fälle sein, in denen die Weisung nicht mehr zulässig und damit nicht mehr bindend ist. Aus § 308 Abs. 2 Satz 2 AktG ergibt sich, dass Weisungen zumindest dann unzulässig sind, wenn sie offensichtlich weder den Belangen des herrschenden Unternehmens noch eines konzernverbundenen Unternehmens dienen.[938] Daneben wird streitig diskutiert, ob existenzgefährdende Weisungen unzulässig sind.[939] Wenn diese Grenzen überschritten werden und Weisungen nicht mehr bindend sind, stellt sich die Frage, ob der Vorstand die Maßnahme nach § 119 Abs. 2 AktG vorlegen darf, so dass es letztlich zu einer Umgehung der Weisungsgrenzen kommen könnte. Als Beispiel könnte überlegt werden, ob der Vorstand nach § 119 Abs. 2 AktG beantragen kann, das Unternehmen an einen konzernexternen Dritten zu verschenken. In diesem Beispiel könnte das herrschende Unternehmen keine entsprechende Weisung erlassen und auch nicht den Vorstand verpflichten, entsprechend vorzulegen. Gleichwohl bleibt die Frage, ob der Vorstand von sich aus dieses – wohl eher unrealistische – Szenario einleiten dürfte.

Bei dieser Frage ist zu berücksichtigen, dass die Hauptversammlung mehr Entscheidungsbefugnisse hat, als dem herrschenden Unternehmen aufgrund seines Weisungsrechts zustehen. So kann die Hauptversammlung nach § 262 Abs. 1 Nr. 2 AktG die Auflösung der Gesellschaft beschließen, was über eine Weisung des herrschenden Unternehmens nicht erreicht werden kann.[940] Es gibt folglich keinen Schutz der Minderheitsaktionäre vor einer erzwungenen Desinvestition. Bei einer Auflösung hätten die Minderheitsaktionäre aber gemäß § 271 Abs. 2 AktG Anspruch auf ihren Anteil am Gesellschaftsvermögen. Im erdachten Beispiel des verschenkten Unternehmens gingen sie hingegen leer aus. Und doch zeigt sich, dass es nur ganz wenige Ausnahmefälle sein können,

---

937 Vgl. *Canaris,* ZGR 1978, 207, 208 ff.

938 *E contrario* § 308 Abs. 2 AktG; vgl. *Hüffer,* Komm. z. AktG, § 308 Rdn. 22.

939 Vgl. *Koppensteiner*, in: Kölner Komm. z. AktG, § 308 Rdn. 50 ff.; *Hüffer,* Komm. z. AktG, § 308 Rdn. 19; *Altmeppen*, in: Münchener Komm. z. AktG, § 308 Rdn. 115 ff.

940 Vgl. *Hüffer,* Komm. z. AktG, § 308 Rdn. 19.

in denen ein Hauptversammlungsbeschluss jenseits der Grenzen des Weisungsrechts relevant werden kann. Für diese wenigen Ausnahmefälle bietet es sich an, im Einzelfall mit Treu und Glauben zu hantieren, also entweder die Vorlageentscheidung des Vorstands als ermessensfehlerhaft oder das Abstimmungsverhalten des herrschenden Unternehmens als treuwidrig zu werten. Für einen generellen Ausschluss der Haftungsbefreiung kraft Hauptversammlungsbeschluss und damit eine allgemeine Relativierung der Ausführungsführungspflicht besteht keine Notwendigkeit.

b. Faktischer Konzern

Beim faktischen Konzern hat der Vorstand der abhängigen Gesellschaft regelmäßig keinen Einfluss auf dessen Entstehung. Er findet sich nur irgendwann in der Situation, dass er einem herrschenden Unternehmen ausgesetzt ist, das die Kapitalmehrheit erlangt hat. Zum Schutz der abhängigen Gesellschaft greifen dann die §§ 311 ff. AktG. Aus Sicht der vorliegenden Untersuchung stellt sich die Frage, ob Hauptversammlungsbeschlüsse eine Veranlassung i.S.v. § 311 Abs. 1 AktG darstellen. Dies wird im Grundsatz durchweg bejaht.[941] Lediglich zu einzelnen Hauptversammlungsbeschlüssen wird hiervon eine Ausnahme gemacht,[942] was jedoch den Grundsatz unberührt lässt, dass Hauptversammlungsbeschlüsse eine Veranlassung darstellen können. Der Vorstand der abhängigen Gesellschaft ist folglich gehalten, Hauptversammlungsbeschlüsse nicht nur auf ihre Rechtmäßigkeit zu prüfen, sondern auch zu berücksichtigen, ob durch den Hauptversammlungsbeschluss ein Nachteil für die abhängige Gesellschaft entsteht. Ist dem so, muss der Vorstand der abhängigen Gesellschaft dafür sorgen, dass der Nachteil ausgeglichen wird.[943] Ferner muss der nachteilige Hauptversammlungsbeschluss Eingang in den Abhängigkeitsbericht finden.[944] Außerdem kann die beschlossene Maßnahme einen Sondervorteil für das herrschende Unternehmen darstellen, der zur Anfechtbarkeit des Beschlusses gemäß § 243 AktG führen und im Einzelfall nach den allgemeinen Regeln eine inhärente Grenze der Ausführungspflicht begründen kann.

Die allgemeine Ausführungspflicht wird von diesen zusätzlichen Pflichten im faktischen Konzern nicht grundsätzlich berührt. Eine Ausnahme kann jedoch dann zu machen sein, wenn die Veranlassung das Maß überschreitet, das für

---

941 *Koppensteiner*, in: Kölner Komm. z. AktG, § 311 Rdn. 24; *Hüffer*, Komm. z. AktG, § 311 Rdn. 17; *Altmeppen*, in: Münchener Komm. z. AktG, § 311 Rdn. 118 ff.

942 Vgl. *Hüffer*, Komm. z. AktG, § 311 Rdn. 17; *Altmeppen*, in: Münchener Komm. z. AktG, § 311 Rdn. 122 ff.; *Koppensteiner*, in: Kölner Komm. z. AktG, § 311 Rdn. 25 ff.

943 Vgl. *Hüffer*, Komm. z. AktG, § 311 Rdn. 37.

944 Gemäß § 312 Abs. 1 AktG.

Weisungen im Vertragskonzern gilt. Insoweit können auf die Ausführungen oben verwiesen werden.[945]

III. Der Umgang mit rechtmäßigen und bestandskräftigen Beschlüssen

1. Die vorzunehmende Ausführungshandlung

Wenn der Beschluss erst einmal gefasst ist, wird sich der Vorstand die Frage stellen, welche Ausführungshandlungen er zu ergreifen hat. Als Ausführungshandlung sind all jene Maßnahmen zu ergreifen, die erforderlich sind, um den vom Beschlussinhalt intendierten Rechtserfolg herbeizuführen.[946] Welche Maßnahmen dies sind, hängt von den einzelnen Hauptversammlungsbeschlüssen ab, die oben in Kapitel 2 ausführlich untersucht wurden.

2. Unverzüglichkeit der Ausführung

In Rechtsprechung und Literatur ist allgemein anerkannt, dass der Vorstand ausführungsbedürftige Beschlüsse „unverzüglich" ausführen muss.[947] Unverzüglichkeit bedeutet in diesem Kontext wie üblich „ohne schuldhaftes Zögern".[948]

Weiterer Anknüpfungspunkt für den Leistungszeitpunkt ist § 271 Abs. 1 BGB, wonach der Gläubiger die Leistung sofort verlangen kann, wenn eine Zeit für die Leistung weder bestimmt noch aus den Umständen zu entnehmen ist.[949] Aus § 271 Abs. 1 BGB lässt sich ableiten, dass eine Weisung der Hauptversammlung bezüglich dem Zeitpunkt der Beschlussausführung vorrangig zu berücksichtigen ist.[950] Dass die Hauptversammlung zur Beschlussausführung Weisungen erteilen kann, wurde bereits oben dargelegt.[951] Ein Beispiel hierfür wäre die Maßgabe, dass ein neues genehmigtes Kapital erst dann zum Handelsregister angemeldet werden soll, wenn der Ermächtigungszeitraum für das alte genehmigte Kapital abgelaufen ist. Die Hauptversammlung ist allerdings nur berechtigt, einen Ausführungszeitpunkt innerhalb des Zeitraums bis zur nächsten ordentlichen Hauptversammlung zu bestimmen, da sie andernfalls in unzulässiger

---

945 Siehe a.; vgl. ferner *Hüffer*, Komm. z. AktG, § 311 Rdn. 42.

946 Siehe Kapitel 2:II.2.a.

947 Vgl. RGZ 144, 138, 141 f.; BGH ZIP 1991, 1423, 1425; *Spindler*, in: Münchener Komm. z. AktG, § 83 Rdn. 16; *Fleischer*, in: Spindler/Stilz, Komm. z. AktG, § 83 Rdn. 7; *Volhard*, ZGR 1996, 55, 56; *Fleischer*, BB 2005, 2025.

948 § 121 Abs. 1 Satz 1 BGB; vgl. BGH ZIP 1991, 1423, 1425; *Fleischer*, BB 2005, 2025.

949 Vgl. *Volhard*, ZGR 1996, 55, 56.

950 Im Ergebnis ebenso RGZ 144, 138, 141.

951 Siehe Kapitel 1:IV.2.

Weise in die Entscheidungshoheit der nächsten Hauptversammlung eingreifen würde.

Bei Fehlen einer näheren Maßgabe zur Beschlussausführung hängt die Dauer, die der Vorstand bis zur Beschlussausführung abwarten darf, vom Einzelfall ab.[952] Manche Beschlüsse, wie etwa ein Gewinnverwendungsbeschluss, begründen sofort fällige Ansprüche Dritter gegen die Gesellschaft, denen der Vorstand grundsätzlich sofort nachkommen muss, will er keinen Schaden für die Gesellschaft provozieren.[953] Ein längeres Abwarten stellt dann kein „schuldhaftes Zögern" dar, wenn eine umfangreiche rechtliche Prüfung erforderlich ist, um das Bestehen bzw. Nichtbestehen der Ausführungspflicht zu ermitteln.[954] Deutet sich die Erhebung einer Anfechtungsklage ab, kann regelmäßig mit der Beschlussausführung abgewartet werden, bis die rechtliche Prüfung der Klage deren Aussichtslosigkeit ergeben hat.[955] Ausnahmen sind möglich, da manche Beschlüsse dringlicher sein und kein Abwarten der Anfechtungsfrist erlauben können.

3. „Ablauf" von Hauptversammlungsbeschlüssen

Es stellt sich die Frage, was mit Hauptversammlungsbeschlüssen geschieht, die vom Vorstand pflichtwidrig nicht unverzüglich angemeldet werden. Bei ihnen könnte es einen Zeitpunkt geben, ab dem der Beschluss nicht mehr ausgeführt werden darf.

Wie oben dargelegt,[956] ist es der Hauptversammlung selbst nicht möglich, über ein aufschiebende Frist die Beschlussausführung auf einen Zeitpunkt jenseits der nächsten ordentlichen Hauptversammlung zu verzögern. In diesem Szenario wäre der Beschluss oder zumindest die aufschiebende Befristung rechtswidrig und damit anfechtbar.

Gibt es keine aufschiebende Befristung, liegen die Dinge anders, da es am Anknüpfungspunkt für die Nichtigkeitsfolge fehlt.[957] Gleichwohl sprechen sich die wenigen Stimmen, die dieses Problem erörtern, dafür aus, dass eine Beschlussausführung unzulässig ist, wenn ein Beschluss nicht bis zur nächsten Hauptversammlung ausgeführt wird, sofern nicht die nächste Hauptversamm-

952 Vgl. *Volhard,* ZGR 1996, 55, 56.

953 Vgl. *Haertlein,* ZHR 168 (2004), 437, 438.

954 Vgl. *Seibt*, in: Schmidt/Lutter, Komm. z. AktG, § 83 Rdn. 10; *Volhard,* ZGR 1996, 55, 56; *Kleinhenzund/Leyendecker*, BB 2012, 861

955 Vgl. *Schaub*, in: Beck'sches Mandatshandbuch: Vorstand der AG, § 5 Rdn. 129; *Hüffer*, in: Münchener Komm. z. AktG, § 243 Rdn. 131; *Volhard,* ZGR 1996, 55, 56 f.

956 Siehe Kapitel 1:IV.2.

957 Vgl. *Priester,* FS Wiedemann, S. 1161, 1170 f.

lung den Beschluss bestätigt.[958] Zwar wäre die Beschlussausführung auch dann wirksam, wenn der Vorstand pflichtwidrig den Beschluss ausführt, ohne einen Bestätigungsbeschluss einzuholen.[959] Streitig ist aber, ob das Registergericht berechtigt ist, die Anmeldung des „abgelaufenen“ Beschlusses zu verweigern. Nach *Priester* betrifft die Pflichtverletzung des Vorstands nur das Innenverhältnis und schlägt nicht auf das Registerverfahren durch.[960] Demgegenüber nimmt *Zöllner* an, dass das Registergericht die Eintragung der Satzungsänderung ablehnen muss, um die Aktienerwerber zu schützen.[961]

Richtigerweise bleibt die Ausführungspflicht auch nach Ablauf der nächsten Hauptversammlung bestehen. Wenn z.B. die Ausführung unterbleibt, weil der Beschluss angefochten wird, würde die Anfechtung zur *self-fulfilling prophecy*, wenn der angefochtene Beschluss nach rechtskräftiger Klagabweisung nicht mehr ausgeführt werden dürfte.[962] In so einer Situation könnte dem Vorstand u.U. nicht einmal der Vorwurf eines schuldhaften Zögerns gemacht werden, weshalb die späte Beschlussausführung sogar unverzüglich wäre. Außerdem wäre die Unsicherheit groß, wenn innerhalb eines Jahres mehrere Hauptversammlungen abgehalten würden und zwischen ihnen nicht ausreichend Zeit für die reguläre Beschlussausführung besteht.[963] Aber auch von solchen Ausnahmefällen abgesehen gibt es keinen rechtlichen Anknüpfungspunkt, um dem nicht ausgeführten Beschluss seine Wirkung zu nehmen. Allgemein würde es dem Willen der Hauptversammlung widersprechen, wenn ihr Ausführungsbefehl pflichtwidrig missachtet wird und als Folge der Pflichtwidrigkeit entfällt. Die Ausführungspflicht besteht daher bis zur Grenze von Treu und Glauben fort.

Auch das Registergericht ist nicht berechtigt, die verspätete Anmeldung zurückzuweisen. Zum einen wird es diese Frage gar nicht beurteilen können, da ihm der Umstand einer zwischenzeitlichen Hauptversammlung und die Gründe für die Verzögerung regelmäßig unbekannt sind. Zum anderen würde es die bereits eingetretene Verzögerung durch die Zurückweisung der Anmeldung noch verstärken und damit seinerseits dem Willen der Hauptversammlung entgegentreten.

958 *Zöllner*, in: Kölner Komm. z. AktG, 2. Aufl., § 181 Rdn. 27; *Priester,* FS Wiedemann, S. 1161, 1172; wohl ebenso *Lutter,* FS Quack, S. 301, 318.

959 *Zöllner*, in: Kölner Komm. z. AktG, 2. Aufl., § 181 Rdn. 27; *Priester,* FS Wiedemann, S. 1161, 1172.

960 *Priester,* FS Wiedemann, S. 1161, 1172 f.

961 *Zöllner*, in: Kölner Komm. z. AktG, 2. Aufl., § 181 Rdn. 27.

962 So auch *Priester,* FS Wiedemann, S. 1161, 1171.

963 Vgl. *Priester,* FS Wiedemann, S. 1161, 1171.

Will die spätere Hauptversammlung hingegen von sich aus die Ausführung des früheren Beschlusses verhindern, muss sie einen Aufhebungsbeschluss fassen.

4. Wesentliche Änderung der Umstände nach Beschlussfassung

Ein eigentlich gesetzmäßiger Hauptversammlungsbeschluss soll nach herrschender Meinung dann nicht entlasten, wenn sich im Anschluss an die Hauptversammlung, aber noch vor der Beschlussausführung die für die Beschlussfassung der Hauptversammlung maßgeblichen Umstände verändert haben.[964] Ändern sich die Umstände erst, nachdem eine von der Hauptversammlung beschlossene Maßnahme der Geschäftsführung bereits vollzogen wurde, könne der Vorstand sie rückgängig machen, wenn dies im Interesse der Gesellschaft liegt.[965]

Oben wurde aufgezeigt, dass hinter diesen Äußerungen ein Konflikt zwischen der Ausführungspflicht und der Schadensabwehrpflicht verborgen liegt.[966] Immer dann, wenn die Ausführung eines Beschlusses zu einem Schaden für die Gesellschaft führt, der nicht in rechtmäßiger Weise von der Hauptversammlung berücksichtigt und gebilligt wurde, muss der Vorstand von der Beschlussausführung Abstand nehmen und der nächsten ordentlichen Hauptversammlung den Beschluss erneut zur Abstimmung vorlegen.

Mit dem Verständnis der unzweckmäßigen Beschlüsse als Pflichtenkollision lässt sich die Frage klären, wann die in der Literatur diskutierte wesentliche Veränderung der Umstände vorliegt. Dies ist der Fall, wenn die Beschlussausführung zu einer nicht im Beschluss angelegten Verringerung des Gesellschaftsvermögens führen würde.[967] Hierfür kann entgegen einzelner Stimmen in der Literatur[968] bereits die erhebliche Veränderung des Aktionärskreises genügen, wenn die nächste Hauptversammlung mit an Sicherheit grenzender Wahrscheinlichkeit den Beschluss aufhebt. Denn müsste die neue Hauptversammlungsmehrheit nach § 122 Abs. 1 AktG eine außerordentliche Hauptversammlung verlangen, weil der Vorstand nicht mit der Beschlussausführung bis zur nächsten ordentlichen Hauptversammlung warten dürfte, käme es aufgrund der Ver-

964 Vgl. *Hoffmann*, in: Spindler/Stilz, Komm. z. AktG, § 119 Rdn. 20; *Krieger/Sailer-Coceani*, in: Schmidt/Lutter, Komm. z. AktG, § 93 Rdn. 51; *Hefermehl,* FS Schilling, S. 159, 172 f.; *Fleischer,* BB 2005, 2025, 2027.

965 Vgl. *Hopt*, in: Großkomm. z. AktG, § 93 Rdn. 330; *Spindler*, in: Münchener Komm. z. AktG, § 83 Rdn. 22; *Hefermehl,* FS Schilling, S. 159, 173.

966 Siehe Kapitel 3:VI.5.

967 Siehe Kapitel 3:V.

968 Vgl. *Findeisen,* ZIP 2009, 1647, 1651.

sammlungskosten zu einer nachteiligen Belastung des Gesellschaftsvermögens. Ähnlich läge es, wenn der Vorstand den ausgeführten Beschluss rückgängig machen müsste. Letztlich kommt es hier auf die Umstände des Einzelfalls an.[969]

Unterlässt der Vorstand die Beschlussausführung wegen der drohenden Schäden, muss er den Beschluss spätestens der nächsten ordentlichen Hauptversammlung zur erneuten Abstimmung vorlegen.[970] Erlaubt es die zugrunde liegende Maßnahme nicht, bis zur nächsten ordentlichen Hauptversammlung abzuwarten, dürfte es regelmäßig das Wohl der Gesellschaft gebieten, eine Hauptversammlung nach § 121 Abs. 1 AktG einzuberufen.[971]

5. Pflichtwidrige Herbeiführung der Bestandskraft

Es ist denkbar, dass dem Vorstand Sorgfaltspflichtverletzungen im Hinblick auf den auszuführenden Beschluss unterlaufen. Z.B. könnte eine Hauptversammlung nur deshalb einem Beherrschungsvertrag zugestimmt haben, weil der Vorstand nicht ausreichend die Solvenz des herrschenden Unternehmens geprüft und die Aktionäre über eine akute Insolvenzgefahr unterrichtet hat. Denkbar ist auch, dass der Vorstand es pflichtwidrig unterlassen hat, einen rechtswidrigen Beschluss anzufechten. Wenn in diesen Beispielsfällen kein Aktionär eine Anfechtungsklage erhebt, wird der Beschluss bestandskräftig; er wäre folglich auszuführen, wodurch ihm zugleich haftungsbefreiende Wirkung zugute käme.

Nun wollen viele Stimmen in der Literatur aber eine Ausnahme von der Enthaftung machen, wenn der Vorstand den Beschluss pflichtwidrig herbeigeführt hat: Vorstandsmitglieder, die sich auf § 93 Abs. 4 Satz 1 AktG berufen, verstießen gegen Treu und Glauben, wenn sie die Hauptversammlung durch falsche Informationen zu einer Beschlussfassung veranlasst haben.[972] Pflichtwidrig sei dabei nicht nur die Verbreitung falscher Angaben, sondern auch die ungenügende Aufklärung der Hauptversammlung.[973] Gleiches soll gelten, wenn der Vorstand pflichtwidrig die Anfechtung eines rechtswidrigen Beschlusses unterlassen habe.[974]

---

969 Vgl. *Findeisen,* ZIP 2009, 1647, 1651.

970 Siehe Kapitel 3:VI.5.

971 Vgl. *Hoffmann*, in: Spindler/Stilz, Komm. z. AktG, § 119 Rdn. 20.

972 Vgl. *Hopt*, in: Großkomm. z. AktG, § 93 Rdn. 324 f.; *Mertens/Cahn*, in: Kölner Komm. z. AktG, § 93 Rdn. 154; *Hüffer,* Komm. z. AktG, § 93 Rdn. 26; *Krieger/Sailer-Coceani*, in: Schmidt/Lutter, Komm. z. AktG, § 93 Rdn. 26; *Hefermehl,* FS Schilling, S. 159, 172; *Canaris,* ZGR 1978, 207, 213; *Fleischer,* BB 2005, 2025, 2028.

973 Vgl. *Bürgers/Israel*, in: Bürgers/Körber, Komm. z. AktG, § 93 Rdn. 34; *Spindler*, in: Münchener Komm. z. AktG, § 83 Rdn. 18; *Hefermehl,* FS Schilling, S. 159, 172; *Fleischer,* BB 2005, 2025, 2028.

974 Vgl. *Canaris,* ZGR 1978, 207, 212 f.; *Fleischer,* BB 2005, 2025, 2027, 2029.

a. Ausführungspflicht ohne Haftungsbefreiung

Bei dieser Frage muss klar zwischen Ausführungspflicht und Haftung unterschieden werden. Da der Beschluss in den genannten Beispielsfällen bestandskräftig geworden ist und auch keinen rechtswidrigen Inhalt hat, besteht die Ausführungspflicht, so dass der Vorstand verpflichtet bleibt, die Umsetzung des Beschlusses zu betreiben. Er haftet dann nicht für die Beschlussausführung. Ein eigenständiger Ansatzpunkt für eine Haftung des Vorstands könnte sich aber aus der vorangegangenen Pflichtwidrigkeit ergeben. Die unterlassene Aufklärung bzw. die unterlassene Anfechtung würden Sorgfaltswidrigkeiten darstellen, die zu einer Ersatzpflicht auch für den durch die Beschlussausführung entstandenen Schaden führen könnten.

Es stellt sich dann die Frage, ob dem Schadensersatzanspruch § 93 Abs. 4 Satz 1 AktG entgegengehalten werden könnte. Dies ist grundsätzlich zu bejahen, da die Bestandskraft aus dem anfechtbaren Beschluss einen gesetzmäßigen Beschluss macht.[975] Lediglich in Einzelfällen ist eine Korrektur des Ergebnisses aus Treu und Glauben möglich. Die Berufung auf § 93 Abs. 4 Satz 1 AktG könnte rechtsmissbräuchlich sein, wenn gerade das vom Vorstand unterlassene Verhalten die Verhinderung des eingetretenen Schadens bezweckt hätte. So würde es liegen, wenn im Beispielsfall der Schaden für die Gesellschaft gerade aus der Insolvenz des herrschenden Unternehmens folgte, die der Vorstand nicht ausreichend erkannt und berichtet hatte. Ähnlich wäre es bei einem pflichtwidrigen Unterlassen der Anfechtungsklage, wenn gerade der eingetretene Schaden Grund für die Anfechtungspflicht war. Hier kommt es maßgeblich auf den Einzelfall an, bei dem sämtliche Umstände zu berücksichtigen sind. Es kommt folglich auch darauf an, wodurch die Bestandskraft eingetreten ist. Tritt die Bestandskraft infolge eines Bestätigungsbeschlusses ein, bei dem zuvor unterlassene Informationen nachgeholt wurden, kann die ursprüngliche Pflichtwidrigkeit nicht mehr einer Berufung auf § 93 Abs. 4 Satz 1 AktG entgegenstehen.

Der Vorstand hat in dieser Situation unter Umständen nur mehr die Wahl zwischen Skylla und Charybdis. Ihm droht einerseits die Haftung für sein vorangegangenes pflichtwidriges Verhalten. Die Pflichtwidrigkeit hebt jedoch nicht die Ausführungspflicht auf, weswegen sich der Vorstand wegen unterlassener Ausführung haftbar machen könnte, wenn er im Hinblick auf die Haftungsgefahr von der Beschlussausführung absieht. Er muss hier letztlich danach wählen, welches Haftungsrisiko geringer ist: die Haftung für Schäden infolge der Beschlussausführung oder die Haftung für Schäden infolge der unterlassenen Beschlussausführung. Dieses Dilemma befreit den Vorstand aber nicht von der Beschlussausführung, da zum Zeitpunkt der Beschlussfassung „das Kind

975 Siehe Kapitel 3:IV.3.a.

bereits in den Brunnen gefallen“ ist. Die Haftung des Vorstands folgt aus seiner ursprünglichen Pflichtwidrigkeit, nicht aus strukturell inkompatiblen Pflichten.

b. Haftungsreduktion nach § 254 BGB

An dieser Stelle wird in der Literatur auch die Frage diskutiert, ob der Vorstand sich auf ein Mitverschulden der Gesellschaft gemäß § 254 BGB berufen kann, wenn die Hauptversammlung die Schädlichkeit ihres Beschlusses trotz unzureichender Information hätte erkennen können. Die Frage ist umstritten. Die h.M. verneint eine Berufung auf § 254 BGB, um die Vorstandspflichten zur Beschlussvorbereitung zu effektuieren.[976] Dieses rechtspolitische Ziel soll jedoch nach anderer Ansicht nicht ausreichen, um einem Beschluss der Hauptversammlung die haftungsbefreiende Wirkung zu versagen.[977] Richtigerweise ist von einer Anwendung von § 254 BGB auszugehen. Auch die Hauptversammlung würde in einem solchen Fall nicht makellos dastehen, wenn sie die Schädlichkeit hätte erkennen können. Auch ihr ist insoweit ein Vorwurf zu machen, der in der Haftungsreduktion seine Berücksichtigung finden würde. Zudem beschränkt die Anwendung von § 254 BGB nicht die Effektuierung der Beschlussvorbereitung, da der Vorstand auch bei Reduzierung der Haftungshöhe gleichwohl der Haftung unterliegt und wegen des Haftungsrisikos regelmäßig alles tun wird, um Fehler zu vermeiden. Folglich gibt es keine Notwendigkeit, von der grundsätzlichen Anwendbarkeit des § 254 BGB eine Ausnahme zu machen.

6. Der Umgang mit Anfechtungs- und Nichtigkeitsklagen von Aktionären

Selbst wenn der Vorstand aufgrund seiner rechtlichen Analyse zum Schluss gekommen ist, dass der auszuführende Beschluss mit Sicherheit rechtmäßig ist, kann der Fall eintreten, dass Aktionäre Anfechtungs- und/oder Nichtigkeitsklage erheben. Aus diesem Umstand folgt die Frage, wie der Vorstand mit den aus seiner Sicht unbegründeten Klagen umzugehen hat. Hierbei sind mehrere Konstellationen zu unterscheiden.

a. Verhalten gegenüber dem Handelsregister

aa. Anmeldepflicht

Bei eintragungspflichtigen Beschlüssen wie z.B. einer Satzungsänderung muss der Vorstand aufgrund seiner Ausführungspflicht den für rechtmäßig erachteten

---

976 So etwa *Hopt*, in: Großkomm. z. AktG, § 93 Rdn. 325; *Bürgers/Israel*, in: Bürgers/Körber, Komm. z. AktG, § 93 Rdn. 34; *Fleischer,* BB 2005, 2025, 2028 f.

977 Vgl. *Mertens/Cahn*, in: Kölner Komm. z. AktG, § 93 Rdn. 154; *Canaris,* ZGR 1978, 207, 213.

Beschluss zur Eintragung im Handelsregister anmelden. Der bloße Umstand, dass Anfechtungs- oder Nichtigkeitsklagen anhängig sind, erlaubt kein Absehen von der Anmeldung, wenn der Vorstand die Rechtsauffassung der Klagen nicht teilt.

bb. Verfahrensförderungspflicht

Die Ausführungspflicht bindet den Vorstand solange, bis der Rechtserfolg eingetreten ist. Insoweit lässt sich die Ausführungspflicht auch als Verfahrensförderungspflicht bezeichnen. Der Vorstand muss alles unternehmen, damit das Eintragungsverfahren schnell und antragsgemäß zum Abschluss gebracht wird.[978]

cc. Hinweisrecht

Gleichwohl ist der Vorstand zumindest berechtigt, das Registergericht auf die Klagen und ihren Inhalt hinzuweisen.[979] Ein solcher Hinweis ist in der Praxis üblich.[980] Er kann auch dem Verfahren förderlich sein, wenn dadurch frühzeitig aufkommenden Bedenken des Registerrichters abgeholfen wird.[981] Nur bei einer zwingenden Verfahrensförderung durch den Hinweis wird man von einer Hinweispflicht sprechen können.[982]

dd. Unzulässigkeit einer Verfahrensverzögerung

Vom Hinweis auf anhängige Klagen ist die Frage zu unterscheiden, ob der Vorstand angesichts einer anhängigen, aus seiner Sicht aber unbegründeten Klage Maßnahmen ergreifen darf, die eine zügige Eintragung behindern könnten. In Betracht kommt z.B. ein Antrag auf Aussetzung des Verfahrens, bis über die Klagen entschieden ist. Ein solches Vorgehen stünde jedoch seiner strikten Bindung aus der Ausführungspflicht entgegen, da sie die unverzügliche Herbeiführung des vom Beschlussinhalts intendierten Rechtserfolgs verhindert. Der Vorstand muss sich folglich darauf beschränken, dem Registergericht die Tatsache der Anfechtung und die vorgebrachten Anfechtungsgründe mitzuteilen; er darf nicht auf die Nichteintragung hinwirken und zu diesem Zweck die Aussetzung anregen.[983]

---

978 Vgl. *Martens,* FS Beusch, S. 529, 536.
979 Vgl. *Martens,* FS Beusch, S. 529, 536.
980 Vgl. *Volhard,* ZGR 1996, 55, 61.
981 Vgl. *Martens,* FS Beusch, S. 529, 536.
982 Allgemeiner *Martens,* FS Beusch, S. 529, 536.
983 *Volhard,* ZGR 1996, 55, 61 ff.

b. Verhalten im Anfechtungsprozess

aa. Verteidigungspflicht

Als Verfahrensförderungspflicht lässt sich die Ausführungspflicht auch im Anfechtungsprozess verstehen. Wegen seiner Ausführungspflicht ist der Vorstand grundsätzlich verpflichtet, den aus seiner Sicht rechtmäßigen Beschluss gegen Anfechtungs- und Nichtigkeitsklagen zu verteidigen.[984] Er muss alle Anstrengungen unternehmen, um die Abweisung der Anfechtungsklage zu erreichen, was zumindest den Antrag, die Klage abzuweisen, sowie die Klarstellung des Sachverhalts verlangt.[985] Auch muss der Vorstand Rechtsmittel einlegen, wenn der Klage aus seiner Sicht zu Unrecht stattgegeben wurde.

bb. Keine Anerkenntnisbefugnis

Die Verteidigungspflicht steht grundsätzlich auch einer etwaigen Anerkenntnisbefugnis des Vorstands entgegen. Wenn der Vorstand einen Beschluss für rechtmäßig hält, darf er nicht dessen Rechtswidrigkeit hervorrufen, indem er die Klagen anerkennt und eine Nichtigerklärung bewirkt.[986] Ein solch gestaltender Eingriff wäre mit seiner hierarchischen Unterordnung bei der Beschlussausführung nicht zu vereinen.

cc. Grenzen der Verteidigungspflicht

Die strenge Verteidigungspflicht könnte allerdings in besonderen Ausnahmefällen zu relativieren sein, nämlich dann, wenn ein prozesstaktisches Verhalten, dass eigentlich der Verteidigungspflicht widerspricht, zu erheblichen Vorteilen für die Gesellschaft führt bzw. Nachteile für die Gesellschaft verhindert.

Zwei Beispiele sollen diese Fallgestaltungen beleuchten: Denkbar ist, dass der Vorstand bei einem zu Unrecht erstinstanzlich für nichtig erklärten Entlastungsbeschluss auf Rechtsmittel verzichtet, wenn abzusehen ist, dass die Hauptversammlung in naher Zukunft erneut die Entlastung beschließt. Die Vermeidung des Aufwands für weitere Instanzen rechtfertigt es, die geringen praktischen Nachteile, die aus einem für nichtig erklärten Entlastungsbeschluss folgen, in Kauf zu nehmen. Ähnlich ist ein Anerkenntnis einer Anfechtungsklage sinnvoll, wenn hierdurch der Weg für die gerichtliche Bestellung des gewählten Aufsichtsratsmitglieds nach § 102 AktG freigemacht wird, der aufgrund bloßer Anhängigkeit des Anfechtungsverfahrens versperrt ist,[987] was unabhängig von

984 Vgl. *Martens,* FS Beusch, S. 529, 537; *Volhard,* ZGR 1996, 55, 69.

985 *Martens,* FS Beusch, S. 529, 537.

986 So im Ergebnis auch *Martens,* FS Beusch, S. 529, 539.

987 Vgl. OLG Köln AG 2011, 465.

der Überzeugung des Vorstands zu erheblicher Rechtsunsicherheit für die Gesellschaft führt.[988]

In beiden Fällen liegt keine unzulässige gestalterische Einflussnahme des Vorstands vor, da letztlich der vom Beschlussinhalt intendierte Rechtserfolg herbeigeführt wird, und zwar eher, als wenn der Vorstand das Verfahren über alle Instanzen ausgefochten hätte. Der Vorstand bezweckt hier gerade die Umsetzung des Beschlusses, wenn auch mit ungewöhnlichen Mitteln.

dd. Vergleichsbefugnis

Ob ein Vorstand einen Vergleich mit Aktionären schließen darf, in dem sie die Klagen zurücknehmen, lässt sich aus Sicht der Ausführungspflicht nicht abschließend beantworten. Die Ausführungspflicht steht einem solchen Vergleich nicht entgegen, da die Beschlussausführung durch den Vergleich gefördert wird. Die Probleme liegen hier woanders, insbesondere im Rahmen von § 57 AktG und der Frage, ob Gegenleistungen der Gesellschaft zulässig sind.[989] Diese Fragen liegen jedoch außerhalb der vorliegenden Untersuchung.

IV. Der Umgang mit rechtswidrigen Beschlüssen

1. Verweigerung der Beschlussausführung

Wie oben dargelegt, kann der Vorstand die Beschlussausführung verweigern, wenn durch die Ausführungshandlungen eine Verletzung der Legalitätspflicht hervorgerufen würde.[990] Das Verweigerungsrecht ist Rechtsfolge der Pflichtenkollision. Es muss allerdings genau darauf geachtet werden, ob ein Konflikt mit der Legalitätspflicht entstehen wird. Ist abzusehen, dass der anfechtbare Beschluss nicht angefochten und damit bestandskräftig wird, ist nach dem Umgang mit einem rechtmäßigen Beschluss zu fragen.[991] Freilich hat der Vorstand es in der Hand, den Beschluss anzufechten und die Bestandskraft zu verhindern.

2. Anfechtungs- oder Nichtigkeitsklage des Vorstands

Bei rechtswidrigen Beschlüssen kann dem Vorstand kein Vorwurf gemacht werden, wenn er eine Anfechtungs- oder Nichtigkeitsklage erhebt; seine Verantwortung für die Rechtmäßigkeit der Organisation berechtigt ihn zur Klage.[992] Ob der Vorstand auch verpflichtet ist, Klage zu erheben, ist eine andere Frage,

988 Vgl. *Schroeder/Pussar,* BB 2011, 1930.
989 Vgl. *Martens,* AG 1988, 118.
990 Siehe Kapitel 3:VI.4.
991 Siehe hierzu oben III.
992 Siehe Kapitel 3:IV.5.d.cc

die oben ausführlich untersucht wurde.[993] Nach der hier vertretenen Auffassung begründet die bloße Anfechtbarkeit entsprechend der h.M. keine Anfechtungspflicht. Nur wenn der Gesellschaft durch die Beschlussausführung ein Schaden entsteht oder der Beschluss eine rechtswidrige Ausführungshandlung vom Vorstand verlangt, muss der Vorstand Klage erheben. Davon abgesehen ist der Vorstand auch aus praktischen Erwägungen gehalten, den Beschluss anzufechten, wenn er die Beschlussausführung verweigern will und kein Aktionär Klage erhebt, da andernfalls der Beschluss bestandskräftig würde und auszuführen wäre.

Fraglich ist, ob der Vorstand bei unterstellter Anfechtungspflicht von einer eigenen Klage absehen kann, wenn ein Aktionär Klage erhebt. *Martens* hält das für möglich, weil der Vorstand in einem späteren Prozessstadium beitreten könne.[994] Auch *Volhard* lässt eine Nebenintervention genügen.[995] Dem steht jedoch entgegen, dass sich der Vorstand durch ein solches Vorgehen zu sehr von der Prozesstaktik des Aktionärs abhängig machen würde. So könnte der Vorstand als streitgenössischer Nebenintervenient z.B. nicht verhindern, dass der Aktionär die Klage zurücknimmt, was zur Folge hätte, dass der Vorstand seiner Anfechtungspflicht nicht mehr nachkommen kann. Der Weg über eine Nebenintervention beschränkt sich deshalb auf Fälle, in denen der Vorstand nicht selbst zur Anfechtung verpflichtet ist.

3. Der Umgang mit Anfechtungs- und Nichtigkeitsklagen von Aktionären

Wenn der Vorstand nicht selbst klagt, stellt sich die Frage, wie er mit Klagen von Aktionären gegen den Beschluss umgehen muss. Die Situation ist insoweit problematisch, als der Vorstand selbst von den Erfolgsaussichten der Klagen überzeugt ist.[996] Naheliegender Gedanke müsste daher ein Anerkenntnis der Klagen sein.

a. Anerkenntnis der Klagen

aa. Der Meinungsstreit über die Anerkenntnisbefugnis

Es ist umstritten, ob der Vorstand zu einem Anerkenntnis befugt ist. Bei dieser Fragen müssen die zivilprozessualen Voraussetzungen von der Befugnis des Vorstands im Innenverhältnis zur Gesellschaft unterschieden werden. In zivilprozessualer Hinsicht wäre ein Anerkenntnis aufgrund des allgemein geltenden

993 Siehe Kapitel 3:IV.5.

994 Vgl. *Martens,* FS Beusch, S. 529, 534.

995 Vgl. *Volhard,* ZGR 1996, 55, 60 f.

996 Vgl. *Volhard,* ZGR 1996, 55, 69, der hierin die Wurzel eines Interessenkonflikts sieht.

Dispositionsgrundsatzes zwar wirksam.[997] Problematisch ist aber die Frage, ob der Vorstand auch im Verhältnis zur Gesellschaft befugt ist, ein Anerkenntnis abzugeben.[998]

Eine Reihe von Autoren verneint dies.[999] Dieser Teil der Literatur stützt sich auf den Gedanken, dass es dem Vorstand nicht erlaubt sein darf, über den Hauptversammlungsbeschluss zu verfügen. Anders als nach dem Gesetz vorgesehen, würde nicht ein Gericht über den Beschluss entscheiden, sondern die Parteien selbst. Dies berge die Gefahr von Interessenkollisionen.

Demgegenüber verweist die überwiegende Gegenmeinung[1000] auf die allgemeine Geltung des prozessrechtlichen Dispositionsgrundsatzes, für den es keine aktienrechtliche Ausnahme gibt. Dem Bedenken, dass der Vorstand den Hauptversammlungsbeschluss durch ein Anerkenntnis zu seinen Gunsten manipulativ beeinflussen kann, werde durch das Erfordernis einer doppelten Vertretung der Gesellschaft durch Vorstand und Aufsichtsrat gemäß § 246 Abs. 2 Satz 1 AktG abschließend begegnet.[1001]

Der BGH hat die Frage, ob ein Anerkenntnis im Anfechtungsprozess unzulässig ist, in einem Fall zur GmbH zwar angesprochen, aber offen gelassen.[1002] Erstinstanzlich hat das LG Hannover die Möglichkeit eines Anerkenntnisses im Anfechtungsprozess bejaht, ihm im konkreten Fall indes die Wirkung genommen, da sich die Nebenintervenienten nicht dem Anerkenntnis angeschlossen hatten.[1003]

bb. Stellungnahme

Anknüpfungspunkt für eine Lösung ist die Überlegung, dass die Ausführungspflicht nicht besteht, wenn der Vorstand nach pflichtgemäßer Prüfung den Beschluss für rechtswidrig hält. Folglich wird auch keine Verfahrensförderungspflicht oder Verteidigungspflicht auslöst. Fraglich ist daher nur, ob der Vorstand die inhaltliche gerichtliche Prüfung des Beschlusses herbeiführen muss.

---

997 Vgl. *Hüffer,* Komm. z. AktG, § 246 Rdn. 17; so auch *Dörr*, in: Spindler/Stilz, Komm. z. AktG, § 246 Rdn. 51.

998 Ähnlich sieht *Schmidt*, in: Großkomm. z. AktG, § 246 Rdn. 78 den Kern des Problems in einem Zuständigkeitskonflikt.

999 So etwa *Schmidt*, in: Großkomm. z. AktG, § 246 Rdn. 78; *Dörr*, in: Spindler/Stilz, Komm. z. AktG, § 246 Rdn. 51; *Volhard,* ZGR 1996, 55, 69 ff.

1000 So etwa *Hüffer,* Komm. z. AktG, § 246 Rdn. 17; *Heidel*, in: Heidel, Komm. z. Aktienrecht, § 246 Rdn. 35; *Hüffer*, in: Münchener Komm. z. AktG, § 246 Rdn. 29; *Bork,* ZIP 1992, 1205; *Martens,* FS Beusch, S. 529, 539 f.

1001 Vgl. *Hüffer*, in: Münchener Komm. z. AktG, § 246 Rdn. 29; *Martens,* FS Beusch, S. 529, 538 f.

1002 Vgl. BGH NJW 1975, 1273.

1003 Vgl. LG Hannover AG 1993, 187, 188.

Dem steht scheinbar bereits entgegen, dass der Vorstand bei einem rechtswidrigen Beschluss allgemein von der Beschlussausführung absehen darf, ohne zur Anfechtung verpflichtet zu sein. Dieser Gedanke greift jedoch zu kurz. Er übersieht, dass entweder ein Aktionär oder der Vorstand den Beschluss gerichtlich angreifen muss, um die Bestandskraft zu verhindern. Nimmt der Vorstand schlicht von der Beschlussausführung Abstand, ohne dass es zu einer Klage kommt, führt die Bestandskraft zur Ausführungspflicht und damit einem Ergebnis, das mit der unterlassenen Beschlussausführung nicht in Einklang zu bringen ist. Das Abstandnehmen von der Beschlussausführung geht deshalb außerhalb nichtiger Beschluss stets mit einem gerichtlichen Verfahren einher. Dementsprechend sieht § 241 Nr. 5 AktG vor, dass nur ein Gericht und nicht etwa die Parteien die endgültige Unwirksamkeit eines anfechtbaren Beschlusses herbeiführen kann. Folglich wird man annehmen müssen, dass der Vorstand bei anhängigen Klagen eine inhaltliche Prüfung durch das Gericht herbeiführen muss – und die inhaltliche Prüfung nicht durch ein Anerkenntnis aushebeln darf.

Von diesem strikten innergesellschaftlichen Verbot wird man jedoch Ausnahmen machen können. Wenn das Gericht von sich aus ein Anerkenntnis empfiehlt, um den Kostenvorteil nach Ziffer 1211 Nr. 2 GKG auszulösen, brauchen sich Vorstand und Aufsichtsrat dem nicht zu verweigern. In dieser Konstellation wird man von einer ausreichenden gerichtlichen Prüfung ausgehen können.

Ein Anerkenntnis ist auch dann möglich, wenn die Hauptversammlung zuvor nach § 119 Abs. 2 AktG zustimmt. Der hinter dem Anerkenntnisproblem stehende Mehrheits-/Minderheitskonflikt[1004] würde hierdurch ebenfalls gelöst, da die Hauptversammlungsmehrheit der klagenden Minderheit von sich aus nachgegeben hätte. Die Forderung von *Schmidt* und *Dörr*, die Ausnahme auf den Fall einer Zustimmung sämtlicher Aktionäre zu beschränken,[1005] übersieht, dass die Hauptversammlungsmehrheit denselben Effekt mit einer Aufhebung des Beschlusses hätte herbeiführen können.

b. Verzicht auf Rechtsmittel

Der Konflikt setzt sich fort, wenn der Beschluss erstinstanzlich für nichtig erklärt wurde und sich der Vorstand fragt, ob er Rechtsmittel einlegen muss. Im Unterschied zur fehlenden Anerkenntnisbefugnis ist es dem Vorstand nicht verwehrt, das Urteil rechtskräftig werden zu lassen.[1006] Die gesetzliche Systematik

---

1004 Vgl. *Martens,* FS Beusch, S. 529, 538 ff.

1005 Ähnlich *Schmidt*, in: Großkomm. z. AktG, § 246 Rdn. 78; *Dörr*, in: Spindler/Stilz, Komm. z. AktG, § 246 Rdn. 51.

1006 Vgl. *Schmidt*, in: Großkomm. z. AktG, § 246 Rdn. 79; *Heidel*, in: Heidel, Komm. z. Aktienrecht, § 246 Rdn. 36; *Dörr*, in: Spindler/Stilz, Komm. z. AktG, § 246 Rdn. 49; *Hüffer*, in: Münchener Komm. z. AktG, § 246 Rdn. 28.

des Anfechtungsrechts verlangt nur von ihm, bei angefochtenen Beschlüssen eine gerichtliche Prüfung herbeizuführen, nicht aber, einen rechtswidrigen Beschluss über alle Instanzen durchzufechten.[1007]

V. Besonderheiten bei unklarer Rechtslage

Die beiden vorangegangenen Abschnitte haben sich mit dem Umgang mit rechtmäßigen bzw. rechtswidrigen Hauptversammlungsbeschlüssen befasst. Die Einordnung in eine der beiden Kategorien hängt von der Einschätzung des Vorstands ab, die er nach den Maßstäben der Business Judgement Rule zu bilden hat. Bisher wurde angenommen, dass das Ergebnis der rechtlichen Prüfung eindeutig war. Nun ist es aber auch möglich, dass die rechtliche Prüfung nicht zu einem eindeutigen Ergebnis führt, sondern nur zu überwiegenden Wahrscheinlichkeiten oder einer gänzlich unklaren Rechtslage.

1. Vermeidung des Konflikts, Herbeiführung einer gerichtlichen Klärung

Die Grundregeln für den Umgang mit einer Pflichtenkollision gebieten es, dass der Vorstand versuchen muss, den Konflikt so weit als möglich zu vermeiden. Aus diesem Grund muss er alle Möglichkeiten zur Klärung der Rechtslage ausnutzen. Folglich wird er den Ablauf der Anfechtungsfrist abwarten müssen, um die etwaigen Anfechtungsgründe zu kennen, sofern nicht bereits vorher die Beschlussausführung geboten ist. Auch wird er z.B. ein Freigabeverfahren einleiten müssen, wenn die Möglichkeit eines rechtmäßigen Beschlusses nicht ausgeschlossen ist.

2. Beschlussausführung vor gerichtlicher Klärung

Sind die Möglichkeiten einer vorläufigen gerichtlichen Klärung erschöpft, muss der Vorstand eine eigene Entscheidung über die Beschlussausführung treffen. Die Entscheidung ist nach den Maßgaben der Business Judgement Rule zu treffen, d.h. der Vorstand muss sich insbesondere angemessen informieren und seine Entscheidung am Wohl der Gesellschaft ausrichten. Dabei sind eine Reihe von Aspekten zu berücksichtigen: der Grad der Unsicherheit, die Schwere der Rügen, die Reversibilität der Maßnahme, die Heilbarkeit etwaiger Mängel im Wege eines später zu fassenden Bestätigungsbeschlusses und das Vollzugsinteresse der Gesellschaft.

Es liegt nahe, hier die Maßstäbe anzuwenden, die auch für das Freigabeverfahren entwickelt wurden. Dies bedeutet, dass bei einer Anfechtungsklage gegen einen Hauptversammlungsbeschluss dieser möglicherweise rechtswidrige Be-

---

1007 Vgl. *Schmidt*, in: Großkomm. z. AktG, § 246 Rdn. 79.

schluss ausgeführt werden darf, wenn nach sorgfältiger Prüfung und vernünftiger Beurteilung die weit überwiegende Wahrscheinlichkeit besteht, dass die gegen den Beschluss gerichtete Klage unzulässig oder unbegründet ist.

3. Der Umgang mit Anfechtungs- und Nichtigkeitsklagen von Aktionären

a. Gegenüber dem Handelsregister

Der Vorstand bleibt verpflichtet, den Beschluss zum Handelsregister anzumelden. Ergänzend darf er aber nicht nur auf Bedenken gegen die Rechtmäßigkeit des Beschluss vortragen, sondern auch einen Antrag auf Aussetzung stellen.[1008]

b. Verhalten im Prozess

Im Prozess ist kein Anerkenntnis möglich. Vielmehr bleibt der Vorstand gehalten, eine gerichtliche Entscheidung herbeizuführen.

VI. Ergebnisse

1. Entgegen der h.M. handelt es sich bei der Beschlussausführung nicht um eine Maßnahme, für die ein Handeln des Gesamtvorstands erforderlich ist. Im Vordergrund steht die technische Abwicklung des Beschlusses, nicht aber eine Entscheidung über die Maßnahme selbst. Die Aufgabe der Beschlussausführung kann auf einzelne Vorstandsmitglieder und auch auf nachgeordnete Mitarbeiter übertragen werden. Lediglich für den Fall, dass der Vorstand von der Beschlussausführung absehen will, bietet sich in der Praxis eine Entscheidung des Gesamtvorstands an.

2. Dem Aufsichtsrat ist es verwehrt, Maßnahmen, zu denen der Vorstand nach § 83 Abs. 2 AktG verpflichtet ist, an seine Zustimmung zu binden, da andernfalls das Kompetenzverhältnis in der Aktiengesellschaft unterlaufen würde.

3. Die Ausführungspflicht erfordert regelmäßig eine rechtliche Prüfung des auszuführenden Beschlusses, da sowohl die unterlassene Ausführung eines rechtmäßigen Beschlusses als auch die Ausführung eines rechtswidrigen Beschlusses eine Pflichtverletzung darstellen. Der Umfang der rechtlichen Prüfung bestimmt sich nach der Maßgabe der Business Judgement Rule, die Entscheidung des Vorstands auf eine angemessene Informationsbasis zu stellen. Hierzu muss der Aufwand für die Informationsbeschaffung im Einzelfall mit dem Nutzen der Information abgewogen werden. Dabei ist zu berücksichtigen, dass es sich bei der aktienrechtlichen Beschlussfassung um eine hochspezialisierte Rechtsmaterie handelt. Haben Aktienrechtsspezialisten die Hauptversammlungseinladung und die in der Hauptversammlung beantworteten Fragen über-

---

1008 Vgl. *Martens,* FS Beusch, S. 529, 536 f.; *Volhard,* ZGR 1996, 55, 66.

wacht, dürfte eine umfassende rechtliche Prüfung im Anschluss an die Beschlussfassung ohne konkrete Zweifel an der Rechtmäßigkeit des Beschlusses nicht mehr erforderlich sein. Eine zwingende Einbindung von Rechtsanwälten in die Beschlussvorbereitung, eine erneute Prüfung der Rechtslage und die Einholung weiteren Rats von Sachverständigen könnten indes erforderlich werden, wenn das Konfliktpotential zunimmt. Der Vorstand bleibt stets auch gehalten, den Rechtsrat zu kontrollieren und bei Zweifeln eine zweite Meinung einzuholen.

4. Bei rechtmäßigen und bestandskräftigen Beschlüssen muss der Vorstand als Ausführungshandlung all jene Maßnahmen ergreifen, die erforderlich sind, um den vom Beschlussinhalt intendierten Rechtserfolg herbeizuführen. Dies muss unverzüglich, d.h. ohne schuldhaftes Zögern, geschehen. Die Dauer, die bis zur Beschlussausführung abgewartet werden darf, hängt vom Einzelfall ab. Auch eine zu lange Verzögerung der Beschlussausführung führt entgegen einzelnen Stimmen nicht zum „Ablauf" des Hauptversammlungsbeschlusses. Ändern sich die Umstände nach der Beschlussfassung, weil Nachteile für die Gesellschaft drohen, die vom Beschluss nicht berücksichtigt wurden, darf der Vorstand von der Beschlussausführung absehen; er muss den Beschluss aber spätestens der nächsten ordentlichen Hauptversammlung zur erneuten Beschlussfassung vorlegen. Führt der Vorstand pflichtwidrig die Bestandskraft des Beschlusses herbei, kann dies eine zur Haftung führende Sorgfaltspflichtverletzung darstellen; die Ausführungspflicht wird hierdurch aber nicht aufgehoben. Die Ausführungspflicht verwandelt sich in eine Verfahrensförderungspflicht, sobald der Vorstand den Beschluss zur Eintragung im Handelsregister angemeldet hat. Im Anfechtungsprozess muss der Vorstand den Beschluss regelmäßig verteidigen. Eine Anerkenntnisbefugnis besteht nicht.

5. Bei rechtswidrigen Beschlüssen darf der Vorstand die Beschlussausführung verweigern und Anfechtungsklage erheben; in Einzelfällen besteht sogar eine Pflicht zur Erhebung einer Anfechtungsklage. Anfechtungsklagen von Aktionären darf er regelmäßig nicht anerkennen, weil nur das Gericht befugt ist, die endgültige Unwirksamkeit eines anfechtbaren Beschlusses herbeizuführen. Demgegenüber ist der Vorstand nicht verpflichtet, Rechtsmittel einzulegen.

6. Bei einer unklaren Rechtslage wandeln sich die genannten Pflichten leicht ab. Die Grundregeln für den Umgang mit einer Pflichtenkollision gebieten es, dass der Vorstand versuchen muss, den Konflikt so weit als möglich zu vermeiden. Aus diesem Grund muss er alle Möglichkeiten zur Klärung der Rechtslage ausnutzen. Sind die Möglichkeiten einer gerichtlichen Klärung erschöpft, muss der Vorstand eine eigene Entscheidung über die Beschlussausführung treffen. Die Entscheidung ist nach den Maßgaben der Business Judgement Rule zu treffen, d.h. der Vorstand muss sich insbesondere angemessen informieren und sei-

ne Entscheidung am Wohl der Gesellschaft ausrichten. Der Vorstand bleibt verpflichtet, den Beschluss zum Handelsregister anzumelden. Ergänzend darf er aber nicht nur auf Bedenken gegen die Rechtmäßigkeit des Beschluss vortragen, sondern auch einen Antrag auf Aussetzung stellen. Im Prozess ist kein Anerkenntnis möglich. Vielmehr bleibt der Vorstand gehalten, eine gerichtliche Entscheidung herbeizuführen.

Kapitel 6: Rechtsfolgen von Pflichtverletzungen

In den vorangegangenen Kapiteln wurden die Pflichten des Vorstands im Zusammenhang mit der Ausführungspflicht untersucht. Kehrseite der Pflichten ist ihre Verletzung: Der Vorstand kann pflichtwidrig einen rechtswidrigen Beschluss ausführen oder die Ausführung eines rechtmäßigen Beschlusses unterlassen. Es stellt sich daher die Frage, welche Rechtsfolgen solche Pflichtverletzungen zeitigen.

I. Staatliche Sanktionen

1. Kein Ordnungs- oder Zwangsgeld bei unterlassener Beschlussausführung

Wegen unterlassener Beschlussausführung können keine Ordnungsgelder nach § 405 AktG oder Zwangsgelder nach § 407 AktG verhängt werden.[1009] Die Vorschrift des § 83 Abs. 2 AktG ist zum einen weder in § 405 AktG noch in § 407 Abs. 1 AktG genannt. Zum anderen werden die für die Beschlussausführung zentralen Anmeldepflichten, die *leges speciales* der Beschlussausführung,[1010] von § 407 Abs. 2 AktG ausdrücklich von den Zwangsgeldvorschriften ausgenommen. Die Herausnahme ist erforderlich, da die Anmeldepflichten andernfalls über § 14 HGB i.V.m. § 307 Abs. 1 Satz 1 Halbsatz 2 AktG vom Registergericht durchgesetzt werden könnten. Es besteht jedoch kein öffentliches Interesse an einer registergerichtlichen Durchsetzung der Ausführungspflicht.[1011] Ob eine Kapitalerhöhung angemeldet wird oder nicht, müssen die Gesellschafter unter sich, ggf. mithilfe der ordentlichen Gerichte, klären. Das Registergericht ist insoweit zu einer Entscheidung nicht berufen.

2. Sanktionen bei fehlerhafter Beschlussausführung

Hingegen kann das Pendant zur unterlassenen Beschlussausführung – die fehlerhafte Beschlussausführung – durchaus staatliche Sanktionen nach sich ziehen.

Dies betrifft zunächst den Fall, dass der Vorstand zwar den Beschluss anmeldet, aber nicht die erforderlichen Unterlagen beifügt. Insoweit käme er z.B.[1012] § 181 Abs. 1 *Satz 1* AktG nach, nicht aber § 181 Abs. 1 *Satz 2* AktG.

1009 *Spindler*, in: Münchener Komm. z. AktG, § 83 Rdn. 24.

1010 Siehe Kapitel 1:I.1.

1011 Vgl. *Hüffer*, Komm. z. AktG, § 407 Rdn. 10.

1012 Dieselbe Frage stellt sich bei den §§ 52 Abs. 6, 184 Abs. 1 Satz 2, 188 Abs. 3, 195 Abs. 2, 210 Abs. 1, 294 Abs. 1 Satz 2 und 319 Abs. 4 Satz 2 AktG.

Während die ältere Literatur hier einen Registerzwang nach § 14 HGB für eröffnet hielt,[1013] nimmt die aktuelle Literatur an, dass der Registerrichter nur die Anmeldung zurückweisen kann[1014]. Richtigerweise gibt es aber keinen Grund, hier eine Ausnahme von der allgemeinen Anwendbarkeit des § 14 HGB auf die Einreichung von Dokumenten zu machen. Nur die unterlassene Beschlussausführung ist ein Thema, das die Gesellschaft intern zu klären hat; bei der fehlerhaften Beschlussausführung ist der Vorstand hingegen von seiner Ausführungspflicht überzeugt und folglich auch zum korrekten Verhalten gegenüber dem Handelsregister verpflichtet.

Neben dem Fall lückenhafter Unterlagen sind Pflichtverletzungen denkbar, die allgemeine Straftatbestände erfüllen, z.B. wenn der Vorstand Dividenden vorsätzlich auf sein eigenes Konto überweist. Außerdem kann bei den speziellen aktienrechtlichen Straf- und Bußgeldvorschriften folgende Konstellation auftreten: Die anmeldenden Vorstandsmitglieder müssen bei Ausführung eines Sachkapitalerhöhungsbeschlusses nach § 184 Abs. 1 Satz 3 AktG versichern, dass keine außergewöhnlichen Umstände bekannt wurden, die den Wert der Sacheinlage mindern könnten. Enthält diese Versicherung falsche Angaben oder werden erhebliche Umstände verschwiegen, droht die Verhängung einer Freiheits- oder Geldstrafe nach § 399 Abs. 1 Nr. 4 AktG.

II. Reaktionen des Aufsichtsrats

1. Abberufung aus wichtigem Grund

Nach verbreiteter Meinung sollen die pflichtwidrige Ausführung eines rechtswidrigen Beschlusses oder das pflichtwidrige Unterlassen, einen gesetzmäßigen Beschluss auszuführen, regelmäßig die Abberufung des Vorstandsmitglieds aus seinem Amt und die Kündigung seines Anstellungsvertrags rechtfertigen.[1015]

Diese Annahme wird man jedoch differenzieren müssen. Ein wichtiger Grund für die Abberufung liegt nur vor, wenn die Fortsetzung des Organverhältnisses bis zum Ende der Amtszeit unzumutbar ist.[1016] Dies ist anhand des

1013 *Zöllner*, in: Kölner Komm. z. AktG, 1. Aufl., § 407 Rdn. 25.

1014 *Hüffer*, in: Münchener Komm. z. AktG, 2. Aufl., § 407 Rdn. 20.

1015 So mit Unterschieden bei der Pflichtverletzung und dem Anknüpfungspunkt: *Hüffer,* Komm. z. AktG, § 83 Rdn. 6; *Habersack*, in: Großkomm. z. AktG, § 83 Rdn. 15; *Fleischer*, in: Spindler/Stilz, Komm. z. AktG, § 83 Rdn. 18; *Spindler*, in: Münchener Komm. z. AktG, § 83 Rdn. 24; *Seibt*, in: Schmidt/Lutter, Komm. z. AktG, § 83 Rdn. 13; *Hoffmann*, in: Spindler/Stilz, Komm. z. AktG, § 119 Rdn. 19; *Wiesner*, in: Münchener Handbuch GesR, Bd. 4, § 25 Rdn. 81; *Findeisen,* ZIP 2009, 1647, 1653.

1016 *Spindler*, in: Münchener Komm. z. AktG, § 84 Rdn. 116; *Hüffer,* Komm. z. AktG, § 84 Rdn. 26; *Fleischer*, in: Spindler/Stilz, Komm. z. AktG, § 84 Rdn. 100.

Einzelfalls zu prüfen.[1017] Daneben ist eigenständig das Vorliegen eines wichtigen Grunds für die Kündigung des Anstellungsverhältnisses zu prüfen.[1018] Auch wenn ein wichtiger Grund für die Abberufung vorliegen sollte, muss dieser nicht zwingend für die Kündigung des Anstellungsvertrags genügen.

Sowohl bei der Abberufung als auch bei der Kündigung des Anstellungsvertrags liegt die Schwelle für einen wichtigen Grund hoch. Nimmt ein Vorstand irrtümlich die Rechtmäßigkeit eines Hauptversammlungsbeschlusses an und führt den rechtswidrigen Beschluss aus, muss nach der hier vertretenen Meinung nicht einmal Pflichtwidrigkeit vorliegen.[1019] Selbst wenn mit der h.M. in diesem Beispiel von einer objektiven Pflichtwidrigkeit ausgegangen wird,[1020] wird die Pflichtverletzung selten grob genug sein, dass die Fortsetzung des Organverhältnisses unzumutbar wird. Erst wenn der Vorstand sich vorsätzlich oder mehrfach den Hauptversammlungsbeschlüssen widersetzt, dürfte die Schwelle eines wichtigen Abberufungsgrunds erreicht sein.

2. Geltendmachung von Schadensersatz

a. Anknüpfungspunkt: Pflichtwidriges Handeln

Die unterlassene Ausführung eines rechtmäßigen Hauptversammlungsbeschluss ist regelmäßig sorgfaltswidrig i.S.v. § 93 Abs. 2 Satz 1 AktG. Nach der hier vertretenen Auffassung kommt den Vorstandsmitgliedern zwar die Business Judgement Rule als Haftungserleichterung zugute, wenn sie sorgfaltsgemäß zu einer vertretbaren Lösung gefunden haben, die jedoch später vom Gericht nicht geteilt wird.[1021] Nach der h.M. bliebe aber auch in diesem Szenario der Vorwurf objektiv pflichtwidrigen Verhaltens bestehen, mit der Folge, dass allenfalls das Verschulden entfallen kann, wenn der Rechtsirrtum nicht zu vertreten war.[1022] Von diesen Erleichterungen im Grenzbereich der unklaren Rechtslage abgesehen, begründet die pflichtwidrige und schuldhafte Unterlassung der Beschlussausführung einen Schadensersatzanspruch der Gesellschaft gegen die einzelnen Vorstandsmitglieder.[1023]

1017 *Spindler*, in: Münchener Komm. z. AktG, § 84 Rdn. 116; *Hüffer,* Komm. z. AktG, § 84 Rdn. 28; *Fleischer*, in: Spindler/Stilz, Komm. z. AktG, § 84 Rdn. 100.

1018 *Spindler*, in: Münchener Komm. z. AktG, § 84 Rdn. 166; *Hüffer,* Komm. z. AktG, § 84 Rdn. 39; *Fleischer*, in: Spindler/Stilz, Komm. z. AktG, § 84 Rdn. 152.

1019 Siehe Kapitel 4:III.3.

1020 Siehe Kapitel 4:III.1.a.

1021 Siehe Kapitel 4:III.3.

1022 Siehe Kapitel 4:III.1.a.

1023 Ganz h.M.: *Hüffer,* Komm. z. AktG, § 83 Rdn. 6; *Habersack*, in: Großkomm. z. AktG, § 83 Rdn. 15; *Fleischer*, in: Spindler/Stilz, Komm. z. AktG, § 83 Rdn. 18; *Seibt*, in: Schmidt/Lutter, Komm. z. AktG, § 83 Rdn. 13; *Spindler*, in: Münchener Komm. z.

Das umgekehrte Szenario – also die Ausführung eines nichtigen bzw. später für nichtig erklärten Hauptversammlungsbeschlusses oder die Vornahme einer rechtswidrigen Ausführungshandlung – ist im Regelfall ebenfalls sorgfaltswidrig, da der Vorstand hierbei gegen die Kompetenzverteilung in der Aktiengesellschaft bzw. seine Legalitätspflicht verstößt.[1024] Auch insoweit ist bei pflichtwidrigem und schuldhaftem Handeln ein Schadensersatzanspruch der Gesellschaft gegen die Vorstandsmitglieder eröffnet. Weiterer Anknüpfungspunkt für eine Pflichtwidrigkeit kann das Versäumnis sein, eine Anfechtungs- bzw. Nichtigkeitsklage zu erheben,[1025] sofern ausnahmsweise eine Anfechtungspflicht bestand und der Vorstand pflichtwidrig die Bestandskraft des anfechtbaren Beschlusses herbeigeführt hat[1026].

b. Inhalt des Schadensersatzanspruchs

Zuständig für die Geltendmachung und ggf. gerichtliche Durchsetzung des Schadensersatzanspruchs ist gemäß § 112 AktG der Aufsichtsrat. Als Schadensersatz wäre die Gesellschaft nach § 249 Abs. 1 BGB so zu stellen, wie sie ohne Pflichtwidrigkeit des Vorstands stehen würde. Da § 249 Abs. 1 AktG in erster Linie auf Naturalrestitution zielt,[1027] muss der Vorstand die unterlassene Beschlussausführung nachholen und die Schäden ersetzen, die durch die Verzögerung entstanden sind. Erst in zweiter Linie, wenn eine Naturalrestitution nicht möglich ist, wäre Schadensersatz insgesamt in Geld zu leisten. Demgegenüber dürfte bei fehlerhafter Beschlussausführung Naturalrestitution durch Beseitigung der Ausführungsfolgen nur in wenigen Fällen möglich sein. Hier dürfte Schadensersatz in Geld regelmäßig näher liegen.

Was dies konkret bedeutet, hängt vom jeweiligen Hauptversammlungsbeschluss und den Umständen des Einzelfalls ab. Von daher ist eine umfassende Erörterung aller Konstellationen nicht möglich und eine Beschränkung auf Beispiele geboten. Wenn der Vorstand es beispielsweise schuldhaft unterlässt, eine Kapitalerhöhung einzutragen, so dass eine Fremdfinanzierung nötig wird, stellen zumindest die Zinsen für die Fremdfinanzierung einen ersatzfähigen Schaden dar. Daneben kann die Ausführung der Kapitalerhöhung – Anmeldung und

---

AktG, § 83 Rdn. 24; *Hoffmann*, in: Spindler/Stilz, Komm. z. AktG, § 119 Rdn. 19; *Wiesner*, in: Münchener Handbuch GesR, Bd. 4, § 25 Rdn. 81; *Hefermehl,* FS Schilling, S. 159, 171; *Findeisen,* ZIP 2009, 1647, 1653; *Thole,* ZHR 173 (2009), 504, 525.

1024 Siehe Kapitel 3:IV.2.

1025 Hierauf stellen *Hefermehl,* FS Schilling, S. 159, 168; *Fleischer,* BB 2005, 2025, 2027 ab.

1026 Siehe Kapitel 5:III.5.

1027 Palandt/*Grüneberg,* Komm. z. BGB, § 249 Rdn. 2.

Durchführung – verlangt werden, sofern sie noch möglich ist[1028]. Wird im umgekehrten Szenario ein nichtiger Kapitalerhöhungsbeschluss im Handelsregister eingetragen und die Kapitalerhöhung durchgeführt, stellen die Rückabwicklungskosten der Gesellschaft einen ersatzfähigen Schaden dar. Hingegen kann die Gesellschaft im Falle eines nichtigen Beschlusses nicht verlangen, dass sie gestellt wird, als wäre die Kapitalerhöhung rechtmäßig und wirksam. Ein solcher Schaden basiert nicht kausal auf der Beschlussausführung. Um ihn ersetzt zu bekommen, müsste eine andere Pflichtverletzung gesucht werden wie z.B. eine pflichtwidrige Beschlussvorbereitung.

3. Gerichtliche Durchsetzung der Ausführungspflicht

a. Die umstrittene Zulässigkeit eines Organstreits

Angesichts des Umstands, dass (i) der Aufsichtsrat Schadensersatzansprüche gegen den Vorstand geltend machen kann und (ii) Schadensersatzansprüche in erster Linie auf Naturalrestitution zielen, verwundert es sehr, dass die Frage, ob es auch einen Erfüllungsanspruch der Gesellschaft gibt, der gerichtlich vom Aufsichtsrat gegen den Vorstand durchgesetzt wird, umstritten ist. Zwar bejahen viele Autoren die Möglichkeit des Aufsichtsrats, im Namen der Gesellschaft den Vorstand auf Ausführung eines Hauptversammlungsbeschlusses zu verklagen.[1029] Ein anderer Teil der Literatur verneint aber diese Möglichkeit, weil es sich bei einer solchen Klage um einen unzulässigen Organstreit handele.[1030]

Die Diskussion über die gerichtliche Geltendmachung der Ausführungspflicht ist folglich eng mit dem seit langer Zeit schwelenden Konflikt über die Zulässigkeit eines Organstreits verknüpft.[1031] Dieser Konflikt wird weiterhin als offen bezeichnet.[1032] Auch der BGH hat in seinem „Opel“-Urteil ausdrücklich

1028 Zum Problem „abgelaufener“ Beschlüsse siehe oben III.3.

1029 *Seibt*, in: Schmidt/Lutter, Komm. z. AktG, § 83 Rdn. 13; *Spindler*, in: Münchener Komm. z. AktG, § 83 Rdn. 25; *Wiesner*, in: Münchener Handbuch GesR, Bd. 4, § 25 Rdn. 81; *Hommelhoff*, ZHR 143 (1979), 288, 309 f.; *Stodolkowitz*, ZHR 154 (1990), 1, 9 f.; *Bauer*, Organklagen, S. 105.

1030 *Mertens/Cahn*, in: Kölner Komm. z. AktG, § 83 Rdn. 12; *Mertens*, ZHR 154 (1990), 24, 34 ff.; zweifelnd auch *Habersack*, in: Großkomm. z. AktG, § 83 Rdn. 15; offen gelassen von *Fleischer*, in: Spindler/Stilz, Komm. z. AktG, § 83 Rdn. 18.

1031 Bejahend die in Fn. 1029 Genannten sowie *Kort*, in: Großkomm. z. AktG, Vor § 76 Rdn. 56; *Bork*, ZGR 1989, 1; grundsätzlich ablehnend die in Fn. 1030 Genannten sowie *Mertens/Cahn*, in: Kölner Komm. z. AktG, Vorb. § 76 Rdn. 4 ff.; *Hüffer*, Komm. z. AktG, § 90 Rdn. 18; vgl. auch die Darstellung des Meinungsstreits bei BGHZ 106, 54, 59 ff. („Opel“).

1032 So die Einschätzung von *Hüffer*, Komm. z. AktG, § 83 Rdn. 6. zu § 83 AktG.

davon abgesehen, die Zulässigkeit eines Organstreits zu entscheiden.[1033] Von daher ist eine Auseinandersetzung mit dem Organstreit unvermeidbar, um zu klären, ob der Aufsichtsrat die Ausführungspflicht gerichtlich durchsetzen kann.

b. Stellungnahme

Beim Streit über die Zulässigkeit eines Organstreits müssen drei Aspekte unterschieden werden: das praktische Bedürfnis, die konstruktive Gestaltung und die materiell-rechtspolitische Frage.

aa. Geringes praktisches Bedürfnis

Das praktische Bedürfnis für einen Organstreit wird als sehr gering eingeschätzt.[1034] Ein Aufsichtsrat, der mit der Beschlussausführung nicht zufrieden ist, kennt einfachere Wege als einen langfristigen Gerichtsprozess, um den Vorstand zu beeinflussen. Insbesondere die Drohung mit personellen Konsequenzen oder Schadensersatz wird kaum einen Vorstand auf Konfrontation mit dem Aufsichtsrat gehen lassen. Die Konfliktlinie verläuft daher in der Praxis regelmäßig nicht zwischen Vorstand und Aufsichtsrat, sondern zwischen der Aufsichtsratsmehrheit, die das Vorgehen des Vorstands für rechtmäßig hält, und der Aufsichtsratsminderheit, die gegenteiliger Ansicht ist. Es wird regelmäßig die Minderheit sein, der die Befugnisse des Aufsichtsrats kraft Mehrheitsbeschluss versagt sind, die sich aber die Frage stellt, ob sie die aus ihrer Sicht rechtswidrigen Handlungen des Vorstands gerichtlich unterbinden kann.

Neben dem Mehrheits-/Minderheitskonflikt ist zu bedenken, dass die indirekte Beeinflussung des Vorstandhandelns über Personalmaßnahmen ein sehr grobes Mittel ist,[1035] das zudem, wie unter 1. gezeigt wurde, bei Pflichtwidrigkeiten im Zusammenhang mit der Beschlussausführung nicht zwingend greift. Gerade wenn der Vorwurf pflichtwidrigen Handelns fernliegt, weil die Rechtslage unklar ist, erscheint es sinnvoll, eine juristische Meinungsverschiedenheit zwischen Vorstand und Aufsichtsrat gerichtlich klären zu lassen – ohne hierfür stets den Vorstand auswechseln zu müssen. Derartige Konstellationen werden indes oft über Anfechtungs- und Nichtigkeitsklagen gelöst.[1036] Ein Vorstand, der einen Beschluss für rechtswidrig hält und ihn nicht ausführen will, muss den Beschluss anfechten, will er nicht dessen Bestandskraft ausgesetzt sein. Allenfalls im Bereich der Nichtigkeitsgründe wird man sich die Situation vorstellen können, dass ein Vorstand einen von ihm für nichtig gehaltenen Beschluss nicht

1033 BGHZ 106, 54, 62 („Opel“).

1034 *Mertens/Cahn*, in: Kölner Komm. z. AktG, Vorb. § 76 Rdn. 5; *Hommelhoff,* ZHR 143 (1979), 288, 310; *Mertens,* ZHR 154 (1990), 24, 34 ff.

1035 Ebenso *Kort*, in: Großkomm. z. AktG, Vor § 76 Rdn. 56.

1036 Vgl. *Mertens,* ZHR 154 (1990), 24, 35 f.

ausführt, während der Aufsichtsrat zu einer gegenteiligen Einschätzung über das Vorliegen der Nichtigkeitsgründe kommt.

bb. Überwindbare konstruktive Hürden

Verneint man nicht jegliches Bedürfnis nach gerichtlicher Durchsetzung der Ausführungspflicht durch den Aufsichtsrat, sollten die konstruktiven Hürden – also die Frage, wer gegen wen klagen kann – zu überwinden sein.

Für den speziellen Bereich der Ausführungspflicht, der in der Diskussion über den Organstreit nur eine kleine Rolle einnimmt, liegen die rechtlichen Verhältnisse relativ klar. Keinesfalls korrespondiert die Ausführungspflicht mit einem Recht des Aufsichtsrats gegen den Vorstand. Konflikte bei der Ausführungspflicht sind Konflikte zwischen Vorstand und Hauptversammlung, und der Aufsichtsrat kann sich insoweit nur einschalten, als er nach § 112 AktG zur Vertretung der Gesellschaft berufen ist.[1037] Die Ausführungspflicht besteht aber auch gegenüber der Gesellschaft: Die Gesellschaft kann aus dem Bestellungsverhältnis, zumindest aus dem Anstellungsvertrag, verlangen, dass die einzelnen Vorstandsmitglieder ihre organschaftlichen Pflichten erfüllen.[1038] Hierzu zählt auch die Ausführungspflicht; sie kann Gegenstand einer Klage der Gesellschaft, vertreten durch den Aufsichtsrat, gegen die einzelnen Vorstandsmitglieder sein.[1039]

Für den Mehrheits-/Minderheitskonflikt im Aufsichtsrat sind die Grenzen indes starr. Eine *actio pro socio* einzelner Aufsichtsratsmitglieder ist zum Scheitern verurteilt. Eine *actio pro socio* erlaubt nur, Rechte des Gesamtorgans – hier: des Gesamtaufsichtsrats – geltend zu machen.[1040] Bei der gerichtlichen Durchsetzung der Ausführungspflicht handelt es sich aber nicht um die Geltendmachung eines Rechts des Aufsichtsrats, sondern um die Erfüllung seiner Aufgaben. Einzelne Aufsichtsratsmitglieder könnten allenfalls die anderen Aufsichtsratsmitglieder drängen, dieser Aufgabe nachzukommen. Ob ein solcher Intraorganstreit zwischen den Aufsichtsratsmitgliedern zulässig ist, braucht für die vorliegende Untersuchung nicht entschieden zu werden.

cc. Das materiell-rechtspolitische Kernproblem

Erscheint damit eine Organklage in Ausnahmefällen für denk- und konstruierbar, muss der materiell-rechtspolitische Kern des Meinungsstreits in den Blickwinkel gerückt werden. Ob ein Organstreit zulässig ist, lässt sich nicht aus prak-

---

1037 Vgl. *Bauer,* Organklagen, S. 105.

1038 Vgl. *Stodolkowitz,* ZHR 154 (1990), 1, 4 f.; *Mertens,* ZHR 154 (1990), 24, 30.

1039 Ebenso *Stodolkowitz,* ZHR 154 (1990), 1, 9 f.; *Bauer,* Organklagen, S. 105.

1040 Vgl. BGHZ 106, 54, 66 („Opel“).

tischen oder konstruktiven Erwägungen bejahen oder verneinen.[1041] Der Kern des Problems liegt vielmehr in der Frage, ob sich die gerichtliche Durchsetzung einzelner Organpflichten mit der strukturellen Kompetenzverteilung in der Aktiengesellschaft verträgt.[1042]

Das AktG begründet ein ausgeglichenes, nicht-hierarchisches Verhältnis zwischen den drei Organen Vorstand, Aufsichtsrat und Hauptversammlung, das möglicherweise ins Wanken gerät, wenn der Aufsichtsrat gerichtlich gegen den Vorstand vorgeht.[1043] Die Bedenken gegen die Zulässigkeit eines Organstreits beruhen auf der Sorge, dass der Aufsichtsrat in die eigenverantwortliche Leistungsaufgabe des Vorstands eingreife, obwohl er nur zu dessen Überwachung berufen sei.[1044]

Mit der gerichtlichen Durchsetzung der Ausführungspflicht wird jedoch nicht in den Handlungsfreiraum des Vorstands eingegriffen.[1045] Die Unabhängigkeit des Vorstands besteht nur soweit das Gesetz ihm einen unantastbaren Bereich gewährt.[1046] Bei der Ausführungspflicht hat der Vorstand aber keinen Ermessensspielraum; in diesem Bereich ist er zum strikten Folgeleisten verpflichtet.[1047] Dieser Umstand hat bereits das Reichsgericht zur Annahme geführt, dass die Aktiengesellschaft die Möglichkeit haben muss, vom Vorstand zu „erzwingen", dass er gemäß ihrem Willen handelt und insbesondere die Beschlüsse der Generalversammlung zur Ausführung bringt.[1048] Auch nach dem AktG, das anders als das ADHGB einen unabhängigen Vorstand kennt,[1049] ist die Rechtslage im Hinblick auf die Beschlussausführung nicht anders zu bewerten.

c. Ziele einer Klage

Das Klagziel korrespondiert mit der jeweiligen Pflichtverletzung des Vorstands: Während aus der unterlassenen Beschlussausführung ein Erfüllungsanspruch folgt, begründet die drohende Verletzung der Legalitätspflicht durch eine rechtswidrige Beschlussausführung einen Unterlassungsanspruch.[1050]

1041 Vgl. *Bauer,* Organklagen, S. 105.

1042 Vgl. *Hommelhoff,* ZHR 143 (1979), 288, 311 f.; *Bauer,* Organklagen, S. 105.

1043 *Mertens/Cahn*, in: Kölner Komm. z. AktG, Vorb. § 76 Rdn. 4.

1044 So *Mertens/Cahn*, in: Kölner Komm. z. AktG, Vorb. § 76 Rdn. 5; *Raiser,* ZHR 153 (1989), 1, 32 f.

1045 Vgl. *Spindler*, in: Münchener Komm. z. AktG, § 83 Rdn. 25.

1046 So bereits *Hirsch,* ZHR 95 (1930), 69, 82.

1047 Siehe Kapitel 1:III; ähnlich *Hommelhoff,* ZHR 143 (1979), 288, 310.

1048 RGZ 3, 123, 129 („Rumänische Eisenbahn-Aktiengesellschaft").

1049 Siehe Kapitel 1:II.2.

1050 Vgl. *Stodolkowitz,* ZHR 154 (1990), 1, 9 f.

III. Gesellschafterklagen

1. Verbliebene Relevanz eines alten Meinungsstreits

Ähnlich dem Thema Organklagen führt die Frage, wie ein Aktionär auf pflichtwidriges Verhalten des Vorstands bei der Beschlussausführung reagieren kann, in einen seit langem schwelenden Meinungsstreit. Es ist dogmatisch noch nicht abschließend geklärt, welche Rechte ein Gesellschafter hat, die er gerichtlich gegen die Gesellschaft oder deren Organe durchsetzen kann.[1051] Im Unterschied zum Organstreit hat der BGH jedoch einzelne Klagearten anerkannt und damit eine weitgehende Klärung für die Praxis bewirkt. Wie weit die Klärung reicht und welche Fragen noch offen sind, soll nachfolgend aufgezeigt werden.

2. Primat der speziellen aktienrechtlichen Rechtsbehelfe

Für alle Gesellschafterklagen gilt das Primat der speziellen aktienrechtlichen Rechtsbehelfe. Soweit das AktG einzelne Klagen ausdrücklich regelt, ist für den Rückgriff auf allgemeine oder ungeschriebene Gesellschafterklagen kein Platz.[1052] Ist ein Aktionär der Meinung, dass ein Hauptversammlungsbeschluss gegen Gesetz oder Satzung verstößt, ist er gehalten, Anfechtungsklage zu erheben. Er kann nicht von der Anfechtungsklage absehen und gegen den Vorstand auf Unterlassung der Beschlussausführung klagen, wenn der Beschluss infolge unterlassener Anfechtung inzwischen bestandskräftig geworden ist. Ebenso wenig kann er unterhalb der Schwelle des § 148 AktG Ersatzansprüche der Gesellschaft im Wege der *actio pro socio* geltend machen.

3. Dogmatisches Fundament

Dogmatische Grundlage der Gesellschafterklagen ist die Annahme, dass ein Aktionär ein geschütztes Mitgliedschaftsrecht auf gesetzmäßige Beschlussfassung hat, das als sonstiges Recht i.S.v. § 823 Abs. 1 AktG gilt und aus dem analog § 1004 BGB ein Anspruch auf Störungsbeseitigung und Unterlassung drohender Beeinträchtigungen folgt.[1053]

1051 Vgl. *Keuk-Knobbe,* FS Ballerstedt, S. 239; *Zöllner,* ZGR 1988, 392; *Raiser,* ZHR 153 (1989), 1; *Hadding,* FS Kellermann, S. 91; *Banerjea,* Gesellschafterklage

1052 Staudinger/*Hager,* Komm. z. BGB, § 823 Rdn. B 148.

1053 Staudinger/*Hager,* Komm. z. BGB, § 823 Rdn. B 141; *Spickhoff,* in: Soergel, § 823 Rdn. 100; *Wagner,* in: Münchener Komm. z. BGB, § 823 Rdn. 171; Palandt/*Sprau,* § 823 Rdn. 21; *Larenz/Canaris,* Schuldrecht BT II/2, § 76 II 4. e); *Schmidt,* Gesellschaftsrecht, § 21 V 1; zum Mitgliedschaftsrecht ferner BGHZ 90, 92, 95; BGHZ 110, 323, 327 f. („Schärenkreuzer"); *Habersack,* in: Großkomm. z. AktG, § 83 Rdn. 16.

Diese dogmatischen Erwägungen sind Einwänden ausgesetzt. Es wird weiterhin grundsätzlich bestritten, dass Mitgliedschaftsrechte ein absolutes Recht begründen.[1054] Vielmehr soll es sich um eine rein subjektive Rechtsbeziehung handeln, die lediglich schuldrechtliche Ansprüche auslöst.

Doch selbst wenn man Mitgliedschaftsrechte als eigene Rechtsposition anerkennt, stellt sich die Frage, in welchem Umfang sie geschützt sind. Weitgehend Einigkeit herrscht, dass Schutz gegen den Entzug des Mitgliedschaftsrechts besteht, wohingegen mittelbare Wertminderungen infolge einer beeinträchtigten Ertragsfähigkeit der Gesellschaft nicht schützenswert sind.[1055] Schwierig sind die Fälle, in denen – zwischen diesen beiden Extremen – um Schutz gegen einen mitgliedschaftsbezogenen Eingriff gesucht wird.

Trotz dieser Ungewissheiten über den Schutzumfang für Mitgliedschaftsrechte insgesamt, liegen die Dinge bei der Ausführungspflicht relativ klar: Sowohl die Unterlassung der Beschlussausführung als auch die rechtswidrige Beschlussausführung berühren das Mitwirkungsrecht des Aktionärs in der Hauptversammlung.[1056] Als Teil seines aktienrechtlichen Mitgliedschaftsrechts konkretisiert sich sein Recht, an einer Hauptversammlung teilzunehmen und bei der Beschlussfassung mitzuwirken. Über seine Mitwirkung bei der Beschlussfassung beeinflusst der Aktionär die Geschicke der Gesellschaft. Verweigert sich der Vorstand der Beschlussausführung, kappt er das Band zwischen der Mitwirkung des Aktionärs und deren Wirksamwerden nach außen. Übergriffen des Vorstands in den Bereich der Hauptversammlung kann der einzelne Aktionär deshalb mit gerichtlichen Abwehrmaßnahmen begegnen.

Damit bleibt die Frage, gegen wen sich die gerichtliche Abwehrmaßnahme richtet. Zwischen dem Aktionär und dem Vorstand besteht kein vertragliches Band. Eine Sonderrechtsbeziehung besteht nur jeweils gegenüber der Gesellschaft. Der Aktionär kann sich daher nur an die Gesellschaft wenden und von ihr, auf seiner Gesellschafterstellung gestützt, die Beachtung der Hauptversammlungskompetenzen verlangen. Obsiegt der Aktionär, ist der Vorstand gegenüber der Gesellschaft verpflichtet, das Urteil zu beachten.

Ein direktes Vorgehen des Aktionärs gegen den Vorstand wäre nur möglich, wenn den Mitgliedschaftsrechten deliktsrechtlicher Schutz zugute käme. Entgegen dem BGH und der h.M. ist das aber abzulehnen: Die aktienrechtliche Mitgliedschaft basiert ausschließlich auf dem Gesellschaftsvertrag; sie ist damit

---

1054 *Hadding,* FS Kellermann, S. 91, 102 ff.

1055 Vgl. Staudinger/*Hager,* Komm. z. BGB, § 823 Rdn. B 142 ff.; *Spickhoff*, in: Soergel, § 823 Rdn. 100; *Wagner*, in: Münchener Komm. z. BGB, § 823; *Larenz/Canaris,* Schuldrecht BT II/2, § 76 II 4. e).

1056 So im Ergebnis diejenigen Autoren, die eine Schadensersatzpflicht bei Verletzung der Ausführungspflicht bejahen, siehe Fn. 1061.

nichts anderes als eine Bündelung schuldrechtlicher Ansprüche. Der Aktionär kann nur insoweit Herrschaftsrechte mit Zuweisungsgehalt und Ausschlussfunktion behaupten, als auch andere Forderungen schuldrechtlicher Art nicht von Dritten geltend gemacht werden können.

4. Klage auf Unterlassung einer rechtswidrigen Beschlussausführung

Weil der Streit über die Rechtmäßigkeit eines Hauptversammlungsbeschlusses mit der aktienrechtlichen Anfechtungs- bzw. Nichtigkeitsklage zu klären ist, verbleibt für die Unterlassungsklage nur ein geringer Anwendungsbereich: Zum einen kann die Unterlassungsklage – regelmäßig in Gestalt eines Antrags auf einstweilige Verfügung – das Anfechtungsverfahren ergänzen, wenn der Vorstand bereits vor Abschluss des Anfechtungsverfahrens zur Ausführung des Beschlusses ansetzt.[1057] Zum anderen kann sich der Vorstand pflichtwidrig in den Hoheitsbereich der Hauptversammlung begeben, ohne dass es eines Streits über die Rechtmäßigkeit eines Hauptversammlungsbeschlusses bedürfte.

Die zweite Konstellation lag mehrfach dem BGH vor. Erstmalig erkannte die „Holzmüller"-Entscheidung die Zulässigkeit einer Unterlassungsklage des Aktionärs gegen einen Vorstand an, der eine Handlung vornahm, für die er die Zustimmung der Hauptversammlung gebraucht hätte.[1058] In der „Mangusta/Commerzbank II"-Entscheidung führte der BGH dann weiter aus, dass pflichtwidriges, kompetenzüberschreitendes Organhandeln des Vorstands bei der Ausnutzung eines genehmigten Kapitals von einem in seinen Mitgliedschaftsrechten beeinträchtigten Aktionär zum Gegenstand einer gegen die Gesellschaft gerichteten Feststellungsklage – bzw. einer vorbeugenden Unterlassungsklage – gemacht werden kann.[1059]

5. Schadensersatz

Der Streit über die Frage, ob es sich beim Mitgliedschaftsrecht des Aktionärs um ein sonstiges Recht i.S.v. § 823 Abs. 1 BGB handelt, hat maßgebliche Bedeutung auch für die Frage, ob und von wem der Aktionär Schadensersatz verlangen kann.

Der BGH hat sich im „Schärenkreuzer"-Fall zum Vereinsrecht auf den Standpunkt gestellt, dass die Verletzung der Mitgliedschaftsrechte Schadensersatzpflichten auslöst, für die der Vorstand nach § 823 Abs. 1 BGB und der Ver-

1057 Vgl. OLG Frankfurt am Main NZG 2004, 526; *Haertlein,* ZHR 168 (2004), 437, 446.
1058 BGHZ 83, 122, 126 f., 133 ff. („Holzmüller").
1059 BGHZ 164, 249, 254 f. („Mangusta/Commerzbank II").

ein über § 31 BGB haftet.[1060] Es gibt keinen Grund, warum diese Argumentation nicht auch auf die Aktiengesellschaft zu übertragen wäre, handelt es sich in beiden Fällen doch um juristische Personen. Dementsprechend wird in der Literatur angenommen, dass die Verletzung der Ausführungspflicht einen Eingriff in das deliktsrechtlich geschützte Mitgliedschaftsrecht des Aktionärs dar, was zu einer Haftung des Vorstandsmitglied gegenüber dem Aktionär nach § 823 Abs. 1 BGB und einer Haftung der AG gegenüber dem Aktionär nach § 823 Abs. 1 BGB in Verbindung mit § 31 BGB führen könne.[1061]

Wer es – wie hier – jedoch ablehnt, Mitgliedschaftsrechte gegenüber anderen schuldrechtlichen Beziehungen herauszuheben, wird nur zu einem Schadensersatzanspruch gegen die Gesellschaft kommen.

6. Erfüllung

Damit bleibt als letztes die Frage zu klären, ob ein Aktionär auch gegen die Gesellschaft auf Erfüllung der Ausführungspflicht klagen kann. Dies zu bejahen, wäre eine Besonderheit, weil ein allgemeiner Anspruch eines Einzelgesellschafters auf Erfüllung der Pflichten durch die anderen Organe bisher nicht allgemein anerkannt ist.[1062] Allerdings bejaht der Teil der Literatur, der einen Erfüllungsanspruch der Gesellschaft und damit einen Organstreit verneint, stattdessen einen Individualanspruch jedes Aktionärs auf Erfüllung der Ausführungspflicht, der sich aus dem mitgliedschaftlichen Rechtsverhältnis ergeben soll.[1063] Diese Argumentation ist indes brüchig: wenn schon die Gesellschaft keinen Erfüllungsanspruch haben soll, wie soll der Einzelaktionär, der mit dem Vorstand nur mittelbar über die Gesellschaft verbunden ist, weitergehende Rechte haben?[1064] Jedoch spricht für den Erfüllungsanspruch des Aktionärs, dass sich in dieser Konstellation eine häufige Konfliktlinie abbildet. Der häufigste Streit über die Ausführungspflicht wird auf einer Meinungsverschiedenheit zwischen dem Vorstand und einzelnen Aktionären beruhen. Die praktische Relevant rechtfertigt es aber nicht, von den dogmatischen Bedenken abzusehen und einen Erfüllungsanspruch zu bejahen.

1060 BGHZ 110, 323 („Schärenkreuzer“); ebenso BGHZ 90, 92, 95.

1061 *Habersack*, in: Großkomm. z. AktG, § 83 Rdn. 16; *Seibt*, in: Schmidt/Lutter, Komm. z. AktG, § 83 Rdn. 14; kritisch *Larenz/Canaris,* Schuldrecht BT II/2, § 76 II 4. e); Soergel/*Spickhoff*, Komm. z. BGB, § 823 Rdn. 100.

1062 *Schmidt,* Gesellschaftsrecht, § 21 V 2 b).

1063 *Habersack*, in: Großkomm. z. AktG, § 83 Rdn. 16; *Mertens/Cahn*, in: Kölner Komm. z. AktG, § 83 Rdn. 12; *Seibt*, in: Schmidt/Lutter, Komm. z. AktG, § 83 Rdn. 14; *Raiser,* ZHR 153 (1989), 1, 33.

1064 Weitergehend bejaht *Spindler*, in: Münchener Komm. z. AktG, § 83 Rdn. 25 ein Erfüllungsrecht des Aktionärs neben der Organklage.

IV. Ergebnisse

1. Bei unterlassener Beschlussausführung drohen weder ein Ordnungs- noch ein Zwangsgeld. Hingegen kann die fehlerhafte Beschlussausführung staatliche Sanktionen nach sich ziehen. So kann die Einreichung von Dokumenten bei der Anmeldung von Hauptversammlungsbeschlüssen entgegen einer verbreiteten Meinung durch Registerzwang durchgesetzt werden. Auch können allgemeine und speziell aktienrechtliche Straftatbestände in Konstellationen der Beschlussausführung greifen.

2. Der Aufsichtsrat kann auf Pflichtwidrigkeiten bei der Beschlussausführung grundsätzlich mit der Abberufung des Vorstands reagieren. Allerdings wird man genau prüfen müssen, ob die Pflichtwidrigkeiten groß genug sind, um die Schwelle des wichtigen Grunds zu erreichen. Statt der Abberufung kann der Aufsichtsrat auch Schadensersatzansprüche geltend machen und – nach der hier vertretenen Ansicht – im Namen der Gesellschaft gegen die einzelnen Vorstandsmitglieder auf Erfüllung der Ausführungspflicht klagen. Die Zulässigkeit eines Organstreits ist aber umstritten.

3. Umstritten ist weiter, welche Rechte ein Aktionär gegen die Gesellschaft und den Vorstand im Zusammenhang mit der Beschlussausführung durchsetzen kann. Dabei ist das Primat der speziellen aktienrechtlichen Rechtsbehelfe zu berücksichtigen. Jenseits der im AktG vorgesehenen Rechtsbehelfe kann der einzelne Aktionär auf Unterlassung einer rechtswidrigen Beschlussausführung klagen. Dieser Rechtsbehelf ist seit der „Holzmüller"-Entscheidung anerkannt. Nach der hier vertretenen Auffassung ist der Aktionär aber auf das Abwehrrecht beschränkt. Gegen den Vorstand kann er weder auf Schadensersatz noch auf Erfüllung klagen. Lediglich von der Gesellschaft kann er, wenn der Vorstand das Recht des Aktionärs auf gesetzmäßige Beschlussfassung verletzt, den Ausgleich eines hierdurch entstandenen Schadens verlangen.

Resumé

Zum Abschluss der vorliegenden Untersuchung soll rückblickend nochmals ihr Weg betrachtet werden. Begonnen wurde die Untersuchung an einem in der juristischen Literatur wenig beachteten Punkt: dem zweiten Absatz von § 83 AktG, der in juristischen Kommentaren nur mit wenigen Randnummern gewürdigt wird, der aber in der aktienrechtlichen Praxis eine immer wiederkehrende Frage mit immenser wirtschaftlicher Bedeutung darstellt.

Die vorliegende Untersuchung stellt die erste umfassende Untersuchung speziell der Ausführungspflicht dar. Sie zeigte zunächst die hohe praktische Relevanz der Beschlussausführung und ihre geringe dogmatische Durchdringung auf.[1065] Dann wurde herausgearbeitet, dass es sich bei der Ausführungspflicht nicht, wie oft behauptet, um eine Selbstverständlichkeit handelt, sondern eine zentrale Schnittstelle im Verhältnis der Organe Vorstand und Hauptversammlung zueinander darstellt.[1066] In dieser Aufgabe stößt die unabhängige Leitungsmacht des Vorstands an ihre Grenze, und der Vorstand wandelt sich zu einem Hilfsorgan der Hauptversammlung. Die Stellung des Hilfsorgans Vorstand hat sich dabei über die Jahrzehnte verändert, von einem reinen Exekutivorgan, das sogar gesetzwidrige Beschlüsse ausführen darf, ohne dafür haften zu müssen, hin zu einem überwachenden Hilfsorgan, das eine Rechtmäßigkeitskontrolle gegenüber der Hauptversammlung ausübt.[1067]

Wesentliche Differenzierungen ergaben sich aus der – so erstmals durchgeführten – Analyse der Ausführungspflicht in Bezug auf die einzelnen Hauptversammlungskompetenzen.[1068] Der Wortlaut des § 83 Abs. 2 AktG erwies sich hier als trügerisch. Entgegen der allgemeinen Regelung liegt die Beschlussausführung nicht nur in den Händen des Vorstands. Auch der Aufsichtsrat, der Aufsichtsratsvorsitzende, besondere Vertreter und die Hauptversammlung selbst sind in die Beschlussausführung einbezogen.[1069] Außerdem ist der Grad der Ausführungspflicht je nach Hauptversammlungskompetenz unterschiedlich. Es gibt Beschlüsse, die überhaupt nicht ausführungsbedürftig sind und solche, namentlich Ermächtigungsbeschlüsse, die dem Vorstand nur ein Recht verleihen, ihn aber nicht zur Nutzung der Ermächtigung verpflichten.[1070] Die Unterschiede lassen sich aus dem Begriff der Ausführungshandlung, der von der vorliegenden

1065 Einleitung: I.2 und I.3.
1066 Kapitel 1: II.
1067 Kapital 1: III.
1068 Kapitel 2.
1069 Kapitel 2: II.3.a.
1070 Kapitel 2: II.3.b.

Untersuchung erstmals definiert wurde, präzise ableiten: Die Ausführungshandlung besteht darin, den vom Beschlussinhalt intendierten Rechtserfolg herbeizuführen.[1071] Mit der Frage nach dem intendierten Rechtserfolg lässt sich auch erörtern, wie weit die Ausführungspflicht bei Zustimmungsbeschlüssen reicht, bei denen nur der Blick auf die Kompetenzverteilung zwischen Vorstand und Hauptversammlung eine Antwort ermöglicht.[1072]

Die vorliegende Untersuchung zeigte weiter auf, dass eine Vielzahl von Einzelfragen der Beschlussausführung in der juristischen Literatur verstreut voneinander und ohne wechselseitige Reflexion erörtert werden. Die einzelnen Fragen und Rechtsmeinungen wurden zusammengeführt und ihre Grenzen durch die Zusammenführung offen gelegt. Als besonders zentral und ungelöst kristallisierte sich dabei die Frage heraus, welche Auswirkungen die Rechtswidrigkeit eines Beschlusses auf die Ausführungspflicht hat.[1073] Zu dieser Frage wird - ohne große Begründung – so gut wie jede Position vertreten, von der Ausführungspflicht bei nichtigen Beschlüssen bis zum Verbot der Beschlussausführung angesichts einer nicht aussichtslosen Anfechtungsklage. Die Formel der h.M., die Ausführungspflicht auf gesetzmäßige Beschlüsse zu beschränken, zeigt in die richtige Richtung und stellt einen guten Merksatz dar. Bei näherer Betrachtung erweist sich ihr Ansatz aber nicht als dogmatisch trag- und praktisch gangbar. Ihre zentrale Schwäche besteht darin, die Ausführungspflicht nur *ex post* bestimmen zu können, wenn der Anfechtungsprozess rechtskräftig abgeschlossen wurde. Für den praktischen Umgang mit einem angefochtenen Beschluss bietet die h.M. keine verlässliche, dogmatisch begründete Basis, weil sie die Wirksamkeit des durch den angefochtenen Hauptversammlungsbeschluss ausgesprochenen Ausführungsbefehls ignoriert. Nur auf die Gesetzwidrigkeit abzustellen, greift zu kurz.

Diese Schwäche kann überwunden werden, wenn die Ausführungspflicht – und darin liegt ein wesentliches Ergebnis dieser Arbeit – von der Gesetzmäßigkeit des Beschlusses gelöst wird.[1074] Der Weg hierzu war die Feststellung, dass es sich bei der Ausführung rechtswidriger Hauptversammlungsbeschlüsse um eine Kollision der Ausführungspflicht mit der Legalitätspflicht handelt.[1075] Die Pflichtenkollision besteht im Dilemma des Vorstands, entweder der Ausführungspflicht zu folgen und damit seine Legalitätspflicht durch Kompetenzüberschreitung zu verletzen – oder die Legalitätspflicht zu achten und die Ausfüh-

---

1071 Kapitel 2: II.2.a.

1072 Kapitel 2: III.

1073 Kapitel 3: II.

1074 Kapital 3: VI.4.

1075 Kapitel 3: IV.

rung des wirksamen Beschlusses, zu der er ebenfalls verpflichtet ist, zu unterlassen. Ursache der Pflichtenkollision ist die trotz Anfechtung fortbestehende Wirksamkeit des Hauptversammlungsbeschlusses.

Dogmatischer Ansatz der hier vertretenen Auffassung war folglich auch die Wirksamkeit der Ausführungspflicht bei rechtswidrigen Beschlüssen. Unter Herleitung dogmatischer Grundsätze der Pflichtenkollision lässt sich ein Recht des Vorstands identifizieren, die Beschlussausführung zu verweigern, wenn eine Prognose über die zukünftige Entwicklung einen Verstoß gegen die aktienrechtliche Kompetenzordnung ergibt. In der Annahme eines solchen Verweigerungsrecht besteht der Unterschied der hier vertretenen Ansicht zur h.M.

Das in dem Verweigerungsrecht enthaltene Prognoseerfordernis eröffnet den Anwendungsbereich der Business Judgement Rule, und es hat sich gezeigt, dass die von der Business Judgement Rule aufgestellten Anforderungen an das prozedurale Vorgehen den Vorstand in seiner dynamischen Situation abholen können und ihm Leitlinien für das weitere Vorgehen aufzeigen.[1076] Dieser hier vertretene Ansatz ordnet sich in das Bestreben vieler gegenwärtiger Autoren ein, die Business Judgement Rule über die vom Gesetzgeber angenommen Grenzen hinaus anzuwenden, weil auch rechtlich determinierte Entscheidungen – anders als vom Gesetzgeber angenommen – durch Unsicherheit geprägt sein können. Nur dieser dogmatische Ansatz vermag es schließlich, dem Vorstand konkrete, dogmatisch begründete Maßgaben für ein richtiges Verhalten in der praktischen Umsetzung von Hauptversammlungsbeschlüssen an die Hand zu geben und nicht nur ein bestimmtes Ergebnis zu postulieren, wie dies die h.M. tut.[1077]

Der Vollständigkeit halber war dann abschließend nur noch zu klären, welche Rechtsfolgen Verletzungen der Ausführungspflicht zeitigen.[1078]

1076 Kapitel 4: III.3.

1077 Kapitel 5.

1078 Kapitel 6.

Literaturverzeichnis

Adler, Hans / Düring, Walther / Schmaltz, Kurt: Rechnungslegung und Prüfung der Unternehmen – Kommentar zum HGB, AktG, GmbHG, PublG nach den Vorschriften des Bilanzrichtlinien-Gesetzes, Stuttgart, 6. Aufl., 1997.

Arndt, Herbert: Anmerkung zu BGH DVBl. 1959, 623, DVBl. 1959, 624 ff.

Arnold, Michael: Mitwirkungsbefugnisse der Aktionäre nach Gelatine und Macroton, ZIP 2005, 1573 ff.

Bachmann, Gregor: Die Einmann-AG, NZG 2001, 961 ff.

Banerjea, Nirmal Robert: Die Gesellschafterklage im GmbH- und Aktienrecht, Köln, Berlin, Bonn, München, 2000.

Bassenge, Peter / Brudermüller, Gerd / Diederichsen, Uwe / Ellenberger, Jürgen / Grüneberg, Christian / Sprau, Hartwig / Thorn, Karsten / Weidenkaff, Walter / Weidlich, Dietmar: Bürgerliches Gesetzbuch mit Nebengesetzen, München, 71. Aufl., 2012.

Bauer, Ulrich: Organklagen zwischen Vorstand und Aufsichtsrat der Aktiengesellschaft, Köln, Berlin, Bonn, München, 1986.

Baumbach, Adolf / Hueck, Alfred: GmbH – Gesetz betreffend die Gesellschaften mit beschränkter Haftung, München, 19. Aufl., 2010.

Baumbach, Adolf / Hueck, Alfred / Hueck, Götz: Aktiengesetz, München, 13. Aufl., 1968.

Baums, Theodor / Keinath, Astrid / Gajek, Daniel: Fortschritte bei Klagen gegen Hauptversammlungsbeschlüsse? Eine empirische Studie, ZIP 2007, 1629 ff.

Bayer, Walter: Legalitätspflicht der Unternehmensleitung, nützliche Gesetzesverstöße und Regress bei verhängten Sanktionen – dargestellt am Beispiel von Kartellverstößen, in: FS Karsten Schmidt, S. 85 ff.

Beck'sches Handbuch der AG: Gesellschaftsrecht - Steuerrecht - Börsengang, München, 2. Aufl., 2009.

Beck'sches Mandatshandbuch: Vorstand der AG, München, 2. Aufl., 2010.

Begemann, Arndt / Laue, Bastian: Der neue § 120 Abs. 4 AktG – ein zahnloser Tiger?, BB 2009, 2442 ff.

Behling, Thorsten: Compliance versus Fernmeldegeheimnis – Wo liegen die Grenzen bei E-Mail-Kontrollen als Antikorruptionsmaßnahme?, BB 2010, 892 ff.

Berger, Göran / Herbst, Christoph: Pflicht zur Abführung von Sozialversicherungsbeiträgen: zwischen Scylla und Charybdis – § 266a StGB versus § 64 Abs. 2 GmbHG – Zur aktuellen Diskussion des II. Zivilsenats des

BGB (18.4.2005 - II ZR 61/03, BB 2005, 1905) und des 5. Strafsenats des BGH (9.8.2005 - 5 StR 67/05), BB 2006, 437 ff.

Binder, Jens-Hinrich: Geschäftsleiterhaftung und fachkundiger Rat, AG 2008, 274 ff.

Bork, Reinhard: Materiell-rechtliche und prozeßrechtliche Probleme des Organstreits zwischen Vorstand und Aufsichtsrat einer Aktiengesellschaft, ZGR 1989, 1 ff.

Bork, Reinhard: Das Anerkenntnis im aktienrechtlichen Beschlußanfechtungsverfahren, ZIP 1992, 1205 ff.

Bosch, Nikolaus / Lange, Knut Werner: Unternehmerischer Handlungsspielraum des Vorstandes zwischen zivilrechtlicher Verantwortung und strafrechtlicher Sanktion, JZ 2009, 225 ff.

Boujong, Karlheinz: Rechtsmißbräuchliche Aktionärsklagen vor dem Bundesgerichtshof – Eine Zwischenbilanz, in: FS Kellermann, S. 1 ff.

Brand, Christian: Keine Haftung gemäß § 64 Satz 1 GmbHG bei Abführung rückständiger Sozialversicherungsbeiträge? – zugleich Anmerkung zu OLG Frankfurt a.M., Urt. v. 15.7.2009 = WM 2010, 1751, WM 2010, 1783 ff.

Brand, Christian: „Weißt Du wie das wird?" – Zum Verhältnis von § 266a StGB und § 64 S. 1 GmbHG, GmbHR 2010, 237 ff.

Brand, Christian / Sperling, Christian: Legalitätsverstöße in der Aktiengesellschaft als untreuerelevante Pflichtverletzung?, AG 2011, 233 ff.

Bürgers, Tobias / Körber, Torsten: Heidelberger Kommentar zum Aktiengesetz, Heidelberg, 2. Aufl., 2011.

Butzke, Volker: Anmerkung zu BGH WM 1991, 1880, WuB II A. § 226 AktG 1.92.

Butzke, Volker: Die Hauptversammlung der Aktiengesellschaft, Stuttgart, 5. Aufl., 2011.

Cahn, Andreas: Zum Begriff der Nichtigkeit im Bürgerlichen Recht, JZ 1997, 8 ff.

Canaris, Claus-Wilhelm: Hauptversammlungsbeschlüsse und Haftung der Verwaltungsmitglieder im Vertragskonzern, ZGR 1978, 207 ff.

Casper, Matthias: Die Heilung nichtiger Beschlüsse im Kapitalgesellschaftsrecht, Köln, 1998.

Casper, Matthias: Der Optionsvertrag, Tübingen, 2005.

Casper, Matthias: Der stimmlose Beschluss, in: FS Hüffer, S. 111 ff.

Diekgräf, Robert: Sonderzahlungen an opponierende Kleinaktionäre im Rahmen von Anfechtungs- und Spruchstellenverfahren – Unter besonderer Berücksichtigung der Frage einer Zahlungsbefugnis der betroffenen AG, Heidelberg, 1990.

Duden, Konrad: Zur Mitbestimmung in Konzernverhältnissen nach dem Mitbestimmungsgesetz, ZHR 141 (1977), 145 ff.

Ek, Ralf: Praxisleitfaden für die Hauptversammlung – Mit Formularteil, München, 2010.

Emde, Raimond: Restitutionsansprüche nach Heilung gemäß § 242 Abs. 2 AktG? – Gedanken zum Verständnis des § 242 Abs. 2 AktG nach dem Urteil BGH ZIP 2000, 1294, ZIP 2000, 1753 ff.

Emmerich, Volker / Habersack, Mathias: Aktien- und GmbH-Konzernrecht, München, 6. Aufl., 2010.

Findeisen, Maximilian: Kapitalmaßnahmen börsennotierter Unternehmen im Zeichen der Finanzmarktkrise – Die Verpflichtung des Vorstands zur Durchführung einer „bis zu"-Kapitalerhöhung nach entsprechendem Hauptversammlungsbeschluss, ZIP 2009, 1647 ff.

Fleischer, Holger: Zur Leitungsaufgabe des Vorstands im Aktienrecht, ZIP 2003, 1 ff.

Fleischer, Holger: Ungeschriebene Hauptversammlungszuständigkeiten im Aktienrecht: Von „Holzmüller" zu „Gelatine", NJW 2004, 2335 ff.

Fleischer, Holger: Aktienrechtliche Legalitätspflicht und „nützliche" Pflichtverletzungen von Vorstandsmitgliedern, ZIP 2005, 141 ff.

Fleischer, Holger: Vorstandspflichten bei rechtswidrigen Hauptversammlungsbeschlüssen, BB 2005, 2025 ff.

Fleischer, Holger: Handbuch des Vorstandsrechts, München, 2006.

Fleischer, Holger: Konsultative Hauptversammlungsbeschlüsse im Aktienrecht – Rechtsdogmatik, Rechtsvergleichung, Rechtspolitik, AG 2010, 681 ff.

Flume, Werner: Allgemeiner Teil des Bürgerlichen Rechts, Berlin, Heidelberg, New York, 3. Aufl., 1979, Band II: Das Rechtsgeschäft.

Freund, Stefan: Konturierungen der Organpflichten von Geschäftsführern und Vorständen, GmbHR 2011, 238 ff.

Friedländer, Heinrich: Aktienrecht – mit Einschluß der NotVO. vom 19.9.31 und 6.10.31 und der Durchführungsbestimmungen (Stand vom 20.4.1932) unter besonderer Berücksichtigung der Konzernverhältnisse, Stuttgart, 1932.

Geißler, Markus: Causa finita – Ende des Abkaufs missbräuchlicher Anfechtungsklagen, DZWIR 2007, 364 ff.

Geßler, Ernst / Hefermehl, Wolfgang / Eckardt, Ulrich / Kropff, Bruno: Aktiengesetz, München, 1973, 1974, Band II: §§ 76-147.

von Godin, Reinhard: Über die Bedeutung eines Verschmelzungsbeschlusses der Hauptversammlung, JW 1938, 1146 ff.

von Godin, Reinhard / Wilhelmi, Hans: Aktiengesetz vom 6. September 1965 – Kommentar, Berlin, 3. Aufl., 1967, Band I: §§ 1-178.

von Godin, Reinhard / Wilhelmi, Hans: Aktiengesetz vom 6. September 1965, Berlin, New York, 4. Aufl., 1971, Band I: §§ 1-178. *Goette, Wulf:* Anmerkung zu BGH vom 26. April 2004 - II ZR 155/02, DStR 2004, 927 f.

Goette, Wulf: Anmerkung zu BGH DStR 2007, 1174, DStR 2007, 1176 f.

Golling, Hans-Joachim: Sorgfaltspflicht und Verantwortlichkeit der Vorstandsmitglieder für ihre Geschäftsführung innerhalb der nicht konzerngebundenen Aktiengesellschaft (Eine Untersuchung zu § 93 Abs. 1-5 AktG), Köln, 1968.

Gropp, Walter, Die „Pflichtenkollision“: weder eine Kollision von Pflichten noch Pflichten in Kollision, in: FS Hirsch, S. 207 ff.

Großkommentar zum Aktiengesetz:, Berlin, 2. Aufl., Band I: §§ 1-144 (1961), Band II: §§ 145-304 Aktiengesetz / Kapitalerhöhungsgesetz / Einführungsgesetz (1965).

Großkommentar zum Aktiengesetz: Berlin, New York, 3. Aufl., 1973, Band I/2: §§ 76-147, Band III: §§ 179-290.

Großkommentar zum Aktiengesetz: Berlin, 4. Aufl., Band 2: §§ 53a-75 (2008), Band 3: §§ 76-94 (2008), Band 4: §§ 95-117 (2005); Band 5: Mitbestimmungsgesetz, §§ 118-149 (2008), Band 6: §§ 150-222 (2006); 6. Lieferung: §§ 241-255 (1996), 17. Lieferung: §§ 278-290 (2001).

Grunewald, Barbara: Rückverlagerung von Entscheidungskompetenzen der Hauptversammlung auf den Vorstand, AG 1990, 133 ff.

Grunsky, Wolfgang: Stimmrechtsbeschränkungen in der Hauptversammlung, ZIP 1991, 778 ff.

Habersack, Mathias: Die Legalitätspflicht des Vorstands der AG, in: FS Schneider, S. 429 ff.

Habersack, Mathias / Stilz, Eberhard: Zur Reform des Beschlussmängelrechts, ZGR 2010, 710 ff.

Hadding, Walther: Ergibt die Vereinsmitgliedschaft „quasi-vertragliche“ Ansprüche, „erhöhte Treue- und Förderpflichten“ sowie ein „sonstiges Recht“ im Sinne des § 823 Abs. 1 BGB – Besprechung der Entscheidung BGHZ 110, 323, in: FS Kellermann, S. 91 ff.

Haertlein, Lutz: Vorstandshaftung wegen (Nicht-)Ausführung eines Gewinnverwendungsbeschlusses mit Dividendenausschüttung, ZHR 168 (2004), 437 ff.

Happ, Wilhelm: Aktienrecht – Handbuch - Musterteste - Kommentar, Köln, Berlin, München, 3. Aufl., 2007.

Happ, Wilhelm: Zur Wirksamkeit von Rechtshandlungen eines fehlerhaft bestellten Aufsichtsrats – Ein Plädoyer für die Erweiterung der Lehre vom fehlerhaften Organverhältnis, in: FS Hüffer, S. 293 ff.

Hauschka, Christoph E.: Corporate Compliance – Unternehmensorganisatorische Ansätze zur Erfüllung der Pflichten von Vorständen und Geschäftsführern, AG 2004, 461 ff.

Hefermehl, Wolfgang: Zur Haftung der Vorstandsmitglieder bei Ausführung von Hauptversammlungsbeschlüssen, in: FS Schilling, S. 159 ff.

Heidel, Thomas: Aktienrecht und Kapitalmarktrecht, Baden-Baden, 3. Aufl., 2010.

Heinze, Harald: Anmerkung zu BGH DZWIR 2009, 243, DZWIR 2009, 244 ff.

Heller, Arne: Wirksamkeit von Hauptversammlungsbeschlüssen – Richtige Feststellung und Verkündung durch den falschen Versammlungsleiter, AG 2008, 493 ff.

Helm, Thorsten / Manthey, Nikolaus Vincent: Missbräuchliche Anfechtungsklagen im Aktienrecht – Rechtsvergleich und Lösungsansätze, NZG 2010, 415 ff.

Hirsch, Ernst: Kann der Vorstand einer Aktiengesellschaft zur Ausführung eines Generalversammlungsbeschlusses gezwungen werden?, ZHR 95 (1930), 69 ff.

Hirte, Heribert: Ausgewählte Fragen zu Stock-option-Plänen und zum Erwerb eigener Aktien, RWS-Forum 15 Gesellschaftsrecht 1999, 211 ff.

Hoffmann-Becking, Michael: Zur rechtlichen Organisation der Zusammenarbeit im Vorstand der AG, ZGR 1998, 497 ff.

Hoffmann-Becking, Michael: „Holzmüller“, „Gelatine“ und die These von der Mediatisierung der Aktionärsrechte, ZHR 172 (2008), 231 ff.

Holle, Philipp Maximilian: Rechtsbindung und Business Judgment Rule, AG 2011, 778 ff.

Hölters, Wolfgang: Aktiengesetz – Kommentar, München, 2011.

Hommelhoff, Peter: Der aktienrechtliche Organstreit – Vorüberlegungen zu den Organkompetenzen und ihrer gerichtlichen Durchsetzbarkeit, ZHR 143 (1979), 288 ff.

Horrwitz, Hugo: Das Recht der Generalversammlungen der Aktien-Gesellschaften und Kommandit-Gesellschaften auf Aktien, Berlin, 1913.

Hruschka, Joachim: Pflichtenkollisionen und Pflichtenkonkurrenzen, in: FS Larenz (1983), S. 257 ff.

Huber, Herwart: Die „geplant beschlusslose“ Hauptversammlung, ZIP 1995, 1740 ff.

Hüffer, Uwe: Aktiengesetz, München, 10. Aufl., 2012.

Ihrig, Hans-Christoph: Reformbedarf beim Haftungstatbestand des § 93 AktG, WM 2004, 2098 ff.

Jähnke, Burkhard / Laufhütte, Heinrich Wilhelm / Odersky, Walter: Leipziger Kommentar zum Strafgesetzbuch – Großkommentar, Berlin, 11. Aufl., 2003a, Band 2: §3 32-60.

Keuk-Knobbe, Brigitte: Das Klagerecht des Gesellschafters einer Kapitalgesellschaft wegen gesetz- und satzungswidriger Maßnahmen der Geschäftsführung, in: FS Ballerstedt, S. 239 ff.

Klausing, Friedrich: Gesetz über Aktiengesellschaften und Kommanditgesellschaften auf Aktien (Aktien-Gesetz) – nebst Einführungsgesetz und „Amtlicher Begründung", Berlin, 1937.

Kleinhenzund, Holger M./Leyendecker, Benjamin: Voraussetzungen und Reichweite der Haftungsbefreiung nach § 93 Abs. 4 S. 1 AktG bei M&A Transaktionen, BB 2012, 861 ff.

Kölner Kommentar zum Aktiengesetz: Köln, 1. Aufl., 1985, Band 1: §§ 1-147, Band 2: §§ 148-290.

Kölner Kommentar zum Aktiengesetz: Köln, Berlin, Bonn, München, 2. Aufl., Band 2: §§ 76-117 AktG und Mitbestimmung im Aufsichtsrat (1996); Band 5/1: §§ 179-240 AktG mit dem Nachtrag zum Gesetz vom 2. August 1994 (1995).

Kölner Kommentar zum Aktiengesetz: Köln, 3. Aufl., Band 1: §§ 1-75 AktG (2011); Band 2/1: §§ 76-94 (2010); Band 3 Teillieferung 1: §§ 131, 132 AktG (2010); Band 6: §§ 15-22 AktG, §§ 291-328 AktG und Meldepflichten nach §§ 21 ff. WpHG, SpruchG (2004).

Koppensteiner, Hans-Georg: „Holzmüller" auf dem Prüfstand des BGH, Der Konzern 2004, 381 ff.

Krieger, Gerd / Schneider, Uwe H.: Handbuch Managerhaftung, Köln, 2. Aufl., 2010.

Kropff, Bruno: Aktiengesetz – Testausgabe des Aktiengesetzes vom 6.9.1965 (Bundesgesetzbl. I S. 1089) und des Einführungsgesetzes zum Aktiengesetz vom 6.9.1965 (Bundesgesetzbl. I S. 1185) mit Begründung des Regierungsentwurfs, und Bericht des Rechtsausschusses des Deutschen Bundestags, Düsseldorf, 1965.

Küper, Wilfried: Grundsatzfragen der „Differenzierung" zwischen Rechtfertigung und Entschuldigung – Notstand, Pflichtenkollision, Handeln auf dienstliche Weisung, JuS 1987, 81 ff.

Larenz, Karl: Methodenlehre der Rechtswissenschaft, Berlin, Heidelberg, New York, London, Paris, Tokyo, Hong Kong, Barcelona, Budapest, 6. Aufl., 1991.

Laufhütte, Heinrich Wilhelm / Rissing-van Saan, Ruth / Tiedemann, Klaus: Leipziger Kommentar zum Strafgesetzbuch: Großkommentar, Berlin, 12. Aufl., 2006b, Band 2: §§ 32-55.

Leuering, Dieter: Wolfgang Servatius, Strukturmaßnahmen als Unternehmensleitung. Abhandlungen zum deutschen und europäischen Handels- und Wirtschaftsrecht, ZHR 169 (2005), 648 ff.

Liebscher, Thomas: Ungeschriebene Hauptversammlungszuständigkeiten im Lichte von Holzmüller, Macroton und Gelatine, ZGR 2005, 1 ff.

Lutter, Marcus: Die Eintragung anfechtbarer Hauptversammlungsbeschlüsse im Handelsregister, NJW 1969, 1873 ff.

Lutter, Marcus: Die entschlußschwache Hauptversammlung, in: FS Quack, S. 301 ff.

Lutter, Marcus: Die Business Judgment Rule und ihre praktische Anwendung, ZIP 2007, 841 ff.

Lutter, Marcus / Leinekugel, Rolf: Fehlerhaft angemeldete Kapitalerhöhungen, ZIP 2000, 1225 ff.

Maier-Reimer, Georg: Negative „Beschlüsse" von Gesellschafterversammlungen, in: FS Oppenhoff, S. 193 ff.

Martens, Klaus-Peter: Die Entscheidungsautonomie des Vorstands und die „Basisdemokratie" in der Aktiengesellschaft – Anmerkungen zu BGHZ 83, 122 („Holzmüller"), ZHR 147 (1983), 377 ff.

Martens, Klaus-Peter: Die Vergleichs- und Abfindungsbefugnis des Vorstands gegenüber opponierenden Aktionären, AG 1988, 118 ff.

Martens, Klaus-Peter: Der Einfluß von Vorstand und Aufsichtsrat auf Kompetenzen und Struktur der Aktionäre – Unternehmensverantwortung contra Neutralitätspflicht, in: FS Beusch, S. 529 ff.

Max, Dietrich: Die Leitung der Hauptversammlung, AG 1991, 77 ff.

Mertens, Hans-Joachim: Organstreit in der Aktiengesellschaft? – Eine rechtspolitische Kritik, ZHR 154 (1990), 24 ff.

Mestmäcker, Ernst-Joachim: Zur aktienrechtlichen Stellung der Verwaltung bei Kapitalerhöhungen, BB 1961, 945 ff.

Mielke, Werner: Die Leitung der unverbundenen Aktiengesellschaft – Aktienrechtliche Probleme dezentraler Unternehmensorganisationen, Frankfurt am Main, Bern, New York, Paris, 1990.

Münchener Handbuch des Gesellschaftsrechts: München, 3. Aufl., 2007, Band 4: Aktiengesellschaft.

Münchener Handbuch des Gesellschaftsrechts: München, 4. Aufl., 2012, Band 3: Gesellschaft mit beschränkter Haftung.

Münchener Kommentar zum Aktiengesetz: München, 2. Aufl., Band 3: §§ 76-117 AktG, MitbestG, § 76 BetrVG 1952 (2004), Band 4: §§ 118-147 (2004), Band 6: §§ 179-221 (2005), Band 7: §§ 222-277 (2001), Band 9/2: §§ 329-410 AktG, SE-VO, SEBG, Europäische Niederlassungsfreiheit, Die Richtlinien zum Gesellschaftsrecht.

Münchener Kommentar zum Aktiengesetz: München, 3. Aufl., Band 2: §§ 76-117, MitbestG, DrittelbG (2008); Band 4: §§ 179-277 (2011); Band 5: §§ 278-328, SpruchG, ÖGesAusG, Österreichisches Konzernrecht (2010).

Münchener Kommentar zum Bürgerlichen Gesetzbuch: München, 5. Aufl., 2009, Band 5: Schuldrecht, Besonderer Teil III.

Münchener Kommentar zum Strafgesetzbuch: München, 2. Aufl., 2011, Band 1: §§ 1-37 StGB.

Mutter, Stefan: Unternehmerische Entscheidungen und Haftung des Aufsichtsrats der Aktiengesellschaft, Köln, 1994.

Paefgen, Walter G.: Unternehmerische Entscheidungen und Rechtsbindung der Organe in der AG, Köln, 2002.

Passow, Richard: Die wirtschaftliche Bedeutung und Organisation der Aktiengesellschaft, Jena, 1907.

Poelzig, Dörte: Die Verantwortlichkeit des Vorstands für den Abkauf missbräuchlicher Anfechtungsklagen – Der Einfluss des UMAG auf die Handlungsmöglichkeiten zur Abwehr „räuberischer" Aktionäre, WM 2008, 1009 ff.

Poelzig, Dörte / Thole, Christoph: Kollidierende Geschäftsleiterpflichten, ZGR 2010, 836 ff.

Priester, Hans-Joachim: Die nicht placierte Kapitalerhöhung – „Abgelaufene" Hauptversammlungsbeschlüsse?, in: FS Wiedemann, S. 1161 ff.

Raiser, Thomas: Das Recht der Gesellschafterklagen, ZHR 153 (1989), 1 ff.

Rechenberg, Wolf-Georg Freiherr von: Die Hauptversammlung als oberstes Organ der Aktiengesellschaft, Heidelberg, 1986.

Redeke, Julian: Zu den Voraussetzungen unternehmerischer Ermessensentscheidungen, NZG 2009, 496 ff.

Redeke, Julian: Zur gerichtlichen Kontrolle der Angemessenheit der Informationsgrundlage im Rahmen der Business Judgment Rule nach § 93 Abs. 1 Satz 2 AktG, ZIP 2011, 59 ff.

Rohde, Andreas / Geschwandtner, Marcus: Zur Beschränkbarkeit der Geschäftsführungsbefugnis des Vorstands einer Aktiengesellschaft – Beschluss der Hauptversammlung nach § 119 II AktG und die Pflicht zur Ausführung durch den Vorstand, NZG 2005, 996 ff.

Schiessl, Maximilian: Gesellschafts- und mitbestimmungsrechtliche Probleme der Spartenorganisation (Divisionalisierung), ZGR 1992, 64 ff.

Schlegelberger, Franz / Quassowski, Leo: Aktiengesetz vom 30. Januar 1937, Berlin, 1937.

Schmidt, Karsten: Gesellschaftsrecht, Köln, Berlin, Bonn, München, 4. Aufl., 2002.

Schmidt, Karsten: Reflexionen über das Beschlussmängelrecht – Dogmatik und Rechtspolitik der Anfechtungsklagen für Heute und Morgen, AG 2009, 248 ff.

Schmidt, Karsten / Lutter, Marcus: Aktiengesetz – Kommentar, Köln, 2010, Band I: §§ 1-149; Band II: §§ 150-410.

Schmolke, Klaus Ulrich: Institutionelle Anleger und Corporate Governance – Traditionelle institutionelle Investoren vs. Hedgefonds, ZGR 2007, 701 ff.

Schneider, Sven H.: Pflichtenkollisionen und Gewissenskonflikte im Vorstand, NZG 2009, 1413 ff.

Schneider, Uwe H.: Anwaltlicher Rat zu unternehmerischen Entscheidungen bei Rechtsunsicherheit – Ein Beitrag zum Management bei Organhaftung, DB 2011, 99 ff.

Scholz, Franz: Kommentar zum GmbH-Gesetz – mit Anhang Konzernrecht, Köln, 10. Aufl., Band II: §§ 35-52 (2007), Band III: §§ 53-85, Nachtrag MoMiG, §§ 1-4 EGGmbHG (2010).

Schönke, Adolf / Schröder, Horst: Strafgesetzbuch – Kommentar, München, 28. Aufl., 2010.

Schroeder, Tatjana / Pussar, Marc: Aufsichtsräte: Unsichere Gremienentscheidungen nach Wahlanfechtung, BB 2011, 1930 ff.

Schubert, Werner / Hommelhoff, Peter: Hundert Jahre modernes Aktienrecht – Eine Sammlung von Texten und Quellen zur Aktienrechtsreform 1884 mit zwei Einführungen, ZGR Sonderheft 4, 1985.

Schuhmann, Helmut: Haftung des Geschäftsführers wegen Masseschmälerung bei Entrichtung von Steuern in der Krise der GmbH – Privilegierung des Fiskus durch die Rechtsprechung?, GmbHR 2008, 418 ff.

Seibt, Christoph H. / Voigt, Hans-Christoph: Kapitalerhöhungen zu Sanierungszwecken, AG 2009, 133 ff.

Semler, Johannes: Gedanken zur materiellen Unternehmensverfassung, in: FS Maier-Reimer, S. 689 ff.

Semler, Johannes / Peltzer, Martin: Arbeitshandbuch für Vorstandsmitglieder, München, 2005.

Semler, Johannes / von Schenck, Kersten: Arbeitshandbuch für Aufsichtsratsmitglieder, München, 3. Aufl., 2009.

Semler, Johannes / Volhard, Rüdiger: Arbeitshandbuch für die Hauptversammlung, München, 2. Aufl., 2003.

Servatius, Wolfgang: Strukturmaßnahmen als Unternehmensleitung – Die Vorstandspflichten bei unternehmerischen Entscheidungen der Hauptversammlung, Köln, Berlin, München, 2004.

Soergel: Bürgerliches Gesetzbuch – mit Einführungsgesetz und Nebengesetzen, Stuttgart, 13. Aufl., Band 1: Allgemeiner Teil 1, §§ 1-103 (2000); Band 2: Allgemeiner Teil 2, §§ 104-240 (1999).

Spindler, Gerald: Die Haftung von Vorstand und Aufsichtsrat für fehlerhafte Auslegung von Rechtsbegriffen, in: FS Canaris, S. 403 ff.

Spindler, Gerald / Stilz, Eberhard: Kommentar zum Aktiengesetz, München, 2. Aufl., 2010, Band 1: §§ 1-149, Band 2: §§ 150-410, IntGesR, SpruchG, SE-VO.

Staudinger: Kommentar zum Bürgerlichen Gesetzbuch mit Einführungsgesetz und Nebengesetzen – Buch 2: Recht der Schuldverhältnisse, §§ 255-304 (Leistungsstörungsrecht 1), Berlin, Neubearbeitung 2009; §§ 823 – 825, Berlin, 13. Aufl., 1999

Stodolkowitz, Heinz Dieter: Gerichtliche Durchsetzung von Organpflichten in der Aktiengesellschaft, ZHR 154 (1990), 1 ff.

Thole, Christoph: Managerhaftung für Gesetzesverstöße – Die Legalitätspflicht des Vorstands gegenüber seiner Aktiengesellschaft, ZHR 173 (2009), 504 ff.

Thum, Alexander J. / Klofat, Daniel: Der ungetreue Aufsichtsrat – Handlungsmöglichkeiten des Vorstands bei Pflichtverletzungen des Aufsichtsrats, NZG 2010, 1087 ff.

Tiedtke, Klaus / Peterek, Jörg: Zu den Pflichten des organschaftlichen Vertreters einer Kapitalgesellschaft, trotz Insolvenzreife der Gesellschaft Sozialabgaben und Lohnsteuer abzuführen – Zugleich Besprechung des BGH-Urteils vom 14.5.2007 - II ZR 48/06 sowie der BFH-Urteile vom 27.2.2007 - VII R 67/05 und vom 5.6.2007 - VII R 65/05, GmbHR 2008, 617 ff.

Timm, Wolfram: Die Aktiengesellschaft als Konzernspitze, Köln, Berlin, Bonn, München, 1980.

Timm, Wolfram: Die Mitwirkung des Aufsichtsrates bei unternehmensstrukturellen Entscheidungen – Grenzen der Aufsichtsrats- und Verwaltungszuständigkeiten in der Aktiengesellschaft, DB 1980, 1201 ff.

Turiaux, André / Knigge, Dagmar: Vorstandshaftung ohne Grenzen? – Rechtssichere Vorstands- und Unternehmensorganisation als Instrument der Risikominimierung, DB 2004, 2199 ff.

Ulmer, Peter / Habersack, Mathias / Winter, Martin: Gesetz betreffend die Gesellschaften mit beschränkter Haftung (GmbHG) – Großkommentar, Tübingen, Band II: §§ 29 bis 52 (2006), Band III: §§ 53-87 (2008).

Volhard, Rüdiger: Eigenverantwortlichkeit und Folgepflicht – Muß der Vorstand anfechtbare oder angefochtene Hauptversammlungsbeschlüsse ausführen und verteidigen?, ZGR 1996, 55 ff.

Wahrig-Burfeind, Renate: Brockhaus Wahrig Deutsches Wörterbuch, 9. Aufl., Gütersloh/München 2011.

Werner, Winfried: Ausgewählte Fragen zum Aktienrecht – Zum Erscheinen der 3. Auflage des Großkommentars und der 1. Auflage des Kölner Kommentars, AG 1972, 93 ff.

Wilhelm, Jan: Verbot der Zahlung, aber Strafdrohung bei Nichtzahlung gegen den Geschäftsführer einer insolvenzreifen GmbH? – Zugleich Besprechung BGH v. 14.5.2007 - II ZR 48/06, ZIP 2007, 1265, ZIP 2007, 1781 ff.

Wirth, Gerhard: Der „besondere Vertreter" nach § 147 Abs. 2 AktG – Ein neuer Akteur auf der Bühne?, in: FS Hüffer, S. 1129 ff.

Zöllner, Wolfgang: Die Schranken mitgliedschaftlicher Stimmrechtsmacht bei den privatrechtlichen Personenverbänden, München, Berlin, 1963.

Zöllner, Wolfgang: Die sogenannten Gesellschafterklagen im Kapitalgesellschaftsrecht – Referat, ZGR 1988, 392 ff.

Zöllner, Wolfgang: Beschluß, Beschlußergebnis und Beschlußergebnisfeststellung – Ein Beitrag zu Theorie und Dogmatik des Beschlußrechts, in: FS Lutter, S. 821 ff.

Kolibri 360 GmbH
Ferdinand-Jühlke-Straße 7
99095 Erfurt, Deutschland
produktsicherheit@kolibri360.de